汉语作为外语教学丛书

汉语作为外语的习得研究
——理论基础与课堂实践

Studies of Chinese Language Acquisition by English Speakers
—from Theories to Practice

温晓虹 著

图书在版编目(CIP)数据

汉语作为外语的习得研究——理论基础与课堂实践/温晓虹著.—北京:北京大学出版社,2008.3
(汉语作为外语教学丛书)
ISBN 978-7-301-13453-5

Ⅰ.汉… Ⅱ.温… Ⅲ.汉语-对外汉语教学-教学研究 Ⅳ.H195

中国版本图书馆 CIP 数据核字(2008)第 025442 号

书　　　名：汉语作为外语的习得研究——理论基础与课堂实践
著作责任者：温晓虹　著
责 任 编 辑：沈　岚
封 面 设 计：毛　淳
标 准 书 号：ISBN 978-7-301-13453-5/H·1946
出 版 发 行：北京大学出版社
地　　　址：北京市海淀区成府路 205 号　100871
网　　　址：http://www.pup.cn
电 子 邮 箱：zpup@pup.pku.edu.cn
电　　　话：邮购部 62752015　发行部 62750672　编辑部 62752028
　　　　　　出版部 62754962
印 刷 者：北京山润国际印务有限公司
经 销 者：新华书店
　　　　　　730 毫米×980 毫米　16 开本　24.75 印张　420 千字
　　　　　　2008 年 3 月第 1 版　2010 年 9 月第 2 次印刷
定　　　价：48.00 元

未经许可,不得以任何方式复制或抄袭本书之部分或全部内容。
版权所有,侵权必究　　举报电话：010-62752024
　　　　　　　　　　　电子邮箱：fd@pup.pku.edu.cn

目 录

序 1
前 言 1

第一章 语言习得理论研究 1
第一节 语言习得理论概观 1
一、行为主义心理语言学 2
二、转换生成心理语言学 5
三、认知心理语言学 12
第二节 第一语言与第二语言习得比较 18
一、第一语言和第二语言的习得顺序研究 19
二、语言习得机制、普遍语法与语言习得 23
三、生物脑神经缘由 26
四、认知思维能力 27
五、Krashen 的监控模式 28
六、学习动机、心理和情绪 30
七、学习环境与语言输入 32
第三节 教学法：语言的形式、内容与交际性 33
一、前期的语言教学 34
二、功能结构教学法 34
三、认知教学法 35
四、交际教学法 35
五、在交际功能主导下的对语言形式的教学 37
第四节 偏误、纠正偏误的意义与效果 39

一、归类分析中文中介语的偏误 …………………………………… 40
　　二、对纠正偏误效益的研究 ………………………………………… 44
　　三、纠正偏误的方式和方法 ………………………………………… 47

第二章　美国学生汉语语法习得研究 …………………………………… 53
第一节　位移意义的"把"字句的习得研究 ………………………… 54
　　一、文献综述 ………………………………………………………… 55
　　二、"把"字句的特征 ……………………………………………… 58
　　三、实验设计与调查方法 …………………………………………… 60
　　四、结　果 …………………………………………………………… 62
　　五、讨　论 …………………………………………………………… 72
　　六、对教学的启示 …………………………………………………… 78
第二节　主题突出与汉语存现句的习得 ……………………………… 80
　　一、文献综述 ………………………………………………………… 81
　　二、汉语的存现句式及其主题的判断原则 ………………………… 82
　　三、实验研究的目的与方法 ………………………………………… 83
　　四、实验结果 ………………………………………………………… 84
　　五、讨　论 …………………………………………………………… 89
　　六、结　论 …………………………………………………………… 91
第三节　汉语"体"的习得——汉语作为外语的中介语分析 ……… 92
　　一、文献综述 ………………………………………………………… 92
　　二、现代汉语体标记 ………………………………………………… 94
　　三、调查方法 ………………………………………………………… 96
　　四、数据结果 ………………………………………………………… 98
　　五、讨　论 …………………………………………………………… 103
　　六、结　论 …………………………………………………………… 106
第四节　汉语动词后缀"一了"和句尾"了"的习得研究 ………… 107
　　一、文献综述 ………………………………………………………… 107
　　二、研究的问题与方法设计 ………………………………………… 111

三、数据结果 …………………………………………… 112
　　　四、讨　论 ……………………………………………… 117
　　　五、结　论 ……………………………………………… 121
　第五节　汉语语序习得顺序的调查：述补结构、不定疑问代词
　　　　　非疑问句和"把"字句 ………………………………… 122
　　　一、文献综述 …………………………………………… 122
　　　二、语法结构 …………………………………………… 125
　　　三、实验方法 …………………………………………… 127
　　　四、结　果 ……………………………………………… 128
　　　五、讨　论 ……………………………………………… 136
　　　六、对教学的启示作用 ………………………………… 139

第三章　汉语作为外语学习的目的、动机与策略研究　141
　第一节　语序与语义在句子理解处理中的作用 …………… 141
　　　一、竞争模式（The Competition Model）和第二语言理解
　　　　　处理策略 …………………………………………… 142
　　　二、研究目的 …………………………………………… 144
　　　三、实验方法 …………………………………………… 146
　　　四、结　果 ……………………………………………… 148
　　　五、讨　论 ……………………………………………… 154
　　　六、结　论 ……………………………………………… 157
　第二节　母语为英语的学习者认读汉字的策略分析 ……… 158
　　　一、文献综述 …………………………………………… 158
　　　二、研究方法 …………………………………………… 162
　　　三、结　果 ……………………………………………… 163
　　　四、讨　论 ……………………………………………… 167
　　　五、对教学的启示 ……………………………………… 169
　第三节　汉语学习的动机与动力：不同种族背景学生的
　　　　　比较研究 ……………………………………………… 170

　　　　一、理论框架 …………………………………………………… 171
　　　　二、方　　法 …………………………………………………… 172
　　　　三、数据分析结果 ……………………………………………… 175
　　　　四、讨　　论 …………………………………………………… 181
　　第四节　网络课程中学习态度和学习成绩的关系 ………………… 188
　　　　一、文献综述 …………………………………………………… 188
　　　　二、本项调查的特点 …………………………………………… 191
　　　　三、研究的问题与求证方法 …………………………………… 192
　　　　四、数据分析结果 ……………………………………………… 195
　　　　五、讨　　论 …………………………………………………… 201
　　　　六、结　　论 …………………………………………………… 204

第四章　语言习得研究与汉语作为外语的教学实践 ………… 210
　　第一节　教学输入与学习者的语言输出 …………………………… 210
　　　　一、语言输入是如何转变为输出的？ ………………………… 211
　　　　二、如何使语言输入(Input)转变为语言吸收
　　　　　　(Intake)？ …………………………………………………… 213
　　　　三、强化性的语言输出 ………………………………………… 219
　　第二节　语言习得与词汇教学 ……………………………………… 226
　　　　一、教学内容：语言的可学性 ………………………………… 227
　　　　二、词汇教学的重点：动词结构 ……………………………… 230
　　　　三、词汇教学的方式与方法 …………………………………… 234
　　第三节　语言习得与语法教学 ……………………………………… 242
　　　　一、语言规则的习得过程 ……………………………………… 242
　　　　二、语言习得与语法教学 ……………………………………… 243
　　第四节　新时期对外汉语教学的目的与原则 ……………………… 259
　　　　一、教学目的 …………………………………………………… 260
　　　　二、教学原则 …………………………………………………… 265

第五章　课堂教学组织与语言技能培养 …… 276
第一节　语言习得与汉语课任务的设计 …… 276
一、语言的能力——交际能力 …… 277
二、学习者的创造性和习得过程的独立性 …… 280
三、语言习得过程 …… 281
四、互动形式 …… 284
五、任务的组成与程序 …… 287
六、课堂小世界 …… 289

第二节　以听带说、听说互动的教学模式 …… 293
一、听说的基础理论研究 …… 294
二、理论研究对听说教学的启示 …… 298
三、听说课的教学计划 …… 306
四、听说互动的教学活动设计 …… 312
五、听说互动与语言习得 …… 317

第三节　认识语言特征、提高阅读技能 …… 318
一、词汇分析 …… 319
二、语句和段落分析 …… 322
三、修辞分析 …… 326

第四节　汉语惯用语与文化理解力的培养 …… 331
一、隐喻意象和文化特征 …… 332
二、时代特征 …… 333
三、节奏类型和语法形式 …… 334
四、语义特征 …… 338
五、语用功能 …… 341
六、给教学的启示 …… 343

参考文献 …… 345

序

　　温晓虹教授的《汉语作为外语的习得研究——理论基础与课堂实践》（以下简称《习得研究》）即将由北京大学出版社出版。作者希望我写序，我以一个求知小学生的急切心情拜读了全书。作为第一个读者，我写下自己的部分学习心得，与其他读者分享。

　　《习得研究》是一部理论研究和教学实践紧密结合的著作，不但对汉语和汉语习得研究具有重要的理论意义，而且对汉语作为第二语言的教学实践也具有现实和直接的指导作用。

　　在理论层面上，作者对语言习得研究的目的、任务、内容、途径和方法等进行了界定或说明，以行为主义心理语言学、转换生成语法（以及在它的基础上发展起来的传统心理语言学和语义心理语言学）和认知心理语言学这三大学派为主线，系统地介绍了语言习得理论研究的产生、发展和最新成果，介绍了不同学派对语言的本质、语言习得能力和语言习得过程的不同的解释以及这些解释对语言教学的作用和影响。

　　传统的语言教学研究重在研究教什么和怎么教，这显然是不够的。如果不了解学习者怎样学，教什么和怎么教就缺少坚实的理论依据，在许多情况下只能凭经验办事。在国外，把研究的眼光转移到怎样学这方面来，是最近三五十年的事。而在中国对外汉语教学界，汉语作为第二语言习得研究的历史较短，因为起步较晚，所以熟悉语言习得理论的人数不多，研究队伍尚小，著述还不够丰富。这在很大的程度上制约着汉语作为第二语言教学学科理论的发展。温著的出版，至少对中国对外汉语教学界是雪中送炭。

　　《习得研究》由理论综述分析、实验求证研究和理论研究对教学的启迪意义及在教学中的实际运用这三大部分组成。每一部分都展现了作者独到的创见精神、尖锐的分析能力和崭新的研究观点。其中一个重要的组成部分是作者自己所做的 9 项实验和对这些实验所作的介绍和分析。这 9 项实验的选题既突出了重点,又考虑到了涵盖面,所以不但具有典型意义,而且在研究方法和实验结果方面都能给人以全面的启发。每一个选题都有一定的理论针对性,实验方案(包括对象的选择、问卷和程序等)都经过精心设计,实验结果及对教学的启示都有科学的分析。可以说,这些实验的设计和对实验结果的分析为语言习得研究树立了可供借鉴的样板,实验结果对改进教学有直接的指导意义或参考价值,对进一步开展汉语和汉语教学研究更有启示作用。正因为如此,我在读到紧要之处时,竟难以抑制兴奋之情。在这篇短短的序言中,我无法全面评价作者在这方面的突出成就,下面仅以关于主题突出与汉语存现句习得实验(第二章第二节)为例,说明我对这些研究的意义和作用的体会。

正如书中所说,主题突出与汉语存现句习得实验的结果表明:"母语为英语的学生学习汉语存现句时,基本上不受母语中主语突出的特点的影响,在初级阶段就能够比较顺利地掌握典型的汉语存现句式。尽管在初级阶段存在着两种不同的英语母语转移现象,但此现象的频率并不很高。主题突出是习得汉语存现句的一个重要特征。"

在分析这一实验结果时,作者详细论述了出现这种现象的原因,指出:

"近年来,研究习得第二语言的学者认为,在习得第二语言时,不论学习者的母语是主语突出还是主题突出的语言,在他们的中介语的初级阶段往往存在着一个主题突出的特征。主题突出这一特点成为第二语言或外语学习者习得语言时的一个普遍阶段。"

"主题突出之所以成为中介语中的一个特征,是与语言的本质和语言的实用性分不开的。语言的本质在于语言的运用。人们在交际中首先确立主题,然后围绕着主题加以叙述说明,交流意思,传递信息。因此,主述题的结构符合人们语言交际的需要,符合语言急用先学的认知特点,反映了人们交际中的基本形式。"

"主题突出之所以成为中介语中的一个特征,是由人们在交际中的需要所决定的,其理论基础为认知心理学中的信息传递原则:人们在交际中先注意最紧迫的内容。交际时主题的确立是最重要的,主题确定后人们围绕主题传递信息。因此,主述题句式反映了人们交际时的心理特点与要求。"

"主述题的结构集中地反映了语言的有效作用,所以在第二语言习得中被学生优先掌握。在实用语言学(Pragmatics)的框架下,汉语主述题的结构为无标志的,所以学生在习得这一句式时,能够不受母语的影响,直接习得。本实验的结果从侧面展现了中介语的一个发展过程:由实用词序所组成的主述题结构移向由句法结构所组成的主谓语结构,语言功能的习得先于句法结构,交际功能先于语法概念的掌握。"

"对于初级阶段的语言学习者来说,交际是第一位的。语言的运用成为学习语言的原则,主述题成为其基本表现方式。词序的表达以语言的实用为主。比如,Givon(1984)在分析洋泾浜语料后,发现用传统的句法来解释洋泾浜的语言现象时,遇到了很大的困难,觉得洋泾浜杂乱而无系统。而借助语用学的方法来解释洋泾浜的语言现象时,发现洋泾浜很有规律,其规律是主题突出。由此可见,主题突出的结构不但存在于第二语言的习得中,而且存在于第一语言和洋泾浜的习得中。本实验从母语为英语的学生习得汉语的角度又证实了这一点。"

这一实验和对实验结果的分析对我们进一步认识汉语类型特点的优势和汉语作为第二语言教学有极大的帮助。我们认为:汉语的主述结构是由主体和述体两个互相依存的语义单位组合生成的结构单位;有些词的词义结构属于主述结构,基本句的语义结构基本上都属于主述结构,大于基本句的结构单位的语义构成也是以主体——述体为核心。主述结构反映了说汉语者最重要的思维方式和表达方式,这种思维方式和表达方式的特点之一就是思维过程与表达程序相一致。所谓思维过程与表达程序相一致,就是先看到什么、先想到什么,就先说出什么。思维过程与表达程序相一致意味着汉语能够对客观世界进行直接和快速的反映。我们从温教授的实验中得到的最大启发是:思维过程与表达程序相一致是人类语言和语言使用的最佳选择;语义上的主体(主题)突出类型比语法上的主语突出类型更容易习得;在汉语作为第二语言教学中,应当充分利用汉语主体(主题)突出的优势,把主述结构作为句法、语段和篇章分析的基本线索。

《习得研究》用最后两章的篇幅集中研究语言习得理论在汉语教学中的应用,表明作者研究语言习得的主要目的是为了解决汉语教学中的实际问题。这两章集中探讨了词汇教学、语法教学、课堂组织和技能培养等,详细论述了作者提出的"以学生为中心,以交际为目的,以理解为基础、以有意义的学习为途径,以诱导启发学生为手段"的教学原则,对任务型教学的特点和方法也做了全面介绍。在所有这些方面，都提出了大量富有启发性的理论见解和可供借鉴的有效方法。

二十多年来，温教授一直在美国从事汉语教学与研究，不但积累了丰富的教学经验，而且取得了可观的理论成果。《习得研究》中个别章节的部分内容是曾经发表过的论文，正好说明这部著作是作者二十多年心血的结晶。借此机会，我对作者的理论成就和在汉语教学上的重要贡献表示由衷的祝贺和敬意。

在这部著作的基础上，作者完全有条件建立起一个独立的理论系统，把语言习得理论和汉语教学更加有机地结合起来，避免对某些理论观点的迁就，保持相关概念的前后一致。这是我的一点小小的建议，也是我的一点期盼。

吕必松

2007年12月于北京

前　言

　　语言习得研究的是学习者如何用有限的语言输入来建立一个新的语言体系。这是一个既悠久又崭新的学科领域。说其"悠久",是因为很多世纪以来,从事语言和语言教学的工作者都已在语言的教与学两方面做了很多宝贵的探索、众多的解释。但是这些解释基本上都是站在"教"的立场上,从教师的角度出发来研究语言教学的内容与授课方式。这样的研究取向存在着明显的片面性,不足以揭示事物的实质特征,故成果略显寥寥。而称其为"崭新",是因为语言习得研究作为一个独立的学科,研究者站在学习者的立场上,从学的角度去收集动态活语料,做纵向和横断的实验调查,其历史不过50年。其中,建立在对第一语言习得之后的第二语言或外语习得的研究,更相对短暂。从它的诞生,到今天发展成为一个独立的学科,其历史不过40年。

　　相对短暂的历史给语言习得研究领域带来了万物齐新、百家争鸣的景象,使其蕴藏着巨大的理论研究活力和研究空间:大量的假设需要实验求证,众多的理论观点需要实践的检验。因此,语言习得研究,从学科性质上来讲,体现的是一个多角度、跨学科(Interdisciplinary)、有很强的实证(Empirical)性质的语言教育研究学科。

一、语言习得研究的目的

　　作为一门独立的学科,语言习得研究有其独特的研究目的、研究任务与研究方法。语言习得所研究的对象,是语言、语言习得能力和语言习得过程的基本特性。研究目的就是对上述的问题取得一个客观的、全面的、科学的了解。

　　对语言、语言的习得能力、语言习得过程等问题,不仅仅要定义,更要解释其性质与功能。比如是在怎样的条件下、环境中,以怎样的形式产生如何的效果?比如语言能力和认知能力之间有何关系?这一关系表现在儿童和成人身上是否一致？如不一致，有何差异？在怎样的情况下出现差异？为什么有这样的差异？语言环境和语言输入对语言习得起怎样的作用，是必需的条件还是可以成为个人的选择？

此外，语言习得研究还要对很多教学中的现象做出科学的判断。比如为什么大多数的成年人不能把第二语言或外语掌握得像母语那样准确流利？为什么在第二语言的掌握程度上学习者之间存在着很大的差异？学习者在习得语言时要对大量的语言现象进行假设、判断、证明。他们对语言规则的假设是与自己的母语相似，还是跟以前或正在学习的语言类似？不同母语背景的学习者在学某一目的语时，是否有相似的规律和特征？

二、语言习得研究的任务

在研究学习者如何组建自己的语言体系这一宏观的框架下，可以将具体的研究任务分化为微观的条目。如：语言的哪些结构形式、语法特征是可学的，哪些是不可学的，Polio(1995)对汉语零代词习得的研究结果（"Acquiring Nothing"）就说明了这一点；再如，如何激活语言习得系统，习得的条件是什么？本书第一章的研究初探了这一问题；关于语义概念的形成、句法形式的习得与语用的互动关系在本书第二章第一节对"把"字句的实验调查中进行了求证；母语在第二语言习得过程中所起的作用，在第二章的第二节对汉语存现句的习得调查中进行了实证；语法、语义和功能在语言习得中的相互作用，及句子与话语篇章的不同对语法习得的影响在第二章第三节和第四节对动词后缀"—了"和句尾"了"，及"—着"，"—了"，"—过"的实验研究中，进行了实验考察；对语法结构和语序习得顺序的研究请见第二章第五节，此节对汉语述补结构，不定疑问代词非疑问句的用法和"把"字句的习得过程进行了比较。本书所调查的仅限于英语为母语的学习者对汉语语法项目的习得。

语言的学习活动由学习者来完成。学习者的个体因素（Learner factors）起着决定性的作用。这就使得语言习得研究的任务必须包括对学习者个体因素变量的调查分析。这些因素包括认知与情感等方面，如学习动机、动力、学习策略、方式等等。第三章以学习者个体因素为目的进行调查。第三章的内容分为两大类。第一类探讨学习者在语言输入解码时所用的策略方法。第一节和第二节分别对信息处理手段与认知技巧、策略的运用进行了求证分析，希图了解学习者在听力理解和认字阅读时所用的途径及线索。第二类调查学习的动机与目的。第三节对77名美国亚裔学生和45名非亚裔学生学习汉语的动力与学习成绩的关系做了比较。第四节对学习者选修网络课的动机、学习态度和学习成绩之间的关系进行了调查，所得出的结果既在想象之中又出意料之外。

概括而言，第二语言的习得，从语言学的角度讲，是研究对学习者语言系统的形成起重要作用的语言原则，同时也研究语言制约规则的组成内容与应用问题。这一研究目的虽然与语言课堂教学没有直接的对应关系，但研究结果对语言课堂教学有启示（Implications）作用，并且对很多领域有重要的影响。事实上，课程的设置、教学内容的安排、课堂教学的实施无一不是建立在我们对教与学的认识，建立在对"学习者是怎么学的"这一问题的理解上的。如果教学是一棵常青树，它的根应该深深地扎在跨学科的、对学习者的研究的沃土中，理论性和实证性的研究结果为教学不断地提供养料，科学的教学实践使之常青。

近二十年来，第二语言习得研究对语言教学中语言的输入和语言的学习环境等因素对习得的影响做了大量的调查。本书第四章所讨论的就是理论研究的结果对汉语教学的启示作用。第四章首先从教学目的和教学原则入手，提出以学生为中心，以交际为目的，以理解为基础，以意义学习为途径，诱导启发学生在互动中进行语言习得。在教学方法上提倡灵活多样，博采众长。本章讨论了教学输入（包括教师、同学、教材、课程等方面所提供的语言材料）与学习者的语言输出的过程，以及教师怎样促进这一过程的有效发展。教师虽然无法控制学习者的习得，但可以采用众多的措施去影响并提高其功效。这一章用各种教学实例来探讨怎样把语言的输入（Language Input）变成学习者语言的吸收（Language Intake），使学习者能够举一反三，创造性地运用语言（Language Output）。

第五章探讨了语言习得研究的成果对组织教学与技能训练的启示作用，对四项语言技能的培养提出了不同的教学途径与课堂训练技巧。本章首先提出汉语课任务型教学的设计问题，对语言的能力（交际能力）、学习者创造性地习得语言的特征、语言习得过程（互动式）、语言环境的特点（课堂小世界）及课堂活动任务的组织与程序进行了探讨，提出以交际为主题实现语言的形式、内容和功能的三者统一。本章也讨论了如何用互动模式进行听说和阅读训练。建立在"工作记忆力模式",语言的分解处理过程(Parsing)和图式(Schema)结构这三项理论的基础上,文章提出了理解为主,以理解带速度;听说结合,以听带说;以词带篇,以篇推测词,强调理解与背景知识的互动性等教学策略。最后以惯用语为例来讨论语言与文化的关系,从跨文化交际的角度对蕴含在语言中的文化因素进行了分析描写。

三、语言习得的研究方法

语言习得研究的途径是在观察学习者的语言运用的基础上,对以前的研究分析中未得到解答的内容进行假设,并把这些假设制定在实验中加以求证。方法大致分两类,纵向跟踪和横断研究。方法的选择取决于抽样的人数、时间、环境等条件,也根据某一具体的课题和目的而制定。对此有兴趣的读者请见桂诗春和宁春岩(1997)所著的《语言学方法论》。

本书的第二章采用了采用了横断研究方法。课题的选择建立在前人的调查基础上,语料的收集大都通过一对一的谈话,研究者把设计好的问题以一种自然的谈话形式表达出来,希图引发想收集的语言形式。之后把谈话的录音写成书面形式,进行数据处理,对结果进行分析讨论。第二章的第一、二节所用的是书面采集语料的方式,要求学习者把研究者所提供的内容用书写的方式表达出来。这样做的优点是工作量较小,缺点是所收集的语料可能不够自然,受一定环境的限制。这些缺点的存在与否跟研究的目的和内容有密切的关系。

第三章对学习者个体因素的调查研究,基本上用了定量性的研究方法。由于各种不同的因素,如抽样的背景、研究的侧重点、环境的差异,笔者把前人的问卷调查做了一定程度的改动,并把改动后的问卷调查表做了可靠度分析和因子分析,检查确定调查工具对具体的抽样是否合适有效。第一、二节分别对阅读认字和听力理解时所用的学习策略和对句法或语义的选择做的调查,是通过记录受试者命名和叙述意义的方式来收集数据,之后对收集起来的数据进行加工整理、分类比较,统计分析。

本书的实验研究是在认知和心理语言学的框架下,注重语言形式和功能的相互作用,对学习者的因素和他们的语言特征进行有目的的收集观察,在对数据进行统计分析的基础上,对所提出的具体的研究问题进行回答与讨论。研究方法力求全面地观察学习者产出的语言素材,用比较宽阔的视眼和开放性的渠道来解释学习者中介语中的动态的语言现象,比如是感觉方面的特征(Perceptual saliency)在起作用,还是母语在产生影响？是因语义方面的多元性或概念方面的透明度不同,还是句法词序方面的复杂性所造成？或是普遍语法中的某些原则在起作用？语言形式的出现是在哪个习得阶段？有怎样的条件做基础？其用法功能是否正确？概念是否形成？如果抽样来自课堂教学环境,教学输入的作用也是一个需要考虑的因素。上述的这些因素都有可能以不同的程度反映于学习者的语言习得过程。

本书从理论基础、实验求证和对课堂教学的启示及应用这三个层面,论述了心理语言学各家学派的观点,用描写和推理统计的方法,逻辑求证,报告了9个实证研究的结果。在此基础上,试图把研究成果与课堂教学实践结合起来,使理论研究对课堂教学起到辅助和启示作用。书中的一些内容曾发表于《语言教学与研究》《世界汉语教学》《中国语言学年鉴》,*Foreign Language Annals*,*I. T. L. Review of Applied Linguistics*,*International Journal of Psycholinguistic*,*International Journal of Applied Linguistics* 等刊物。不少研究在国际学术会议上报告过。报告后,同行专家对这些研究深表兴趣,来自欧洲、亚洲和美国的同行来信索取发言稿或文章,或是希望采用我研究中所设计和使用的调查问卷。为此,我深受鼓舞。2007 年春季我申请得到了学术休假,于是有机会把一些没有完成的实验做完,把所缺的章节写完。

在撰写本书的过程中,得到了同行朋友们的大力支持和热情帮助。吕必松先生慨允做序,使拙作增色增彩。吕先生是第一位领我进入对外汉语教学领域的人。1982 年我于北京语言学院(即北京语言大学)毕业留校。1984 年初学校把我送到美国中部的一所大学做访问学者。临行时,接到通知,让我去见院长。原来吕先生跟每一个出国的教师都要有一段语重心长的谈话。院长殷切地希望我要把所有的时间都用起来,一边教汉语,一边在大学选课进修。二十多个春秋过去了,我惭愧自己无所作为,但先生的教诲铭记于心。母校的多位师长,刘珣先生、赵金铭先生、刘月华先生等一直关心我、鼓励我,从他们那里,我得到了多少恩泽！衷心感谢各位师长。我学识谫陋,心余力绌,研究做得不深入,书中有很多缺点。今天把它呈现于大家,恳请方家指教。

庞嘉瑶老师为本书做了生动精彩的插图。司红霞、崔立斌、严书宇等教授,还有诸多同仁给予我热情的帮助。张九武和张中给我很多有力的支持。我的父母对我无私的付出时时鼓励着我。非常感谢国家汉办的热情关心。感谢北京大学出版社汉语语言学编辑部沈浦娜主任和沈岚编辑。她们为本书做了大量认真细致的工作。匿名评审员对本书提出多方面的宝贵建议,我特此致谢。在大家的热心帮助下,本书得以问世。能在北大出书是我莫大的荣幸!

本书出版之时正值汉语从一个"非普遍教授语言"的小语种迅速跃升为世界上热门的语言,师资培训就成为摆在我们面前紧迫的任务。因此,本书既可以作为高等院校对外汉语(教学)专业的教材,也可以面向对语言教学与研究感兴趣的广大师生和研究者。

第一章　语言习得理论研究

第一节　语言习得理论概观

对于正常的儿童来说，学会一种语言是一件极为自然的事情。以说英文的儿童为例，他们从说一个字开始，到会说两个字，大约需要二十六个月，再到会说简单及复杂的句子，只需要三十四个月左右（Brown, 1973）。儿童在短短的时间内，如此容易地习得了复杂的语言，是一件不可思议的事情。然而，成人就大不相同了。从掌握语音、词汇到短语、句法，从听力、阅读理解到会话写作，往往要有意识地付出很大的努力。为什么儿童习得语言会比成人容易得多？儿童是如何习得了母语？用了怎样的能力，经历了什么样的习得过程？在学习第二语言时，这种能力是否还一样奏效？心理语言学家的一个重要任务就是研究第一语言和第二语言的习得能力、习得过程和学习策略，揭示语言习得的规律。完成这一任务不仅有助于我们进一步理解语言的本质，而且有助于我们了解人类的智力因素和认知能力，理解语言习得的过程，从而也会指导我们的语言学习和外语教学实践。

人们是如何获得语言能力的呢？对此学者们做出了各种解释，形成了不同的语言学派。语言学由心理学做其理论基础，同时与哲学、教育学、社会学等学科相互作用（吕必松，2007）。如果语言学家们在心理学、哲学、社会学或其他理论科学方面看法有分歧，这种分歧势必会影响到他们对语言的看法和对语言习得能力的看法。而且，由于观察角度不同，各学派对语言、语言习得能力及习得过程的解释便莫衷一是。

对语言的本质、习得过程的认识也关系到语言的教学。教学理念的产生、教学大纲的制定、教学内容的安排、教学法的选择、课堂教学活动的技巧，无一不与我们对语言的本质、语言习得过程的认识相联系。如果我们认为语言是知识,语言习得是获得语法知识,我们就会用传授知识的方法来进行教学。如果我们认为语言是一套习惯,语言习得是习惯的养成,我们就会用刺激—反应的方法来使学生养成语言的习惯。如果我们认为语言是交际的工具,语言习得是掌握这一工具的过程,我们就会重视语言的实用性、重视对学生语言交际能力的培养。本节着重讨论行为主义心理语言学、生成语言学、认知心理语言学等不同的心理语言学派对语言的本质、语言习得的能力、语言习得过程和习得方法等问题的不同看法。

一、行为主义心理语言学

1. 语言的本质

在 Chomsky(1965)所创导的心理语言学以前,语言习得理论和语言教学方法是建立在 Skinner(1957) 的行为主义心理语言学的基础上的。这一理论在美国的语言教学,包括汉语教学中影响甚广。行为主义心理语言学认为语言是一套习惯,语言习得是此习惯的养成。揭示语言行为的模式是刺激—反应理论(The stimulus-response theory)。人们的话语就是对其环境或他人的语言、行动所做的一系列反应。比如孩子学说话时所做的反应正确,大人就会给予肯定与赞扬。把语言行为加以强化,便形成了语言习惯。语言行为则是语言习惯的总和。

2. 语言习得能力

行为主义心理语言学家不重视语言能力的研究,因为语言能力属于思维能力的范畴,看不到也不容易测量。这一学派认为语言能力既不随着生理、智力认识的成熟而发展,也不与语言习得的特殊能力相关。Skinner 认为语法规则是一种特定的语言行为。语言行为与其他行为并无不同之处,语言习得能力和别的学习能力比起来,并无特殊的地方。语言能力是由一些不相关的言语行为单位组成,如语言的听,说,读,写。这些能力在频繁众多的刺激—反应过程中得以强化。

3. 语言习得过程

Skinner 认为语言习得过程是人们通过刺激反应和条件反射所养成的一套语言习惯,此习惯在不断地强化(Reinforcement)的过程中养成。因此,语言环境很重要。语言行为和产生语言的环境紧密关联,而且有高度的规律性。在语言学习过程中,学习者的任务是对外界条件作出迅速的反应,进行接受性的学习。一个幼儿是怎样学会"牛奶"这个词的呢?当孩子很饿、妈妈喂他牛奶时,牛奶这一物体势必会引起孩子的强烈的行为上的反应。此时妈妈对孩子说"牛奶",孩子便自然地把这个词与实物联系起来了。如此反复多次,"牛奶"这个词便学会了。此外,刺激—反应论认为语言的理解和产生是独立的,是要分别训练才可养成的习惯。

新行为主义心理语言学试图用"传递刺激—反应"(Mediation Theory,也见桂诗春,2000),来解释语言的抽象能力和外部刺激与内部反应的关系。比如语言是怎样通过反应作用于人的?语言是怎样用来表现非当时当地的事物,新的话语是怎样创造出来而又被理解的?传递论认为对刺激所作出的反应可分为两部分。第一部分是外部的,能看得到的反应。第二部分是内部的,看不见的,比如人们对外界刺激所产生的感觉或抽象的概念。传递反应本身可以起内在的刺激作用,引起新的反应。比如,"失火!"这个词可以传递"危险"的感觉,并刺激人们做出"救火"的反应。因此语言可产生传递性的刺激,传递性的作用。传递理论用来解释人们是怎样从实际生活经验中通过刺激—反应这一基本模式概括出来种种的概念,并用语言表达出来。

4. 刺激—反应模式与语言习得

新行为主义心理语言学的理论仍基于刺激—反应的模式,重视语言学习中强化的作用,反应的正确与否都予以清楚的反馈。这是它不能解释抽象思维能力的独立性的一个原因。首先,儿童并不是通过刺激—反应的模式,而仅是通过大量的模仿来习得语言的。比如说母语为英语的儿童在习得动词的过程中会普遍出现泛用动词后缀"-ed"的偏误,如 goed, comed, eated, drinked (Brown, 1973)。这些偏误出现在特定的习得阶段,且有规律可循。这些偏误显然不是模仿的结果,因为在成人的语言中自然是没有 goed 和 comed 此类词的。儿童不会一句句地模仿大人。即使模仿也是有条件或有目的的。如 de Villiers & de Villiers(1973)指出,儿童在语言习得早期模仿大人时,是有选择的,或是在已经掌握的句子结构中替换新词,或是用已经学会的词套在某一形式中以组成新的句子结构。选择性的替换模仿表明儿童的语言习得是建立在对内容加以理解的基础上,略懂了句子的意思,既非全新,亦非熟练。于是模仿则是儿童练习自己语言能力的一种手段。

儿童在语言习得过程中没有表现出保守的模仿而是充满了生动的创造力和创新精神。他们能举一反三,把新学的词应用于不同的语法形式,而且这种语法形式出现于不同的句式结构;他们往往给大人一个惊喜,纳闷孩子是在哪儿听到过、学到了如此的句式。其实他们很可能并没有听到过,是自己创造出来的。儿童的语言创造力使他们造出无数闻所未闻的句子。比如他们能够造出动词的被动式,双宾语和使役句,而从来没有接触过、听到过这些动词是怎样在这样的句式中运用的。比如被动式:"It was bandaided.""How was it shoelanced?"(Clark,1982);双宾语:"Button me the rest.""I said her no."(Bowerman,1983);使役句:"Do you want to see us disappear our heads"(Bowerman,1987)。

其二,强化性(Reinforcement)的语言学习不能解释儿童习得语言的现象(Brown & Hanlon,1970;Baker & McCarthy,1981)。正如Pinker(1989)指出的,第一,儿童说错的时候大人往往不去纠正;即使大人告诉孩子怎么说正确的话语,也往往跟孩子语言的偏误没什么关系(Newport,Gleitman & Gleitman,1977)。第二,即使大人纠正了孩子的偏误,这种纠正也不一定是清楚的。Hirsch-Pasek等(1984)的实验发现20%的两岁儿童的语法错误被大人重复(即纠正的一种方式);但12%的两岁儿童的正确话语也被大人重复(即鼓励的一种方式)。由此可见大人的这种强化行为往往可能误导孩子:大人的重复是纠正呢?还是鼓励呢?第三,纠正儿童的偏误(negative evidence)。尽管家长对孩子所提供的清楚的纠错信息不一定会被孩子采纳。第四,纠正儿童的偏误,即使有用还得是必要的,是习得语言的一个条件。换句话说,如果学习者的偏误得不到外界的反馈,他们就学不会语言。

Baker(1979)总结了大量的儿童习得语言的数据后,提出了在语言习得中所存在的一个逻辑上自相矛盾的现象(Baker's Paradox)。儿童语言中的偏误往往得不到纠正,而且儿童习得语言绝非通过单纯地模仿成人;此外语言内部的结构,比如动宾结构,往往是任意的、不受语义、认知方面的限制。在既不被纠正又不纯模仿成人语言,并且语言的内部结构是抽象的情况下,儿童是如何对所接触的言语进行假设与语法判断的?又是怎样纠正自己的偏误的?这些问题被称为语言习得中的逻辑问题。

5. 刺激—反应模式与强化性的语言教学

既然语言的获得是学习的结果,第一语言与第二语言的掌握过程则基本一致。曾盛行于美国的外语教学听说法(Audio-language Approach)就是建立在行为主义心理学与结构主义语言学的基础上的。在理论上,这一教学法认为语言习得是通过一个有效的语言环境和有系统多样化的外界刺激所引起的内在反应。这一反应通过语言行为表达出来。在实践上,这一教学方法强调语言环境的重要性(如使用视听设备与语言实验室),强调反复的语音和句型操练,严格的奖罚制度,如迅速纠正学生的错误,教师控制语言环境以不给学生犯错误的机会等。

行为主义心理语言学的理论基础有很大的局限性,如把学习看作接受性的,把学习者看作被动的,机械性地对外界作用所做出的一系列的反应。但它所提倡的教学技巧和方法在不少方面还是值得借鉴的。比如对语言技能的训练,或是机械性的操练,或是替换练习,在语言教学中,特别是在教初年级的学生时,有时甚至是必不可少的。再比如,听说领先的原则用于中文教学的某些方面也行之有效。Packard(1990)对美国大学中文一年级的学生什么时候开始教汉字效果最好这一课题做了实验调查。抽样为两组一年级的学生。第一组在学期一开始就进行汉字学习,第二组则在语言学习的三个星期以后才开始。一个学期结束时,作者对两组学生在发音、认字等四个方面进行了测验。结果证明第二组在语音方面明显优先于第一组,而在别的各方面与第一组没有统计意义上的显著差别。一年以后 Packard 对两组学生又进行一次测验,结果说明第二组学生在口语表达方面有统计意义上的显著不同。这一实验结果从另一个角度说明在中文教学领域中把听说技能提早和单独训练的重要性。

二、转换生成心理语言学

1. 语言的本质

Chomsky 全面深刻地批评了 Skinner 在《语言行为》一书中所论述的理论,提出了句法的深层结构(Deep Structure)与表层结构(Surface Structure)、创导了转换生成语法(Transformational-generative Grammar, 1965),使研究的重点从语言的表面结构和言语行为转移到底层结构和语言本质性的问题上。这是

Chomsky 早期的众多的贡献之一。以 Chomsky 为代表的转换生成语言学家认为语言是一个由句法规则和抽象的语言原则(Principles)所组成的复杂的体系；虽然说话者往往讲不出这些规则是什么，但它们却是语言运用的基础。生成语言学家进一步提出了语言能力(Linguistic Competence)和语言运用(Linguistic Performance)的不同。前者指在人的大脑中对本族语言所隐含的知识，这些知识以规则的形式出现，如可以把声音与意义联系起来。后者指语言能力的实际运用。语言的运用只是一种行为表现、一种活动。语言学家所关心的并不在于研究人们的语言表现，而是要发现解释语言表现的内在规律，即隐含的语言知识与语言能力。

强调对语义领域研究的学者们（如 Katz & Fodor, 1963)对乔姆斯基的纯句法结构的语言信息处理学说提出了不同的意见，他们认为只有把语义包括在句法关系中，才能全面的解释语言本质性的问题。比如"(名词)很生气地推开门"这个句子，并不是任何名词都可以填入，只有代表有生命的动物名词才可填入，否则句子虽然符合语法，却无任何意义。由此可见，句子的意思由语义所决定，由句法结构表现出来。Fillmore(1968)和 Chafe(1970)提出了格语法(Case Grammar)，认为句子结构是由动词的语义功能及名词与动词的关系所决定的；用格的概念能更清楚地表示词与词之间的关系，因而能够更深刻地分析深层结构。格语法仍是生成语法，它试图解释语义对语法结构的影响，人们是如何判断一个句子是否有意义的。Halliday(1978)提出了"功能语法"(Functional Grammar)，认为语言功能既可以直接地说明语义功能，又可以提供很精确的句法体系，补各家之不足而创立了一种新的模式。

语义学家认为句法规则往往不能确定儿童在特定情况下说话的意思。举一个例子(Bloom, 1970)：在两种不同的情况下，孩子说："妈妈，袜子。"一种是孩子从地上捡起袜子时说的，另一种是当妈妈给孩子穿袜子时说的。两句话尽管形式一样，句法结构相同，意思却不同。前者的意思是"妈妈的袜子"，是所有者和宾语的关系；后者是"妈妈给我穿袜子"，是施事者和宾语(受事物)的关系。在分析了大量的儿童言语后，Bloom 指出语序是语义关系的标志。语义是通过句法结构表现出来的，而不是句法结构是由语义表达出来的。

语义学与 Chomsky 传统的语言学有不少共同之处，如他们都认为语言是由语法规则所组成，语言包括语言能力和语言运用表现两个方面。此外，语义学和传统语言学都以转换生成语法为框架,都着重研究语言的普遍性和语言习得的共同性,以发现语言和语言习得的普遍规律。在另一方面,语义学和认知心理语言学都强调语义的重要性,强调语言的内容和意思先于语言的结构和语言形式。语义学更属于语言学的一个分支,其理论基础是转换生成语义学。认知心理语言学更属于心理学的一个分支,其理论基础为Piaget的认知发展心理学。以Chomsky为代表的语言学家对语言的本质方面所做的论述,使心理语言学进入了一个崭新的阶段。语言学从心理学中吸取了实验方法与实证方法来做论证方面的研究。

2. 语言习得能力

Chomsky(1965)认为人类具有语言习得的机制Language Acquisition Device(LAD),这种先天的语言智力组织存在于人们的大脑中,被临界期(Critical Period)所控制(Lenneberg,1967)。语言智力组织储藏着关于如何划分语法成分和句法结构,语言的深层结构和句法转换规则等语言知识,具有进行语言信息处理的特殊功能。存在于人脑中的语言知识被称作为普遍语法:在人类所有的语言的深层结构中都存在着共同的语言原则、语法规则和语音规则。这些内在的语言知识包括所有语言都有的共项,为人类语言所共有。像翅膀使鸟儿可以飞翔一样,语言习得机制提供给我们先天的语言习得能力,普遍语法提供给我们语法原则的知识,使我们自然地学会了说话。

确实,儿童在一开始就具有一定的语法能力,能够自然地把名词与动词分开,把主语与宾语分开(Slobin,1979,Brown,1973)。他们知道名词往往指人物,事物或事情;动词往往指行为或事物之间的关系。而且,词与词之间往往是有规则地联系在一起的(Nelson,1981)。即使在刚开始说话仅会说一些单个词汇时,每个词都受到语法规则的限制,他们说的每个词都可以被认为是一个句式深层结构的直接表达(Dale,1976)。

在第二语言习得中也有相似的现象。比如学习者是怎样学会了语义相仿而句法结构迥然不同的语法结构的呢?比如中文的"推荐"与"建议","支持","赞同"与"同意";英文的give与donate等。试看以下例句:

1a. 我推荐他当大会主席。

1b. 我建议他当大会主席。

2a. 我推荐他。
2b. ＊我建议他。
3a. 我支持他的意见。
3b. 我赞同他的意见。
3c. 我同意他的意见。
4a. 我支持他。
4b. ？我赞同他。
4c. ＊我同意他。

从语义出发，第二句 a 和 b 没有什么差别。但在语法上 2b 是不可以接受的。同样，3a、3b、3c 的语义差别甚小，4a、4b、4c 的意思也相似但 4a、4b、4c 在语法结构上就很不同了。仅凭籍着语义知识和认知概念并不能使学习者区别近义词在句子中的不同句法规则，也不能解释学习者是通过什么样的途径认识到这些近义词在语法上是受到哪种不同的句法制约的(Pinker, 1989)。学习者是借助了固有的句法知识学会了不同的语法结构。

3. 语言习得过程

心理语言学家在解释语言习得过程时，有很强的结构主义和先验主义的成分，如强调语言能力的内在性(Innateness)与天生性(Nativist Theory)，也强调语言规则的自然习得。人类语言的最高形式为普遍语法。普遍语法由若干固定的抽象的原则为代表形式，是人类生来固有的。普遍语法帮助学习者建立起一个与普遍语法相吻合的中心语法(Core Grammar)以及边缘语法(Peripheral Grammar)。边缘语法包括某一具体语言的特征，具有某一语言的特殊性，不为普遍语法所涵盖。儿童在具体的语言环境中生活，每日每时都会接受到大量的语言输入。所接触到的语言素材就像导火索一样使存在于大脑中的语言习得智力组织迅速觉醒，激活，发生效用。儿童凭借着普通语法规则不断地分析所接触的语言，用固有的语法知识对大量的语言素材作出推理假设，在语言运用中检验其正确与否，使那一种具体的语言系统内在化。语言习得机制的目的就是使语言规则内在化，因为这些规则是理解和产生语言的基础。

确实，习得一种语言对孩子来说是件轻松的事。无论在任何社会，在怎样的语言环境下，无论是多么复杂的语言，儿童习得母语的方式都是自然的。婴儿从一开始就具有对人类声音的辨别能力（Molfese，Molfese & Carrell，1982）。他们在生下来的头几年,在其身体和智力还不发达的情况下,就顺利地掌握了母语。在语言习得过程中,他们借助普遍语法不断地分析所接触的语言,用句法知识对大量的输入的语言进行推理假设,并在语言处理和运用中检验他们所做的假设是否正确。他们习得语言的速度非常快,幼儿从十二个月开始学说话,到四、五岁时,语言表达能力已经基本上达到了成人的水平。天津市卫生局 1979 年的调查统计报告了中国儿童词汇增长的飞跃速度：到两岁为止的词汇量为 139,而到了 3 岁就增长为 962（转引桂世春,2000）。而且他们的词汇内容有了明显的增加,不仅仅是名词、动词,还有形容词、副词、介词等。

以 Chomsky（1981，1995）为首的语言学家提出了原则与参数理论（Parameter Setting）,认为自然语言之间的差异并非基本结构上的、而是参数设定上的差异。某一语言的基本语言材料的设定都带着那一语言的参数特征,比如汉语的句式以主述题为结构,主语和宾语可以省略等。语言习得者所接触的大量的语料中都有这种语言的参数特征,观察检验这些特征促使了学习者的语言、语法形式不断地趋于母语（如果是习得第一语言）或目的语（如果是习得第二语言或外语）。从某种意义上来说,语言习得的过程就是参数设定的过程。

4. 证据与反证据

归纳起来,以 Chomsky 为代表的心理语言学的主要证据有五点。

第一,由于人类先天的语言习得机制都一样,因此不同语言的儿童习得母语时往往有相同的习得过程,如错误地泛用语法规则,主语—宾语的次序习得等等（Slobin & Bever,1982）。Goldin-Meadow & Feldman（1977）对 6 个耳聋的孩子做了纵向研究,从不同的方面提供了证明：语言能力是独立地发展的。这些孩子的父母都有听觉,都不会手势语,也不认为手势语真有用。然而,他们各自的孩子都发明了一种手势语,而且其内容与语言结构都有相似的发展过程。此外他们手势语的发展经过与语言正常的儿童及学手势语的聋哑儿童的经过相一致,如先是单词话语（Single-word utterances）,再是双词话语,然后是句子或更复杂的句子形式。Goldin-Meadow 和 Feldman 认为不论在怎样的环境下,儿童都有某种自然倾向去创造一种自成系统的语言。

第二,儿童所出的偏误从另一个角度证明语言习得是建立在语法规则的基础上、是语言创造性特征的一个反映。否则,如果像行为主义心理语言学家所解释的那样，儿童只是听到什么说什么，他们就不会出现"taked"、"goed"、"drinked"和"foots"一类的错误。大量的不规则动词的正确使用出现在儿童言语的最初级阶段，如"took"、"brought"、"went"等形式，规则的动词形式也出现了。这些形式是儿童一个一个地从大人的语言中学来的，而且他们也没有认识到"talked"是由动词的词干和屈折变化"-ed"而组成的；他们把"talked"、"went"的整个形式作为一体而运用于与他们的言语中(Pinker，1990)。后来根据他们对动词过去式的不全面的观察、概括出了一条过去式的规则：加动词后缀"-ed"。他们创造性地运用这一规则于所有的动词，他们的言语中就出现了泛用这一规则的偏误，把所有的动词规则化、加"-ed"，于是出现了"taked"、"goed"。在他们习得动词形式的第三个阶段，才开始又出现不规则动词的形式如"took"。

第三，当儿童出语法错误时，往往不会被纠正。父母往往不在意孩子语言形式上的偏误，即使孩子被纠正，也不起什么作用。但过一段时间以后，儿童会自己改正。这些现象说明儿童很可能是依据了语言习得机制。如上面的例子，儿童是怎样认识到"goed"、"drinked"是不允许的呢？也许是用了普遍语法中的一条内在的制约性的原则，唯一性原则(Uniqueness Principle)：每个动词不能有一个以上的过去式形式。当他们认识到"took"、"brought"、"went"是过去式时，就把"taked"、"bringed"、"goed"废弃了(Pinker，1990)。

第四，说英语的儿童是如何学会区别同义词在句中不同的句法规则的呢？如同义词 give(给)和 donate(赠给)、tell(告诉)和 report(报告)、own(占有)和 have(有)、move(移动)和 go(走)，仅仅语义知识无法告诉儿童这些同义词的语法结构是截然不同的，比如(Pinker，1989a)：

5a. John gave a dish to Sam.

5b. John gave Sam a dish.

6a. John passed the salami to Fred.

6b. John passed Fred the salami.

7a. John told a joke to May.

7b. John told Mary a joke.

例句 5、6、7 的 a 和 b 都是正确的，但 8b 和 9b 在语法上却是不能接受的。

8a. John donated a painting to the museum.

8b. * John donated the museum a painting.
9a. John reported the accident to the police.
9b. * John reported the police the accident.

儿童很可能是借助了动词句法知识才学会了其语言结构。

第五,"野孩子"的事例和病例(如 Curtiss,1977；Lane,1976)意味着学习语言有一个临界期(The critical period)(Lenneberg,1967)。在临界期以前,儿童通过左半脑习得语言,如果左半脑在临界期以前没有及时地运用或受到损伤,其功能就会萎缩,语言能力便转移到右半脑。如果在临界期以后开始学习语言,这种左右半脑的语言功能便不能如此灵活地转移。而且,此时左半脑原有的语言习得能力功能明显地衰退,习得语言也就困难得多。

生成语言学对语言习得的论述也面临着不少挑战。首先,语言习得机制的具体性质是怎样的,其中包含什么样的内容,是一个争议甚多的问题。尽管比较多的心理语言学家接受语言习得能力为人类所有、并且为人类遗传而来,但对这一观点的理解和认识却不一致。以 Chomsky 为代表的语言学家认为应该包含对语言本质性的知识,基本的语法关系和语法范畴,如语法分类和转换规则,即语言的共同规律。另一种观点(如 Bowerman,1989,2000)则认为儿童生来并没有什么特别的语法、语义、语音范畴的知识,而只是某些把经验和意义组织起来的能力,这些能力可以帮助儿童对语言结构形成做出种种假设,并通过实践来选择那些正确的假设。语言习得机制不能直接告诉儿童语言是怎样的,而只能帮助儿童去发现语言是怎样的。比如,McNeill(1966)指出,儿童语言习得的速度并不像传统的生成心理语言学家们所说得那么快。儿童四岁以后仍在习得复杂的语法规则(如定语从句),学习词汇则是一辈子的过程。

其二,语言临界期的学说也受到批评。比如 Curtiss(1981)指出,如果在临界期以前没能习得语言,在临界期以后仍可以掌握许多语义知识。而且到目前为止,并没有具体的数据能证明第二语言的习得能力严重地受到年龄的影响(Chun,1980)。在另一方面,Dennis & Whitaker(1976)对失语症的病例做观察总结,指出失语症患者的年龄越大,恢复语言能力就越感困难。但是这并不足以证明青春期就是语言习得的临界期。有些即使是5岁左右的儿童,如果他们的左半脑受到损害,也会出现语言障碍。到目前为止,语言学家们似乎更倾向于多种临界期的假说,如不同语言能力各有本身的临界期,语法结构的习得在青春期以前就完成了,语义习得则晚一些,词汇习得则是一辈子的过程。

其三,生成语言学认为环境是激活促进语言习得机制的条件,但是儿童习得语言不是仅从语言环境中而来的。心理语言学家在实验中发现语言环境所起的作用要比生成语言学家们所假设的大得多。如果儿童所接触的语言素材是单一的,缺乏说话人之间的交际与互动,比如仅仅是来自电视,即使他们天天看,也仍然学不会如何说话(Snow,1977,1999；Sachs & Johnson,1976)。另外,生成语言学往往是根据说本族语的人判断孤立的句子能否被接受的数据来检验其理论,这样的研究方法有局限性。此外,生成语言学低估了语言的社会性,忽略了语言在某些方面的约定俗成的特点。

5. 生成语言学与语言教学

在生成语言学与语言教学的关系方面,一些心理语言学家(如 Wexler,1982；Pinker,1984)指出普遍语法的原则存在于人脑中,儿童接触了大量的语言素材后,人脑中的普遍语法被激活,发生作用。这样学习者凭借着普遍语法,随着自然的语言发展过程,掌握某一具体语言的语法规则,习得该语言。既然复杂、抽象的普遍语法并不是有意识地学到的,自然也就不是能教会的。而且普遍语法的具体内容究竟是什么,仍在探讨之中。我们能教的仅仅是我们所能描写的那一部分。只要我们给学生大量的语言素材,学生就能无意识地学到我们所不能描写的那一部分。从这一点来说,生成语言学与语言教学的关系不是直接的,而是间接的。在这一框架下,教学中有两点是很重要的。一是大量的语言素材的输入,二是对语言运用环境的重视以保证输入语言的质量与效果。此外,生成语言学有较强的结构主义色彩,因此语言规则和语言结构的学习掌握受到了重视。

三、认知心理语言学

1. 语言的本质

认知心理语言学也认为语言有高度的规则性。与语义学家一致,认知心理语言学也强调语义的重要性,语言的内容、意思先于语言的结构和形式。认知心理语言学家认为语言反映了认知语义概念,是语言能力和语言表现的综合。

语言是人类众多表现方法中的一种表达方法。

2. 语言习得能力

Piaget(1973)认为语言不能包括所有的认知能力,也不能决定认知能力的发展。语言的习得能力是建立在认知发展的基础上的,因此,语言能力是随着生理、智力、心理的发展不断地成熟而出现和发展的,不是先习得语言,然后用语言来表达周围的世界,而是同步进行、相互作用、相互补充;是在对周围世界有所认识的基础上,用语言来表达自己的认识(Bruner, 1975；Nelson, 1977)。比如当幼儿还不能够辨别独立存在的实物,还没有象征性的思维时,他们也没有语言。当对周围的事物和人物之间的关系有所认识时,他们开始说两个字了。他们所谈的都是存在于他们周围的事物和事情,他们用语言来表达他们对事物的认识(Brown, 1973；Clark, 1977)。

认知心理语言学对语言习得能力的认识与行为主义心理语言学迥然不同,与生成语言学在理论上则存在着很大的分歧。生成语言学家认为语言能力与思维认知能力关系甚微;语言能力独立于认知的发展而存在,是先天的。此外,生成语言学家认为语言学理论只应解释语言能力,没必要解释语言表现的各种因素。而认知心理语言学家认为语言表现的有限性恰给心理语言学的研究提供了极有用的窗口与数据。儿童的认知能力与成人的认知能力在量与质方面都有差别。因此儿童对世界的认识自然会影响到他们的语言表达。儿童的语言不但展示了他们对于语言结构的知识,而且也展现了他们对事物的认识。

以 Piaget 为代表的发展心理学认为随着儿童认知能力的提高,对母语的习得也趋于完善。这一观点与生物进化论的观点是不同的,后者认为语言能力的发展在人类智力的发展之前,语言能力的发展促进了智力的发展。生成语言学家(如 Chomsky)和神经语言学家(如 Lenneberg)认为语言能力相对地独立与智力能力而存在,因此习得语言的能力和智力商数没有明显的关系。

比如有些痴呆孩子不但有习得语言的能力,而且能习得语言;而许多聋哑孩子在接受学校教育以前并没有正式的语言,但能对事物形成概念,认知能力正常(Lenneberg, 1967)。

语言习得能力本身是一个复杂而且奇妙的现象,由此引起各学派的争论是自然的。由于理论的出发点不一样,各学派看问题的观点与侧重则有很大的区别。

3. 语言习得过程

认知心理语言学家认为语言习得的过程是学习者对周围存在的事物和事物之间的关系进行分析、归类、概括，同时用认知能力对所接触的语言素材进行语义上归类、理解、推理、总结出语法规则的过程；是学习者的认识能力、语言能力和知识水平互动和互助的结果。在习得过程中，语言理解与认知能力互相作用，学习者既会用到属于认知范畴的技能，如分析问题和解决问题的技能，又会用到语言方面的知识。儿童用语言来表达他们的思想，他们的语言是在认知发展的基础上，在对周围的世界有所认识的基础上习得的。他们的语言直接或间接地反映了他们认识世界的发展过程(Reber，1989)。

语言的习得是人们的认知概念，语义理解和语言环境互相作用的结果。一个正常的儿童到四、五岁就能掌握本族语的语言系统，但是他/她运用语言的能力则仍然在不断地完善。与此同时他/她的认知能力和学习技能也在稳步地发展，对身边和周围世界的认识日趋丰富、成熟。语言习得能力受益于认知概念的发展、对周围环境的认识，同时在一定的语言习得阶段也反作用于认知能力。从这个意义上来说，语言习得的过程是学习者不断地组织完善其语言形式与语言规则的过程(Reorganization)(Bowerman，1982，1989)。学习者根据对语言的不完全的观察去归纳某些规则，然后再运用这些规则来创造性地使用语言。在这一过程中，他们要不断地对大量的语言输入素材进行推理假设，并在语言运用中检验其正确性。

在习得过程中，学习者还要解决的一个问题是映现问题(Mapping Problem)。学习者会用一个词来表现不同的意义。在他们造句时，要把他们对物体、物体与物体之间的关系、时间、方式等等知识映现在词、词尾变化和词序上面。需要映现的不是学习者的全部语言知识和非语言知识，而是根据语言的环境与说话者要表达的意思有选择地把有关的内容映现到语言中，而且映现必须采用不同的语义和语法手段，如词的选择，语序的安排，曲折变化形式，词缀，等等。学习者随着不断增长的语言经验与对语言的认识来解决映现问题。

1975年，Chomsky和Piaget就语言习得问题进行了一场辩论。Chomsky认为儿童认知能力的发展无法解释他们语言中的语法结构的习得，语言环境也解释不了儿童语言中的结构的产生。因此，习得语言，至少习得语法规则和语言结构的能力是先天的。Piaget反驳了Chomsky的观点，指出儿童习得复杂的语言结构的能力既不是先天的,也不是人为地从学习中获取的。在认知发展过程中,儿童的知识水平,他/她对周围世界的理解认识,和他/她的语言能力这三者互相作用,其结果促使了语言的发展、习得。由于探讨问题的立场、角度、方法不尽相同,势必仁者见仁,智者见智。

认知心理语言学和语言习得是从60年代才兴起的一个崭新学科,对语言习得的研究仍在深入,不同的理论仍面临着种种挑战。目前,心理语言学家们可以达到的共识是:

1) 人类的语言能力具有专门的神经基础,在某一程度上可以说是一种遗传的潜能,而且按照一定的发展阶段性趋向成熟(Slobin, 1996);

2) 大量的语言素材的输入和不同的社会语言环境对学习者来说至关重要,它们或是语言习得的先决条件或是基本条件;

3) 语言习得的过程有高度的规律性,学习者在不断地归纳语言规则并创造性地使用语言。中国儿童也如此,例如创造性地把草绿色叫做"军色",把在臀部注射叫做"打屁股针"(桂诗春,2000)。汉族儿童在习得中使语言规律化,泛化规则的现象同样存在。李宇明(1991)总结说汉族儿童在习得了否定词"不"后,出现了"不要"的泛化,如"不要好"(不好)、"不要想听"(不想听)、"不要疼"(不疼)。

4. 证据与反证据

认知心理语言学的根据主要有以下几点。

第一,儿童一开始用的词汇都展现了存在于他们周围的人物和事物,是当时当地的("Here and now")(Nelson, 1977; Gentner, 1982)。儿童首先对周围的事物形成概念,然后用语言表达出来。而且不同语言的儿童在24个月以前所习得的词汇大都是名词。Gentner(1982)的实验对象包括中国、日本、德国、英国和土耳其的儿童,这些儿童在24个月以前会说的大部分是身边的人物和事物,是名词。这一现象说明儿童已开始对身边的世界形成概念。Goldin-Meadow等人(1976)的实验证明儿童所理解的词汇量比会运用的词汇量大,幼儿的名词量比动词量大。因为儿童总是首先对周围的物体有所理解,形成概念,然后才能对物体之间的关系有所发现、有所认识,这时才习得动词。

第二,Slobin(1985)和其他心理语言学家(如Block & Kessel, 1980)总结了儿童习得语法词素的规律:儿童在理解了语法词素的基础上,才开始运用这些词素。如他们先懂得"-s"表示名词的复数,然后"-s"才在他们的语言中出现。他们是先有数的概念,再掌握名词的单、复数。先有时间的概念再习得动词时态。因此,语言的运用是建立在概念趋于成熟和理解的基础上。语言、认知和语言运用的社会环境,这三者的互动作用促进了语言的习得。

第三,一些语言学家(Bowerman,1982,2000;Sinclair-de-Zwart,1973)还发现儿童首先形成认知语义概念,如施事者,受事者以及施事者与受事者之间的关系。语义概念与认知概念有直接的联系。然后,儿童才逐渐地有了主语,宾语的语法概念。儿童的早期语法是建立在认知语义学的基础上。比如,Greenfield 和 Smith(1976)对 7 到 22 个月的儿童话语进行研究,总结出他们习得的次序,先是施事者,然后是承受动作的物体(受事物)、地点、所有者、受事者。这些语言功能的次序反映了儿童对事物的认知能力的发展。此外,心理语言学家(如 Slobin,1979)指出了语言功能、交际意图于与语言表达的关系(Semantic mapping),我们需要从两个方面来考虑儿童说话能力的发展:一是随着儿童年龄的增长,他们的交际意图也随之增加。交际意图的增长是语言发展的来源之一;二是儿童懂得更多的母语结构,能把语义和交际意图映现(Mapping)在更复杂的结构中。

认知心理语言学所面临的反证也不少。首先有不少实验例证说明语言能力和认知能力很有可能是彼此不相关的。比如 Cuitiss(1981)的例证表明患有认知综合症儿童认知能力测验成绩非常低,但他们的语言能力却与正常人一样。另一个例子是美国女孩子吉妮的语言习得过程:她 13 岁以前被父亲关在壁柜里,与外界隔绝,与语言隔绝。13 岁后被人发现。接受了语言训练以后,虽然她的语义知识和认知能力进步很大,达到了正常人的水平,但句法能力却仍然很低。Cuitiss(1981)认为句法与语素能力的发展与认知能力没什么关系,而语义与认知能力的关系却是很密切的。

认知心理语言学强调学习经验、认识的作用,认为儿童的语言能力是认知经验的总结,是认知能力的反映,但在某种意义上却忽略了语言能力的发展也有力地促使认知能力的发展这一作用。另外在儿童语言习得的过程中,并不总是认识和概念的形成先于语言的表达。在他们语言习得的某一阶段,语言的发展先于认识的形成(Rice,1989a)。

5. 认知心理语言学与语言教学

认知心理语言学家提倡多元的语言输入。教学途径应该使学习者运用其认知能力来分析归类语言输入素材，组织语法结构，储存语言规则。由于语言知识是按照语义分类，有规则地储存，我们在说话书写时才能迅速准确地产出语言。对教学的意义可总结为以下4点：

第一，要站在学习的角度上，使输入的语言材料不仅仅容易理解（comprehensible），而且能够掌握（Comprehended）。

第二，提供给学生的语言输入材料要遵循学生的认知能力与语言水平，有益于他们的理解与分析。

第三，给学习者创造的语言环境与语言输入要适合他们的习得方式和学习方法。这样学生才能够容易地分析组织语言素材，总结、储存语言规则，并有效地生成语言和运用语言。

第四，强调认知技能和学习策略的发展与运用，如学生应该如何分析、归纳语言材料？对语法规则进行怎样的推理？在语言运用中如何加深对语言规则的理解？教学环境与教学输入的设计要有目的地锻炼学习者举一反三、归纳推理的学习技能。换句话说，教学要提供给学习者独立地分析语言素材，大量运用语言的机会。这样，学习者在学习中始终是积极的，善于思考，善于分析和解决问题。

结　语

当一个学科处于发展阶段，在理论上还没有大量的有说服力的证据，在研究上还处于初期，没有能够对假设提供充分的实证时，百家争鸣的现象是必然的，而且是健康的。理论上的争论和研究结果的不同促使我们对语言与语言习得的认识与理解，促进我们用全面的观点，从不同的角度看问题，也进一步激发我们的寻真求实精神。

本节围绕语言习得方面的几个理论问题进行了讨论。这些问题包括

1）语言的本质；
2）语言习得能力；
3）语言习得过程及方法；
4）科学研究论证；

5）理论研究对语言教学的影响。

对于语言习得的一系列问题，由于各家学派观察角度不一，理论框架不同，便形成了"横看成岭侧成峰"的景况。表1把这一节讨论的内容大略总结如下：

表 1

	行为主义心理学	生成语言学	认知心理语言学
语言的本质	习惯的养成；语言表现、行为	规则性，普遍语法句法规则；语言能力	规则性，认知语义概念；语言能力和语言表现的综合
语言能力	训练的结果	语言习得机制先天固有	认知、语义、环境、知识水平相互作用的结果
语言习得过程/方法	刺激/反应环境强化的结果	激活普遍语法，受语法规则、原则的制约；对语言的假设并证明	认知能力的发展；归纳推理的学习技能，语义关系
研究论证	语言行为、习惯的养成	语言习得的逻辑问题，儿童语言习得能力的强劲性，语言习得的普遍过程	先有理解，形成概念，再有语言的表达；词汇的"当时当地"性，认知语义概念的发展
对教学的影响	听说法语言环境的强制性	间接的；以学生为中心，从习得的角度出发；大量的语言输入	多元互动；以学生为中心，适应其学习方式，认知能力；学习技能、策略的发展

第二节　第一语言与第二语言习得比较

儿童习得语言的能力是奇妙的。无论多么抽象复杂的语言，无论如何不同的文化背景和语言环境，每个正常儿童都能容易、迅速地掌握母语。绝大多数成年人学习语言则要经过一个漫长、甚至是艰难的过程。而且学习了十几年以后,往往仍未能达到流利的水平。从语言习得的结果来看,儿童与成年人的差别也颇为明显。儿童习得语言一定要达到与母语完全相同的水平,而绝大多数成年人学习语言在未能达到与目的语相一致的程度便停滞不前,用 Selinker(1972)的说法,"石化"了(Fossilization)。比如 Hammerly(1991)的调查研究表明,尽管很多在目的语国家的学习者在目的语的环境下已经生活很多年,但其语言水平只是达到 ACTFL 语言水平等级的中级。Kowal & Swain(1997)及 Swain(1985)指出,参加目的语的语言环境与语言学习的加拿大学生,他们的话语能力和交际策略能力比较强,但在语法方面却是很弱的。

如何解释这些现象,是哪些因素造成了儿童与成年人习得语言的差别?本文试图对这些问题进行讨论。解释第一语言和第二语言习得之不同的研究方兴未艾,基本上可以归纳为以下几个方面:

1)第一语言和第二语言词素、语法的习得顺序
2)语言习得机制/普遍语法与语言习得
3)生物脑神经的分工对习得语言的影响
4)认知能力对习得语言的作用
5)Krashen 的监控模式
6)学习动机、心理、情绪与语言习得的实验研究
7)语言环境与语言输入对语言习得的影响

一、第一语言和第二语言的习得顺序研究

1. 对语法词素的习得

以 Chomsky 为代表的生成语言学家提出了普遍语法,注重语言习得的共性。心理语言学家们对第一语言和第二语言的习得做了实验性的比较,调查二语习得中相似的现象与可能的规律。尽管儿童与成年人语言习得的结果差别甚大,但在学习过程中,他们还是存在着不少共同之处。比如,儿童与成年人习得英文语法词素、否定句、疑问句的顺序均有一致性。

在第一语言的习得研究中,Brown(1973)对三个说英文的儿童做了纵向研究,详细记录了他们对词素、否定句等语法项目的习得过程,是第一语言习得研究中最早的典范。这三个孩子习得屈折词素的速度不一样,他们习得下列词素

时的年龄并不相同,但习得的顺序却是一致的(表1),如先习得不规则动词的过去式,后习得规则动词的过去式。他们似乎是遵循了固定的习得顺序。

表1 说英语的儿童习得词素的顺序

习得顺序	习得内容
1	现在进行时的-ing 形式;Present progressive (-ing)
2	in, on
3	规则名词的复数形式;Plural (-s)
4	不规则动词过去式;Past irregular
5	所有格形式;Possessive (-'s)
6	判断词是的非缩写形式;Uncontractible copula (is, am, are)
7	冠词 Article (a, the)
8	规则动词的过去式;Past regular (-ed)
9	规则动词第三人称的形式;Third person regular (-s)
10	不规则动词第三人称的形式 Third person irregular

继 Brown(1973)后,从事第二语言习得的研究者也对英语屈折词素习得的顺序进行了调查。如 Dulay & Burt(1974)对60个说西班牙语的儿童和55个说汉语的双语儿童(均为6—8岁)做了横向研究,让这些儿童做双语句法量表(The Bilingual Syntax Measure),来调查语言背景不同的儿童掌握英文语法词素的顺序是否和母语为英语的儿童相似。他们发现,尽管每个人习得语言的速度有别,语言背景不同,但掌握语法词素的顺序却是一致的,而且与 Brown(1973)的母语为英语的儿童习得的顺序颇为相似。

儿童如此,成年人的习得顺序是怎样的呢? Bailey, Madden, & Krashen(1974)调查了成年人学习英语语法词素的顺序,抽样为73个母语背景不同的在纽约奎因大学英文班学习的成年人。他们用了与 Dulay & Burt(1974)同样的实验设计和研究方法。他们的实验结果,第一,证实了 Dulay & Burt 的实验结果,即不同母语背景的人学习英语的语法词素的顺序均是一样的;第二,说明了成年人和儿童习得英语为第二语言语法词素的顺序一致;而且与 Brown(1973)所研究的儿童习得母语的顺序也有不少相似之处,比如都是最先掌握现在进行时的-ing 形式。

Larsen-Freeman(1976)继上述研究对实验做了两项进一步的改进,一是让受试者完成五个不同的语言任务,二是挑选了来自四个不同语言背景的受试者。实验目的仍然是考察英语语法词素的习得顺序。她的实验结果与上述研究的结果基本一致：不同的母语对第二语言（英语）的语法词素的习得顺序没有重要的影响。另外，不同的学习任务，除了说和模仿以外，读、写对习得顺序均有一定的影响。

2. 习得否定句、疑问句

不同语言背景的儿童和成年人在习得英语否定句和疑问句时，也有极相似的过程（如 Cazden，1972；Hanania，1974；Hanania & Gradman，1977；Schumann，1979）。比如，母语为英语的儿童最初习得的否定形式往往是把否定词直接放在句首或词首："No play baseball."，"No look."和不同形式的否定词的出现"Not me"。这个阶段也会出现助动词"do"，但总是和否定词连在一起"don't"，用法如同一个词："I will don't play."他们是在后来才掌握了助动词"do"的形式和意义，最后习得了助动词"do"的不同时态的形式，达到了形式、用法、功能的统一。

英语为第二语言的习得顺序与上述的顺序雷同（如 Schumann，1979；Hanania，1974）。Schumann(1979)调查了母语为西班牙语的成年人习得英语否定句的情况。最先出现的否定词是"no"，否定形式往往是把否定词直接放在句首（例句 5）；不同形式的否定词"not"和作为一个词的"don't"出现了（例句 6—7）。然后习得了把否定词置于动词"be"、助动词或情态词的后面（例句 8—9）。在最后一个阶段尽管所产出的句子中仍然有错误，但是能够运用否定句的规则，把语序与意思连接起来，(例句 10)。

5. No understand.
6. Not today.
7. I don't saw him.
8. I'm not old enough.
9. I will don't see you tomorrow. (Schumann, 1979)
10. I didn't went to Costa Rica. (Schumann, 1979)

Ellis(2003)总结了十个成年人习得英语否定句的实验调查研究。尽管在这十个调查中抽样对象的语言背景并不相同，但他们习得否定句的顺序很相似，且和第一语言的习得顺序雷同。Ellis 总结如下（表 2）：

表 2　英语否定句得习得顺序总结

顺序	特征	例句
1	在话语前加否定词"no"或"not"。	No you are playing here.
2	在句中(主语和动词中间)加否定词。	Mariana not coming today.
3	否定词出现在情态词后。	I can't play that one.
4	否定词出现在助动词后。	She didn't believe me. He didn't said it.

3. 对学习方法、策略的研究

　　成年人与儿童除了在习得语法词素、否定句、疑问句等语法项目方面有极相似的习得过程外,他们在语言习得方式上也颇有雷同。Slobin(1985)研究了儿童习得第一语言的过程,总结了七项儿童习得语言的基本方法。其中大部分的方法也同样被成年人广泛地运用于第二语言习得中,如泛用语法规则,注意词序和词素的位置等等。儿童和成年人在习得语言过程中都泛用语法规则,使语言简单化、规律化。比如,"John reaed the book yesterday.""Does Many should go with you"这类的错误说明,说话者已掌握了一定的动词过去式和疑问句变化规则,而且都能创造性地把这些规则用于新的语言环境中。然而,新的语言环境要求特殊的形式、特殊的规则。说话者用一种规则来包罗全部的语言现象,用一般来代替个别,使语言简单化了。这样的学习方法不但广泛地被儿童而且也被成年人所运用(Ellis,1985)。

　　上述的对第一和第二语言语法习得顺序和学习方法的研究结果说明语言本身的规则性和语言习得的规律性,也为 Chomsky 所提出的独为人类所共有的语言习得机制与普遍语法提供了证据与证明。语言的习得在内在习得机制的作用下呈现了某种共同的、固定的顺序,这意味着习得机制中的普遍语法起着作用,引导学习者经过不同的习得过程,按一定顺序去习得语言,最终获得语言运用能力。

　　学者们对上述研究结果的分析是有争议的。第一,上述实验对语言习得顺序的研究都是以英语为内容,而且实验结果并不都完全一致。第二,实验所考察的仅是对语法的习得。另外一些认知心理语言学家认为,第一语言和第二语言及不同语言背景的学习者习得英语语法词素与句子的顺序相同或相似,不一定就能证明普遍语法是基本的起决定性的因素。由于很多因素的介入使得语言习得极为复杂,也使我们必须对各种因素一一进行更全面的考查。

二、语言习得机制、普遍语法与语言习得

首先,我们应该讨论一下生成语言学是如何解释语言习得的。本章第一节中已涉及到了这个内容。为了阅读方便在这儿扼要地再总结一下。以 Chomsky 为代表的生成语言学家认为在人类所有的语言的深层结构中都存在着一种共同的语言原则。这些语言原则决定了句法规则和不同语言的种种形式。这些抽象、复杂的语言体系为所有人类的语言所共有,故为普遍语法。普遍语法存在于人们的头脑中。儿童依靠着普遍语法自然地学会了本族语。普遍语法是通过什么途径来帮助儿童习得语言的呢?普遍语法是通过人类语言习得机制(Language Acquisition Device)的作用而发生效益的。语言习得机制是一种先天的语言智力组织,储藏着关于如何划分语法成分和语法结构,语言的深层结构和句法转换规则等语言知识,具有进行语言信息处理的特殊功能。它有生成能力,使学习者通过有限的语言输入而创造出无限的新句子。每一个儿童都在某种具体的语言环境中生活,儿童所接触的大量的具体的语言素材就像导火线一样,让存在于大脑中的普遍语法迅速觉醒,发生效用。这样,无论多么复杂的语言,儿童都能凭借着天生的语言习得机制的特殊功能而掌握,使其语言系统内在化。

比如,说英语的儿童都知道"Jane^i washed her^i"是不符合语法的,而 Jane^i washed her^j 则符合语法。换句话说,在这两句话中,代词 her 必须代表与主语不同的人。而在"Jane watched television before she had her dinner"中,"she"既可代表主语"Jane",也可不代表"Jane"而代表另外一个人。儿童是如何掌握语法规则,推断出在什么情况下代词可以代替句子中的名词,什么情况下则不可以,而代表另外一个人呢?在管辖与约束理论(Government Binding Theory)(Chomsky, 1981)中,代词和名词短语之间的关系受到统约理论的限制。由于统约理论为普遍语法的一部分,因此,儿童凭借着先天的统约理论,轻易地推断出代词和名词之间的语法关系。

由于语言习得机制和普遍语法的作用,儿童能够顺利地,不出很多差错地从他们所听到的有限的语言素材中总结、归纳出抽象复杂的语法规则。他们所

归纳出的语法规则远远超出了他们所能接触到的语言素材的范围。

学习第二语言,特别是成年人学习第二语言时,人脑中的普遍语法是否仍起作用?如果起作用,是像习得第一语言那样以同等的方式,还是通过其他途径起作用?目前这些问题还远远没得到一致的、明确的答案,众说纷纭,莫衷一是。一些学者(如 Bley-Vroman,1989;Clahsen,1990;Schachter,1988)认为普遍语法对于第二语言的学习已不起作用了,比如人们不能像儿童那样总结、运用语法规则,所以学习第二语言的速度也慢了下来。既然人们不能用普遍语法的原则来习得第二语言,第一语言和第二语言的习得自然有很大的区别。

一些学者(如 White,2003;Flynn, Epstein S. & Martohardjono,1996)认为在学习第二语言时,普遍语法仍起作用。首先和儿童学习第一语言一样,学习第二语言时学习者所接触到的语言输入是极有限的,这些素材往往不包括全部的语法规则。而且,很多第二语言的语法规则并不能从第一语言中学习到。因此,在第二语言的习得中,仍存在着"语言习得的逻辑问题(The logical problem of acquisition)",而逻辑问题的解决则是借助了普遍语法。既然在学习第二语言时学习者也无意识地获得该语言复杂的语法知识,而且这些语法并不是直接从输入的语言素材中学到的,也不是从第一语言中转移过来的,普遍语法对第二语言的习得还是起了作用。

一些心理语言学家还认为,成年人和儿童习得英语语法词素、否定句、疑问句和反身代词等语法项目的相同顺序意味着成年人仍凭借着普遍语法来习得语言。不论成年人的母语背景如何,不论他们是在什么样的语言环境中,通过如何的途径来习得语言,他们都会遵循一种"固定的顺序",按部就班地习得这些语法现象。由此可见,在习得这些语法项目的过程中,成年人一定是借助了普遍语法,运用了与儿童相似的语言学习能力。

此外,中介语(Interlanguage)是另外一个普遍语法对成年人习得语言仍起作用的证明。在第二语言的学习过程中,在学习者未能全部掌握目的语以前,他们往往会用一种既与自己的本族语,又与所学的目的语不同的中介语(Selinker,1972)。White(2003)提出既然第二语言学习者的中介语中包含大量的语言输入素材以外的特征,而且这些特征非母语所有,并不是从第一语言中转移过来的,也不是从输入的语料中学到的。中介语不受任何现有的语言的影响,是一种独自的学习者的语言系统。中介语为学习语言的人所创造,而且在很大程度上受普遍语法的制约,其语法规则在普遍语法的范围内,符合普遍语法的原则(White,2003)。如果普遍语法对于成年人已失去效益,就不会创造出符合普遍语法范畴的中介语。

如果普遍语法仍起作用,为什么绝大多数学习第二语言的人,特别是成年人不能够像掌握第一语言那样掌握第二语言呢?Selinker(1972)认为仅有极少数的成年人能够依然凭借着普遍语法来习得语言,这些人习得第二语言的水平往往达到了自然、流利的程度。而绝大多数的成年人往往用一般的认知技能来学习语言。用一般的认知技能学习语言有一定的局限性,学习者往往未达到流利的程度便停滞了。那么为什么大多数的成年人不借助语言习得的特殊能力来习得语言呢?在借助语言习得的特殊能力和一般的认知技能方面,成年人是否能够自己做选择?对于这些问题,Lenneberg(1967)认为由于年龄的原因,成年人已经失去了语言习得的特殊能力,所以他们无法把第二语言学到与第一语言一样流利的程度。

White(2003)认为习得第一语言时,其初态是普遍语法,习得过程受着普遍语法的制约;在习得第二语言时,其初态或是普遍语法或是学习者的母语。第二语言学习者可以从母语的功能范畴、特征和特征值出发,但在普遍语法的指导下习得目的语。至于普遍语法是通过何种途径起作用的,如:是直接作用于第二语言的习得,还是通过母语的语法规则间接地转移于第二语言的习得,这些问题尚未清楚,仍在探讨研究之中。

普遍语法理论涉及的范畴主要是语言能力,它不详细地解释语言是如何发展的。在这一理论的框架下,一些关键的环节没得到充分的说明。如语言的转换、激活;如输入是如何相互作用的、语言的能力是如何获得的,在语言习得过程中是什么促成语言能力的变化,学习者是怎样对大量的输入素材在语言、词汇、句法、语义等层面进行分析,并赋予某种结构;什么是输入语言素材中的提示信号(cues),提示信号怎样促使参数的重新设定等等。第二,第二语言学习模式不仅仅只是受到普遍语法的影响,它也会受到其他因素,如认知因素的影响。与儿童相比,成年人的认知概念与认知能力已完全成熟,且熟练地掌握了第一语言,这些因素会自然地作用于第二语言的学习中。

三、生物脑神经缘由

以 Lenneberg(1967)为代表的人脑生物学研究者与传统的心理语言学家出于相同的理论基础，如他们都认为习得语言的能力为人类天生固有，是一种特殊的区分于一般的认知能力的语言能力，在人脑中有特殊的区域。在另一方面，Lenneberg 没有从普遍语法和语言习得机制这一方面去解释成年人与儿童习得语言的不同，而是从人脑生物机能分工的不同做了解释。

人的思维机能是有所分工的。左半脑控制语言创造力、分析能力、句法结构和逻辑思维，右半脑负责非语言创造力的思维活动，如音乐、美术及其欣赏能力，视觉能力和空间思维想象力。Lenneberg 认为如果左半脑在青春期，即十二岁以后受到损害便会严重地影响语言能力的发展。特别是说写能力和句法结构的组织能力，在十二岁以前，由于脑部神经的分工还未完成，左右半脑的思维功能的分工仍是机动灵活的。如果在十二岁以前左半脑受到损害，语言能力则自然地从左半脑移到右半脑。这样语言习得不会受得妨碍。基于这个学说，Lenneberg(1967)提出了十二岁左右为掌握语言的临界期(Critical Period)。在此以前，儿童能够毫不费力地学会语言。在此以后，语言学习就变得困难了。

Lenneberg 的临界期学说的论证有三点。第一：在外语学习方面，尽管十二岁以上的青年和成年人绝大多数都能学会外语，但他们学习语言的过程与儿童有本质上的区别。即使经过努力能够说得很流利，他们也往往带有口音。另一证据来自患失语症的病人。Lenneberg(1967)发现这些患者的左半脑均受到损坏，而右半脑又没有句法结构和生成句子的语言能力，因此这些患者不能够说话或书写表达。即使有时能表达，他们的语言也是零碎、散乱，没有句法结构，不遵循语法规则的。第三个证据是在恶劣的社会语言条件下而丧失语言能力的患者。比如本章第一节提到的美国加州的吉妮从两岁到十二岁一直被父亲关在一间黑壁柜里，与世隔绝。当十三岁被人们发现时，她已完全失去了语言能力。尽管后来受到专门的语言训练，但她组织句子、运用语法规则的能力一直没有得到很好的发展(Curtiss, 1981)。

对于 Lenneberg 的临界期观点，学者们没有达成统一的意见，而且学家争论颇为激烈。Krashen(1973)分析了 Lenneberg(1967)的失语患者的语言数据后提出,尽管 Lenneberg 认为左右脑思维分工于十二岁才完成,但他从同样的数据中所得到的结论是儿童到五岁时就已完成了这一过程。此外,一些语言习得研究者所做的实验说明在自然的语言环境中,如果儿童在五六岁以前开始学习第二语言,那么他们说第二语言则丝毫没任何口音。否则如果在六岁以后开始在自然的目的语环境中学习,那么语言发音就往往会有一定的口音。年龄越大,口音越重(如 Oyama,1976)。这些实验说明年龄和习得语言有着密切的关系。不同的语言层面(如语音、语法、词汇等)有不同的临界期。

尽管临界期学说受到学者的质疑与反驳,但在一定程度上学者们仍然认为大脑的分工所造成的语言学习的临界期仍不失为成年人与儿童掌握语言之不同的解释之一。比如 DeKeyser(2006)认为承认临界期并不意味着成人学不好语言。影响语言习得的一个因素,语言的能力(Language aptitude)也应该作为一个重要的方面来考虑。因此,争议只是在于临界期的年龄划分界限和这一学说是否是唯一的解释。一些学者认为年龄确实是学习语言的一个关键因素,但临界期的提法趋于偏激。因此他们提出了习得语言的敏感期(Sensitive period)来代替临界期(如 Lamendella,1977)。

四、认知思维能力

根据 Piaget 的认知发展心理学,儿童与成年人在认知思维能力上有着较大的差别。儿童的认知思维能力仍在发展之中。十二岁以后,认知思维能力会发展到最后一个阶段,即抽象思维阶段。十二岁以前,尽管儿童也能总结一些抽象的概念,但这种概括能力往往来自于自己的切身经验、直观感觉,抽象思维能力和自我意识能力还没有成熟。

罗森斯基(Rosansky,1975)提出成年人与儿童认知能力的不同是造成他们习得语言之差别的一个重要因素。由于成年人具有抽象思维能力和自我意识能力,成年人不但明白,而且能够意识到自己在学什么,用如何的学习技能学习等。他们学习语言好像是在要求自己去解决一个问题,完成一项任务。比如,他们不但能够有意识地学习语法规则,而且要求自己在运用语言时使用这些语法规则。这种有意识的学习使习得语言的过程成为一个非自然的、能够自己意识到的过程。儿童则不一样,儿童的直观的、单一的思维方式非常有益于学习语言。这种思维方式使语言学习变得自然,没有任何自我意识。儿童使用语言纯是为了表达,语言是一个交流的工具。儿童不去琢磨语言是什么。

在解释儿童与成年人习得语言差别方面,Krashen(1982)和 Rosansky(1975)在很大程度上是一致的。Krashen 认为抽象思维能力使学习者能够有意识地推理概括语言现象,归纳总结语法规则。比如,成年人能够清楚地、详细地解释复杂的语法规则,学英文的成年人能讲出来主语和动词的一致性规则、动词时态的变化规则、判断一个句子是否合乎语法等。尽管儿童也有一定的语法知识,但他们从不有意识地要求自己用语法规则来造句表达意思。

既然习得语言是通过一般的认知能力而发生效益,那么,儿童和成年人习得语言则运用同样的技能,有着相似的习得过程。这就是为什么儿童和成年人在习得英语语法词素、否定句、疑问句等语法项目时有着极相似的顺序,而且他们在学习过程中所用的学习技能也有很多相同的地方(Taylor,1980;Ellis,2003)。由此可见,对于同一语言习得现象,认知心理语言学所做的解释(学习者共同所用的、一般的认知能力),和生成心理语言学所做的解释(普遍语法的作用)是不相同的。

五、Krashen 的监控模式

Krashen(1982)把语言的掌握分为两种不同的方式:习得与学习。习得是掌握第一语言的途径,即在日常生活的自然环境中通过大量的语料输入习得语言,是一个无意识的过程,在主观上学习者没有做任何努力。依此方法习得的语法知识储存在左半脑有关语言分析的区域,主管言语的产出,其任务是生成言语。在产出言语时,学习者所注重的是意思的表达,并非语言的形式。

学习是有目的、有意识的过程,语言技能要经过反复的训练而获得。这种学习往往是在教学环境下、在老师的辅导下,有教材有系统的学习。从学习中所获取的语言知识虽然储存在左半脑,却不在储存语言分析的区域。这种系统像一个"监察员",只有在学生需要监调自己的语言形式时,才会用到(见图1)。第二语言的学习常常是以这种途径进行的。

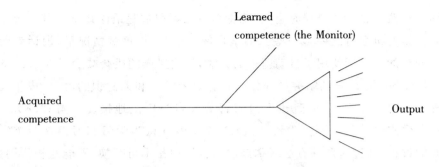

图 1　Krashen 的监控模式(1982)

习得是儿童掌握母语的一个特征。成年人掌握语言是否只是通过学习呢？Krashen 认为成年人在一定的程度上是能够习得语言的。他的论据有以下二点。第一，在学习第二语言时，成年人所犯的错误在很大程度上和儿童习得第一语言时所犯的错误相同。这些错误多数由于创造性地学习语言而引起。Krashen 认为创造性地学习是习得语言的一个重要特征。第二，一些实验研究表明，在学习第二语言时，成年人习得语法的顺序和儿童习得母语的顺序是一样的(见本章第一节)。这些证据也表明第一语言和第二语言的掌握在一定程度上存在着相同之处。Krashen 认为母语不影响第二语言的习得，母语可以作为一个语言技能来帮助第二语言的掌握。

Krashen 认为成年人不但通过跟老师按部就班地学习语言，同时也在一定程度上像儿童一样无意识地习得语言。这是两种互不影响的独立的过程。在语言学习过程中，调节、检查是成年人常常使用的一种方法。说话者有意识地使用语法规则来纠正、编辑自己的语言。监控(Monitoring)可以发生在话语前，也可以在话语后，使用此方法的频率因人而异。这个方法的使用受到三个条件的限制。首先得有足够的时间来监控；其次监控的重点是句法结构，即如何说得规范化，而不是说话的内容；第三：说话者一定懂得语法规则，知道调节什么，如何调节。

由此，Krashen 认为成年人学习语言的差别在很大程度上取决于他们是如何运用监控方法的。运用这一方法可能有三种情况：第一是过度使用，这样往往会使说话人的语速放慢，表达不流畅，破坏语言思维的正常进行；第二是很少使用，这种情况往往发生于学生在目的语的国家，有机会接触自然的语言环境，说话者在改正自己的错误时全凭"感觉",自己不很清楚语法规则。其结果是说话者出错的机会可能要多一些。第三是使用适当,在这种情况下,说话者的语流是通畅的。由于使用了自动监控的方法,故出错误的机会减少了。

Krashen 把语言的掌握过程分成有意识的学习和无意识的习得,成年人掌握外语不但通过学习,而且也通过习得等观点被广泛地接受。同时,Krashen 的这一模式也受到了不少尖锐的批评。Krashen 认为学习和习得是两个完全分开的过程,通过这两种方法所掌握的语言知识是不可互换、不能互相作用的。Krashen 没有提供实验来证明学习与习得是两个完全分离的体系,也没有提出如何验证,以及判断其互相独立或学习者是否运用了监控模式的方法和标准。也有学者(如 Ellis, 2002)认为有意识地学习语言有益于无意识地习得语言,因此学习与习得的过程往往互相作用,互相影响。通过学习而掌握的语言知识会起辅助引导作用,使其逐渐自然地转为习得知识。比如在课堂里学到的知识会自然地被运用于社会语言交际中,变为所习得的语言知识。

Krashen 的监控模式的五个理论假设(学习与习得、自然的习得顺序、监控模式、输入材料、情绪过滤器),每一个都受到学者们的热烈讨论与批评。每一个假设都在客观上给第二语言习得引发出了不同的研究项目,促进了理论研究的发展。特别是他对习得中"注意"(Attention)的作用的论述引导了后来一系列的理论实验研究与教学实践。

六、学习动机、心理和情绪

到目前为止,语言习得研究者们都认为儿童与成年人习得语言的一个很大的区别表现在学习动机和学习情绪这一方面。Curran(1972)认为成年人学习语言时,会不自觉地有一种心理上的障碍。这是因为人们在学习第一语言时,往往会建立一种以自己的母语为中心的语言习惯与语言安全感。随着母语的流利与完善,每个人的母语习惯也变得越来越巩固。成年人开始学习第二语言时,特别是学习与自己的母语截然不同的一种语言时,他们的母语习惯往往会潜意识地抵制这一语言。学生可能无意识地觉得所学语言的某些语言现象奇怪,句法结构不清楚,或是词汇有局限性。这种潜意识的心理情绪直接或间接地影响了第二语言的学习。与成年人相比,儿童在习得母语时不存在这些问题。

  Curran认为当每个人的母语习惯巩固以后，人们自然地得到了一种语言的安全感。然而，学习外语，用一种陌生的声音来表达意思，似乎要把已经习惯了的语言安全感动摇了。所以不少学生在运用外语时，潜在着无形的紧张，如怕出错误，不愿意由于自己的语言水平而造成笑话。而儿童完全没有这些顾虑。

  在此问题上，Krashen(1982)提出了情绪过滤假设，他认为造成第二语言习得良莠不齐的原因有二：一是提供给学生的输入材料不理想；二是学习者情绪因素过高，阻碍了对话语的分析处理。如果输入的语言素材得不到学习者的分析加工，自然不会促成习得；在习得第一语言时，情绪因素则不存在。Krashen的情绪过滤包括学习动机、态度、自信心和焦虑感。

  儿童与成年人学习语言的动机颇不一样。儿童学习第一语言关系着他们生存和生活，属于一种天然的动机。这种天然的动机是由人类的社会关系与社会交际的需要所产生，是一种心理与感情的认同与必需(Berko Gleason，Hay & Cain, 1989)。婴儿几个月就能区别出说话声和非说话声的不同，也能认出人的面孔。到七个月左右，婴儿在心理和感情上一定要依附(Attachment)大人，这些都是他们习得语言的社会动力和心理动力。这种动力使他们一定要在语言习得方面达到与所有的说本族语的人一样的水平。

  语言是人类交际的工具。儿童学习母语的一个动力自然是为了跟别人谈话。然而，单纯的社会交际动机学说似乎解释不了为什么儿童一定要坚持不懈地把语言学到与成年人一样的程度才罢休。Maratsos(1989)提到，如果儿童学语言纯粹是为了社会交际，那么说英文的儿童则不必把英文的二十四个时态都掌握得那么好，因为在很多时候，时态在上下文中已经很清楚，或谈话的人对时态根本不介意。在这种情况下，时态丝毫不影响谈话人的交际。显然，他们学习母语的动机远远超出了单纯的社会交际的范围。这种现象表明儿童学习语言不仅是为了交际，而且也是一种人类情感、心理归属关系上的必需。

  成年人学习外语是为了社会交际。这就是为什么大部分成年人学到能够交际的程度，便难以进步了。在这一阶段常常会出现学习者的语言石化现象(The language fossilization)。尽管达到一般交际水平距离流利地掌握一种语言的要求还相差甚远，但对成年人来说，能够交际的学习目的已达到了。缺少客观的强制性，学习动力也随之减退了。

Gardner & Lambert(1972)把学习第二语言的动力基本分为两大类：同化动力和工具动力。同化动力指学生对目的语的文化和社会很有兴趣，他们喜欢跟说目的语的人交朋友，愿意成为其社会整体的一部分。工具动力是为了一种具体的目的，把外语当作达到某种目的的工具而学习，比如，是为了找到更好的工作，或为了完成必修课等。在某一特定的情况下，对于背景不同、学习目的不同的学生来说，一种学习动力比另一种更有效。学习动力似乎更取决于学生的学习目的。Wen(1991)所做的关于美国大学生学习动机与学习成绩比较的实验研究抽样为学习中文和西班牙文的美国学生。实验结果表明，对于学中文的学生来说，内因动力与语言学习成绩的关系要比同化动力更密切。而对于学西班牙语的学生来说，同化动力更能预示他们语言学习的成绩。学中文的学生与学西班牙语的学生学习语言的动机有别。造成这种情况的原因颇为复杂，如学生的语言、文化背景不同，学习目的的不同以及语言环境和外界影响等差别。

不论习得哪一种语言，这种动机反映了人类社会交往的需要和人类心理情感上所必需的依属。而学习第二种语言特别是学习一种外语时，人们的学习动机和学习目的往往不同，甚至有时还潜在着对目的语排斥的情绪。

七、学习环境与语言输入

Macnamara(1973)比较了儿童与成年人学习语言的环境，提出学习环境和学习者所接受的语言输入素材的不同是造成儿童与成年人语言习得不同的一个重要的原因。家中或街头巷尾是儿童习得语言的地方，而学校的教室则是成年人学习语言的课堂。街头巷尾的语言与课堂上学习的语言是有很大差别的。一方面，在自然环境中儿童所接触的语言素材缺乏条理。他们所接触的言语不光是针对他所说的话语。另一方面，说话者也往往无意识地把自己的话语加以改动或简化，以使孩子听明白(Snow, 1986)。比如父母对孩子往往用简单的短句，谈具体的实物或正在发生的事情，当时当地，或提供上下文来帮助孩子理解。这样，儿童是语言交际活动的积极参加者，他们在交际活动中学习语言。当他们在现实的环境中听到各种各样的谈话时，他们按照由近及远，由具体到抽象，由简单到复杂的顺序接受他们所能接受的内容(吕必松,2007)。

成年人学习外语时常常依照教学大纲来进行。有系统、有组织的教学活动势必给课堂教学带来有效的一面,但在另一方面,教师在帮助学生理解语义内容,用恰到好处的语言环境来鼓励学生积极参加语言交际活动方面,似乎要比父母帮助儿童少得多。

其次,幼儿可以有选择地接受他们所能接受的语言素材,但成年人则不同。成年人在正式的课堂中学习,以教学大纲为标准,学生一定要达到所规定的要求。这样,成年人的学习似乎带有一定的限制性与强制性,没有很多的选择余地。可见,正式的学习环境和在这种环境下所接触的语言输入素材往往会有一定的局限性。

结　语

人类的语言习得机制和普遍语法知识使得儿童习得语言成为一件极为自然的事情。语言习得特殊能力和普遍语法是否对成年人仍起作用,如果起作用,是通过什么方式进行的,这些问题仍然在探讨之中。左右脑神经分工是造成儿童与成年人语言习得差别的另外一个原因。按照这个观点,年幼的儿童习得语言的不同层次有着得天独厚的优势。造成儿童和成年人语言习得差别的第三个因素是成年人的认知能力已完全成熟。这既给成年人的学习带来优势,也带来一定的影响。成年人的多元思维能力和自我意识能力使语言习得成为一个有意识的、人为的学习过程。相比之下,儿童学习语言则要单一、自然得多。造成儿童与成年人语言习得不同的第四个因素来自于心理情绪方面的影响,从学习动机到学习心理、语言背景等,儿童和成年人都有着一定的相同处和颇大的差别。本节所讨论的最后一个因素是语言环境、语言输入素材的不同。造成儿童与成年人习得语言的共同点与不同处是多方面的。而在诸多方面,目前我们还没有达到一个明确的结论。我们需要更多的实验研究来进一步了解第一语言和第二语言的习得过程。

第三节　教学法:语言的形式、内容与交际性

传统的转换生成语言学、认知心理语言学,包括行为主义心理语言学在语言教学实践方面都有不少共识。比如都强调给学生大量的适合他们语言程度和认知技能的输入(Language Input)以及正面的练习语言的机会,以激活他们

内存的语言习得能力,很快地掌握语言;帮助他们对语言进行理解、分析、假设,并在语言实践中检验其正确性。90年代以来,在课堂教学方面,大家意识到了语言形式的重要。在语言习得过程方面注重以学为本、尊重、遵循学生的语言习得过程与习得顺序,循序渐进(如 Doughty & Williams, 1998; Lightbrown & Spada, 1990; Lightbrown, 1987; Pienemann, 1989)。

从心理语言学的角度来讲,只有认识到语言是怎么学的,才能有效地指导课堂教学实践。教学要有理论,特别是要有语言习得理论方面的依据才科学、有效。由于人们对语言的现象、语言习得过程的观察角度不同,认识不同,在语言教学发展中出现了众多的教学法。本节不准备介绍分析语言教学流派,而是以教学法发展的时间为主线,着重讨论60年代以来由于语言习得理论研究的兴起和发展给教学带来的新的认识。

一、前期的语言教学

在二次大战中及战后的20年里,听说法和由此衍生的直接教学法是语言教学的主流。这些教学法是对以前的语法—翻译教学法的一个叛逆。二次大战前培养的学生把语言作为一个非异与其他学科的知识来学习,因此精通语法知识却不能与他人交际。听说法和直接法在培养学生会话能力方面有突破。但在语言的形式、即语法教学方面与前期并没有根本的差别。教学的特点是按照语言结构的难易程度直线进行,语法的解释是教学内容的重要部分。并常常比较母语和目的语形式上的不同,做对照性的分析(Contrastive analysis)。语言的内容与功能不是这一教学理念所重视的事情。课堂教学方法则以反复操练和句型训练为主,旨在准确。

二、功能结构教学法

60年代末期,英国语言学家根据学习者语言交际的需要发展了一套语言功能体系,并提出了语言教学要落实到培养学生交际能力的立足点上。对前期的听说法来说,这是一个崭新的教学理念和教学思路。语言的形式按具体交际的情景的需要而组织安排,语言的内容则围绕语言功能而展开。这一点与前期的结构教学法很不相同。语法结构和语言功能有组织地、循序渐进地安排于教学大纲中。教学大纲也常常以语言的功能或情景为主线,通过对话来展示词汇与语法结构。正式地介绍语法点和练习往往是从机械性的句型到自由发挥活动来进行。功能结构法颇强调学生的语言表达和运用能力。因此 Skehan(1998)在总结这一方法时称之为三 P 法(Presentation,Practice,Production)。有的学者认为(Tomlin,1994)功能结构法在语法教学方面仍然是以结构为主线,所不同的是把语言功能与语言结构联系起来了。

三、认知教学法

与功能结构法同期的是认知教学理念的兴起。认知法认为外语学习是对其内容与形式获得有意识的认识和调节的过程。理解是首位的。语言的深层形式的复杂、抽象性要求语言学习者进行脑力处理活动(Mental process)来获得语言能力(Linguistic competence)。语法形式的学习和课程的安排建立在学生已知的基础上,给学生大量的机会温故知新,习得新的语言形式和内容(Ausubel,1963)。认知教学法强调注意和认识语言结构、运用认知技能和学习策略来掌握语言。这一教学途径主张培养学习者分析性的语言技能,同时认同转换生成语言学理论(McLaughlin & Zemblidge,1992)。

四、交际教学法

交际教学法起源于美国加州。在 70 年代,大量的新移民有一个学习、运用英语的需要。学生的学习目的很明确,走进课堂学习,走出课堂运用。当时存在的问题是学生明白语法规则,走出课堂却不能应付日常的生活对话。交际法兴起了。特别是对于初学者,这一教学的目的就是帮助他们学了就可以交际,就有收获感。这一教学法认为在理解语言输入时,学习者会自然地习得语言的形式和词汇,就像习得第一语言那样。所以教学不专门对语法、对语言的形式做任何解释,但在语言的内容上给予足够的重视。输入以语言内容为主,语言形式和词汇包括于其中。

强调交际功能的教学法得到了 Krashen(1982)的理论上的支持。Krashen

认为成人不但通过跟老师按步就班地学习语言,同时也像儿童一样无意识地习得语言。因此课堂要进行真实的言语交际,学习者接触的语言输入必须是他们能够理解的。这样的语言输入通过大量的、不同形式(听、说、读)的交际活动进行。

强调交际功能的语言教学原则带给了学生一定的语言表达的流利程度,而且在某些方面增强了学生交际的自信心(Higgs & Clifford, 1982)。但单一地强调交际功能而忽视对语言形式的学习运用也带来了问题,一个主要问题就是语言的准确性降低了。在带给学生一定的表述流利的同时,丢掉了让学生练习准确运用语言的机会。Harley & Swain(1984),Swain(1985)调查研究了加拿大说英语的孩子在目的语的环境下习得法语的情况。受试的孩子用法语学习学校的各项科目包括法文。他们的实验结果表明尽管孩子们说法语的流利程度有了明显的提高,但语法、词法与运用词汇的准确性都没有在一般法语学习环境下的孩子掌握得好。

另外的问题是由于单纯强调交际能力而忽略了对语言形式的教学,语言学习出现了早期石化现象(Language Fossilization),因为学习者可以用目的语进行日常生活会话,能够沟通了,语言水平的发展也随之停滞(Ellis, 2002)。VanPatten(2003)指出,在语言学习的早期就应注重语言表达的正确性以避免语言习得中的石化现象。Ellis(2002)认为要达到语言的高级水平,准确的表达能力与语言运用能力,课堂上正规的注重语言形式的学习是必不可少的。

早在1971年Hymes提出了交际能力(Communicative competence)时,交际能力指的不是单一的而是包括语法知识和语言的实际运用知识(如在具体情景下恰当使用语言功能的规则)这两部分。在现实交际中学习者必须知道如何运用这些语言形式和语言功能,知道对什么人,在怎样的场合下,什么时间,以如何的方式,讲什么或不讲什么。交际言语因人而异;因时间、地点、场合而不同。Hymes的这些观点也得到了别的学者,包括中国学者的认同,如Canale & Swain, 1980;吕必松,2007;陈贤纯,1995;程棠,2000)。这种交际教学法不仅仅需要语言运用能力,社会语言学和语用策略,而且需要语法能力,对输入的语言材料有清楚的理解,自己的言语表达要准确以使他人易懂。在交际情境中既要说出合乎语法的话语,又要说得得体;既要能够掌握听、说、读、写语言技能,又要能运用语言技能进行真实的交际活动。

五、在交际功能主导下的对语言形式的教学

80年代,对外汉语教学和别的外语教学一样,注重以交际为目的的教学原则,如给学生创造一个自然的语言交流环境促使他们畅所欲言,重视语言的内容以使学生的交流有意义,避免改他们语言形式方面的错误以促进他们交际的连贯性与自然性。培养交际能力这个目的的提出,对教学理念是一个突破,语言教学从对语言技能的训练转移到交际能力的培养,定了一个更高的标准。同时也要求有一套相应的教学体系,不论是从理论上还是从教学实践上来达到这一目的。

80年代国内对外汉语教学领域对语法结构、语言技能和交际功能这三者的关系进行了讨论(如吕必松,1986;王德佩,1987)。吕必松先生(1990)提出了交际技能与语言技能的相关性和一致性的论点。他指出言语是否正确是语言技能方面的问题,而言语是否得体是交际技能方面的问题。语法结构是交际能力的基础,但是学会了语言规则并不等于就具备了语言交际的实际能力。要具备语言交际能力,除了学会语言规则外,还要学会语言的使用规则,即掌握语言的交际功能。培养语言技能是重要的,语言的使用毕竟要通过听说读写活动来实现。

语法能力在交际能力的培养中是一个基础。在第二语言教学中需要有意识的明确的指导以引起学生对语言特征的注意,激活他们的敏感性与理解能力,促进语言无意识的习得。实验研究(如 Trahey & White,1993)证明不做对语言形式方面的练习与解释,仅提供"可懂输入"是不够的,起码不能保证教学的输入会成为学习者的吸收,而吸收领会的内容还需要继续加工提炼使之趋于准确,才能转变为"可懂输出"。换句话说,课堂不应该仅提供可懂输入,语法能力不是仅从"有意义的输入"中自然获取。

认识到单纯强调语言的自然环境和交际性的做法有局限性时(如 Larsen-Freeman,1991;Doughty & Williams,1998),就使得我们对以语言交际为核心的教学法进行了一次重新认识. 重新认识的结果仍然以培养学生交际功能为教学目的(Lightbrown & Spada,1990;Montgomery & Eisenstein,1985)。在这一大框架下,教学的重点有了一定的转移。重视语言形式和语法结构作为一个

重要的观点引起了人们的注意。这一教学观点与强调交际功能的教学原则共存，而且相辅相成。它和传统的只强调语法词汇的教学有本质上的区别。以交际功能为目的的语言教学原则同时也注重语言的形式、语言表达的准确性。

在这种观念的影响下，语法教学作为相对独立的一部分出现，而不是像交际法那样语法寓于内容之中。学习者必须注意到而且要加工处理语言形式。在对语言规则的理解和学习过程中，学习者始终起一个主动的角色。语言的输入和一系列的课堂活动都是以交际为主导、以语义为内容，围绕着语言的形式来练习。这样，语言的形式、内容和交际功能便有机地结合起来了，其目的是培养学生的交际能力其中包括学生语言运用的准确性。

那么，注重语言形式的教学方法（Form-focused Instruction）其效果是怎样的呢？Spada(1987)研究了成年人学习英文的情况。受试的学生分为两组，一组接受大量的语法训练，如教师明确地介绍语法句型同时也让学生做语法方面的练习。第二组仅接受有限的语法训练。两组都是在重视语言的交际功能的教学原则下进行的。其实验结果说明受到大量的语法训练的学生在语法的掌握方面明显优先于第二组的学生，在交际能力方面与第二组一样。Trahey & White(1993)从反方面做了实验，调查既不明确地给学生讲解语法也不改学生的错误，而是给学生大量的有关语法内容的语言素材，即把语言形式寓于语言内容与交际之中，检查是否就能使学生对目的语有清楚的认识，掌握其语法。换句话说，他们在实验中所创造的语言条件，学习环境和学习内容是模仿了第一语言自然的习得。他们的研究结果表明没有改学生的错误，没有对语言的形式做专门的解释与练习，学生造出了很多不合语法的句子，同时也造出了大量的正确语序的句子。这一研究的结论是纯给学生大量的有关语法内容的语料而不给学生做明确的语法上的解释与改错，并不能使学生清楚地认识到句子的错误，也并不能激活普遍语法中第二语言的参数价值，使学生的参数赋值从母语转换到目的语中，很快地清楚目的语的语法（"does not necessarily trigger the appropriate L2 value of a parameter of Universal Grammar." p.181）。

应该指出，80年代末90年代初兴起的注重语言形式的教学和以前的以语言结构为主导的教学有本质上的不同。它不提倡过多地对初学者进行语法教学，不提倡通过大量的表达、输出练习使学习者的言语不出错。而在另一方面，这一理念是对一味提倡交际水平而忽略了语言的正确性的教学的一个拨正。

它不把语言的形式看成第二位,附着在交际的内容中,而是把语法作为必要的独立的一部分。语法重点放在学习者容易出错的部分,强调给学生机会让他们自己意识到、注意到语言的内在特征和语法规则。

就像没有一本教材是完美的,可以用于所有的学生一样,没有一种教学法可以击败别的教学法而独尊。不同的教学途径服务于不同的教学目的、不同的学习阶段和不同的学生。所以在教学实践中应该以实用的观点,根据自己学生的特点和教学目的博采众长,灵活运用。

第四节 偏误、纠正偏误的意义与效果

无论是第一语言还是第二语言,人类运用语言的创造力是无限的。语言学习者自由地用语言交换思想,交流感情。在学习过程中学习者出现各种各样的语言错误便是必然的。对语言偏误的分析研究(如 Omaggio-Hadley,1993;鲁健骥,1995)表明,学习者的偏误有规律,成系统,揭示了其语言学习过程与语言技能掌握的特点,对了解、研究语言习得提供了重要的线索与证明(Omaggio-Hadley,1993)。

学生出错,老师自然要给予纠正。教师纠正学习者偏误的效益有多大?尽管我们在教学中耐心、勤奋地纠正学生的错误,但常常并不很了解纠正错误,提供给学习者反馈的效益如何。这一问题在语言习得的理论和教学实践上都有很重要的意义。对第一语言习得的研究表明儿童从负面输入(Negative evidence),即教师提供的纠错反馈中得益甚微。即使儿童收到了纠错反馈,也不理解,因为他们没有能力利用反馈信息(Pinker,1989)。在第二语言教学中,老师在课堂上纠错时,通常自信学习者能够从中受到启发,不再犯类似的错误。但在另一方面,在反复地改正同一个学生同样的错误的过程中,语言教师很想知道纠正错误对学习者的语言习得到底起多大的效益。

纠正错误的一个传统理论基础是行为主义的刺激—反应学说。行为主义的教学方法强调给学习者明确、无误的反馈,并对其错误进行清楚的纠正。行为主义的教学理论与教学方法已逐渐被一些新的教育理论与方法所代替。近年来,从事第二语言习得研究的学者认为成人在课堂环境中习得一种语言可能需要教师的纠正。Carroll & Swain(1993)指出:"如果语言是在指导下习得的,

那么没有什么关于语言学习的理论比反馈理论更有效。"(p.358)。成人的语言习得会从其改错中受益(Ellis，2003；Schachter，1986；Birdsong，1989，Bley-Vroman，1989)。这些学者认为语言习得既是一个对所接触的语言现象进行假设、推理、归纳的过程，又是用语言知识、认知能力去分析、解决问题的过程。纠正学习者的错误势必帮助学习者对语言的输入所做的推理起一定的限制作用，诱导他们的假设趋于正确，少走弯路(Zock，Laroui & Francopoulo，1989)。如果学习者能够从所接收的大量语言素材中进行正确与错误的语法的比较，那么语言习得中的"逻辑问题"即可圆满地得到解决[①]。

在培养学习者的语言运用能力、分析问题和解决问题的能力时，纠正错误便成为一个重要的教学内容。Higgs & Clifford(1982)提出一方面应该鼓励学习者大胆地运用语言来交际；另一方面，教师要提供给学习者直接、准确的反馈。Swain(1985)指出应该鼓励学生积极地、最大限度地"生成"语言(Pushed Output)。语言习得的一个诀窍不但在于学习者能把所接收的语言素材理解透彻，更在于能够创造性地运用语言进行交流。她认为：在意义协商交流中(Negotiation of meaning)，说话者所传递的信息不仅仅要清楚明白，更要能够准确无误。"(p.249)。在鼓励学生产出语言，培养说写能力时，随之带来的是更多的出错的可能。在一定的学习阶段，表达的机会越多，出错的可能性越大。教师向学习者提供反馈，纠正其错误则显得很迫切。纠错是使学习者不断地超越自己的一个必要手段。

下面将分析学中文的美国学生中介语中所出现的偏误与其产生的根源，并探讨在语言课堂学习环境中纠正错误的效益和教师指导的作用，讨论如何帮助学习者纠正偏误、改错的方式和方法等问题。

一、归类分析中文中介语的偏误

归类分析中文中介语的错误有助于我们进一步了解中介语的发展规律与

---

① Baker(1979)指出语言习得中的一个自相矛盾的现象。儿童的语言错误往往得不到纠正，而且儿童也不仅仅纯是模仿成人。儿童的语言创造力使他们造出无数闻所未闻的句子。在既不被纠正又不纯模仿成人语言的情况下，儿童是如何对所接触的语言进行假设与语法判断的？又是怎样纠正自己的错误的？这些问题称为语言习得中的逻辑问题。

语言交际的各种策略技能。Selinker(1974)确定了 5 项从中介语中所反映的学习策略。从某种意义上讲,这些策略也可以视为产生偏误的源渊。第一是可能发生在发音、词汇、语法和作文等方面的母语负迁移。第二是泛用语言规则,即学习者将同一项规则不正确地应用于所有的新的语言内容与环境中。实验研究表明泛化现象是第一语言(L1)和第二语言(L2)的学习者最常用的语言学习策略之一(Clark,1973;Richards,1974)。第三是教学误导,即由于教学输入而引发和导致的偏误。第四是学习者自己采用了不适合语言习得的策略。第五是所用的语言交流策略不得体,"学习者自己确定的一种和当地语言使用者交流的方法"(p.37)。采用以上的策略的结果往往简化了目的语,降低了学习任务的难度。

偏误的出现还有很多别的原因,如句子主题化(Sentence topicalization)。句子的结构可以由主题和评论组成。Fuller & Gundel(1987)调查了英语作为第二语言的习得中主题—评论结构的作用。他们的抽样既有高度主题突出的语言,如汉语、日语和韩语的使用者,也有相对不很主题突出的语言如阿拉伯语、波斯语和西班牙语的使用者。Fuller & Gundel 比较了其调查对象,即英语为第二语言的学习者和英语为本族语的人的口头叙述。结果表明,不论抽样的母语是主题突出还是不很突出的语言,与英语为本族语的人相比,在英语学习者的中介语中出现了很多主题—评论结构的句子。Fuller & Gundel 认为,"英语中介语作为一个整体,比英语要有明显的主题突出的特征"(p.15)。Duff(1990)研究了英语为中级水平的中国人的英语中介语。她指出,许多学习者采用了实用策略和交流策略,把英语句子主题化和简单化了。

正如 Duff(1990)所指出的,出错误的原因往往不是单一的,同一种错误会来源于若干不同的原因。请看下列句子[①]:

1. *有三十五本中文书在这个图书馆。
2. *我的家有妈妈、爸爸、弟弟和我。
3. *他不喜欢听他妈妈。
4. *三本法文词典在那个图书馆。

---

① 第 4 例句引自温(1994)的文章;第 5 例句引自靳(1994)的文章;第 6 例句引自(Polio,1995)的文章。

5. *我六点起来,我念了一个钟头,然后我去教室,我八点上课。
6. *他开自行车,自行车,他……走了。
7. *来明德以后,我不胖。
8. *我想我进步进得不错。
9. *以前他喝了很多酒,现在他不喝酒。
10. *以前他喝很多酒了,现在他不喝酒。

   He/She used to drink a lot, but now he/she does not drink anymore.
11. *我没有去过什么地方都。

   I have not been to anywhere yet.
12. *我想做什么都。
13. *别扔这些菜在水。

1. 受母语的迁移与学习者造句能力的限制

母语的迁移存在于在句法、语义、文化等方面。例句1—3为母语是英语的学习者把英语直译为中文的结果。尽管第一句是主述结构,但其语序与英文相同。第二句的语序也深受了英文文化的影响,如排列家庭成员时,"妈妈"是第一位而"我"则放在最后。中文则不是这种排列法。

第四与第五句属于语言种类的迁移。中文句式的一个特点是主述结构,英文则是主谓结构。中文句子的主题往往位于句首。从语义上来说,主题定指,是说话者双方都明确的。Wen(1994)调查了美国人习得中文存现句的情况,第4句由一个初级水平的美国学生所造,为主谓语结构。温认为学习者在低年级时受母语的影响造出的句子虽然语法正确,却缺乏语用价值。

母语为英文的学习者会按照一定的规律把主语突出的特点转移到中文中(例句5)。Polio(1995)调查了美国人学习中文代词的情况。她的研究抽样包括台北一个汉语中心21位母语为英语和21位母语为日语的中文学习者。在她所收集的语言数据中,没有找到母语迁移的现象。她认为学习者泛用代词的现象并不能表明其母语迁移的痕迹。学习者之所以泛用代词造出主谓语结构的句子是受其造句能力的限制(Productive constraints)。换句话说,泛用代词是学习者所用的一种语用手段。如果由于句法和语义的限制必须省略句首代词时,学习者是能够省略的。但为了清楚或别的交际的目的,他们往往要在句首加上代词。比如用主语位置的代词作为保持讲话流畅的占位符,或是在代词后停顿一下,来思考句子的行文,如第 6 句所示。

2. 泛用语法规则或语言功能

学习者在语言学习的初级阶段常常泛用某项语法规则或语言功能。泛用的结果是使语言学习的任务减轻,中介语与目的语相比较,变得简单了。在习得第一语言和第二语言时都会出现泛用的情况。第 7—9 句则为泛用语法形式的例子。第七句中学习者泛用了否定词"不"。否定词"不"和"没有"的意思一样,语法功能不同。学习者利用语义线索来造句。泛用动词补语句式则是另一个例子(第 8 句)。第 9—10 句说明学习者依据上下文来决定一些词的用法。比如初学者泛用表示时间的词来决定是否用"了"。如果有表示过去时间的词,学习者就往往用"了"(Wen,1995a)。

3. 受语言习得过程的限制

受语言习得过程的限制是学习者出错的另一个缘由。Clahsen(1984)提出第二语习得在很大程度上受到人们头脑中处理语言与控制学习过程的种种心理限制。根据不同句型所需要的处理能力的要求,有的句型很容易被大脑分门归类,分析鉴别,首先被学习掌握。需要经过复杂的处理过程才能被习得的句型则后被掌握。Clahsen 举了三个语言习得过程。他的实验研究说明最先掌握的语序是与心理语言学习能力相吻合的句子,如主语—动词—宾语的语序(SVO)。后掌握的语序则是经过较复杂的心理语言处理的结果,如主从句式的习得掌握。

Pienemann(1987)验证了 Clahsen 的假设,他的实验研究说明学习者在掌握语序时有一个自然的顺序。这种顺序决定了学习者先掌握某些简单的语序,再掌握更复杂的语序。换句话说,语言习得是按照心理语言处理能力的需要,有一定的先后过程。Wen(2006)调查了中文语序的习得情况及教学对语言习得的影响,说明学习者在语言习得的初级阶段,造出大量的主语—动词—宾语的句式(例句 11—12),甚至把主语—动词—宾语的语序用于"把"字句中了(第 13 句)。由于学习者的语言习得阶段没有达到灵活运用语序的水平,出现了第 11—13 句中的错误。

二、对纠正偏误效益的研究

改错是否为习得第二语言或外语的一个必要条件？研究表明改错的效益是一个颇为复杂的问题，目前的结果并不一致，没有达到一定的共识。此外，改错的效益也取决于某些最基本的因素，如学习者所出的错误属于哪种类型，怎样的错误，教师如何改正此种错误。

普遍语法认为在学习第二语言时，教师需要向学习者提供大量的正确的语言输入，这样可以把普遍语法激活。普遍语法限制了语言学习者对输入语言的规则的假设与推理，使他们从第一语言的参数中向第二语言的参数重新设定，掌握其目的语。因此，改错并不是习得第二语言的一个必要条件。比如，Schwartz(1993)认为第一语言和第二语言习得过程的特点是类似的，可以通过普遍语法的理论来解释。纠正错误和外在的输入不可能影响、限制头脑中的语言模块，因为外在的输入与头脑中的模块没有直接的关系，不可能导致语言参数的重新设置。Schwartz(1993)的看法代表了这一学派的强势观点。

Krashen(1982)的监控模式建立在普遍语法理论的基础上。监控模式提出了对第二语言习得的五个假设，其中情绪过滤假设(The affective filter hypothesis)提出要尽量避免改学习者的错，因为改错会给学习者在情绪方面增加压力，增加情绪过滤和焦虑程度。如果学习者的情绪不稳定，势必影响他们分析、处理语言素材的能力，造成学习障碍。

Terrell(1977)的自然教学法(The natural Approach)在理论上与Krashen的监控模式一致。Terrell提出没有任何研究证明学习第二语言的一个必要条件是要改正学习者的错误。他认为即使改错是以最合适的方式进行，仍然有可能损害学习动力与学习情绪。Walker(1973)针对改错对学习者的情绪是否有影响做了调查，发现学习者觉得他们不断地被纠正有损于其自信心。他们不愿意总是被老师指正，希望能比较自由地交谈。

在课堂教学中，学习者往往得到老师热情的指正。几位学者（如Schatcher，1988；Bley-Vroman，1989)认为成年人在学习第二语言时很可能需要改错与教师的反馈，换言之，改错是第二语言习得的一个必要条件。作为语言教师，我们所关心的是如何提高教学效果。有的学习者也常常主动请老师给他们改错。一些实验研究证明改错对学习者的语言学习是必要的,起作用的。

  White(1991)调查了加拿大魁北克五年级和六年级母语为法语的学习者学习英语的情况。实验目的是检验注重语法,在课堂教学中有意识地给学习者改错的方法是否比不改正更有效果。实验调查说法语的学习者如何掌握英语副词的语序。尽管法文可以有主语—动词—副词—宾语的语序,英文的语序只可以为主语—副词—动词,不允许主语—动词—副词—宾语的语序。White 发现这些母语为法语的学习者误认为英语和法语一样,副词可以放在动词与宾语中间;即:主语—动词—副词—宾语,如第十四句。

  14. ＊ Mary Takes usually the Metro.
    玛丽通常乘坐地铁。

  White 的实验研究的抽样为二组学英文的中学生。二组收到不同的教学指导。一组所犯的副词语序的错误得到一一纠正。老师并给他们讲解副词的位置、语序问题。第二组学习者在副词语序方面所出的错误没有得到纠正,老师在讲解时也没有强调副词在不同句式中的语序问题。两组学生都参加了实验前后以及实验中的一系列考试,其中包括对学习者进行的不同教学指导后的测验,五个星期后的一次测验,与一年后的追踪测验。White 的实验结果表明实验组和控制组的两组学生一开始均从第一语言入手,造出不少主语—动词—副词—宾语的句式,不同的是,受到老师纠正的那一组知道英语中不允许出现如 14 句中那样的主语—动词—副词—宾语的语序。White 认为,改错可能起到了一个促进学习者重新设定语言的参数,重构第二语言的形式,从而使学习者认识到主语—动词—助词—宾语的语序不合乎英语的语法。因此,改错可能是习得第二语言的一个必要条件。

  White 的实验同时也发现改错并没有使学习者长时间地、牢固地掌握这一语法概念。虽然在不同的教学指导后马上进行的测验中两组学习者的成绩不同;但在五个星期后的测验中,两组学习者成绩的差别就小多了。

  White(1991)的实验研究说明改错对中介语的语法参数的重新设定是必要的。但她的研究并没有从另一个角度说明不改正学习者的错误就一定不能使学习者意识到并改进其语法上的错误。Trahey ＆ White(1993)继 White(1991)的实验后又做了一次实验来调查既不改学习者的错误,也不明确地给学习者讲解语法,而是提供大量的有关语法内容的语言素材(Input flood),观察是否能使学习者对目的语有清楚的认识,掌握其语法。他们的抽样仍是加拿大魁北克学英语的中学生。学习者参加了实验前的考试后,在两个星期内接触大量的带副词的句子,这些句子均出现在实际交际的情景中。学习了两个星期后,进行了实验后的测验。三个星期后又进行了跟踪测验。他们的研究结果表明学习者造出了大量正确语序的句子,但同时也有不少不合语法的主语—动词—副词—宾语的句子。因此,单纯给学习者大量有关语法内容的语料而不给学习者做明确的语法上的解释与改错并不能使学习者清楚地认识到主语—动词—副词—宾语这一语序是错误的。

Carroll & Swain(1993)也指出改正学习者的错误对习得语言有积极的作用。他们调查了各种不同的改错形式和习得英语间接宾语之间的关系。他们的实验包括不同的改错条件与方法。根据所收到的不同的反馈形式,抽样的学习者分为五组。第一组学生收到了清楚的语法方面的解释。第二组由老师告诉他们所造的句子是否正确。第三组在一出错句时就被及时纠正,并告诉他们正确的句子形式。第四组则要求仔细思考一下他们的回答是否正确。第五组只收到大量的带有间接宾语的语言素材。实验结果表明前四组学习者对间接宾语的掌握程度都比第五组好。Carroll & Swain认为"成人能够而且实际上也运用了教师所提供的反馈来掌握抽象的语法知识并把这些知识运用到了语言实践中。"(p.358)

改正学习者写作中的错误的效益问题也仍在讨论之中。Robb, Ross & Shortreed(1986)调查了用不同的反馈方法改正学习者写作中的错误的效果问题。他们的抽样是学习英文的日本人。抽样的学习者被分为四组,各组收到不同的改错方式。第一组为教师改正学习者所有的错。第二组为教师把错误用某种系统标示出来。第三组为教师指出具体的错误,但没有提供任何正确的答案。第四组为教师在每一行标明有多少错,但不注明错在哪儿及怎样改正。这四组学生在教室都做同样的活动,同样的作文内容,而且要求所有的学习者写完后都要做修改。不同小组所写的作文题目一样,只是教师根据不同的小组提供不同的反馈。实验结果发现学习者的进步不取决于某种反馈方式。他们认为提高写作的最好方法是学习者自己多练,多写。

Fathman & Whalley(1990)的研究同样表明了对写作进行纠错反馈的混合

效果。他们研究了 72 位学习英语为第二语言的学生。按照四种不同的反馈情况,学生被要求在课堂上重新写作文:(1) 没有反馈;(2) 语法反馈(错误处划线);(3) 内容反馈;(4) 语法和内容都有反馈。研究发现对于得到语法反馈的学生,其语法错误有显著的下降(第 2 和第 4 种情况)。大多数得到内容反馈的学生(第 3 种)其作文的内容得分有所提高,但 35% 的人语法错误反而增加了。当学生同时得到语法和内容的反馈(第 4 种)时,他们在语法方面都有显著的提高,77% 的人在内容方面也有所改进。当老师把语法错误划出来时(第 2 种情况),学生在重新写作时犯的语法错误,要比没有得到反馈的学生(第 1 种情况)少。Fathman & Whalley 的结论是,语法和内容的反馈都能够对学生的重新写作产生正面的影响。在学习者的第二稿中,语法反馈较之内容反馈对于纠正错误有更大的作用。另一方面,他们同样也发现没有得到反馈的学生仍然能够做出一些有效的修正。事实上,他们在重写作文的过程中,会比得到语法和内容纠正反馈的学生创造出更多新的语言。

改错的效率也取决于教学中师生的一些可变量,如学习者的学习动力与目的、语言能力、认知思维方式、反馈的清晰度、运用反馈的方式方法、及学习者对老师的态度等。Omaggio-Hadley(1993)曾对研究中得到的不一致的结果做出富有洞见的评价。她指出如果区分纠正错误的形式,按直接即时的和间接延迟的反馈形式和效果,把不同变量区分开,研究结果可能会更加清楚。由于提供的"反馈"和"改错"是按照学生不同的学习状态的纠错情况和方式,因此会导致不一致的结论。在实验研究中给学习者提供什么样的反馈,以何种方式方法提供,这些可变量如果不加以控制,结果就会有所不同,就会影响到对改错效益的研究。

三、纠正偏误的方式和方法

一方面,改错与反馈的研究方兴未艾,结果仍未达到共识;另一方面,外语教学工作者必须从事日常的教学工作,给予学习者反馈,改正他们的错误。"师者,传道、授业、解惑",而解惑的内容之一就是改错。如何帮助学习者改错是教学中的一个重要内容。教师应怎样对待学习者的错误,以何种方式改正他们的错误同时不挫伤其学习动力与积极性?这些问题有待于进一步的讨论。

教师应该有一套改正学习者错误的体系,决定什么时候和怎样运用此体系能最大限度地强化改错的效益。首先,改错应该以一种积极的、鼓励的形式。老师的态度应该是尊重和礼貌的;其次,改错的方式方法应该多样化,以适应学习者不同的语言能力、学习任务、课堂活动的目的等。在老师改正错误以前学习者应该首先自己互相改。学生通常有能力自己改正错误,并且也很善于帮助别的同学,改他们的错。Waltz(1982)提出纠正学习者错误的三步骤:

1. 在老师的帮助下学习者自己改正;
2. 在互相帮助的环境下学习者互相改正;
3. 教师用多种方式给学习者改正,如直接或间接改,及时或稍后改。

1. 自我纠正和问题解决策略(Problem solving skills)

帮助学习者改错的过程也是培养学习者分析问题、解决问题的过程。Lalande(1982)的方法是教师把错误用一种明确的系统标出来后让学习者自己改。Lalande比较了学习者自己改正与老师改正的差别,发现学习者自己改正更能锻炼他们分析,解决问题能力。学习者对错误进行认识,同时也会直接或间接地得到同学与老师的帮助。而完全依靠老师改错的学习者犯错的频率要比自己改错的学习者高得多。

学习者在老师的指导下,可以不断地自我改错。以下是学生在练习"是……的……"句型时老师引导学生自我改错的一个例子。引导学生自己改错的方式重点在于句子的形式并且以交际为内容,教师在与学习者交往的过程中给学习者创造大量的机会来意识、认识自己的偏误,并且自己改正。下面是初级中文班课堂上老师和学生的一段对话。

15. 老师:今天你是怎么来学校的?
16. 学生:我……是……uhhh……
17. 老师:你是开车还是走路来学校的?
18. 学生:*我是开车来……
19. 老师:噢,你是开车来的吗?
20. 学生:是,我是开车来的。
21. 老师:我也是开车来的。(问其他同学)
    你呢?你也是开车来学校的吗?

在第 17 句中,老师给学习者两个选择来帮助学习者完成 18 句的内容。随着谈话的进行,老师不直接纠正 18 句的语法错误,而是用一个完整的句式来引导学习者(第 19 句)。在这种以语言形式为重点,以交际为手段的环境下,学习者逐渐造出了正确的句子(第 20 句)。教师对学习者所说的句子加以肯定(第 21 句),并转向别的学习者来练习此句型。

2. 间接纠正

用会话的形式向学习者提供正确的语法形式实际上是一种非直接性的改错。会话的目的在于强调意思,教学重点则在语法句式上。这样学习者有机会来消化、吸取老师所提供的反馈。下面是一位老师与一位初学中文的学习者的对话。

22. 老师:请说说你的爱好,你会游泳吗?
23. 学生:我会,*我游泳得不好。
24. 老师:你游泳游得不好,那你唱歌唱得好吗?
25. 学生:我唱歌唱得不好。

在这一会话中,教师没有直接指出学习者的语法错误(第 23 句),而是提供更多的正确形式(第 24 句),并用加强语调的教学技巧来诱导学习者发现自己的错误,找到正确的句式。经过反复交谈与替换练习,学习者会逐步认识到自己所造的句子与老师的句式的差别,改正自己的错误。

一些学者(Gass & Magnan[①],1993;Ellis,1985;Long,1983b)认为以会话的形式表达意思,学习者可以间接地得到老师的纠正,收到有效的反馈。会话,比如进行意义协商(Meaning negotiation),这一方式旨在传递信息同时有利于学习者把所听到的语法句式逐渐理解,成为自己的知识(Long,1983a;VanPatten & Sanz,1995)。在语言习得过程中,要让学习者注意到他们所造的句子和目标语之间的差别。以意思为主传递内容、在"懂"的基础上就容易使学习者注意到自己造的句子与对方的有什么不同,意识到自己在语法、发音、或语

---

① Gass & Magnan(1993)指出,在实践中,只有很少的一部分的错误能够真的被"改正过来"。要识别出所有的错误是不可能的,尤其是有些错误"甚至找不到已经发生错误的证据"。这是因为在学习者在对语言理解、加工处理的过程中所出的错误常常看不见听不着,它们不一定就表现在学习者的语言输出中。

体诸方面的错误。这样,学习者不仅有机会学习句式,而且学习在怎样的语境下运用这些句法形式。

3. 纠正的内容指向

学习者出的错误是否要一一改正?在改错方式方法方面教师应该注意哪些问题?大体可以总结为以下五个方面:

(1)可理解性。学习者所出的错误是否妨碍了理解与交际?如果对交际造成了误解,则应即时直接地一一指出。不直接影响理解与交际的错误则可采取间接的方式纠正。

(2)出错的频率。学习者常犯的偏误则应一一纠正。偶发的,或属于"说走了嘴"一类的错误则可以不去追究。偶发的错误,学习者往往会自己纠正。

(3)照顾每个学习者的不同要求。教师首先要很了解学习者,能够预料出他们对接受改错的不同态度与反应。比如学习安全感比较强的学习者往往欢迎改错。学习者在心理和情绪上没有安全感时,改他们的错,效益不会很好。

(4)改错的时间是非常重要的。教师要尊重学习者语言发展、习得的不同阶段,适时纠正,不必操之过急,也不应该期待一经纠正,错误则不再出现。Pienemann(1987,1989)的实验研究证明每学习一个新语法规则,学习者都需要一定的时间,达到某一习得阶段来掌握。如果向学生所介绍的语法超过了他们目前的习得水平,即使教师在课堂上做了讲解练习,学生也仍不能习得。换言之,不是教师教什么学生就能够学会什么。对语法结构的习得有一定的次序性与规律性,教学必须适应学习者的习得阶段,必须有一个循序渐进的过程。过早地教授学习者其语言水平还达不到的内容,或过急改学习者某方面的错,有可能造成事倍功半的结果。

(5)根据教学目的与教学重点帮助学习者正确理解、掌握教学内容。如果学习者对教学内容与教师提供的例句造成误解而产生错误,则应给予足够的重视,一一纠正。在课堂教学中,如果对此种错误不加以纠正就会造成学习者概念上的混乱。特别是当学习者在学习中对某种语言现象做一假设,期望老师证实其假设的正确与否时,老师应提供及时的反馈。

(6)除此之外,纠正错误要融合在课堂的活动中,根据活动的目的,提供不同的反馈形式。如果某项活动的目的是练习特定的语言形式,学生要能够从直接和及时的纠错反馈中获得收获。当活动的目标是鼓励学生在一个开放式的交流中表达自己的观点,最好的反馈可能是积极的引导,像第24句中的那样,以一种自然交流的形式提供一个正面的例子。

结　语

我们并不很清楚给学习者提供负面输入(Negative evidence)即纠正偏误的准确效果。但我们已知的是不少研究证明以意义为内容、以交流为手段、以语言形式为重点的课堂互动活动能够促进学习者提高语言运用的准确性、流畅性和交流技巧。所以,课堂活动应该在语言交际的框架下注重对语言形式的练习。教师要明确地提示语法、词汇和发音(但注意,这并非是语法课)。Lightbown & Spada(1990)指出,"在交际教学的框架下,注意力放在语言形式上的课堂能够使学习者的语言知识和语言表现达到一个更高的阶段"(p.443)。

第二,不少研究结果表明纠错反馈能够帮助学习者意识到他们产出的语言和目标语言的距离。通过这种认识,学习者就有可能自己调节,发展出有用的策略来调整、监控他们的语言输出。明确的反馈需要根据教学重点、活动目的、所练习的语言技能,通过多样的方式,比如间接的、直接的、及时的、延迟等提供给学习者。纠错不应该局限于句子的层面,还应该包括篇章的层面。除此之外,学习者要直接参与到纠错和"有意识地学习"(Consciousness raising)(Rutherford,1988)的过程中。这样学习者才能意识到他自己的中介语和目标语言之间的差别。

（马莎校长、周婷婷、庞嘉瑶、张京老师对本章中的一些章节的初稿提出过宝贵的意见,特此致谢）

思考讨论题

1. 儿童习得语言是无意识的。成人呢?体会一下你自己学习第二语言或外语的经验,请举一个习得某一语法现象的过程来说明你的看法。
2. 成人是否需要有意识地学习某一语言现象,然后才能在交际中运用这一语法现象?回顾一下你教的学生学汉语的过程。有没有学生某天忽然给你一个惊喜:在他/她的中介语中出现了你还没有教过的某一语言形式?如果有,你是否可以做一些可能的解释?
3. 回顾一下你的学生(汉语为第二语言或外语的学习者)所出的偏误,哪些偏误在你看来是有创见性的(Creative error)，比如是泛用了语法规则？请把这些偏误写下来与别的同学分析讨论。

4. 观察不同母语的汉语学习者的中介语中的某一个或几个语言形式特征，从他们的语料数据中分析学习者的偏误是否来自于他们的母语。如果有母语的干扰现象，这种现象是在怎样条件下，比如怎样的句式、语言功能、上下文、语境中出现的？

5. 普遍语法认为不同的语言含有着大量的共同特征。不同语言的中介语是否也会有大量的共性存在？提出一些例子来证明你的看法。

6. Krashen 的监调模式提出了五个理论假设(学习与习得、自然的习得顺序、监调模式、输入材料、情绪过滤器)。你对这五个假设的看法如何？比如，

    1) 你认为在教学环境下的"学习"和在自然语言环境下的"习得"是否为两种不相容的途径？请你从中介语的语料或你的观察中来讨论这一问题。

    2) 教学(比如对语言输入的内容、方式、方法、时间、语境等)对学习者的"习得"是否没有作用？在你看来教学对于习得能够起到什么样的作用？

    3) 监调模式与语言的输出速度是否会有冲突？你在表达时是否总是在监调自己的语言输出？在什么情况下你监调得多一些？

    4) 如果学习者的中介语中的某个语言形式出现"石化"现象，教学输入的"i+1"原则应该怎么贯彻？

    5) 情绪情感因素在语言习得过程中是如何进行(Operate)，如何与认知因素互动的？

第二章　美国学生汉语语法习得研究

在研究学习者如何组建自己的语言体系这一宏观的框架下,本章介绍了母语为英语的学习者习得汉语语法的五个实验调查,分别为把字句、存现句、动词后缀"一了"和句尾"了"、体标记"一了"、"一着"、"一过"及对语法结构和语序习得顺序的研究。

语言习得研究随着人们对语言和对语言学习的认识的进步,其方法也发生了历史性的根本的改变。60年代以前有一种共识,认为第二语言的学习是建立在第一语言的基础上的。母语对目的语的学习,有或是干扰性的负迁移,或是促进性的正迁移。这一认识的理论基础是行为主义心理语言学。人们从幼儿时就开始建立语言习惯,母语的语言习惯势必会对不同的语言习惯的建立起干扰作用。语言错误的发生是因为母语和目的语的表达方式不同。差别越大,难度越大。在这一认识的引导下,所采用的研究方法是把学习者的母语和目的语进行对比分析(Contrastive Analysis),找出两种语言之间的异同性。不同之处就是学习者会出错的地方。对比分析认为学习者的偏误是能够被预料到的(Predictable)。这种对比分析的方法已被淘汰,其原因是在实际的教学中人们发现,所预想的学习者会出的偏误没有发生,而所发生的偏误却不在对比分析假设的预料之中。

偏误分析(Error Analysis)的研究方法是Corder(1967)在他的一篇重要的文章"The significance of Learners' Errors"中所提出来的。与对比分析假设的研究方法所不同的是这一方法不把学习者的偏误看成大逆不道的行为,而认为是语言习得中的必然过程。学习者的偏误为语言习得研究提供了实证性的调查途径,在此基础上真正意义上的(实证性的)语言习得研究建立起来了。对偏误的分析说明了一个事实:学习者所出的偏误大都是创造性的,是他们对语言的现象积极地进行假设或求证的结果。因此偏误有规律,成系统。偏误分析与对比分析的一个重要的差别是前者从学习者的角度出发,与目的语做比较,而后者从教师或研究者的角度出发,与学习者的母语做比较。

尽管偏误分析这一方法给语言习得研究带来了方法上的划时代的突破,但这一方法仍有局限性与实证方面的错误假设。比如,这一研究方法认为正确地使用某一具体语法项目意味着这一语法体系的形成。其实并不如此。在语言习得过程中一些语法形式的出现不一定标志着某一语言规则的内化。偏误分析方法的一个致命弱点是它所研究的并不是语言习得的全部内容。语言习得更要研究学习者没有出偏误的那一部分,即全部的语言的运用(Schachter,1974)。

本章的研究方法所遵循的正是一个这样的原则,即全面地观察学习者产出的语言素材,用开阔的视角和开放的渠道来解释学习者中介语中的动态的语言现象。在认知和心理语言学的框架下,对学习者的因素和他们的语言特征进行有目的地收集观察,在对数据进行统计分析的基础上,对所提出的具体的研究问题进行探论。

第一节 位移意义的"把"字句的习得研究

"把"字句是汉语语言本体研究和在对外汉语教学中受到广泛重视的一项语法条目。"把"字句独特的语法、语义、语用特征引起了各界学者的注意。在语言习得方面,不论是第一语言、第二语言或是外语的习得,对"把"字句的研究方兴未艾(如 Jin, 1992;李宇明,1995;崔永华 2003;黄月园,杨素英,2004;刘颂浩和汪燕,2002;程乐乐,2006;Wen, 2006)。由于对变量的控制程度有别,考察的角度不同和各种因素的影响(如语料的收集是来自于语料库还是一对一的自然谈话,是口语还是书面形式),目前对"把"字句的研究远远没有达到一个共识。本文希望通过对表示位移意义的"把"字句的习得调查,能够进一步了解汉语作为外语的学习者习得"把"字句的过程,了解他们在习得过程中如何处理语言形式、意义与功能的关系。对位移意义的"把"字句的习得研究或许可以从不同的角度对第二语言习得的全面了解有所发现,对某些习得现象加以进一步的解释,并对语言课堂教学提供更为科学的依据。

一、文献综述

我们首先对有关的研究进行回顾与分析,建立在前人研究的基础上探讨汉语中介语中的"把"字句在语义、语境及语言结构上的特征。本文调查的重点是在特定的语义与语用环境下,不同汉语水平的学习者如何习得表示位移意义的"把"字句,他们所造出的"把"字句有着什么样的特征?

Jin (1992)调查了不同的"把"字句结构的习得顺序,目的在于探讨母语为英语的学生是怎样习得主题突出的语言。根据语法、语义及动词的处置性三方面的因素,Jin 在她的调查中将"把"字句分为三种类型。在第一种"把"字句中,"把"后面的名词是受事者,其语义信息是定指的。此外,第一类"把"字句中动词有较强的处置性,比如"我把饭吃完了"。在第二类"把"字句中,"把"后面的名词是一种事物或属性,其语义相当于句子的主题。这一类"把"字句中的动词的处置性比第一种弱,比如"他把橘子剥了皮"。在第三类"把"字句中,"把"后面的名词常常是表地点的短语,其语义相当于句子的主题或经验者。在第三类"把"字句中,动词的处置性与前两类相比是最弱的,如"我把屋子堆满了书"。抽样为 46 名不同汉语水平的美国学生。实验结果表明,第一类"把"字句最先习得,其准确率也比其它两类高。对第二种"把"字句的习得则体现了一种与学习者的语言水平成正比的情况,受试者的汉语水平越高,掌握程度也就越好。习得难度最大的是第三类句式。受试者不但很少使用,而且准确率也比较低。Jin 认为学汉语的美国大学生对"把"字句的习得受到其母语中主语突出的影响,由于第二、三类中"把"后面的成分是主述题,所以给学习者造成较高的难度。随着学习者的语言水平的提高,这种母语负迁移的现象会逐步减少。

"把"字句习得的困难是由于学习者母语的负迁移所造成,还是由于别的原因?余文青(2000)对 30 名母语背景不同的在北京某所大学学习汉语的学生进行了调查。在 30 名抽样中,母语为日语的学生 10 名,韩语的 10 名,英语的 10 名。他们的汉语水平均在 HSK 5—7 级。日语、韩语和汉语都是主题突出的语言,而英语为主语突出的语言。余文青的实验结果说明,不同母语背景的学习汉语的学生在对句型 S+把 N1+V 在/到+N2 (他把书包放在桌子上。)的掌握上没有不同,"不同母语背景的受试者对处置性强的"把"字句容易理解和掌握,知道如何在表示目的意义的语言背景中去使用它。"(第50页)从中可以看出母语的迁移未必是造成把字句习得困难的原因。

"把"字句是一个常用句型,不论从语法还是语用方面都有众多的形式与意义。崔永华(2003)从微观语料着手,只对一个动词句式"把……放……"进行了调查分析。其语料来自于"外国留学生汉语中介语语料库"。所以只对一个"把"字短语的习得情况进行调查,作者指出原因有二。第一,中介语中虽然有完整的"把"字句,但很多都是"遍体鳞伤",甚至难以对偏误的类型加以描述。第二,如果分析到句子层次,就必须涉及到句子的语境、语用等问题。而中介语语料库中的语境往往不够清楚。在他的研究中,"把……放……"短语是出现频率最高的。在3733个"把"字短语中,"放"的出现频率最高,共249例。语料中不合语法规则的主要表现于"在"字结构缺少处所化标志的方位词(如:*"最后孩子们把花放我们的头发和毛衣",*"把剑放在角落吧")或趋向动词使用不当(如:*请你可以自己把钱放进去我的口袋里)。

在249个"把……放……"短语中,使事物处于一定位置(如:"把我放在车座的后边"),即由"在"所构成的介词结构为动词'放'的后附成分的出现频率最高,共201例。其中符合汉语习惯的有180例,正确率达百分之九十以上。其次是趋向动词+宾语的后附成分(如:"把药放进爸爸的口里"),共11例,正确率达近百分之七十。由此可见,动词后如是一个介词短语来说明"放"的所处位置,所用的频率高也容易掌握;而动词后是趋向补语时,所用的频率低也较前者不容易掌握。崔永华(2003)的这些调查结果与后来的一些研究结果是一致的。例如,在程乐乐(2006)对日本留学生习得"把"字句的问卷调查中,发现在句式1和句式2,

1. "主语(施事)+把+名词1(受事)+动词+在/到/给/成+名词2"
2. "把+名词(受事)+动词(带有宾语)+补语(结果补语或趋向补语)"

之间存在一个初级阶段"把"字句的难易序列。对日本学生来说,句式1最容易掌握,出现的偏误也最少;句式2而则较难掌握,出现的偏误也多。

与崔永华(2003)的研究相比较,黄月园和杨素英(2004)对"把"字句的研究规模大了很多。她们从语言本体研究出发,从情状类型着手来调查母语为英语的汉语学习者是如何理解"把"字句的动词终结性的。在他们的研究中,根据动词的动态、持续和结果等特征,把动词分成了四类:1)状态动词,如"爱"、"有"、"住"、"享受";2)动作动词,如"叫"、"跑"、"玩"、"学习";3)结果指向动词,如"造房子"、"画画"、"喝"、"拆";4)含结果实现动词,如"赢"、"打死"。实验抽样为14名在北京四个大学学习汉语的中高级程度的学生。所有的受试者都做了三个任务。语法正误判断,句型变换,即受试者首先决定所给的句子是否能转变成"把"字句,然后把自己认为可以转变的句子进行转变;用所给的名词和动词造句。其试验结果表明,第一,受试者普遍不接受状态动词的"把"字句,他们显然能够意识到状态动词和"把"字句的不兼容性。第二,受试者能够意识到"把"字句对终结性和完成性的语义要求,比如对缺乏终结性和完成性的动作动词多数会添加表达结果或变化后的状态的定界成分以及体标记"了"来补充终结性和完成意义,虽然对汉语的动量补语、结果补语、可能补语等定界成分还没有掌握好,在动词与定界成分的搭配方面出现偏误比较多。第三,受试者对用结果实现动词的"把"字句正确率最高,对用方位短语与做定界成分的结果指向动词也掌握得比较好。

刘颂浩和汪燕(2002)对"把"字句练习设计中的语境做了调查,探讨什么样的语境能够引发对"把"字句的运用。他们的调查结果说明,学生是否运用"把"字句与对引发"把"字句所提供的语境有着直接的密切的关系。他们的抽样是在中国学习了至少三个月汉语的高年级学生和汉语为母语的中国大学生。绝大多数受试者(88%的外国留学生,92%的中国人)用"把"字句对这样的题目进行了回答:"请说一说'西红柿鸡蛋'这个菜的做法"。在这一题目中,大量用到的是表示动作的动词(如:放,切,倒)和表示方位的结果补语(如:放在锅里,切成块儿,倒入锅内),语用功能则以叙述的形式进行。

Wen(2006)从不同的角度探索了学习中文的美国大学生习得不同语序(主谓宾)的情况,着重考察了三个语法现象:述补结构(如:我弟弟下象棋下得很好。)、疑问代词非疑问句(如:我什么运动都喜欢。)、"把"字句(如:小孩子把书都整理好了。)这三个结构的一个特点是从主谓宾语序(述补结构)到非主谓宾语序("把"字句)。语料收集的方式是通过与每个学生单独谈话,把谈话的内容全部录下来,并根据录音写成书面形式进行数据分析处理。实验的抽样为在美国某所大学学习汉语的4个年级50个学生。所有的受试者都做了同样的两个任务,一是回答调查者的问题,二是看图说话。研究结果说明学生首先习得了述补结构,然后是疑问代词非疑问句。"把"字句在一年级15个受试者中一个都没有出现(尽管在课程和教材中多次出现过,受试者也多次练习过"把"字句),只是到二年级时才开始在其中介语中出现。根据学习者语言水平的不同,四个年级中"把"字句运用的正确频率分别为0%("把"字句没有出现)、42.8%、54.5%和69.2%。Wen认为除了语序与句法以外,语义、功能和认知概念方面的复杂性与灵活性也影响着学习者的习得过程。学生习得语法结构的顺序意味着对语序的习得有一个过程,宾语提前的句式及在语言与认知方面不太直观的句式结构需要一定的时间与语言经验的积累。

从以上的回顾中可以看出两点。第一,出现于中介语中的"把"字句表示结果,表示通过动作使某事物受到了不同程度的影响和变化,或是位置的移动,或是状态的改变。第二,大量地出现于中介语中的"把"字句的动词表示动作,表示一旦发生就会有结果的动词。从以上两点可以看出,对于汉语为第二语言/外语的学习者来说,当他们造出"把"字句时,似乎意识到了"把"字句的基本意义和功能。此外,只有一定的汉语水平的学习者(中、高级程度)能够造出"把"字句,在初级甚至中级水平的学习者中生成"把"字句的情况非常少。初级甚至中级水平的学习者不用"把"字句的原因可能是众多的,或是学习者没有运用"把"字句的知识和技能,不会用(教学课程中让学生接触练习过多次"把"字句并不意味着学习者学会了,能够运用"把"字句了);或是学习者有运用"把"字句的知识和技能,但不愿意用;或是引发的手段不得力,不需要"把"字句也能把意思表达出来。本实验试图把上述的因素加以控制,来调查不同汉语水平的学习者运用把字句的情况。

二、"把"字句的特征

"把"字句的基本结构是 Subj. + 把 NP + Verb + Verb Complement.,即"甲把乙怎么样了"。主语常常不可缺,因为它表示引起变化和造成结果的施事者或责任者(刘月华等,2001)。动词和"把"的宾语(把 NP)之间常常有动宾关系。动词后面要有补语来表示动作的结果或动作使得把 NP 改变了的状态或位置(例句1)。"把"字句的谓语包含补语,或动词本身就有着结果意义,以及

一些用含有结果意义的语态助词"了"。（刘月华等,2001）

1. 王先生正把花搬进屋子里。

"把"字句有两个鲜明的语义特征。第一,"把"NP 是定指的,或指具体的某件事物,或是群体的某一类事物,说话者和听话者双方都明白其所指。大部分的"把 NP"是受事者,有时也可以是非受事者,如处所词、时间词等。第二,"把"字句强调经过动作作用后"把 NP"所起的变化和结果。"把"字句要通过动词补语来表达这种变化与结果。刘月华等(2001)把"把"字句的补语大体归纳为5类：(1)结果补语（例句 2）；(2)趋向补语（例句 3）；(3)情态补语（例句 4）；(4)数量补语（例句 5）；(5)介词短语补语（例句 6）。

2. 我把钢笔用坏了。
3. 你把苹果给他送两筐去。
4. 学生们把图书馆打扫得干干净净的。
5. 把老师的话再重复一遍。
6. 她把生死置于脑后。

在语用功能方面,"把"字句常常用于叙述或祈使句中。比如：

7. 她从冰箱里拿出了一个蛋糕,把蛋糕放在桌子上,切成一块一块的。然后把每块蛋糕放在小纸盘子上,给大家吃。

"把"字句也常常用于祈使句中表示请求或命令,比如：

8. 请把书打开,翻到第 15 页。
9. 把门关上！

除了表达方面的要求（甲把乙怎么样了）以外,"把"字句也有结构上的要求。比如,如果谓语动词中有两个名词。一个是受事名词,另一个或是处所名词或是别的补语名词,表示受事名词所处的位置或状态变化时,往往得用"把"字句。（刘月华等,2001）比如：

10. 男孩儿正把花儿放在桌子上。
11. 工人把面包扔到河里了。

典型的"把"字句表示"把 NP"位置的移动与变化。崔希亮(1995)指出,典型"把"字句的第三类表示"某一行动使 B 或将要使 B 的位置发生位移"。张旺熹(2001)从 1996 年第一季度的《人民日报》中随机抽样收集了 2160 个"把"字句。在对这些例句进行观察分析后,他提出典型的"把"字句"所表现的可能是一个以空间位移为基础的意象图式及其隐喻关系"(p.2)。从以上的研究来看,在实际的运用中,表达位移的语义概念,表达一个事物位移后所在的处所和结果这样的意思时,"把"字句的使用率是最高的。本项实验所要调查研究的正是这样一种类型的"把"字句。

三、实验设计与调查方法

此项实验调查不同汉语水平的学习者习得"把"字句的情况,即在一定的语境下,学习者能否用书写的方式造出"把"字句。本实验调查两个问题:1) 不同汉语水平的学习者在"把"字句的使用率上是否有显著的差别?2) 如果有显著意义的差别,这些差别体现在哪些句式中?

1. 实验参加者

实验参加者为在美国南方某所大学修中文课的大学生和在美国学习、汉语为本族语的中国留学生,共 100 人。人数分布情况为:初级抽样 30 人,中级 20 人,高级 30 人,中国人 20 人。修中文课的三个年级 5 个班的美国学生参加了实验调查。抽样的汉语水平是根据他们所在的班级和代课教师们对学生语言能力的鉴定来划分的。在实验中,曾对 3 个在某一年级水平过高或过低的学生进行了调整,结果形成了此实验的初、中、高三个语言水平。初级水平的抽样修了约 140 个中文课时,中级水平的抽样修了约 220 个中文课时,高级水平的抽样修了约 300 个中文课时。所有的抽样都在他们的教材中和课堂上学习过"把"字句。初级水平的抽样在收集语料的两个多星期以前刚刚在课程中练习过"把"字句。抽样中汉语为本族语的中国学生对"把"字句的运用数据可以作为参照与修中文课的美国大学生进行比较。

2. 语言材料的收集与方法

语料的收集是在春季学期末,一学年快要结束的时候进行的。受试者在汉语课堂上做了一个笔头任务,用汉字或拼音书写。所有的抽样,包括中国人在内,所做的任务都是一样的。所有的受试者在完成任务之前丝毫不知道研究者的意图和希望收集到的语言材料。研究者让受试者根据所给的8个不连贯的图画语境和简单介绍来回答问题,时间不限。页首有如何完成任务的英文要求: Please answer the questions in sentences based on the given vocabularies and the pictures below. You may write in character or pinyin. Vocabularies in the parentheses are provided for your convenience.(见附录)。对图画的介绍和提问的目的是:第一,提供比较统一、具体的语境,这样有利于对所收集的语言素材进行对比;第二,通过所提供的上下文、图画和问题,希望能够引发出"把"字句。

引发图画的设计是建立在一个导航实验(a pilot study)的基础上的。在这项导航实验中制定了12幅图画,请5个中国人和5个修二年级中文课的美国学生根据图画笔头回答问题。在分析了这10个受试者的语料后,研究者删掉5幅图画,并对其中7幅图画和所有的引发问题作了修改,希望能给受试者一个较自然的语境,比较自由地写出"把"字句。

用图画与问题作为手段来引发"把"字句有几个优点。第一,画面强调了动作的结果,表达了"甲把乙怎么样了"的意思,适合"把"字句的运用。第二,因为有图画,有提问,实验者容易抓住特别是初级水平的受试者的叙述内容,明白他们的意思。第三,由于"把"字句经常用在叙述的篇章中,根据图来回答问题正是这样的一个叙述的手段。刘颂浩和汪燕(2002)在对"把"字句练习设计中的语境的调查中,分析了什么样的练习设计的语境能够引发对"把"字句的运用。他们指出,如果引发的练习过于明确,就会显得生硬做作,如果引发过于模糊,学习者则不知所措,引发不出想要观察的语言结构。而根据所给的图画回答问题鉴于两者之间,是一种既比较自然又有可能够引发出"把"字句的手段。

在导航实验的基础上,研究者在引发的内容上做了细心的选择。语境的设计建立在最常用的"把"字句的情况下,同时也建立在本体研究(如张旺熹,2000)和对"把"字句的习得研究(如崔永华,2003;程乐乐,2006)的基础上。意图引发的"把"字句所表达的是某一动作行为的作用下,某一事物发生了位置上的变化。

3. 评分

评分时主要察看两点。第一,是否使用了"把"字。从这个意义上讲,此实验中的"把"字是"把"字句的标记（Token）。有"把"字的句子在此实验中即指"把"字句。从严格的意义上来讲，所收集的语料中带"把"字的分句有的并不应该属于"把"字句，如：

12. *小花和小朋把放书在书架，小红把挂照片在墙，小虎放花在桌子。

但按照此实验所定的有"把"字就是使用了"把"字句的标准，句12里有两个"把"字分句。这一衡量标准与刘颂浩，钱旭菁和汪燕（2002）的判断标准相同，即在每一个问题的回答中，只要有一个"把"字的形式出现就算是使用了一个"把"字句。

第二，所造出的"把"字句是否正确。由于所收集的是书面语料，书写方面的错误，如错别字和拼音都不进入纪录。在判断正误时，语法、语义、语用三个方面成为标准。对于每一个图画和问题没有所谓的标准句子，只要造出的句子合乎这三个方面的汉语习惯即为正确。比如，对于第一个图画，所给的提示语境为："李太太想去商店可是她不会开车。李先生刚刚做什么了？以下的回答（13a，b，c，d）都对。也有不用"把"字句的回答，如13d。非"把"字句不进入纪录。

13a. 李先生把李太太送到了商店。
13b. 李先生把她送到了商店门口。
13c. 李先生开车把李太太带到商店来了。
13d. 李先生开车送李太太到了商店。

四、结　果

三个不同汉语水平的80名受试者一共造出867个分句，平均每一个受试者造了10.8个分句。其中含有"把"字的分句有155个。首先我们观察一下"把"字句在各个语言水平使用频率的分布情况。在155个"把"字句中，初级组的抽样使用了30个，占他们所有的分句的9.1%；中级组使用了32个，是他们总分句的14.7%；高级组使用了93个，占总分句的28.9%。中国人所造的"把"字句占其总体分句的79.2%（表1）。

表 1　不同年级使用把字句的频率和正确率

年级	人数 N	总计"把"	总分句	把的使用比率	正确的把字句	把的正确频率
初级组	30	30	328	9.1%	7	23.3%
中级组	20	32	217	14.7%	9	28.1%
高级组	30	93	322	28.9%	37	39.8%
中国人	20	171	216	79.2%	71	100%

从数据百分比的比较中,我们可以看出两点。第一,汉语水平与"把"字句的使用频率成正比。随着学习者汉语水平的不断提高他们使用"把"字句的频率也不断增加(分别为 9.1%,14.7%,28.9%)。第二,说本族语的中国人也没有在所给的情境中百分之百地用了"把"字句,其使用率为 79.2%。他们不选择使用"把"字句的原因大概是多方面的,比如受试者没有根据所给的语境上下文和问题来造句;在某些语境中用不用"把"字句皆可,不影响意义的表达或引起读者的误解;语言风格方面避免重复使用同样句式;个人表达选词造句的不同风格等。

表 1 还展现了不同年级使用"把"字句的正确率的分布情况。"把"字句的正确率的分布情况在预料之中:随着学习者汉语水平的提高,他们正确使用"把"字句的频率也不断增加(分别为 23.3%,28.1%,39.8%)。应该注意到的是学习者正确运用把字句的次数是很低的。初级组只造出 7 个、中级组造出 9 个正确的把字句。

卡方检验表明三组不同汉语水平的抽样使用"把"字句的频率有统计意义上的显著区别($Chi^2 = 133.75$,df=9,$p<0.001$)[①],三组抽样正确使用"把"字句的频率也有统计意义上的显著区别($Chi^2 = 201.75$,df=6,$p<0.000$)。本文所调查的第一个问题是不同汉语水平的学习者在"把"字句的使用率上是否有显著的差别?实验结果表明不同汉语水平的受试者在"把"字句的使用率和正确运用率上都有显著的差别。

[①] Chi^2 检验用于在总体分布未知的情况下,根据频率分布对总体分布做出检验。df 自由度,指样本中独立或能自由变化的资料个数。p 值为结果可信程度的一个指标,p 越大,越不能认为样本中变量的关联是总体中各变量关联的可靠指标。p 值越小,显著性则越可靠。一般认为 $p<0.05$ 是可接受的边界水平。

所有的受试者(包括中国人在内)一共写了326个含有"把"的分句。根据不同的句式和意义,所收集的"把"字句可归纳为三大类。第一类集中在对第1和第6项问题的回答中,表示"把某人送到某地"(如"李先生把李太太送到了商店")。第二类集中在对第2,3,4,7项问题的回答中,有表示趋向意义的动词短语和补语(如"王先生正把花搬进来。""工人把面包扔到水里了。")。第三类集中在对第5,8项的问题的回答中,有表示方位处所意义的补语(如"张先生正把切好的蛋糕放在盘子上")。表2展现了"把"字句的分类情况。

表2 "把"字句的句式分类及使用率

年级	把某人送到某地	趋向补语	方位处所补语 V 在 NP
初级组	3.3%	8.0%	8.4%
中级组	2.5%	16.0%	25.9%
高级组	8.3%	28.7%	39.8%
中国人	57.5%	80.6%	93.4%

1. 第一类句式表达"谁把谁送到某地":Subj. ＋把 NP 送到＋Loc.

表3展现了这一句式描写性数据及使用频率。与别的两类句式相比,受试者运用此句式的频率最低。初级组只造出2个,使用率为3.3%;中级组造出1个,使用率为2.5%;高级组造出5个,使用率为8.3%。汉语为本族语的中国受试者用此句式的频率也不高:57.5%。第1和第6幅图画所提供的语境相仿,比如第6幅的语境是"李明得去学校,可是他没有车。他的爸爸刚刚做什么了?"一半以上的中国人用了"把"字句(例句14)。如果用非把字句回答,有的可以接受(例句14a),有的没有用语境中的上下文,而是做了直观的"看图说话",造成了话语上的脱节(例句14b)。

14. 李明的爸爸刚把李明送到学校。(高级组,中国人)

14a. 李明的的爸送李明到(了)学校。(不同水平的受试者,中国人)

14b. ＊李明跟他爸爸说"再见"/告别。(低级组、高级组受试者)

表 3 "谁把谁送到某地"的描写数据及使用频率

年级	共用把	用把平均数	标准差	共造分句	使用频率
初级组	2	0.067	0.254	60	3.3%
中级组	1	0.050	0.2236	40	2.5%
高级组	5	0.167	0.461	60	8.3%
中国人	23	1.15	0.745	40	57.5%

需要指出,与别的句式相比,这一句式的一个显著特征是句中的把 NP 在语义上表示有生命的(Animacy)人物(如李太太、李明),而在别的句式中,把 NP 均为无生命的事物。这一现象说明有生命的"把 NP"似乎与"把"字句的使用有一定的关系。

2. 第二类句式表示趋向意义,句式为:Subj.＋把 NP＋V＋动补

其中动补结构可分为三类:(1)动词＋给＋NP(如:把信寄给朋友);(2)动词＋趋向补语(如:把花儿搬进来);(3)动词＋到/在/回/进/出＋方位处所词(如:把花搬进房间里)。

第 2,3,4,7 项问题用来引发第二类句式。这一类"把"字句的使用率相对第一句式高了很多,中国人的使用率为 80.6%,初级组、中级组和高级组的使用率分别为 8.0%,16.0%,28.7%。从表 4 中可以看出,随着学习者汉语水平的提高,表达趋向意义的"把"字句的使用率也稳步提高,特别是到高级水平有一个比较明显的增加。

表 4 不同汉语水平表示趋向意义的把字句的分布率

年级	V 趋向	V 给 NP	V 到/在/回/进/出＋方位词	共用把	用把平均数	标准差	共造分句	使用频率
初级组	3	0	9	12	0.400	0.563	150	8.0%
中级组	4	0	12	16	0.800	1.361	100	16.0%
高级组	10	0	33	43	1.433	1.735	150	28.7%
中国人	16	4	60	79	3.95	0.792	98	80.6%

使用频率最少的是"动词给＋NP"结构。这一结构出现在回答第3项问题中。所有的受试者,不论是初级、中级还是高级组都没有用这一结构。这一现象似乎说明两点。第一,对于"把"字句中表示趋向的补语,如果可以选择"V给＋某人"或"V到/回＋某地"时,学习者似乎更倾向于后者(例句15a,b)。第二,中国人用了"V给＋某人"的结构(15c),尽管使用次数也不多(4次)。这一现象意味着汉语为外语的学习者的"把"字句的使用频率和本族语的使用频率成正比,即当中国人的使用频率比较低时,受试者或者不用,或者使用率非常低。

15a. 安娜在把长城的照片寄回英国。(n＝2 高级组受试者)

15b. *她要把那些照片寄去英国。(n＝2 中级和高级组受试者)

15c. 安娜正把她在长城照的照片寄给她英国的朋友。(n＝2 中国人)

"V＋趋向"与"V到/进＋方位处所词"结构第2项问题可以引发出两个把字句,或是 V＋趋向,或是 V到/进＋方位处所词,所提供的语境是:"要下雨了。李先生李太太怕衣服和花淋湿了。他们要做什么?"受试者基本上用了三种句式回答了这一问题。一种是"把"字句的V趋向结构(16a),另一种是用"把"字句的V到/进＋方位处所词结构(16b)。还有一种是用非把字句(16c),非"把"字句不进入纪录。

16a. 王先生正在把花搬进来,王太太把衣服拿下来。

16b. 王先生正在把花搬进房间里来,他也要把衣服拿进房间。

16c. 王先生正在搬花,*也拿衣服进房间里。

初级组和中级组的受试者均没有用"V到/进＋方位处所词"结构,而是用了"V趋向"结构(表5)。随着受试者语言水平的提高,"V到/进＋方位处所词"结构开始出现。高级组的受试者在主要运用"V趋向"结构的同时也用了"V到/进＋方位处所词"结构。中国人既用了"V趋向"(N＝16),又用了"V到/进＋方位处所词结构"(N＝15),分布情况差不多各为一半。表5表明与"V趋向"结构相比,"V到/进＋方位处所词"结构的运用随着在语言水平的提高而逐步增多,其运用率是0％,0％,28.5％,中国人是48.4％。

表5 "V趋向词"和"V到/进十方位处所词"的使用率对比(第二项问题)

年级	V趋向	V到/进＋NP	共用把	V到/进＋NP比率
初级组	3	0	3	0%
中级组	4	0	4	0%
高级组	10	4	14	28.5%
中国人	16	15	31	48.4%

初级组和中级组的受试者是不会运用"V到/进＋方位处所词"结构,还是不愿意用"V到/进＋方位处所词"结构?从别的语境中(如第3,4,7项问题)可以看到,当没有选择的机会时,初级组和中级组都用了"V到/进＋方位处所词"结构,分别造出了9个和12个有"V到/进＋方位处所词"的"把"字句(见表4)。然而,当语境给他们以选择的灵活性时(如第2项问题的语境,表5),初级组和中级组一律选择了"V趋向"结构,只是到了高级组,选择才开始变为双向,"V到/进＋方位处所词"结构开始出现。

另外,从使用两种结构的正确率中可以看出,使用"V趋向"结构和"V到/进＋方位处所词"结构的正确率差别颇明显(表6)。不同的语言水平使用"V趋向"结构的正确率均在65%以上,而使用"V到/进＋方位处所词"结构的正确率只是在25%到40%之间。正像表6所显示的,即使到了高级组,偏误的数目仍然没有明显的减少。学习者出现的大量偏误表现在补语上,或是语序错误,或是补语不完全,或是缺少句尾处所词。如崔永华(2003)所说,学习者在把字句中所出的偏误可谓"遍体鳞伤"。例句17,18,19就是这样的例子。

17. *工人把床搬下楼。
18. *王先生正在把花搬进来房间。
19. *他把面包扔在河。

表6 "V趋向词"和"V到/进十方位处所词"的正确率对比

水平	V趋向		V到/进＋方位处所词	
	正确数/总数	正确率	正确数/总数	正确率
初级组	2/3	66.7%	1/8	12.5%
中级组	3/4	75.0%	3/12	25%
高级组	6/10	67.0%	8/33	24%

3. 第三类句式表示方位意义,句型结构为:Subj.＋把 NP＋V＋介词短语

1) 使用频率高。第 5 和第 8 项问题用来引发这一句式,其中第 8 项问题可以引发出 3 个把字句。表 7 是这一句式描写性数据及使用频率和正确率。与别的三类句式相比,"Subj.＋把 NP＋V＋介词短语"句式在每一年级的抽样中使用频率都是最高的。初级组造出 16 个,使用率为 8.4%;中级组造出 15 个,使用率为 25.9%,高级组造出 45 个,使用率为 39.8%(表 7)。汉语为本族语的中国受试者用此句式的频率达 93.4%。这一结果从另一个方面又一次说明汉语学习者对"把"字句的使用频率和说本族语的中国人使用"把"字句的频率成正比,即当中国人的使用频率相对比较高时,汉语学习者造出"把"字句的频率也比较高。

表 7 不同汉语水平表示方位的把字句的使用频率和正确率

年级	共用把	用把平均数	标准差	共造分句	使用频率
初级组	16	0.533	1.008	118	8.4%
中级组	15	0.750	1.371	77	25.9%
高级组	45	1.50	1.696	113	39.8%
中国人	71	3.55	0.791	76	93.4%

2) 一对一的语言形式与功能。受试者所造的第三句式中所用的动词有两个:"放"和"挂"。在动词后所用的介词只有一个:"在"。由"在"构成介词短语,表明动作使宾语处于一定的位置,或动作使宾语发生了位置上的变化。而且这种变化形于表面,介词短语末尾需要一个处所化标志的方位词"上"或"里"(20 到 22 句)。这一句式中的介词短语相对简单一致,均为"放/挂在名词＋上"。

20. 张先生正在把蛋糕放在盘子上。
21. 小花和小朋把书放在书架上。
22. 小红把画儿挂在墙上。

第三类句式体现了"一对一的语言形式与功能"的特征(Andersen,1984)。某一语义关系所表达的功能用某一形式表达出来,比如在 20 到 22 例句中,补语都以同一形式出现。介词短语"在＋地方名词＋上"表达了动作的结果;使受事者位于某一地方(如或是"在盘子上","书架上","在墙上")。所收集的数据表明,这种一对一的语言形式与功能成为学习者的首选;第三类句式在所有的

句式中使用率最高。与第二类句式(表示趋向意义的"把"字句)相比,虽然两者不论在意义功能还是语言形式上都有相似之处,但一个明显的差别在于第二类句式的补语形式多样化(如,寄到 NP,寄去 NP,寄回 NP,寄到 NP 去,寄往 NP,例句 23a,b,c,d.e)。所收集的数据表明语言形式多样化的结果是"把"字句的使用率降低(见表 2)。三个不同语言水平的受试者平均使用趋向补语"把"字句频率为:17.5% 而平均使用"在"介词短语"把"字句的频率为:24.7%)

23a. 安娜把那些照片寄到英国。(N=2,分别由 1 个中级和 1 个高级组的受试者造出)

23b. ? 安娜把她的照片寄去英国。(N=2,由 2 个高级组的受试者造出)

23c. 安娜正(在)把在长城照的照片照片寄回英国。(N=3,由 3 个中国人造出)

23d. 安娜要把(洗出来的)照片寄到英国去。(N=2,由 2 个中国人造出)

23e. 安娜正把那些照片寄往英国给她的朋友。(N=1,由 1 个中国人造出)

3) 对动补结构"放在 NP 上"的优先选择。上文提到,所收集的数据表明"把"字句在第三种句式中使用率最高。在第三种句式中,出现频率最高的句型是"Subj.＋把 NP＋V＋在＋Np＋上"。在对第 5 和第 8 项问题所做的回答中,"Subj.＋把 NP＋V＋在＋Np＋上"出现了 31 次(如句 24),同样的句型缺失"上"出现了 23 次(如句 25),是本实验所收集的句型中使用率和正确率最高的。大量使用"Subj.＋把 NP＋放在＋Np＋上"这一句型表现在回答第 8 项问题上。第 8 项问题中的三个小问题,分别可以引发出各一个"把"字句。受试者所造的"把"字句正确率最高的是例句 24。三个汉语水平的学习者共造出 18 个其中 16 个都为正确(见表 8)。用把字句最多的是对"小花和小朋已经做什么了?"的回答:三个汉语水平的受试者共造出 20 个"把"字句,尽管其中 15 个"把"字句中缺失方位处所词"上"(例句 25,26)。使用"Subj.＋把 NP＋挂＋在墙＋上"这一句型共 16 次,正确率为 62.5%。

24. 小虎把花放在桌子上。
25. *她们把书放在书架。
26. 小花和小朋正把书放在书架上。

表 8 "Subj.＋把 NP＋V 在＋NP＋上"的分布情况（第 8 项问题）

年级	放在书架上	放在桌子上	挂在墙上	缺失"上"	正确率
初级组	0	2	2	5＋1＋1＝7	36.4％
中级组	1	3	2	4＋0＋1＝5	54.5％
高级组	4	11	6	6＋1＋4＝11	65.6％
总数	5	16	10	23	57.4％

对动补结构"放在 NP 上"的优先选择也表现在对第 5 项问题的回答上。第 5 项问题既可以用"Subj.＋把 NP＋放在盘子＋上"又可以用"Subj.＋把 NP＋放进/到/在盘子＋里"的句型来回答（见表 8 中国人的使用数据）。当受试者有机会可以选择"Subj.＋把 NP＋放在盘子＋上"或"Subj.＋把 NP＋放进/到/在盘子＋里"的句型时（如第 5 项问题所提供的语境），他们选择了前者，即"放＋在＋Np＋上"。从表 9 中我们可以看到，初级组所造的 5 个"把"字句中都用了"放在＋Np＋上"的结构，其中 3 个丢失了方位处所词（句 27）。中级组的一位受试者开始用"Subj.＋把 NP＋放进/到/在盘子＋里"的句型，所造的唯一的句子仍然用了"放在"（句 28）。随着学习者汉语水平的提高，"Subj.＋把 NP＋放进/到/在盘子＋里"这一句型逐渐增多。高级组造出了 4 个这样的句型，但是"Subj.＋把 NP＋放＋在＋Np＋上"仍为多数（n＝7，表 8）。中国人的分布情况是"Subj.＋把 NP＋放进/到/在盘子＋里"要多于"Subj.＋把 NP＋放在盘子＋上"（表 9）。

27. ＊他正把蛋糕放在盘子。
28. 张先生把一块儿蛋糕放在盘子里。

表 9 "放在盘子上"和"放进/到/在盘子里"的对比（第 5 项问题）

年级	放在盘子上	放进/到/在盘子里	缺失方位处所词"放在盘子"
初级组	2	0	3
中级组	1	1	2
高级组	7	4	2
中国人	7	13	0

对"把"字句动补结构"放在＋方位处所词"的优先选择还表现在回答第 3 项问题上。对第 3 项问题的回答可以有多种方式（例句 23a，b，c，d，e，）。不同汉语水平的受试者使用频率最高的是句 29a，b，"放在信封里"，其次是各种不

同的形式,如句 23a,b。

29a. 安娜正在把她的(长城的)照片放在信封里。
29b. *安娜正在把她的照片放在信封。

"把"字句的形式与功能 "把"这个字虽然出现在受试者所写的句子中,很多句子有"把"字但并没有"把"字句所表示的意义。这些句子没有表示动作的结果,没有表示把 NP 在动词的作用下发生的变化,动词后没有任何附加成分。"把"字在这样的句子里只是形式上的一个标记,在意义和功能上都没有"把"字句的特征。八名不同汉语水平的受试者分别造出了例句 30a—f。

30a. *他在盘子里把蛋糕放。(一名初级水平受试者)
30b. *安娜把她的照片寄。(一名初级水平受试者)
30c. *小花和小朋把书在书架放和小红把照片在墙挂,把花儿在桌子上放。(一名初级水平受试者)
30d. *安娜把长城照片在信封(里)放。(一名初级,一名中级水平受试者)
30e. *工人把面包在河里扔。(两名中级水平受试者)
30f. *张先生正在把那块蛋糕在盘子放。(一名高级水平受试者)

所收集的语料中还出现了另一种与句 30a 和 b 的形式略有不同的"把字句"。例句 31a,b 在动词后没有附加成分,句中的"把"字插在主语和谓语动词之间。虽然有"把"这一字出现,所造的句子却没有表达"把"字句的意义功能。如果把"把"字抽掉,句 31a 和 b 是所收集的语料中出现频率很高的非"把"字句。这些在语言形式和意义上的偏误似乎说明"把"字的出现并不意味着学习者对"把"字句的意义与功能的概念的形成,同样也不意味着对"把"字句形式的掌握。句 31a,b 分别由两名初级组的受试者造出。

31a. *小花和小朋把放书在书架,小红把挂照片在墙,小虎放花在桌子。
31b. *小花和小朋把放书书架。小红把挂两张照片墙。

可以在语序形式上做比较的另一种句式是句 32a,b。在这一组句子中,所表示的"把"字句的概念似乎比前者(30a—f 和 31a,b)要清楚得多。尽管仍然有语序方面的偏误,但在笔者看来基本上没有造成给他人理解上的困难。句 32a,b 由一名高级组的受试者造出。

32a. *工人把床从楼上到楼下搬了。
32b. *王先生在把花房子里搬来。

五、讨 论

一、习得过程：不同汉语水平的学习者之间的差别

此实验研究的第一个问题是"不同汉语水平的学习者在"把"字句的使用率上是否有显著的差别？"方卡检验表明不同汉语水平的三组抽样使用把字句的频率有统计意义上的显著区别。不同汉语水平的抽样不仅仅在"把"字句的使用率上而且在正确率上都有显著的差别。随着学习者汉语水平的提高，他们的"把"字句的使用率和正确使用率也有稳步的上升。

1. 形式与功能

在抽样所造的"把"字句中，我们也可以看到受试者造出的不少"把字句"只有"把"字，却没有"把"字句的功能，如例句 30a—f 和 31a—b。这一现象尤其出现在初级组的"把"字句中。例句 30a—f(n=8) 和 31a—b 似乎说明初级组的受试者可能意识到在这样的语境中应该用"把"字句，他们似乎对于"把"字句的功能和什么时候用"把"字句有一个颇为模糊的概念，所以用了"把"字。但在动词后没有对动作的结果做任何补充说明，而是把表示方位、趋向意义的短语(如在盘子里，在书架，在墙，在桌子上，在信封里，河里)放在了动词前(如句 30a,c,d,e,f)。这些短语应该放在动词后来表示动作对把 NP 的结果和影响作用。受试者在应该用"把"字句的语境中确实用了"把"字，说明他们对"把"字句意义与功能开始形成概念。但在动词后不加任何对动作结果的补充说明，意味着或是对"把"字句的概念的模糊，或是对"把"字句的形式掌握不够，或是两者兼有之。从所收集的数据来看，两者兼有，侧重似乎更在前者。因此这些"把"字句偏误似乎说明"把"字的出现并不意味着学习者对"把"字句的意义与功能的概念的清楚形成，同样也不意味着对"把"字句形式的掌握。

不带补语、以动词结尾的"把"字句(如句 30a—f)在中级，特别是在高级水平受试者的中介语中的出现率要少得多。这一现象说明随着学习者语言水平的提高，通过对大量的语言的观察和运用，通过语言经验的积累，他们逐步对"把"字句的意义与语用功能形成了趋于目的语的使用者所具有的概念，他们知

道动词后一定要有附加成分出现,表示动作的结果。在这一阶段,受试者的偏误更集中地表现在对"把"字句的形式的掌握上,尤其是在对动作的结果表达的彻底性和语序的正确性方面。

2. 补语的缺失现象与映射问题

"把"字句所强调的是动作对"把 NP"所产生的结果"complete affectedness of an event on the patient object"(Sun,1995)。"把"字句要通过补语来表达这种变化与结果。这就需要表示动作结果的补语尽详尽致。而这一点正给汉语作为外语的学习者带来了较大的困难。首先是表示结果的补语不够完整。大量的"把"字句的偏误在于缺少句末成分,比如"了","上"(放在书架上,挂在墙上),"里"(扔到河里,放进盘子里),缺少频率请见表 8、表 9。在崔永华(2005)的研究中,他从语料库所得到的语料中也有这一现象,即不合语法规则的主要表现于"在"字结构缺少处所化标志的方位词。本实验数据表明学习者缺少句末方位处所词的原因似乎不在于他们觉得没有必要用,而是由于别的若干原因。比如"映射问题"(Mapping problem),涉及到感观与概念的相互作用,概念与语言表达形式的透明度的关系。在同一语境中(第 8 项问题)受试者较少地缺失"上"于"放在桌子上"(n=2)而大量地缺失"上"于"放在书架上"(n=15)。比较"放在桌子上"和"放在书架上"这两个动补短语,前者用了简单明确的一对一语言意义和形式,而后者的透明度并不那么强,学习者可能会犹豫"是放在书架上还是放在书架里还是放在书架中?"本实验所收集的数据就证明了这一点。

对趋向动词短语的选择也存在着"映射问题"。比如对于第 3 项问题,受试者的回答可以有一系列的选择:"放进","放到","放在","放入","寄到","寄给","寄回"等(例句 23a,b,c,d,e)。语言形式的选择来源于语言使用者对事物和事物存在形式的感观认识和语义分类的不同,同时受到学习者跨语言和跨文化的影响(Bowerman,1989)。对第 5 项问题的回答也如此,是"放进盘子里","放到盘子里","放在盘子里"还是"放在盘子上"? 表 9 表明,汉语为外语的学习者首选了"放在盘子上",而汉语为本族语的中国人的选择更多地为前两者。"放在 NP 上"这一短语成为汉语中介语"把"字句中出现频率最为高的形式,占有明显的优势,因为它在意思上一对一而且透明度很高。本实验的数据说明了这一点,崔永华(2005)从汉语中介语的语料库中收集的数据也说明了这一点。由于语义概念和语言形式的直观性和单一性,汉语为外语的学习者对"放在 NP 上"这一句型更为敏感,出现在汉语学习的初级阶段,是实验抽样中使用率和正确率最高的。这一现象随着学习者语言水平的提高有所变化。他们逐步地对概念的表达和语言形式的选择有了更多的方式。比如,被首选的"放在盘子上"逐渐分解为"放在NP方位处所词",在中级组出现了"放在盘子里",方位处所词出现了不同的形式。到了高级组不仅仅是方位处所词的形式不同,而且趋向动词也有了各种选择,进而出现了"放进/到/在盘子里"等。

上述的过程与Bardovi-Harlig(2002)所分析的英语作为第二语言的学习者习得将来时态"will"和"be going to"颇有相似之处。在Bardovi-Harlig的研究中,第二语言的英语学习者用了组状似的语言运用方法(Formulaic Use),首先大量使用的是单词"will",词组"to be going to＋V"只是出现在这样的句子中:"I am going to write（about）＋NP"。到下一个阶段,"I am going to write（about）＋NP"的组状似的语言运用得到了分析、分解,于是出现了在"to be going to＋V"中动词的多样化。这样将来时的表达方式先后出现的顺序为:

33a. Subj. will ＋ verb.（I will go to see a doctor tomorrow afternoon.）

33b. I am going to write（about）＋ NP.（I am going to write about his story.）

33c. I am going to ＋ verb.（I am going to see a movie with a friend.）

3. "V＋趋向"和"V 到/进＋方位处所词"

"把"字句习得过程也表现在不同的汉语水平的抽样对两个结构"V＋趋向"和"V 到/进＋方位处所词"的选择上（第2项问题）。初级组和中级组的受试者均没有用"V 到/进＋方位处所词"结构,而一致用了"V 趋向"结构。随着受试者语言水平的提高,"V 到/进＋方位处所词"结构开始出现。高级组的受试者在主要运用"V 趋向"结构的同时也用了"V 到/进＋方位处所词"结构。中国人既用了"V 趋向"(N＝16),又用了"V 到/进＋方位处所词结构"(N＝15),分布情况差不多各为一半（表5）。初级组和中级组的受试者并不是不会运用"V 到/进＋方位处所词"结构,而是选择不用"V 到/进＋方位处所词"结构。这一点可以从别的语境中（如第3,4,7项问题）看出。当没有选择的机会时,初级组和中级组用了"V 到/进＋方位处所词"结构。（表4）。当语境给他们以选择的灵活性时（如第2项问题的语境）,初级组和中级组一致地选择了"V 趋向"结构。只是到了高级组,选择才开始变为双向,"V 到/进+方位处所词"结构开始出现。

从词汇上讲,"V+趋向"要比"V 到/进+方位处所词"简单得多。前者是一个简单的趋向动补结构,如"搬进来","拿下来"("王先生正在把花搬进来,王太太把衣服拿下来。句 16a 学习者可以把它作为一个合成短语,作为一个词来记忆和运用(Formulaic Use)(Bardovi-Harlig,2002)。从形式上讲,前者比后者短得多。前者由一个动词短语组成;后者容易复杂起来(potentially complex)因为它有三个组成部分:动词短语+名词+方位处所词,如"把花搬进房间里(来)"。句式的长度使记忆工作量增大,形式的复杂使句子生成处理过程拉长。在初级阶段的学习者自然选择了前者。但是对"V+趋向"结构的使用经历了一个多元发展的阶段。随着学习者语言经验的积累和对语言的观察与运用,"V+趋向"这一结构得到了认识和分解,便有了正确的"V 到/进+方位处所词"的形式的出现。

上文的讨论回答了本研究的第二个问题"如果有显著意义的差别,这些差别体现在那些句式中?"大体总结如下:

1) 对动作的结果不加以任何补充说明、以动词结尾的"把"字句(the bear verb"把")主要出现于初级受试者的中介语中(如, * 他在盘子上把蛋糕放)。随着对"把"字句的意义与语用功能概念的逐步形成,学习者意识到动词后一定要有词组出现来表示动作的结果。不带补语的"把"字句便逐渐消失了。

2) 语言的功能与形式的一对一关系为初学者的第一选择。由于这个原因,方位介词短语"把 NP 放在 Loc.上(如,他正把蛋糕放在盘子上,小虎把花放在桌子上)"是数据中使用率和正确率最高的。随着学习者语言水平的提高,被首选的"放在盘子上"逐渐分解扩大为"放在 Loc.方位处所词",在中级组出现了"放在盘子里",方位处所词出现了不同的形式。到了高级组不仅仅是方位处所词的形式不同,而且趋向动词也有了各种选择,进而出现了"放进/到/在盘子里"的句式。

3) 在表示趋向意义时,"V 趋向"结构是汉语为外语的学习者的首选(如,王先生把花搬进来)。当语境给他们以选择的灵活性时(如第 2 项问题的语境),初级组和中级组一致地选择了"V 趋向"结构。只是到了高级组,选择才开始变为双向,"V 到/进+Loc.方位处所词"结构开始出现(如,王先生把花搬进房间里了)。

二、汉语为外语的学习者使用"把"字句的趋势

　　此项实验的结果表明虽然"把"字句在中介语中的出现率并不高,却有一个比较稳定地向目的语发展的趋势。汉语为第二语言的学习者使用"把"字句的频率与汉语为本族语的中国人使用"把"字句的频率成正比。当中国人的使用频率低时(如第1和第6项问题的语境,表示位移意义且宾语指人,即"谁把谁送到某地";第3项问题的语境,当句子中有间接宾语时),不同汉语水平的受试者对"把"字句的使用率也很低。当中国人的使用频率高时(如第5和第8项问题中,"把"字句的方位介词短语做补语,即"Subj. 把 NP.＋V＋Prep.＋Loc."),不同汉语水平的受试者对"把"字句的使用率也很高。

　　这一结果与 Jin(1992)的实验结果有一致之处。她的实验引发了三类"把"字句的形式:第一类"把"字句中动词有较强的处置性,比如"我把饭吃完了"。第二类的动词宾语是"把 NP"的一部分,如"他把橘子剥了皮"。第三类的"把 NP"表示动词宾语的位置,"如"我把屋子堆满了书"。实验结果表明,第一类"把"字句最先习得,不同汉语水平的受试学生都生成这一类句子,而对第二类和第三类"把"字句的习得则很少使用。事实上,说本族语的中国人对第二类和第三类的使用率也会是很低的。

　　与以前的实验研究结果相比(如 Wen,2006),此实验抽样,特别是初级水平的抽样取得了比较高的使用率和正确率。对于这一现象有三点值得考虑。第一是教学效果的影响。收集抽样的语料时恰值初级组的受试者在他们的课程和教材中学完"把"字句。不论是课堂教学中,还是课下与家庭作业里都出现和练习了大量的"把"字句。尽管在设计引发"把"字句图画和问题时,研究者小心地避免不用教材中出现的具体词汇和语境,以不受教学的影响,但事实上不一定做到了。第二,这项实验仅限制于对位移意义的"把"字句的习得研究,这些"把"字句以方位介词和趋向动词为补语形式。这一类型是典型的、常用的"把"字句(崔希亮,1995;张旺熹,2001;崔永华,2005)。因此"把"字句的出现频率应该相对高一些。第三,此次实验所用的引发"把"字句的方式既有图画又有建立在图画上的问题,图和文紧密相连,引发"把"字句的手段似乎比较有效。所提供的语境能够较大限度地鼓励受试者用"把"字句:说本族语的中国人在本实验中的使用率为 79.2%。相比较之下这样的使用率是相当高的[①]（刘颂浩、汪燕，2002）。

三、表示位移的"把 NP"

这项实验的"把"字句中的"把 NP"在其句子中的语法功能均为受事宾语，表示在动作的作用下"把 NP"（宾语）的位置发生了移动。从语义的角度来观察，所收集的数据中的宾语（把 NP）分三种，一种是没有生命的物体，如"照片""信""床""蛋糕""面包""书""画儿"，第二种指人，如"李太太""李明""朋友"，第三种是有生命的植物，如"花儿"。从"把"字句使用的频率来分析，当宾语表示没有生命的物体或有生命的植物时，"把"字句的出现率颇高；当宾语指人时，"把"字句的出现率是很低。比如不同汉语水平的受试者总体运用"把"字句的比率分别为：9.1%，14.7%，28.8%（表 1），但当宾语指人时，使用"把"字句的比率分别为：3.3%，2.5%，8.3%，其出现频率数为：初级组 n=2，中级组 n=1，高级组 n=5。不仅仅汉语为外语的学习者的使用率很低，连汉语为本族语的中国人在这种语境下所造出的"把"字句频率也不高（表 3，4）。

解释"把"字句在这种情况下使用率低的原因至少有三。第一，此项实验的数据似乎表明"把"字句的运用可能与句中宾语语义有关。当"把 NP"宾语指人，而且要表达的是施事者所发出的动作使人物的位置移动时，"把"字句的使用率比较低。可能在这种语境中（表示位移意义且宾语指人）"把"字句几乎属于可用可不用的情况，因为说本族语的中国人的使用率也只是 57.5%。第二，这一现象也可能意味着所提供的语境，或是图画或是根据图画所出的问题引发不得当，没有有效地把"把"字句引发出来。第三，参加本实验的抽样人数不够多。在这一方面，特别是对这一语境（表示位移意义且宾语指人）中"把"字句的

[①] 刘颂浩、汪燕(2002)调查了不同教材中"把"字句的使用率。一共调查了 16 个"把"字句的练习。在这 16 个练习中，13 名中国研究生使用"把"字句的频率为：

练习	1,2,3,5,7,8	4,6,10	11	9	13	15	12	14,16	总体
使用频率	0%	7.7%	38.5%	46.2%	61.5%	63.6%	69.2%	93.3%	30.1%

（刘颂浩和汪燕，2002，p.238。形式上稍有改动）

运用应该做更多的调查研究。

六、对教学的启示

本调查结果对教学提供了两点启示。第一是在什么情况下用"把"字句。实验结果表明汉语为外语的学习者对"把"字句语义概念的形成,对"把"字句意义和功能的理解认识需要一个过程。比如以动词结尾的、无补语的"把"字句("工人把面包在河里扔",例句30a—f①)出现在"把"字句习得的初级阶段,到后来,随着"把"字句语用概念的逐步清晰巩固,无补语的"把"字句便逐步减少消失了。帮助学习者建立起"把"字句的语义和语用概念是首要的。在介绍"把"字句时,应该强调动作对宾语作用的结果。比如在教"把"字句一开始,让学生"动起来",提供机会让他们看到或感觉到动作给宾语所带来的结果。可以从输入开始,如用动作反映法(The Total Physical Response)(Asher,1982)请学习者做听力练习。内容可就地取材,如

"请把门关上/打开",
"请把灯关上/打开",
"请把你的手机拿出来","请把你的电话号写在黑板上"
"请把你的钱包拿出来","请把你的钱给我"。

学习者在一边听、一边做中对输入的"把"字句进行理解、体会、感觉"把"字句的意义。此外应该制造各种语境,比如教师或是自己给学生展现由于动作的作用使宾语变换了位置或状态,或是用图片,或是用多媒体来表达"把"字句的语义功能,并在语言的练习、互动与交流中给学习者大量的机会来理解体会"把"字句的用法。

第二点是在对"把"字句的形式的掌握方面。学习者不愿意用"把"字句,除了因为他们不是很确切在什么语境下用以外,一个主要原因是"把"字句的形式

---

① "工人把面包在河里扔"及例句30a—f反映了学习者似乎感觉到在这种句子应该用"把"字句。可能学习者没有清楚地认识到"把"字句所强调的是动词对把NP所造成的结果,因此动词后一定应该有补充成分来说明,而不是像一般的句式把状语放在动词之前。"工人把面包在河里扔"及例句30a—f同时说明了学习者在"把"字句形式运用上的错误。

复杂。首先,宾语要提前。Wen(2006)的研究表明汉语为第二语言的学习者只是到初级阶段后期或中级阶段才开始造出宾语提前的句子。"主—谓—宾"结构在汉语为第二语言习得的初级阶段被学习者首选,占普遍的优势(Wen,2006;Erbaugh,1983),而"主—宾—谓"结构对学习者来说是一个挑战。其次是在对补语形式的掌握方面。"把"字句的语义功能决定了它不可能以动词做句子的结尾,动词后要有附加成分来对动作的结果加以说明。本实验结果表明动补结构的难点在于补语常常由若干个词组成,而且词组的形式与功能往往不是一对一、有着较高的透明度。学习者或是丢掉方位处所词,或是在补语词汇的选择和语序方面出现大量的偏误。汉语的动补结构有着鲜明的个体语言的特殊性(Language specific properties),"把"字句的学习应该建立在已经学习了动补结构的基础上。

"把"字句的教学应该从典型的、学习者比较敏感的结构入手,比如从"主语＋把 NP＋V＋介词短语/趋向短语"开始。常用的"把"字句的动词多为表示位移的(放、送、拿、带、搬、寄),常用的介词短语或趋向动词短语是"在","到","给",如"小虎把花放在桌子上了"。此项调查和以前的研究结果证明这些动词和短语在"把"字句中的使用率高,而且正确率也比较高。因此对"把"字句的教学应该从简单、常用、语义功能与语言形式透明度比较高的内容开始,循序渐进,逐渐发展到别的动词和别的补语形式。并提醒学习者注意补语表达的彻底性,如不要缺少方位处所词。

吕必松(1992)提出教"把"字句要采取分散难点的办法。先从"无标记被动句",即从"话题—评论句"开始。"话题—评论句"是汉语的一个鲜明的个体语言特征,使用频率高。比如,输入可从"书呢?""书放在桌子上了。"入手。这样的句子,跟"把"字句中"把"后面的成分相比,语义和形式完全一样;而语言特征得到了集中的体现,语言形式和语义之间的透明度比"把"字句清楚、简单。主语是受事者,谓语部分表示在动作的作用下受事者所发生的变化,或是位置的移动,或是状态的改变。学习者在学习运用了这类"无标记被动句"以后,再逐步过渡到"把"字句。这时只是需要在句首加上施事者,"把"字句就形成了:

——"书呢?"
——"(书)放在桌子上了?"

——"谁把书放在桌子上了？"
——"我把书放在桌子上了。"

　　Dekeyser(2005)和Ellis(2002)在分析了大量的第二语言语法习得调查结果后一致指出，三个因素造成了对第二语言语法习得的难度：语言形式的复杂性，语言意义的抽象性，语言形式和意义/功能的之间的透明度。语言学习得过程是学习者对语言素材进行加工处理时通过语言形式提取语言意义的过程。如果语言形式和语言意义之间，在学习者看来，有着清晰的透明度，语言习得就变得容易起来。教学可以起到的作用是帮助学习者在形式和意义之间，通过不同的规则，如语言特征的强式体现和语义概念的具体形象化，建立有机的关系。"把"字句的教学正在于此。

附　录 Appendix

Please answer the questions in sentences based on the given vocabularies and the pictures below. You may write in character or pinyin. Vocabularies in the parentheses are provided for your convenience.

1. 李太太想去金源商店可是她不会开车。李先生刚刚做什么了？（送）
2. 要下雨了。李先生李太太怕衣服和花淋湿了。李太太要做什么？李先生呢？（搬，拿，回来，下来）
3. 安娜去了长城，照了很多相片。她正在做什么呢？（信封 envelope）
4. 李先生的床在楼上。他想把床搬到楼下。工人们刚刚做什么了？
5. 张先生想请朋友吃蛋糕。他先是切蛋糕。蛋糕切好以后，张先生现在正做什么呢？
6. 李明得去学校，可是他没有车。他的爸爸刚刚做什么了？（送）
7. 这个工人不喜欢面包。他刚刚做什么了？（扔 to throw，河 river）
8. 孩子们正在整理房间。小花和小朋已经做什么了？小红呢？小虎呢？（书架 bookshelf，挂 to hang，照片 pictures，墙 wall）

第二节　主题突出与汉语存现句的习得

　　我们对母语为英语的学生学习汉语存现句的情况进行了调查。英语是主语突出的语言，英语的存现句式由无语义的假位主语there所引导。中文的存现句式与英文不同。中文的存现句句首为非主语的主题，是处所词。因此，母语为英语的学生学习汉语存现句时,会经历习得不同语言类型的变化。本实验所收集的语料为三种不同汉语程度的美国学生及说普通话的中国人按照所给的内容和要求写出的607个句子。根据句型的不同,这些句子可归纳为五种句式,其中最常用的汉语存现句式被所有的学生广泛使用。统计数据显示不同汉语程度的学生在运用典型的汉语存现句时没有统计意义上的显著差别。实验结果表明,母语为英语的学生学习汉语存现句时,基本上不受母语中主语突出的特点的影响,在初级阶段就能够比较顺利地掌握典型的汉语存现句式。尽管在初级阶段存在着两种不同的英语母语转移现象,但此现象的频率并不很高。主题突出是习得汉语存现句的一个重要特征。

一、文献综述

近年来,研究习得第二语言的学者认为,在习得第二语言时,不论学习者的母语是主语突出还是主题突出的语言,在他们的中介语的初级阶段往往存在着一个主题突出的特征。主题突出这一特点成为第二语言或外语学习者习得语言时的一个普遍阶段(Givon,1984;Fuller & Gundel,1987;Sasaki,1990)。

Rutherford(1983)对英语中介语的发展情况进行了调查。他的抽样是母语为汉语、日语和韩语的学生。这三种语言的共同特点是主题突出,英语则是主语突出。母语为主题突出的学生在习得一种主语突出的语言时,其习得的过程和步骤是怎样的呢?Rutherford的调查结果说明学习者的句式结构,由在语用学原则下的主述题句式,逐步转移为句法结构严谨的主谓语结构。学习者在初级阶段以语言的运用为第一需要,首先表达说什么(主题),叙述围绕主题所发生的事情。然后逐渐习得句法结构,主语这一语法概念逐步地代替了主题这一语用学的概念,松懈的主述题转为结构紧密的主谓语。

Fuller & Gundel(1987)调查了母语为不同语言类型(汉语,日语,韩语,阿拉伯语,伊朗语,西班牙语)的英语学习者的中介语中主述题和主谓语的分布情况,以研究母语对中介语的作用程度。参加实验的学生的母语可以归为两种:第一种是主题突出的语言,如韩语、日语和汉语;另一种为主语不很突出的语言,如阿拉伯语,伊朗语与西班牙语,实验结果表明,第一,在这两组抽样中,他们的中介语在主述题或主谓语的特征上没有区别;第二,无论学生的母语背景如何，他们的英语中介语中都有一个较为普遍的主题突出的特征。

在调查中介语是否有主题突出的特征时，研究者们遇到的一个问题是如何决定句子中的主题。Li & Thompson(1976)提出了划分主题的基本原则。但在判断所收集的语料的主题时，由于说话者的语境不清楚或不容易控制，有时很不容易判断哪个词是主题。Sasaki(1990)的实验研究解决了如何判断句子主题的困难。Sasaki调查了日本中学生学习英语存现句的情况。他在收集语料时，要求学生必须在每个句子中都用处所词"Tara的学校"。这样，在整理学生的语料时，句子中的主题"Tara的学校"便很明确了。Sasaki的实验结果表明学生的英语水平与主述题句式有密切的关系。低年级学生的英语中介语中的主述题形式颇明显，高年级学生的英语中介语中主述题的特征已不明显了，取而代之的是主语突出的特点。Sasaki的实验结果与Rutherford(1983)的实验结果是一致的。

Sasaki的研究虽然成功地解决了判断句子中的主题的困难，但由于他的抽样是母语为日语的学生，日语是主题突出的语言，因此，他的实验结果很难证明造成英语中介语中主题突出的原因是什么，可能是由于母语的影响，学生把日语的特征直接迁移到英语中去了，也可能是主题突出这一特点在中介语中的一个必然的反映。目前所做的实验均为对英语中介语的研究，而大部分的学习者的母语都为主题突出的语言。我们需要一个双向研究，不但要研究母语为主题突出的学生习得的目的语为主语突出的语言的情况，同时也需要研究母语为主语突出的学生习得的目的语为主题突出的语言的情况。

本文调查母语为英语的美国学生对汉语存现句的习得情况。英语是主语突出的语言，英语的存现句式由没有语义的主语"there"所引导。汉语的存现句式与英语截然不同，句首是非主语的主题，是处所词。因此，美国学生习得存现句时，会经历习得不同语言类型的变化。

二、汉语的存现句式及其主题的判断原则

Li & Thompson(1976)提出主题突出的语言都具有若干普遍性的特征。继Li & Thompson以后，别的语言学家(Givon, 1979; Gundel, 1988)也对主题提出了判断原则，旨在抓住主题本质性的特征。然而，由于主题的一个特点就是灵活性，特别是在语言运用时，主题随着谈话的内容而变换。此外，无论是在

主题突出还是在主语突出的语言中，在表层结构上，很多句子的主题与主语是一致的，如例句(1)(Li & Thompson,1981)。

(1) 我　　　喜欢吃苹果。
　　主题　　　述题
　　主语　　　谓语

在例(1)中，"我"是主语，是动作行为"喜欢吃苹果"的发出者，同时又是主题，说明这个句子谈论什么。因此，"我喜欢吃苹果"这样的句子在表层结构中显示不出来主语突出和主题突出的语言类型之间的差别。

所幸的是存现句在主语突出和主题突出的语言类型中，其表层结构就存在着明显的区别。英语的存现句由无语义的假位主语引导。Li & Thompson (1976)提出在主题突出的语言中不会有假位主语。因此，英语中的存现句是典型的主谓语结构。汉语中的存现句由处所词引导。处所词位于句首成为主题。最典型的汉语存现句都是由主述题构成的：

(2) （在）那个图书馆有十八张大桌子。
　　处所词＋有＋名词短语

由此可见，存现句在英语和汉语中的表现方式截然不同。存现句是一个用来检验不同语言类型的学习者第二语言习得过程的理想句型。本实验根据 Li & Thompson(1981)所提出的分析汉语主题的原则来分析所收集的语料。在句式上，汉语的主题有两个特征：1)主题在句子中位于句首，2)主题和述题之间可以加一个顿号或表示停顿的语气词（嘛、啊、等）。

三、实验研究的目的与方法

此实验调查三个问题：1. 在汉语存现句的习得过程中，是否有一个普遍的主题突出的特征？2. 如果主题突出是汉语中介语的一个特征，这一特征出现在什么阶段？3. 学生习得存现句的过程是怎样的？用了什么思维方式？

1. 实验参加者

实验参加者均为在美国学习中文的美国大学生和中国留学生，共76人。表1说明参加实验的学生的年龄和母语分布情况。

表 1 参加实验者的情况

年级	人数	年龄	母语	目的语
1	24	20	英语	汉语
2	24	21	英语	汉语
3	18	23	英语	汉语
中国人	10	31	汉语	英语

2. 语言材料的收集方法

在美国两所大学六个修中文课的美国大学生被要求根据所给的内容写出8个句子。语料的收集是在中文课上进行的。教师发给每个学生一张纸,纸上用英文写着:"下面是一所图书馆的情况。请你根据所给的内容快速写出8个句子。你可以反复使用同一个句型。你所写的句子相互之间是没有关系的。请你在每个句子中都用上"那个图书馆"这个词。"八个短语如:(见附录)

十八本中文书
很多椅子

这样做的目的在于鼓励学生造存现句。所给学生的内容以词组的形式出现,以避免学生在造句时受英语影响,直接翻译。为了控制主题在句子中的多变性与灵活性,特定的处所词"那个图书馆"成为学生所写句子中的一个必须的成分,成为主题。此外,学生可以反复用同一句型。这样,从使用的频率中,我们可以判断出什么样的句式学生觉得最容易。总之,收集语言材料时的一个原则是使学生不受任何限制,不受母语的影响,充分给学生自由发挥的机会,希望学生造出的句子是自然的,是为了表达意思而生成的。

四、实验结果

受试的学生与说本族语的中国人根据所给的短语和要求,一共写了607个句子。根据句型的不同,所有的句子可归纳为五类(Type),前四种都属于存现句,见图1。

实验用了 chi 平方的数据来检验不同汉语水平的学生在运用每一类句型时是否有根本的差别。各个年级所运用的第一类、第二类和第五类的频率没有统计意义上的显著差别,而运用第三类和第四类的句型的频率有统计意义上的显著差别。

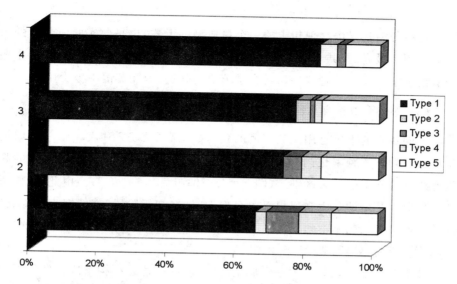

图 1 不同语言水平的学生所造出的 5 种句型分类百分比
1：初级水平；2：中级水平；3：高级水平；4：本族语的中国人

表 2 句型分类

年级	句型分类				
	1	2	3	4	5
1	123	6	18	18	26
2	139	0	10	1.1	32
3	109	6	2	3	24
中国人	66	4	2	0	8
总计	437	16	32	32	90

表 3 句型分类百分比

年级	句型分类				
	1	2	3	4	5
1	64.4	3.1	9.4	9.4	13.6
2	72.4	0	5.2	5.7	16.7
3	75.7	4.2	1.4	2.1	16.7
中国人	82.5	5.0	2.5	0	10
总计	72.0	2.6	5.3	5.3	14.8

第一类为:处所词+有+名词短语

这一句型是汉语存现句中的一个最典型的形式,也是此实验所收集的语料中运用频率最高的,共437句,占总数的72%。这一句型由主述题构成,主题为处所词位于句首。尽管这一句式合乎英语的句法,但在英语中极少用到。

(3) 那个图书馆有十八本中文书。

不同年级的学生运用此类句型的频率都很高(见表2和表3)。一年级的学生用这一句型的频率也高达64.4%。Chi平方表明各年级运用此句型的频率没有统计意义上的显著区别。($Chi^2=4.679; df=3, p=0.3$)。由此,我们可以认为母语为英语的学生在习得汉语存现句时,在初级阶段,就能够直接地、较顺利地掌握存现句的基本句式。

第二类为:处所词+状态动词+着+名词短语

此类句型是存现句中的一个典型的句式,由主述题结构组成。处所词为主题位于句首。给学生的8个短语既可以用第一类句式来表示,又可以用第二类句式来表示。如:

(4) a. 那个图书馆有两张中国地图。

b. 那个图书馆的墙上挂着两张中国地图。

(4)a和(4)b在语义上是不同的。但在此实验中,语义的区别不是重要的。(4)b句式的动词后需要动态助词"着"或"了",因此比较难掌握。而且,作为存现句,(4)a比(4)b简单且更常用。因此(4)a被优先习得。第一类句型的频率为72%,而第二类句型的频率仅为2.6%。

第三类为:有+名词短语+处所词

这一句型是存现句的另一种形式,不如第一种句式常用,其句式也是主述题结构,动词宾语是主题,处所词为述题位于句尾。第三类句式与第一类在语言实用方面不同。

(5) 那个图书馆有三十五本中文书。

(6) 有三十五本中文书在那个图书馆。

收集语料时要求学生在每个句子中都用特定的处所词"那个图书馆",使之成为主题。在第三类句型中,主题是动宾短语,不是处所词。另外第三类句型

与英语的存现句在词序上是平行的:

(7) There are thirty five Chinese books in that library.

(8) 有三十五本中文书在那个图书馆。

因此,尽管第三类句型的语法正确,但学生在造此句型时所用的技能有两种可能性:一种是受母语的影响,把母语的句式直接迁移到汉语中去;另一种是掌握了汉语主题突出的特点,直接习得这一主述题的句型。如是前者,学生在造此句时用了直译的方法。由于汉语没有假位主语,因此,把 there 省掉后,句首就变成了一个动宾结构。如属于后者,则又是一个主题突出的特征在汉语中介语中的根据。

参加实验的不同年级的学生运用第三类句型的分布情况为一年级 9.4%,二年级 5.2%,三年级 1.4%,中国人 2.5%(见表 2 和表 3)。随着学生汉语水平的提高,造第三类句型的频率降低。Chi 平方表明,不同水平的学生运用此句型的频率有统计意义上的显著差别($Chi^2 = 9.567, 2f = 3, p \leqslant 0.05$)。这些现象表明在习得汉语存现句时,用直译的方式把母语的句式迁移到汉语中去了。

第四类为:名词短语+处所词

(9) 三本法文词典在那个图书馆。

此类句型是主谓结构,在汉语中很少用。即使用,主语也总是特定的。汉语存现句的主语往往是特定的,或是有群体类属性的。如下句:

(10) 我的那三本法文书在图书馆。

本实验给学生的名词都不是特定的,因此不宜用此句型。中国人在此实验中运用此类句型的频率为零。一年级的学生运用此类句型的频率最高,为 9.4%,二年级次之,为 5.2%,三年级为 2.1%。Chi 平方的结果表明不同汉语水平的学生运用此句型的频率有统计意义上的显著差别($chi^2 = 6.22; df = 3; p \leqslant 0.05$)。

随着汉语水平的提高,学生造第四类句型句子的频率降低。这个现象和第三类句型的分布情况是一致的。因此,可以做出的初步结论是,在学习汉语的初级阶段,学生在一定程度上受母语的影响。造第三类句子时,学生用了直译的方法。因此,所造句子的次序与英语是一致的。在造第四类句子时,学生一般地是受到母语语言类型的影响,所造的句子没有主语突出的特征。

第五类为:除了前四类句型外,学生所造的句子都归于第五类。第五类句子都不是存现句,句式有的属于主述题结构,有的属于主谓结构。

(11) 在那个图书馆,我看了十五本日文书。
(12) 那个图书馆的桌子、椅子都很新。

在这一实验中,尽管学生知道他们所造的句子之间相互没有关系,但在他们的语料中,特别是在高年级学生的语料中,学生仍然把句子连贯起来了。如第十二句的a. b. c. d是一个学生写的:

(13) a. 那个图书馆有十八本书。
   b. 那个图书馆有三十五本杂志。
   c. 在那个图书馆我用三本法文杂志。
   d. 那个图书馆买了两张中国地图。

在句(13)中,(13)c和(13)d都属于第五类。(13)c仍是主述题结构,(13)d则是主谓语法结构。在学生所写的绝大多数的段落中,第一句和/或第二句都是典型的存现句式(如(13)a和(13)b),是主述题结构。第三句开始,结构有所变化,出现了主谓语的结构。(13)句就是一个这样的例子。这种现象是Givon(1983)提出的,本试验的结果为话语或段落的理论提供了一个证明。在一段话语和段落中,主述题结构往往在段落的一开始或前一部分。之所以这样是与人们交际时的需要分不开的,交际一开始,最重要的是确定主题。而且,在整个交际的过程中,当主题被遗忘、误解时,会被重新提起加以确定。人们确定主题的一个方法是用主述题结构来明确主题,把主题突出的结构放在段落的一开始(如(13)a和(13)b)。主题确定后,围绕主题所传递的新信息成为交际的内容,此时的句式结构由强调主题转为述题(如(13)d)。由此可见,在一段话语或段落中句式结构的选择常常取决于意思表达和交际的需要,取决于这一句子在某一段落中的位置。

五、讨 论

1. 主题突出的特征

此实验所收集的语言素材表明,最常用的存现句式大量地出现在汉语学习的初级阶段。由此,我们可以对本实验所提出的第一个和第二个问题下一个初步的结论:主述题结构是汉语存现句的中介语中的一个明显的特征,而且,学生在习得汉语的初级阶段,就习得了汉语中最典型的主述题结构。

Duff(1988)的实验从不同的方向研究了母语为汉语的学生习得英语的情况。Duff 收集了中国初一到高三的学生用英语作文的语言素材。她的实验表明,低年级学生的英语中介语中有主题突出的特征,而随着学生英语水平的提高,他们的中介语中主题突出的特征减退,而主语突出的特征越来越明显。本实验与 Duff 的实验从相反的方向研究了类似的问题,得到了相似的结果,即主题突出的特征容易被学生所掌握。

主题突出之所以成为中介语中的一个特征,是与语言的本质和语言的实用性分不开的。语言的本质在于语言的运用。人们在交际中首先确立主题,然后围绕着主题加以叙述说明,交流意思,传递信息。因此,主述题的结构符合人们语言交际的需要,符合语言急用先学的认知特点,反映了人们交际中的基本形式。

对于初学者来说,用语言来表达意思,达到交际的目的是第一位的。儿童在习得母语的初级阶段,只能用有限的词汇和最简单的方式来表达意思。因此,在这个阶段,他们所用的词往往是新信息,是述题(Bates,1976)。Gruber(1967)在解释这一现象时指出,在习得语言的初级阶段,幼儿首先对身边的事物建立起概念,这一概念即为主题。幼儿围绕着主题进行叙述。如在掌握了"狗"这一主题后,幼儿开始对狗加以叙述:"(狗)咬","(狗)叫"等等。

习得第二语言和外语亦如此。对于初级阶段的语言学习者来说,交际是第一位的。语言的运用成为学习语言的原则,主述题成为其基本表现方式。语序的表达以语言的实用为主。比如,Givon(1984)在分析洋泾浜语料后,发现用传统的句法来解释洋泾浜的语言现象时,遇到了很大的困难,觉得洋泾浜杂乱而无系统。而借助语用学的方法来解释洋泾浜的语言现象时,发现洋泾浜很有规律,其规律是主题突出。由此可见,主题突出的结构不但存在于第二语言的习得中,而且存在于第一语言和洋泾浜的习得中。本实验从母语为英语的学生习得汉语的角度又证实了这一点。

此外,中介语中主题突出的特征符合认知心理学的理论原则。主题突出的语言现象反映了人们处理信息的思维过程。主题是已知信息,具有承上启下、引导新信息的作用。认知心理学家 Ausubel(1960)指出,掌握新知识的最好方法是能把新知识与学生的现有水平及已学的知识联系起来,主题则起着桥梁作用,可以帮助思维把新信息(述题)引进,并且加以分类,储存和提取。

2. 语言标记性(Cross-linguistic Markedness)

语言标记提供了另一个为什么在中介语的初期学生就掌握了汉语存现句的原因。Hyltenstem(1987)指出,如果母语中的某一成分是有标记的,而相对的目的语中的成分是无标记的,学生的中介语中则会采用无标记的形式。这时,母语对中介语的影响则是很小的,即使有影响,也仅是暂时的。学生会很快摆脱母语的影响,掌握目的语中的无标记的成分。

Greenberg(1966)提出了判断语言标记性的几个标准,如使用频率高和中和的作用。与其它语言相比,汉语的存现句属于无标记的。首先,汉语的"有"既表示存在又表示领有,两个意思综合于同一形式。而英语中的存在与领有则有两种不同的形式。Li & Thompson(1981)指出,"世界上大多数的语言都像汉语一样,存在与领有的表现方法是同一的"(p.514)。第二,汉语的"有"在语义上是中和的(Conflational),跟英语比起来,"有"表示存在的意思与表示领有的意思相中和。基于这两个原因,可以认为学生更喜欢汉语形式单一的"有"。确实,本实验的结果说明学生在初级阶段就掌握了汉语的存现句。

因为学生母语(英语)的存现句是有标记的,而目的语(汉语)是无标记的,在这种情况下,中介语往往是无标记的,母语对目的语的迁移作用是很小的。即使有也会很快消失。这就是为什么在一年级的学生的语料中有一些母语的迁移,而在二年级就已消失了的原因。

3. 母语的迁移

高年级和低年级的学生所造的第三类(主述题结构)和第四类(主谓语结构)句子的频率有统计意义上的显著差别。随着汉语水平的提高学生运用第三类和第四类结构的频率降低。尽管第三类句型为主述题结构,但当把英语的假位主语 there 省略后,第三类句式的语序就与英语存现句的语序一样了。由此,可以做出的初步结论是,学生在习得汉语的初级阶段,在一定程度上受母语的影响,所造的存现句为主谓语结构(如第四类句型)。或有时在一定程度上用从母语到目的语的直译方法(如第三类句型)。应该指出的是,第三类和第四类句式的运用率比第一类低得多(见表1、表2)。

由此,本试验的结果说明在习得汉语存现句时,学生在初级阶段就优先习得了汉语中最普通的存现句式,主述题结构是汉语存现句中介语的一个普遍特征。在另一个方面,在习得汉语的初级阶段,学生有时在一定程度上受母语的影响,造出了第三和第四类句式的句子。

六、结　论

本文对汉语存现句的习得情况进行了实验研究。结果表明,学生在习得汉语存现句时,基本上不受母语中主语突出特点的影响,在初级阶段就能够比较顺利地掌握典型的汉语存现句式。因此,主题突出是汉语存现句习得中的一个重要特征。这一结果与 Sasaki(1990),Fuller & Gundel(1987)的实验结果是一致的。

主题突出之所以成为中介语中的一个特征,是由人们在交际中的需要所决定的,其理论基础为认知心理学中的信息传递原则:人们在交际中先注意最紧迫的内容。交际时主题的确立是最重要的,主题确定后人们围绕主题传递信息。因此,主述题句式反映了人们交际时的心理特点与要求。

主述题的结构集中地反映了语言的有效作用,所以在第二语言习得中被学生优先掌握。在实用语言学(Pragmatics)的框架下,汉语主述题的结构为无标志的,所以学生在习得这一句式时,能够不受母语的影响,直接习得。本实验的结果从侧面展现了中介语的一个发展过程:由实用语序所组成的主述题结构移向由句法结构所组成的主谓语结构,语言功能的习得先于句法结构,交际功能先于语法概念的掌握。

附　录:

下面是一所图书馆的情况。请你根据所给的内容快速写出 8 个句子。你可以反复使用同一个句型。你所写的句子相互之间是没有关系的。请你在每个句子中都用上"那个图书馆"这个词。
  十八本中文书
  三十五本杂志
  三本法语词典
  两张中国地图
  十五本日本书
  很多椅子
  二十张大桌子
  三间阅览室

第三节　汉语"体"的习得
——汉语作为外语的中介语分析

  本项研究调查英语为母语的美国大学生对汉语体标记"—了"、"—着"、"—过"的习得过程。收集、比较分析了两组不同水平的学生的口语和书面语的数据。实验结果表明,英语为母语的汉语学习者习得完成体标记"—了"和过去经历体标记"—过"要先于持续体标记"—着"。语料数据说明学习者习得体标记的过程是基于意义的,可以总结为：1) 寻找合理的时间顺序；2) 用时间副词和连词作为时间参照点；3) 使用词汇方面的体（形态）和词语的意义；4) 用体标记"了"和"过"时采用语用线索。学习者,尤其是汉语水平较低的学习者,更多地依靠了时间副词表达方式和词汇意义上的体的表达方式。

一、文献综述

  在第二语言习得（SLA）的研究中,学者们倡导考虑形式和功能的相互作用。这方面的文献研究不仅采用了生成语法学的观点,同时也采用了语义学和交际功能的研究视角。在这个框架下,注重语言功能的研究思路被提出。Meisel（1987）提出研究者首先界定必须经过大脑编码处理的语言概念和功能,然后分析不同的学习者在第二语言习得的不同阶段转化这些概念和功能所使用的策略。这种研究途径的目的在于展现语言形式和功能的相互作用,发掘学习者使用的潜在的心理机制,从而扩展第二语言习得研究的框架,对第二语言或外语习得取得一个更客观、更深刻的了解。本实验将采用这种研究途径来调查英语为母语的汉语学习者对汉语体标记的习得。

对英语中介语的时间参照的研究说明,时态和体的正确形式的出现与这些形式的恰当运用并不一定是同时发生的。概念的习得先于语言形式和功能的正确运用。Bardovi-Harlig(1992)研究了135个英语作为第二语言的6个不同于语言水平的学习者对英语时态和体的习得掌握情况。她的研究结果表明,在所有的六个不同水平的学生中,时态和体的中介语系统有两个突出特点,一是对形式的习得的正确率很高,二是对恰当用法的习得的正确率相对比较低。在这个阶段,即恰当用法的习得滞后于正确形式的习得的这个阶段,学习者似乎通过词汇的体和话语功能把形式和意义结合起来了。

此外,以前的实验调查研究显示,在早期阶段,第二语言学习者在习得时间特征的过程中看起来似乎在有意识地寻找词汇的体和内在的词语意义。Robinson(1990)研究了英语学习者的中介语,分析了学习者所生成的550个动词语素。在收集的数据中他发现动词语素首先在词汇的意义上标记其体的意思。谓语语义中的固有的时间特征与动词的形态密切关联。Bardovi-Harlig(1992)也指出一些学习者试图把意义和形式结合起来,像用过去进行时表示持续性和惯常的过去的行为动作。

学习者使用动词形态也受语用功能的影响。Kumpf(1984)在研究成人英语学习者的中介语时,指出学习者口语叙述体中使用的动词形态与语用中的背景/前景特征有密切关系。前景指的是展现了事件向前发展的线索的句子。背景指的是在话语中设置场景和背景的句子。在决定学习者如何使用动词时,前景和背景的话语功能似乎承担了重要角色。

上述的研究为对中介语中关于时间的参照与习得时态的的研究提供了有价值的观点。然而,很少有人调查汉语学习者的中介语对汉语动词体态习得的发展情况。对母语是英语的学习者习得汉语体标记的调查有两个重要原因:首先,汉语不同于现代印欧语,汉语没有时态标记。所以,说英语的汉语学习者必须获得对他们来说是全新的语法策略,来表达目的语的时间特征。从心理语言学的角度来讲,这对观察学习者如何从一种充满时态标记的语言转向另一种典型的缺少时态标记的语言提供了非常重要的研究机会。其次,汉语的时间特征经常通过不同的语用功能来表达。例如,助词"了"既可以标记动作的完成,也可以标记情况的变化。它的意义取决于语用中的上下文。这样,汉语的第二语言学习者不仅必须掌握体标记"—了"在不同交际情境中的语法功能,而且必须掌握它的语用功能。

Wen(1995a)调查了美国大学英语为母语的汉语学习者对助词"了"的习得。她的研究结果说明学习者习得完成体标记"—了"早于句末助词"了"。两个相同的形式表现出不同的习得顺序,原因在于结构的有标记性、语言形式和意义的透明度及语用功能的复杂性。Erbaugh(1985)从事了对说现代汉语的中国孩子的"了"的习得研究,她的实验结果证明她的研究对象所产生的80%—90%的"了"的例子均指向刚刚过去的事件,因此与动词后缀"—了"的动作完成的功能有关。

本项研究调查美国大学以英语为母语的学习者汉语体标记的习得,也调查学生的学习策略以及语义、句法、语用因素在习得汉语体标记的过程中所起的作用。

二、现代汉语体标记

现代汉语并没有明显的时态标记。相反,它有三个动词词缀的体标记:—过、—了、—着。体标记"—过"传达经历的意义,"—了"标记动作的完成,"—着"相当于持续体。

体标记"—过"表达过去经历的概念(句1)。它经常和过去时间表达方式结合在一起使用。它在句中使用时,没有特别的时间参照。"—过"表示事件在过去某一个非特殊时间已经经历过。"动词+过"的组合表示动作发生在说话时间之前。

1. 我们谈过那个问题,只是没得到答案。

完成体的"—了"标记动作的完成。动作完成和说话的时间没有关系,所以动作发生在将来的句子中也可以使用"—了"。但是,因为大多数完成了的动作与事件常常发生在过去,所以"了"在英语中常常被译为过去时和完成式。例如句2可以被译为

2. 我学了三年中文。

当"一了"作为一个完成体标记时，它表示有界的语义概念（Li & Thompson，1981）。它用于被视为一个整体的事件中。在这个意义上，这些事件被量化(句2)、类化(句3)，或者跟着另一个事件(句4)。

3. 昨天我跟我的同屋一起参观了一个展览。
4. 她吃了饭就去看球赛。

形式相同的"了"有两个不同的功能。功能的不同取决于"了"在句中的位置。除了做完成体的动词词缀，"了"还用于句末表示与当前有关的意义（Li & Thompson，1981）。当"了"跟着一个句末的动词时，就不太容易区分它是完成体的动词词缀还是句末助词"了"，或者还是二者兼之。通常根据上下文的意思来决定。深层的意义往往可以从上下文中揭示。例如，在句5b中，"了"有结束句子的功能，表示跟说话者当前有关的状态，类似于"我已经知道，我分担你的忧愁"。在句5b中的"了"作为完成体动词词缀，还用于回答5a，表示信息的获得，例如"我知道了"是"我已经知道"的意思。由此可见，"了"可以既是动词词缀又是句末助词。作为多义词，既标记动作的完成，又标记话语中与当前有关的事件。所以，"了"的功能紧密依赖上下文和语用强调。

5a. 你知道不知道小李考试又落榜了？
5b. 我知道了。

"一过"和"一了"的区别在于前者强调经历。当一个事件或动作被经历了，它经常是已经发生的。从另一方面来说，完成体"一了"强调动作的完成。动作也可以在将来完成(句6)。

6. 别走，吃了饭再走。

持续体的标记"一着"表示动作的状态，也可以表示状态的持续。带"一着"的动词短语并不强调行为本身，而是强调它的状态或持续状态。句7和句9就是这样的用法。

7. 病人在床上躺着。
8. 她穿着一条白裙子。
9. 我喜欢听着音乐看书。

副词"正在"表示动作正在进行。当副词"正在"和持续体的"—着"用在同一个句子中时,"正在"强调动作的进行。"正在"和"—着"的用法有一个语言学的限制,那就是这两个词都只能和行为动词一起使用,强调动作的进行和强调与动作有关的状态(句10)。"正在"和"—着"的主要区别是在语义和语用上。前者强调持续进行的动作,后者强调持续动作的状态。前者主要用于叙述动作的进行,而不是描写,后者的功能在于叙述性的描写(刘月华等,2001)。

10. 我来的时候,正在下着小雨。

本项研究通过考察三个问题把调查范围扩展到现代汉语的所有的体标记。第一个研究的问题涉及到习得体标记的顺序:是不是一个体标记的习得先于另一个?我们要验证的假想是初级水平的学生和较高水平的学生使用动词体标记的正确率有显著不同。第二,如果一个形式先于另一个形式的习得,是什么原因导致这种习得顺序?第三,学习者习得体标记时,学习者采用什么样的习得机制?

三、调查方法

1. 抽样对象与语料收集过程

十九个学生参加了这项调查实验。所有抽样的学生都来自美国一所私立大学学中文的学生。抽样分为两组,较低水平的一组为10个学生(暂称为初级班),学习了15个月的汉语;较高水平的一组(暂称为高级班)有9个学生,学了27个月的汉语。所有的参与者都是母语为英语的美国大学生,选修或必修美国常规大学的现代汉语课程。

本试验收集了两次数据。第一次收集时,调查者和所有的受试者都进行了单独谈话,谈话持续近30分钟,采用非正式会谈的形式。在要求每个对象完成三个同样的任务时,采用了诱导的手段以期引出受试者在回答中使用三种体标记。第一项任务是以会话的形式回答问题。调查者首先提问,要求用体标记"—了"、"—着"、"—过"等回答。例如,"你以前做过什么工作?做过多长时间?"正确的回答要求使用"—了"或者"—过",或二者兼用。

第二和第三个任务是根据图片展开的。在第二项任务中,调查者根据所给的图片询问精心设计的问题。这些问题引导受试者使用体标记,尤其是答话中用持续体的"一着"。例如问题包括"古波笑着说什么？他手里拿着什么？"第三项任务是要求用叙述形式来描述图片,以期引出受试者使用三个体标记。

第一次谈话两个星期后收集了第二次数据。在分析收集到的第一次谈话的口语语料样品之后,调查者发现持续体标记"一着"被使用的时候很少。较少使用"着"的原因并不清楚。可以想象到的是,图片的上下文并没有清楚地要求受试者必须使用"一着"。同样可以想象得到的是,受试对象还没有在他们的功能性的中介语中出现"着"。为了清楚受试对象是否能够在要求的上下文中使用"一着",本试验的研究者又设计了一项任务,就是要求受试者根据所提供的图片必须使用一些特定的动词。受试者在每个图片下用所给动词写一段话。所给动词包括坐、站、拿、放、挂、开、笑、等、听、谈话。这些都是行为动词,与"着"和"正在"同现的可能性较大,表达一个持续的动作或者持续动作的状态。

2. 语料分析打分

所有的谈话都被录音,所有的谈话数据随后被转写为书面形式。根据谈话上下文,答话中丢失体标记或者误用体标记时,被记做一个错误。这样,判断任务一和任务二中体标记使用是否正确的标准是根据问题和回答在句法和语用上是否连贯、相续如一而定的。例如,句 11 的预定回答是句 12,句 13 和句 14 都被记做有一处错误,因为回答与问题不协调,因此不能接受。

11. 你学过什么外语？
12. 我学过 X 文。
13. ＊我学了法文。
14. ＊我学法文。

同样,句 15 的预定回答是句 16,句 17 就被记做一处错误,因为它和所问的问题不协调,例如,持续体标记丢失。

15. 桌子上放着几本书？
16. 桌子上放着三本书。
17. ＊桌子上放三本书。

四、数据结果

每个学生造出的包含三个体标记的句子数目不等,从 88 个到 120 个。每个学生对体标记的每一个形式的正确使用率被统计出来了。表 1、表 2 分别是初级班和高级班正确使用体标记的分值。

表 1 初级班体标记的正确使用率

序号	—过			—了			—着		
	总数	正确数	%	总数	正确数	%	总数	正确数	%
1	36	28	77.8%	50	34	68%	27	13	48.1%
2	39	23	59%	57	40	70.2%	22	9	40.9%
3	39	26	66.7%	45	27	60%	20	8	40%
4	45	30	66.7%	41	35	85.4%	24	12	50%
5	39	28	71.8%	49	29	59.2%	24	10	41.7%
6	30	18	60%	40	31	77.5%	21	9	42.9%
7	36	27	75%	39	32	82.1%	28	14	50%
8	24	18	75%	39	28	71.8%	25	12	48%
9	27	18	66.7%	41	28	62.2%	23	10	43.5%
10	31	22	71%	43	30	66.7%	23	9	39.1%
平均值	34.6	24	68.97%	44.4	31.4	70.31%	23.7	15.6	45.3%

表 2 高级班体标记的正确使用率

序号	—过			—了			—着		
	总数	正确数	%	总数	正确数	%	总数	正确数	%
1	40	31	77.5%	49	39	79.6%	27	14	51.9%
2	31	26	83.9%	46	37	80.4%	29	18	62%
3	45	32	71%	45	33	73.3%	30	17	56.7%
4	36	24	66.6%	50	36	72%	29	16	55.2%
5	46	35	76.1%	45	35	77.8%	28	20	71.4%
6	45	30	66.7%	48	36	75%	26	11	42.3%
7	37	30	81.1%	44	36	81.8%	31	19	61.3%
8	34	27	79.4%	40	31	77.5%	27	16	59.3%
9	38	28	73.7%	43	32	74.4%	32	17	53.1%
平均值	38.4	30.2	75.12%	45.5	36	76.9%	28.78	18.8	57.43%

两个语言水平的受试小组对体标记"一了"、"一着"、"一过"的总体使用的平均数值变化不大(分别是 34.5,44.4,23.7 对 38.4,45.5,28.78),但是两组正确使用体标记的平均百分比数值却比总体使用体标记的平均数值的差别大得多(分别是 68.97%,70.31%,45.3% 对 75.12%,76.9%,57.43%)。这表明,语言水平较低的学生一般知道体标记的语法形式,他们试着使用,在他们的中介语中,正确的形式的出现早于正确的功能运用。

第一个要验证的假设是,初级水平的受试者和高级水平的受试者使用动词体标记的正确率在数据上是否存在着显著的差异。单项方差分析被用来检查这一假设。单项方差分析的结果见于表 3。数据分析结果证明两组对体标记"一着"的正确使用率有显著的差异,(F=18.91,p=0.0004,)①0.0004 显著水平的临界值是 18.91(表 3)。然而,两组受试对象对"一过"和"一了"的正确使用率的差异在 0.05 的水平上,并不显著。F 比值表明,两组受试者对"一着"的使用差异最大,"一了"的使用差异最小。这些结果表明,汉语体标记是以不同的速度习得的,习得体标记"一了"和"一过"比持续体的"着"的习得要早一些。

表 3　两组样本变量分析

体标记	df	F 比值	F prob.
一过	1/17	4.6325	0.0460
一了	1/17	4.1908.	0564
一着	1/17	18.9131	0.0004

1."一了"的习得

两组语言水平的受试者对完成体"一了"的正确使用率可以总结为表 4 中所展示的 3 种句式。第一种句式包括两个动作,一个紧跟着另一个发生。体标记"一了"紧跟第一个动词,表示第一个动作的完成:V+了+(NP)+VP。这个句式中"一了"的正确使用率在初级班和高级班分别是 73% 和 85%。需要注意的是,"一了"有时可以被省略。然而,初级班的 5 个学生和高级班的 3 个学生却继续使用它,如例句 18。所收集的语言样品数据证明,当一系列动作是线性进行,而且第二个动作发生在第一个动作之后时,对学习者来说,用"一了"表示

---

① F-test 是测验显著误差的一种方法。作为一个显著性指标,p 值越小,显著性则越可靠。

动作完成这一概念比较容易建立也相对容易表达。

18. 我回了家以后,就吃饭。

第二种句式是带有时间表达方式的句子,例如副词"已经"和时间段"六个月",如例句19所示。这些时间短语为动词提供了一个时间参照的语义框架,"一了"在这种句式中的正确使用率相当高,初级班和高级班分别是67.1%和73.1%。值得注意的是副词,如"已经"在此充当了重要角色。当初级班的学生用"已经"时,他们也相应地在句中用"一了"(句20b)。然而,当"已经"不出现时,他们经常丢掉"一了",即使句意与包含"已经"的句意相同。

除了用副词做动词的时间参照的语义框架外,初级班学生似乎还对体在上下文中的一致性敏感,导致用"一了"来保持话语的连贯性。例如,当会话者的问题包括"一了"时,他们也经常用"一了"。因此,在句20d中"一了"被丢掉,可能是由于问句中没有"一了"。

19. 我在中国住了六个月。
20a. 汉语词典你已经买了吗?
20b. 我已经买了。
20c. 中文课本呢?
20d. *我也买中文课本。

在初级水平的受试者所用的和"一了"连用的时间表达方式中,除了"已经",还包括副词和连词性的"以后,以前"。这种"一了"和时间表达方式共现的情形并不总被语法接受。例如,4个初级班的受试者在回答句21a的问题时,造出了如21b这样的句子。

21a. 以前她在哪儿学习?
21b. *以前她在Middlebury学习了。

第三种句式包括语义中含有内在终止点的动词,这些动词可以分为两类,状态动词和瞬间点动词。汉语中,形容词可作为句子的述题,功能类似于状态动词(句22)。本项实验所收集的语料样品数据中使用频率最多的状态动词和瞬间点动词包括"晚、清、停、赢、输和忘"。这些动词与"一了"合用的正确使用率在两组中分别高达77.1%和82.3%。这一结果说明在汉语习得的初级阶段,学生寻找词汇的体和内在的词义。表 4 总结了这三种句式中"了"的正确使用率。

22. 他晚了,老师生气了。

表 4 带"了"的句式

句子句式	正确率	
	初级班	高级班
1. 主语+V+了+(NP)VP "一了"在第一个动词后	73%	85%
2. 使用时间表达方式的句子	77.1%	73.1%
3. 带有终止点的动词 状态动词 瞬间点动词	73.3% 80.9%	76% 87.89%

2. "一过"的习得

常和"一过"连用的动词是"去"(初级班 72.41%,高级班 75%)。此外,两组的数据都显示,92%的带有"去过"这一词的句子,都处于会话上下文的开始。两组受试者似乎在会话中都把体标记从"过"转化为"了"(句 23)。这种转化也可以从会话中受试者对其他动词的运用中观察到。例如句 23 和句 24,数据显示在叙述体中,会话从表示过去经历的"过"开始。一旦过去的经历被定义,焦点就转到动作和事件的完成上去了。在句 24 中,"过"在句子的第一部分被丢失。(问题:请说说你去年去什么地方旅行了,玩儿得怎么样?)

23. 我去过加州,也去过加拿大。我在加州住了一个月。我看了很多朋友。
24 a. 你学过什么外语?
　　b. 我学过法语
　　c. 德语呢?
　　d. *我没学德语。我学了拉丁语在中学。我也学了一点儿日语。

学生使用的与"一过"相关的另一个语言学习策略是采用与过去有关的副词短语并采用与连接词连用的方式。两个语言水平的受试者使用这样几个时间表达方式时都带上了"一过",例如副词性的短语:以前;时间从句如,当……时候;过去时间表达方式如去年。"过"和这些时间表达方式一起连用的频率相当高,初级班 82％,高级班 76％。受试对象,尤其是初级班,似乎把使用时间表达方式这种语言学策略作为使用"一过"的线索。

3. "一着"的习得

两组语言水平的受试对象都在某些句子结构中使用持续体标记"一着"。这些句子可以分为以下三种主要句式:

1) V＋着＋VP
2) V＋着＋(NP)
3) 位置词＋V＋着(NP)

第一种句式包括两个动词,"一着"紧跟第一个动词,表示第二个动词的方式。本实验中收集的用于此句式中最常用的动词包括"坐"、"站"和"笑"。句 25 就是这种句式的例子。持续体标记"一着"在这种句式中的正确使用率在高级班是 54％,在初级班是 39％。

25. 丁云的爸爸坐着谈话,大家都笑着听着。

第二个句式是表达持续动作的状态。两组受试对象在这个句式中使用"一着"的正确率相对较高:分别为 50％和 61％。此句式中最常用的动词包括开、听、站和坐。

第三种句式描写存现句中一些动词宾语的存在状态。句子开头有一个功能类似于话题的位置词(句 26)。在这种句式中"一着"的正确使用率很低:初级班 37％,高级班 52％。在本实验所收集的语料中这个模式常用的动词包括"放"和"挂"。表 5 列出了这三种句式中"一着"的使用情况。

26. 桌子上放着杯子和花儿。

表 5 "着"的正确使用率

句式	初级班	高级班
V＋着＋VP	39％	54％
V＋着＋(NP)	50％	61％
位置词＋V＋着(NP)	37％	52％

语言数据中关于"着"的偏误可以归为三类。第一类是两组受试学生都用了完成体的"一了"代替"一着"。例如,当学生描述指定图片时,造出了句 27。

在句 27a 中应该使用"着"的位置上错误地使用了"了"。另一个错误是句 27c，动词"谈"的后面应该使用"着"，或者应该在动词前加上副词"正在"。但是句 27a 和句 27c 如果脱离有关上下文，作为一个单独的句子是可以成立、可以被接受的。换句话说，句 27a 和 c 在句法上可接受，但是在语用的上下文中不恰当的。

27. a. ＊电视开了。
    b. 大家都坐着。
    c. ＊丁云的爸爸和大家谈谈。

第二类偏误是初级班学生常用副词"正在"代替"—着"（句 28）。尽管"正在"和"—着"经常可以用于同一个句子，但因为他们有不同的语义和句法功能，一般并不具有内部可转化性。例如，表示行为方式的动词需要带"—着"表示持续动作的状态。句 28 表明，受试对象并不知道"正在"和"着"的区别；或者说，假如他们知道，他们并没有能够恰当地使用。初级班的四个受试者总是一致地将"正在"和"—着"连用。

28. ＊Palanka 正在站买邮票。古波正在坐在桌子旁边。

第三类错误是两组受试学生经常在类似句 29 和 30 这样的句子中丢掉"—着"。

29. ＊墙上挂一张画儿。
30. ＊古波穿白衬衫和黑裤子。

五、讨　论

1. 学习策略

本项实验研究的结果显示，低年级的学生习得体标记时，他们的策略似乎在很大程度上是以语义为主。他们所用的语言策略，例如把时间表达方式与"—了"和"—过"连用，表明他们能够把动作的完成和过去的经历等概念建立起来。此外，他们能够使用带有三个体标记的一些动词，也表明他们把词汇意义和词汇的体当作语言运用时的线索。

这种假设有三个支持依据。首先，这项研究的两组不同水平的受试对象不约而同地在 V(NP)+了+VP 这种句式中用了动词词缀"一了"。在这种句型中,因为两个动作是线性的,而且第一个动作完成先于第二个,这是合乎逻辑,易于理解的顺序,因此,使用动词词缀"一了"的正确率比较高。

  第二,初级班的学生采用语言的策略,就是分别用"一了"和"一过"来表示动作完成的意义和过去时间的参照的意义。尤其是初级班学生,一致把动词完成的结果补语"完"及时间副词"以后"与"一了"连用来表示动作的完成,即使"一了"在这些情况下常常是可省略的(句 18,21b)。此外,初年级的受试者经常把过去时间副词及连词与"一过"连用。实验数据显示学生借助、使用了那些表示动作处于完成阶段或者过去经历态的语义线索。

  第三,初级班的受试对象使用词汇的体和词语意义来表明体标记。例如,他们在使用带有清楚的终止点的动词时,一致使用完成体"一了",如与"赢"、"忘"连用;某些经常传达经历的动词,例如去过的地方(去过)、得过的病(得过病),他们在使用这些动词时会带"一过"。某些词义中包含一种持续状态,例如"站"、"坐"这样的动词,他们会连用"一着"。尤其是初级水平的受试者似乎把词汇意义当作线索,自然地用作体标记。Robison(1990)和 Bardovi-Harlig (1992)也发现他们的受试对象使用同样的学习策略。英语学习者的中介语研究 Robison(1990) 表明,谓语语义的时态性的特点和动词的形态紧密关联。动词的形态最初是在词汇的体的标记上。

2. 习得体标记的顺序

  这项实验研究的结果显示,学生习得体标记"一了",与习得经历态的"一过"几乎是同时的,并且都早于持续体的"着"的习得。以前的 Wen(1995a) 和 Erbough (1985)的研究结果也显示完成体的"一了"的习得处于汉语学习的相对早期。比较这三个汉语的体标记"一了"、"一着"、"一过"时,我们发现,在前两者体标记中包含着某些语义的特殊性、句法的相似性,以及语用的一致性,而这些特征并不见于后一个体标记。

  动作完成的概念(一了)和过去经历的概念(一过)是普遍的,学习者在他们第一语言的学习中就已掌握。英语为母语的汉语学习者所需要掌握的是表达这些意义的特有方法。相对而言,进行动作的状态的概念(一着)具有较少的普遍性,更多的语言特殊性。它传递"一种与动作相关的状态"和"持续动作的状态"这样的意义。英语为母语的汉语学习者,必须首先习得这种概念。他们必须知道动词的状态和动作的进行状态这些概念能够通过相同的体标记"—着"表达出来。句 31 和句 32 就是这样的例子。

31. 门开着。
32. 经理开着门让大家进来。

就像 Von Stutterheim 和 Klein（1987）指出的，学习者在一定的阶段使用的语言学方法在很大程度上依据了他们已经掌握了的概念。在习得汉语体标记的过程中，鉴于已经熟悉了"动作完成"和"经历"这些概念，英语为母语的汉语学习者必须形成、发展"持续动作的状态"这种新概念。这项研究的结果似乎支持 Von Stutterheim 和 Klein 所提出的"概念为主导"的设想。

语义功能和句法结构的复杂性在习得汉语体标记时也起了重要的作用。持续体的"—着"在不同的情形中显示出不同的功能，它可以表示动作的方式（句式一）、进行动作的状态（句式二）、在存现句中表示物体的位置（句式三）。每种功能都通过不同的句法结构表达出来。这项实验研究的结果表明，学生习得第二种句式较第一种和第三种更早一些。第二种句式（进行动作的状态）是典型的主语＋VP 的句子，并且句法上比第一种和第三种更简单。从语义上来说，这种模式强调动词的进行，可以加上副词"正在"，有时或者可以在结构上互换。相反，第一模式和第三模式强调动作的状态，因此，不能用"正在"。"—着"的多功能性为英语为母语的汉语学习者增加了困难。

持续体的"—着"有着严格的语用限制。在话语中它经常用于叙述体和描述背景内容的句子中。受试者似乎对这种语用限制不敏感。两组语言水平的受试者都造出了许多合乎句法但是语用上不恰当的句子（例如句 27）。有意思的是，受试者对话语中"—了"和"—过"在话语中的位置似乎很敏感，例如，他们在话语的开头用"—过"，然后转入"—了"（句 23 和句 24）。

此外，与"—了"和"—过"经常和时间参照一起使用的这种情形相反，"—着"很少和时间表达一起使用。所以，如果学生采用不同的时间表达作为使用体标记的线索（本实验数据显示他们正是这样做的），这种上下文线索（往往不存在）就和"—着"一起被丢掉了。

Andersen（1990）提出——对应的原则（The one-to-one principle），即一个中介语系统可能是以这样的方式来组织的：把一个意欲表达的潜在的意义用一个清楚恒定的表层形式(或者结构)表达出来。学生们用"—着"所产生的偏误支持了这种——对应原则。低年级的受试者使用副词"正在",代替"—着",表示持续动作的状态。表持续状态的"—着"和副词"正在"的互换能力是很有条件的,并且受语义限制。在一些低年级受试者的中介语中,这两种语言形式合并为"正在"的现象,表明学习者经常选择使用具有较具体意义的词语,例如副词"正在",而不是使用语法标记"—着"。

3. 话语功能

从这项研究的数据中可以清楚地看出,话语(Discourse)在使用体标记"—了"和"—过"中承担重要角色。两组不同语言水平的的学习者都在叙述体的开头使用"—过"。他们在其后的段落中又换成了"—了"。带有过去经历标记的"—过"的句子功能在话语中起引导的作用。一旦过去的经历明确了,带着"—了"的句子即出现,表示某种事件或者行为的完成,如句23和句24。从本实验收集的语料数据中可以看出,在话语中,汉语体标记的使用受到语用功能的影响。采用Kumf(1984)提出的语言的背景和前景这些术语时就会发现,学生让背景信息与说话者的过去经历产生关联,又让前景信息与事件和动作的完成产生关联。在话语中持续体标记"—着"经常用于背景中,描述一个场景。然而学生要让"—着"和它的话语功能产生关联却有着更多的困难。

Givon(1983)提出,话题不应该被看作是一个自主独立的个体,而应该被看作是语言宏观组成层面上的连续内容。他观察到主要话题初始会有三大种分界,根据它们在段落中的不同位置被称为:始话题链;中话题链、末话题链。吕叔湘先生(1997)在《汉语语法分析问题》中也提到始发句、终止句等句子的功能分类。学生所用的带"—过"和"—了"的叙述体,似乎恰好和这些同等的话题链相匹配。说者用过去经历态开始叙述,这是一个始话题链,然后,说者使用"—了"为话题增加新信息,就像句23和句24。

六、结 论

这项研究的结果表明,英语为母语的汉语学习者习得体标记"—了"和过去经历态"—过"早于持续体标记"—着"。他们习得体标记的过程似乎很大程度上是依靠意义,并且能总结为四种类型:1. 寻找合理的时间顺序;2. 用时间副词和连词作为时间参照点；3. 用词汇的体标记（形态）和词语的意义；4. 用体标记"一了"和"一过"时，采用语用线索。学习者，尤其是初级水平的学习者，更多地依靠时间副词和词汇的体。

体标记习得的多样性，可以用认知、句法、语义和语用等原因来解释。当学生习得完成体标记"一了"和经历体标记"一过"时，他们需要掌握表达这些意义的汉语的特殊的方式，因为他们已经非常熟悉"动作完成"和"过去经历"这些概念。然而，当学生习得持续体标记"一着"时，他们必须首先形成"与进行的动作相关的状态"（一着）这种概念。很可能这种概念对他们来说是全新的。持续体标记"一着"表现出在功能和句法结构方面的多样性。它有很强的语用限制，经常作为背景信息用于叙述描写体中。"一着"的这些特点增加了汉语学习者的困难。因此，汉语体标记的习得深受句法结构的影响，并且受语用功能的限制。

第四节 汉语动词后缀"一了"和句尾"了"的习得研究

这项研究调查英语为母语的学习者使用汉语完成体"一了"和句末情态助词"了"的中介语分布情况。收集、比较、分析了来自两组不同水平的学习者的话语语料。结果表明，尽管"一了"和"了"的外在形式相同，它们的习得过程不尽一致，完成体的"一了"首先被习得。此外，在习得句末"了"的初级阶段，英语为母语的学习者经历了习得的困难，并且把基于第一语言中的原始价值（Default value）迁移到了第二语言汉语的学习中。下面试图从句法和语义/功能两方面来解释对"了"的习得的种种方式与过程。结构的标记性和功能语用的复杂性是第二语言学习者在汉语习得中所表现出的多样性的重要因素。

一、文献综述

在生成语法学的框架下，对第二语言习得的研究包括对普遍语法的探讨，主要集中在对形式结构的习得上。在这一模式中，语言结构和形式为语言习得提供了解释证据。最近，研究者们提出不但要注意到语言形式，同时也要把语言功能作为重要的因素考虑进习得的研究中（Ellis，2003；Gass，1987；Rutherford，1987；Bailey，1989）。他们主张形式和功能是相互作用、互动的，以此构成一个更全面的整体来解释第二语言习得。这些著作采用了生成语法、语义学、交际功能等观点,试图从形式和功能的相互作用这一方面作为切口,来扩展第二语言习得研究的整体框架,从而获得对第二语言习得的更全面、更深刻的了解。Rutherford(1987)指出,对于语法、意义、功能之间的相互关系,需要更多的调查。

Ellis(1989)在他的中介语发展的多样性的研究中,提出第二语言习得的 Coherent Model。Coherent Model 强调,我们不仅需要认知和解释第二语言的外显形式;作为语言变化和语言发展的一个主要原因,我们还需要结合语言的社会功能,从这一方面加以求证。他指出:"在中介语发展过程中,形式和功能是如此地接近,以至于我们无法把它们分开"(Ellis,1989:42)。

Bailey(1989)对英语现在进行时态和过去进行时态的习得进行了调查。他的抽样是英语作为第二语言的学习者。他的研究结果显示,动词进行时态的习得的多样性取决于语言的时态,并且受话语功能的制约。学习者习得现在进行时要早于过去进行时。这是由于过去进行时有一个标记话语的功能,它要求提供背景信息。Bailey 认为,形式相同而习得顺序不同,在于它们的意义和功能上的不同。无标记的意义和功能(简单的或者更自然的)比有标记的要习得得早一些。

本项研究建立在 Bailey 和 Ellis 的研究基础上,调查美国大学中说英语的学习者对现代汉语助词"了"的习得。本调查着重分析语义、句法、语用因素在习得汉语助词"了"这个成分的过程中所起的作用。这项实验的结果说明,对语言形式相同而功能差别显著的助词"了"有不同的习得过程。这主要是由于句法的标记、语义和交际功能的特征所造成的。此外,正如 Bailey 的研究所表明的,本项研究发现无标记的成分比有标记的成分习得得更早一些。

在汉语中,助词"了"一般被分为两种功能:一是完成体的动词后缀"—了",一是句末情态词"了"。动词后缀"—了"表示动作的完成。动作的完成和时间没有直接的关系,所以动作发生在将来的句子也可以使用"了"。然而,大量的完成的动作发生在过去,所以完成体的动词词缀"—了"经常被转化为英语的过去时和完成时态。例如,下面句 1)的动词可以被转化为 bought 或者 has bought:

1) 他　　买了　　　许多东西。

当动词词缀"一了"起完成体标记的功能时,表示的语义概念是有界的(Li & Thompson,1981),被视为整体的一个事件。在这一点上,"一了"常常被量化、类化(句2和句3),或者后面有后续事件(句4)。

2) 他　　学了　　三年　　中文。
3) 他　跟　我们一起看了　那场　电影。
4) 他　吃了　饭　就去看　球赛　了。

当"了"用于句子结束时,是一个情态助词。语气词,是汉语语法的传统称法。语气词表示句末"了"的功能与说者和听者的语气有关。例如,在谈话的上下文中,句子如何被说者和听者所理解运用。Li & Thompson(1981)指出句末"了"表示一种与当前有关的状态。也就是说,这种事件的状态与一些特殊的情形和当前的特殊的状态有关(Li & Thompson,1981:240)。例如,当一人被问到是否想去看电影时,他不回答想或者不想,他可能会说:"那个电影,我已经看了。"(I have seen that movie already.)这里"了"表示已经看过这个电影,和当前的问题以及听者说者双方所处的情形有关。这个人不仅谢绝了邀请,而且告诉了问话者不想看这个电影的原因。句末"了"有强烈的标志句子的完成和回答者话轮结束的交际功能。它的语义功能一般被总结为以下几类:

a. 表示变化(例句5),
b. 表示新情况发生(例句6),
c. 改正错误的假设(例句7),
d. 劝告和警告(例句8),
e. 结束一种状态(例句9)。

5) 我知道　了。
6) 要　下　雨　了。
7) 我已经给　她　两百块　钱　了。
8) 别　吸烟　了。
9) 我把　孩子　带　来　了。

表 1 "了"的功能总结

	一了	了
句中位置	动词后	句末
句法类型	体标记	情态助词
语义概念	—行为的完成 —有界,事件被量化、分类或者紧跟另一事件	—事件发生 —与当前有关 —状态变化 —改正假想 —劝告/警告 —状态结束
功能	句法标记	语用的

但有时当"了"不但在动词后而且也在句末时,要证实它是完成体的动词词缀"—了"还是句末助词"了",绝非易事。句5)和句9)就是这样的例子。这种情况出现时通过把它放在话语的上下文中,通过观察来解决。如果句5)被用于打断说话者,"了"在"我知道了"这个句子中就是句末助词,传递"我已经知道,不要再告诉我了"的意思;或者如果被告知好消息或坏消息时,就是"我已经知道,我将与你分享/分担这个消息"的意思。同样,句9)中的"了"传递了与当前有关的意思:"孩子来了,我们将拿她怎么办?"或者"好让人吃惊,我竟然把孩子带来了"。尽管在形式上很难区分"了"的功能,但是在语用上和上下文中,上述"了"传递了与当前有关的概念,使它成为一个句末助词。

在某种情形中,"了"可以既被认为是完成体标记,又可以被认为是句末助词,这取决于上下文。例如,10b 作为 10a 的回答,既暗示动词"知道"状态的完成,又暗示着它是话语中与当前有关的事件。同样,11b 是 11a 的回答,既表示"带来"这个行动的完成,又表示与当前有关的状态:"这孩子就在这儿"。因此,"了"的功能与上下文有关。

10a) 你知道 老张 昨天 出事 了吗?
10b) 我知道了。
11a) "孩子呢?
11b) 我 把 孩子带 来 了。

关于"了"的习得研究的调查很缺乏。Erbaugh(1985)曾从事过对汉语为母语的中国儿童习得"了"的研究。她的抽样是两岁的孩子,他们的平均话语长度(MLU)是 2.2,即每一话语(MLU)由两个以上的词组成。他们的"了"都产生在句末,这种形式无助于区分完成体的"一了"和句末情态助词的"了"。然而在很仔细地观察分析数据后,Erbaugh 发现她的受试儿童所产生的 80%—90% 的"了",都指向刚发生过的事件,使之成为动作完成的标记,进而成为完成体标记。Erbaugh(1985:56)设想:"考虑到人类经验的本质,我们描述的大多数完成的事件都已经在过去发生。"因此,学习者倾向于使用完成体功能的"一了"。

二、研究的问题与方法设计

这项研究调查三个问题。首先,对"了"的习得是否一个功能先于另一个功能? 本文研究者将通过考察初学者(暂称之为初级班)和较高水平的学生(暂称之为高级班)在使用动词词缀"一了"和句末"了"的正确频率是否有统计意义上的显著差别来检验。第二,如果"了"的一项功能的习得先于另一项,是什么原因导致了这个习得顺序? 最后,学习者在习得"了"的过程中用了什么样的心理机制? 研究的设想是,尽管"了"的外在形式是一样的,习得两个"了"的不同功能的过程可能会不同。此外,无标记的简单的意义和功能的习得将先于有标记的情态的习得。

1. 抽样对象

十四个学生参加了这项研究。他们都是美国大学常规汉语专业的(每周 5 学时)英语为母语的汉语学习者。八个是已经学过 14 个月汉语的初级水平学生,六个是学过 26 个月以上的汉语的高级班学生。

2. 实施方法

在三周中,本文研究者与所有的抽样对象分别单独谈话三次。每次谈话持续近 25 分钟,采取了非正式的会话方式。每次谈话都有三项任务:第一项任务是用会话的形式回答问题,调查者先问一个问题,要求用"了"。(例如,"上个周末你做什么了?"或者"昨天你去哪儿了?")正确的公式化的回答也要求使用动词词缀"一了"或者句末"了"。第二个和第三个任务是在图片上展开的。任务二,受试者回答调查者就图片所提的问题。这些问题是调查者事先精心设定的,以期引出受试者在回答中使用"了"。任务三,是受试着描述图片,这一任务仍然以期引出受试者使用"了"。

调查者所问的问题和给受试者所展现的图片经过了细心的设计,因此往往能容易地区别出受试者说出的"了"是动词词缀"—了"还是句末"了"。在进行收集数据做此三项任务以前,调查者对高级班的三个学生进行了一次先导性的语料收集试验。这样使调查者有机会在导向性样片研究的基础上对调查做进一步的设计,限制问题和图画的使用,使其能较容易地引出和控制受试者所产出的"了"。

3. 语料打分

所有谈话都被录音,所用的录音被转写为书面形式。在进行编码分析之前,原稿根据录音再次进行检查。依据会话上下文,答话中没有用"了"的或者在句中"了"被替代的被作为错误标出来。例如,问题12)的预定答话是13),所以14)和15)每一个都分别被记为一个错误,因为答话和问题不协调,语用上不能被接受。

12) 你在商店买了几本书?

13) 我在商店买了×本书。

14) *我在商店买三本书。

15) *我在商店买三本书了。

问题16)的预定答话是17),句18)被记为两处错误,因为动词词缀"—了"和句末"了"都缺失。句19)和句20),各被记为一处错误,因为它们与问题和会话上下文不协调。

16) 你学了几年的中文了?

17) 我学了X年的中文了。

18) *我学一年的中文。

19) *我学了一年的中文。

20) *我学一年的中文了。

三、数据结果

1. T—测试结果

"了"的出现被分为完成体标记和句末情态助词两类,尽管有时很难分清

"了"的两种功能。在此研究中这种分类是基于 Li & Thompson 的分析以及话语的上下文的协调性而产生的。

受试者所说的话语中包括"了"的句子的数目不等,最少的为 76 个,最多的是 129 个。每一个测试对象对"了"的形式的正确使用被统计出来。统计结果见于表 2 和表 3。

表 2　初级班的"了"的正确使用情况

受试者	一了			了		
	总数	正确数	正确率%	总数	正确数	正确率%
1	36	27	75.0	40	15	37.5
2	43	30	69.8	57	19	33.3
3	48	37	77.1	66	28	42.4
4	60	51	85.0	69	27	39.1
5	56	34	60.7	69	47	68.1
6	47	44	93.6	70	38	54.2
7	50	28	56.0	55	19	34.6
8	45	38	84.4	39	9	23.0
总计	385	289	75.2	465	202	41.5

表 3　高级班的"了"的正确使用情况

受试者	一了			了		
	总数	正确数	正确率%	总数	正确数	正确率%
1	57	52	68.4	65	48	73.9
2	45	42	91.2	41	37	90.2
3	44	36	93.3	71	55	77.5
4	51	35	81.8	67	42	62.7
5	49	39	80.0	52	41	78.9
6	59	48	81.4	67	54	80.6
总计	305	252	82.7	363	277	77.3

第一个假设要验证初级班和高级班的学生使用动词词缀"一了"的正确率是否有显著差异。我们进行了一项依靠独立样本的 T 检验,验证在这两组中"一了"的平均正确使用率是否相同。显著水平被设为 $p=0.5$,初级班抽样的

平均数是 75.2,就是说,在一般情况下,75.2％的初级班学生能正确使用"一了"。高级班抽样的平均数是 82.7。因为两组抽样内变量有很大差异,(初级班抽样的标准差是 161.62,高级班抽样的标准差是 79.78),所以我们分别使用不同的变量方法来计算 T 价值。根据 T 价值的结果($t=-1.29$, $df=11.98$, $p=0.22$),我们得出数据上的结论:初级班抽样和高级班抽样使用动词词缀"一了"的正确率差异在统计意义上不显著。

第二个假设要验证初级班和高级班的学生使用句末"了"的正确率是否有显著差异。我们进行了一项依靠独立样本的 T 检验,验证在这两组抽样中句末"了"的平均正确使用率是否相同。显著水平被设为 $p=0.5$,初级班抽样和高级班的抽样的平均数分别是 41.5 和 77.3。就是说,在一般情况下,41.5％的初级班学生,77.3％的高级班学生能够正确使用句尾"了"。

同样因为两组样本内变量有很大差异,(初级班标准差是 192.65,高级班标准差是 81.93),所以我们分别使用不同的变量方法来计算 T 价值。根据 T 价值的结果($t=-5.84$, $df=11.84$, $p=0.00$),我们得出结论:初级班学生和高级班学生使用句末"了"的正确率存在统计意义上的显著差异。高级班学生能更经常正确地使用句末"了"。T 检验的结果见表 4。

表 4 T 检验结果总结

	动词后缀一了	句末助词 了
t 检验 分值	−1.29	−5.480
df 自由度	11.98	11.84
p 显著水平	0.220	0.000

2. 带有"了"的句子结构

两组受试者都能在某些句子中一致地使用动词词缀"一了"和句末"了"。这些句子可以被分为 5 类句型模式(表5)。第一类句型模式包括两个动作,一个动作紧随另一个发生。当用完成体"一了"时,它一定跟在第一个动词后,表示第一个动作已完成。句子 21)—23)就是这类模式的例子。

21) 我吃了早饭就去上中文课了。
22) 上完了中文课,他就去看大夫了。
23) 我来了 Bowdoin 以后,我给我父母打过电话。

初级班和高级班的学生在这个模式中对动词词缀"—了"的使用显示很高的正确率:分别是79%和89%。应该注意的是,22)和23)句中的动词词缀"—了"可以被省略,仍然有5个学生说了出来。

第二类句型模式表述时间段(duration)。动词词缀体标记"—了"跟在动词之后,表示动作的完成。学生正确使用这种动词词缀"—了"的比例相当高。初级班74%,高级班84%。初级班和高级班在这种模式中句末"了"的正确使用率分别是53%和80%。

24) 我学中文学了一年了。
25) 昨天晚上,我睡了六个小时。

第三类句型模式带有副词"就要"和句末"了",表示很快的即将发生的行为(例句26—28)。这种模式中正确使用句末"了"的百分比较低,初级班37%,高级班64%。产生这种句子的刺激物是图片。例如受试者被鼓励描述展示机场场景和送朋友上飞机的图片,每个受试者描述图片时都说出近7个句子。值得注意的是,当句子的动词是单音节光杆动词时(例句27—28),句末"了"的正确使用比例会提高。

26) Gupo 和 Palanka 就要去北京学中文了。
27) Gupo 和 Palanka 就要走了。
28) 布朗太太就要哭了。

第四类句型模式表示情况的变化。句末"了"常常表示新情况(例句29)。在这种模式中正确使用句末"了"的比例不高:初级班38%,高级班63%。产生这种句子的刺激物是图片和问话。最常见的错误是遗失了句末"了"(30a),或者把"了"的位置放错了(30b)。八个学生错误地把句末"了"放在第一个分句之后。

29) 以前他喝很多酒,现在他不喝酒了。
30a) *以前他喝了很多酒,现在他不喝酒。
30b) *以前他喝很多酒了,现在他不喝酒。

第五类句型模式强调事件的发生与当前的关系。这些句子包括句末"了",句中经常带有副词"已经"。在这种模式中,两个语言水平的受试者的句末"了"的正确率分别是62%和79%。值得注意的是,副词"已经"似乎起了重要作用。

当学生用"已经"时,他们似乎顺理成章地在句中用上句末"了"(31 和 32)。然而,当他们不用"已经"时,经常会略去句末"了"(33 和 34),尽管不包含"已经"的句子的意思和包含"已经"的句子意义相同。当句中没有"已经",两个语言水平的受试者句末"了"的正确比例分别是 34% 和 52%。

31) 问:你已经买了中文词典了吗?
    答:我已经买了中文词典了。
32) 问:Palanka 已经给谁打电话了?
    答:Palanka 已经给顾伯打电话了。
33) 问:你买中文课本了吗?
    答:*我买/买了中文课本
34) 问:丁云给谁写信了?
    答:*她给 Palanka 写信。

此外还出现了两种值得提及的现象(表5)。首先,当动词在句末,且不带任何宾语或者是结果补语时,句末助词"了"在初级班的正确率是 55%,高级班是 80%。然而,当动词是短语或后面跟着一个宾语时(例句 35—36),或者动词带有结果或完成补语(例句 37)时,学生常常忽略掉句末"了",初级班正确率是 29%,高级班 72%。这可能是因为学生把结果补语当作一个动作完成的指示标记,因此忽略掉"了"。事实上,结果补语经常有"了"的完成体的功能,表示动作的结束。但即使在这种情况下,仍然需要句末"了"来表达与当前情形有关的概念。

35) *春天来了,花儿开了,树叶子变绿。
36) *他现在累了,不要玩了,也不要喝酒。
37a) 她回家的时候,很晚了,天黑了。
37b) *她回家的时候,天变黑。

第二,学生经常在某些意思中带有终止点的动词后使用动词词缀"—了",或者在清楚地表示断开、终止点的阶段性动词后用动词词缀"—了":如"忘"、"吃"、"喝"和"买"(例句 38—39)。这些动词使用"了"的正确率,初级班是 78%,高级班是 84%。表5总结了带"了"的句子结构。

38) 大夫忘了她的名字了。

39) 上个周末,我去书店买了很多书。

表5 带"了"的句子结构

句子类型	正确百分率%	
	初级班	高级班
1) 两个行为之间: —了在第一个动词后	79	89
2) 时间段: —了 句末了	74 53	84 80
3) 即将发生的动作: 副词+句末了	37	64
4) 情况变化: 句末了	38	63
5) 事件的发生,与当前有关: 已经+句末了 没有带"已经"的句末"了"	62 34	79 52
6) 没有宾语或者结果补语: 句末了 有宾语或结果补语: 句末了	55 29	80 72
7) 动词本身语义中含终止点: —了	78	84

四、讨 论

1. "了"的学习途径

尽管句末"了"和完成体"—了"有同样的外在形式,他们在学习法上却颇为不同。当学生习得句末"了"时,他们似乎使用两种主要方法。一方面,他们大量地使用了难题解决(Problem solving)策略和多元方式。另一方面,他们也采用了基于语言意义的解决方法。对于第一种方法,可以找到两种证据。第一,学生一致依赖上下文线索,例如第五种句型结构中副词"已经",他们在"已经"后使用句末"了",当句子表达相同意思,但没用"已经"时,就忽略"了"(见例句 31—35)。学生使用的另一个上下文线索的第二个例子是副词"太",如"太好了"、"太累了"。学生甚至在否定句中也把"太"和句末"了"联用起来。例如"我的中文不太好了"(意思是"我的中文不好")。因为他们把"太"和句末"了"连接起来,所以他们能正确地在肯定句中使用句末"了",但在否定句中错误地使用"了"。本实验的数据似乎证明,尤其是在初级阶段,当学生面对相对较难的语言成分和语言内容时,他们采用使用语言线索,依靠上下文扩展等认知学习策略。

学生基于语言的意义来解决问题的是他们用的第二个办法,其证据可以在某些句型中得到。比如第二种句子类型表述一种动作,它可能或者不可能继续到现在。这些句子在上文中已提到,为方便起见重复如下:

24) 我学中文学了一年了。

25) 昨天晚上,我睡了六个小时。

两个年级的学生都很一致地在动作持续到现在的句中使用句末"了"(如例句 24)。当动作没有持续到现在时,学生就不会生成句末"了"(如例句 25)。

在个别谈话收集完语料之后,调查者问被试学生为什么他们在第二种句子类型中使用或者回避使用句末"了"。他们回答是如果动作持续到现在,很明显跟当前状况有关,就应该用句末"了"。否则,如果"了"没有一个特有的参照点,就不用,像例句 25。换句话说,当学生能指出"了"的特定情形并且能把它归于某一类意义的时候,他们就用句末"了"。

通过比较学生在第二种、第三种和第四种句子类型中对句末"了"的使用情况,可以发现,从语义上来说,第二种句子类型,例如"动作持续到谈话的一刻"更有一种具体的参照。这个标准划界清晰,易于学生掌握。然而,第三、第四种句子类型中句末"了"的意义并不像第二种那么明确,相反,在这些句中,交际功能是头等重要的。

当学生习得动词词缀"一了"的时候,他们的策略似乎是单一的并基于意义。这个观点的第一个证据是不同水平的学生都在第一种句子类型中使用动词词缀"一了"。在这种情况下,因为两个动作是线性的并被同一个人发出,在第二个动作开始之前第一个动作要完成而且其结果涉及到第二个动作,这在认知概念上合理而且易于理解,同样也易于被学生掌握。

另一个证据是在下面三种情形中出现的。第一种情形是带结果补语"完"。两个年级的学生一致使用动词词缀"—了"来表示行为的完成,尽管在这种情形中"—了"是可选的(见例句 22)。第二种情形是带时间副词"以后",它标记着事情的完成(例句 23),这里的动词词缀"—了"也是可省略的,但是学生仍然使用它。例句 29 和 30 提供了进一步的证明:时间副词是"以前"。第三种情形是当动词的意思中含有一个固有的终止点,或者当阶段性动词表示一个边界清晰的动作的终止点时,学生就会较一致地用动词词缀"—了"(例句 38—39)。这些语料数据表明学生把动词词缀"—了"表示的完成的意思概念化了,尤其是当他们发现了表示行为处于完成阶段的语义线索时,例如"完"、"已经"或者带终止意义的动词。

2. 语义和语用功能的习得

这项研究的结果显示,汉语的第二语言学习者习得"了"的原始(Default)习得途径是基于语义的。他们在语义的基础上概念化一个词,包括语法词。当一个词的语法功能不很抽象,意思比较具体时,学习者在初级阶段就能够习得。当一个语法内容没有表现出直接的参照所指,并且当语义不具体时,学生似乎通过难题解决策略来理解、习得这样的语言成分。

句末"了"之所以难学会,主要原因是它表示很强的语用功能,有的功能有时没有具体的意义。学生所犯的错误是他们遗漏了句末"了"。尽管"了"经常被遗漏,但却并不阻碍意思的理解。问题是"了"的语用功能被丢掉了。没有句末"了",这些句子听起来不完整,好像说话者还要说什么,听者也等着句子的结束,因此会造成一种交际中的尴尬情形。此时"了"的作用在于标志着说话者在话语中分担的部分已结束,话轮要转移了。本试验的结果表明,掌握"了"这一语用功能是不容易的。这一结果与 Polio(1995)对汉语零代词的习得研究的结果有共同之处。Polio(1995)指出学习者所以用零代词是语用功能的要求,是为了清楚或别的交际的目的。

3. 助词"了"的习得顺序

本试验结果表明学生习得完成体的"—了",比句末"了"更容易一些。Erbaugh(1985)也指出,汉语为母语的儿童习得词缀"—了"早于句末"了"。说汉语的儿童和英语为母语的汉语学习者都先习得完成体"—了",后学会句末

"了"。这些实验结果似乎表明,对学习者来说,句末"了"包含着某些语言学和非语言学的困难,对学习者提出一定的挑战。

首先,学习者似乎对动词的限制比对整个句子的限制更敏感。一个动词所要求的记忆负担量比一个句子要小,但其作用却是要和一个名词论元建立一个句法结构。此外,在英语中,动词的不同形式标志着不同的时态、情态、和语气,所以母语为英语的学习者对动词的功能和形式更敏感。不少研究结果也表明,一般来说,动词的限制在儿童和成人思维表达中颇为活跃。(Pinker,1989;Gropen,Pinker,Hollander,Goldberg & Wilson,1988)。

第二,从语义上讲,动词词缀"一了"的意思比句末"了"更具体更少变化,在不同的语言情形下也是协调一致的。这证明了相关性原则(The relevant principle)的作用(Slobin,1985)。完成体的"一了"和动词有最大的相关性,通过动词,它被连接到传达"动作的完成"的意义上。这也证实了"一个形式一个功能"(The one-form one-function principle)的原则的作用(Andersen,1989),通过这个原则,完成体"一了"很清楚地一贯地编码了完成体的概念。这样学生发现它相对容易学。与此相反,句末"了"的意思根据不同的交际情形有着不同的意思与功能变化。

第三,从语用上说,句末"了"在不同的交际情形下显示不同的功能和语义蕴含。它可标记说话者当前的会话轮(Contribution)的结束。在这样的上下文中,句末"了"的作用相当于一个结束标记。Li & Thompson (1981:288)注意到,在会话中,西方语言没有任何成分的功能相当于汉语的句末"了"。其他语言通过变化动词的形式来表示这样的功能或意义,而不是通过在句末增加一个助词。句末"了"这样的特点增加了汉语学习者的困难,就像 Erbaugh 的发现和这项研究揭示的一样。

4. 负迁移

这项研究的结果证明,学习者的第一语言对动词词缀"一了"和句末"了"的习得有相当的影响。第一语言的经验特点体现在这两种形式的最初习得中。随着学习者的语言水平的提高,第一语言的影响降低。然而,仍有证据证明高层次的学习者还是把他们的第一语言的经验迁移到句末"了"的习得上来。这项研究提供了两个迁移的证据。

第一个证据发生在完成体动词词缀"一了"的早期习得阶段。这时,基于英语的原始价值被迁移。初级水平的学生把动词词缀"一了"当作过去时的标记,并且当动作发生在过去时使用它(参见例句30)。当动作可能在现在或者将来完成的时候,他们不断地回避使用"一了"。但是因为大多数完成的动作都发生在过去,英语过去时的负迁移可能经常会被表面上正确的汉语句子给掩盖。例如,我们在不少情况下并不很清楚,学生使用词缀"一了"时,是因为有表示过去的时间助词"昨天",还是因为他们真正掌握了完成功能体标记"一了"的概念?

25) 昨天晚上,我睡了六个小时。

另一个证据见于两个年级的学生,尤其是初级阶段的学生的数据中。96%的句末"了"的错误是遗漏"了"。Li & Thompson (1981:288)也指出,"遗漏是外语学习者最常见的错误。"遗漏句末"了"的错误说明英语为母语的学习者把他们第一语言的原始价值负迁移到第二语言汉语的学习中。因为他们的第一语言中没有这样的语言成分,这个汉语助词就经常在他们的中介语中缺失。

五、结 论

这项实验研究结果说明,英语为母语的汉语学习者对完成体"一了"的习得早于句末情态助词"了"。此外,由于结构标记性和语用功能的复杂性,这两个相同的形式掌握起来似乎不一样。句末"了"在结构上属于标记性的(Marked),要求有上下文信息,并且有不同的语用功能。在习得句末"了"的早期,英语为母语的学习者经历了习得困难,并且把他们基于第一语言的原始价值负迁移到第二语言汉语的学习上。他们习得句末"了"的策略既有困难解决法,又有基于意义的方法。

相比而言,完成体动词词缀"一了"语义和功能上不太复杂,它是一个语法标记(Grammatical marker),表示动作的完成。当学生习得"一了"的时候,他们依靠的是"完成""发生在过去"这些语义概念。他们也把第一语言过去时的概念负迁移到第二语言汉语的学习上。这种母语迁移的策略经常会引起正确的反应,因为许多完成的动作发生在过去。然而,完成的动作也会发生在现在和将来,在这种情形下,初学者又会由于避免使用"一了"而发生错误。

对于"了"的不同的习得的解释来源于句法、语义和功能。形式是重要的,尤其是"了"在句中的位置。完成体动词词缀"一了"要比句末情态助词"了"被学习者提前接受。语用功能的复杂性同样扮演了重要角色。"了"的不同的习得情况很多是受到它的整个句法结构的影响，还有它的语用功能的限制。结构、意义、功能相互作用，从而形成了对汉语第二语言习得的多样性的一个广泛的、全面的解释。

第五节 汉语语序习得顺序的调查：述补结构、不定疑问代词非疑问句和"把"字句

本研究调查学习汉语的美国大学生习得不同语序（主谓宾）的情况。着重考察了三项不同的语法现象，述补结构，疑问代词非疑问句，"把"字句。这三项结构有一个从主—谓—宾（SVO,述补结构）到非主—谓—宾（SOV,"把"字句）语序的转移。研究结果表明学生首先习得了述补结构，然后是不定疑问代词非疑问句，"把"字句在二年级时才开始在其中介语中出现。此外，如果述补结构的动词没有宾语时，低年级的学生很快就能掌握。除了语序与句法外，语义、功能和认知概念方面的复杂性与灵活性也影响着学习者对这三项句式的习得过程。学生习得这三项语法结构的顺序意味着对语序的习得有一个过程，宾语提前的句式及在语言与认知方面不太直观的句式结构需要一定的时间与语言经验的积累。

一、文献综述

长期以来有一个这样的观念。在语言教学环境中，如果教师教得认真，学习者收到了清楚的教学指导，参与了教学活动，教学就会成功：学习者掌握了所学的内容，能够运用所学的句式结构。教师教什么，学生就会什么。反之，如果学习者没有学到所教授的内容，其原因或是教师没有提供生动的教学指导、语言材料，或是没有练习某一语法结构，或是学习者学得不努力。

从事第二语言习得研究的学者们对这种传统观点提出了质疑（如 Clahsen, 1984，1987；Duff, 1990；Pienemann, 1987, 1989；Bardovi-Harlig, 1995；VanPattern & Sanz,1995）。他们认为语言的习得并不受教学指导的直接控制，而是在很大程度上受到学习者大脑系统的操作程序和语言水平能力的影响。学

习者以自己的习得方式对语言进行加工处理。这种方式与教师和课本中所制定的教学计划并不一定同步。此外,学习者只能在自己现有水平的基础上进行更高层次的学习,而不能习得那些超出他们中介语发展阶段的语言结构。

Clahsen 和他的同事(1984,1987)认为,学习第二语言的过程是学习者通过不同的学习阶段构建自己的语法的过程。Clahsen(1984)和 Pienenmann(1987)用"综合模式"(Integrativist approach)对母语为西班牙语和葡萄牙语的学习者习得德语的情况进行了调查。"综合模式"是 Foder,Bever & Garrett(1974)提出的。"综合模式"假设语言深层结构可看作是介于语言表层形式和抽象的思维语言之间的中间层次。其中语法处理器具有组织协调的功能,把深层结构的标准模型映射在表层形式上。除了语法处理器之外,这个模式还有一个一般的认知问题处理机制(GPS),它允许在表层形式和深层结构之间的直接映射。这样,GPS 可以绕过语法处理器进行工作。能够被 GPS 处理的语言结构和语法规则比较简单,容易学也容易用。

Clahsen 对德语为第二语言的语序习得做了纵向和横向的研究。结果表明,我们所观察到的语序能够通过语言思维系统(The mental system)中的某些固有的、对语言生成的制约条件来解释。在语言思维系统中,语言结构被感知、处理、生成。并不是所有的语言结构对第二语言的学习者来说都有一样的难度。某些语言结构比另一些语言结构更容易被感知和记忆。需要经过高级处理过程的语言结构较晚习得。而那些和学习者的语言处理策略基本一致的语言结构则较早习得。通过对在正式和非正式教学环境下德语学习者的调查研究,Clahsen 用了三个语言处理策略来解释多种语序规则的习得顺序和否定词放置规则的习得顺序。

第一项策略是典型顺序策略(COS)。典型顺序指的是主—谓—宾(SVO)语序。不管第二语言学习者母语的语序如何,一开始生成的都是主—谓—宾 SVO 语序。语言处理过程的复杂性表现在不同层次的深层结构的重新排列和重新组合上。由于深层处理和表层形式之间的映射是直接的,所以学习者在语言习得的早期就倾向于 SVO 语序。这一语序不需要对深层材料进行重新排列组合。Slobin(1985 年)指出,在第一语言习得的早期阶段,基本语言组块被拆开打乱的现象并不存在。对句子理解策略的研究结果(Gass,1987;Wen,1995b)显示,尽管学习者的第一语言和他们所学习的外语类型不同,但是学习者都倾向于以典型的 SVO 语序和施事—动词—受事这样的语义顺序来理解句子。

第二项策略是首尾策略(IFS)。在学习者感知和记忆时,首尾位置比中间的位置更为醒目。在进行句子处理时,首尾位置的语言成分比中间位置更容易记忆。Slobin (1985)认为,对于一段言语来说,"孩子关注的是最后一个音节,他们把最后一个音节分开记忆,并且把它与它所出现的语段之间建立有机的联系。"此外,孩子同样会"注意一段言语的第一个音节,他们也把第一个的音节分开记忆,并且把它与其所出现的语段之间建立起有机的联系"(p. 1166)。

第三个策略是从句策略(SCS)。对从句的处理与对主句的处理不尽相同。从句中的语序比主句更受限制,更需要经过高级处理过程。

Pienemann (1987, 1989)也调查了德语的语序习得。他所感兴趣的是语言的可教性这一问题,即第二语言自然的习得过程是否在很大程度上受到课堂教学指导的作用与影响。Pienemann (1987)研究了四项语法规则的习得过程。1) 典型语序;2) 副词的前置;3) 助词移位;4) 主谓倒装。判断这四种语法规则的习得标准不是以形式的出现、而是以"首次系统地应用某一结构"(p. 147)。他的研究结果显示,常规教学对某些学生习得某些语法规则确实有效应,但对其他学生却没有影响。同样的教学在不同的学生身上产生不同的效果,其原因在于学习者个人。正如他断言"显然,我们的研究对象之间最大的差异是他们第二语言习得的阶段不同"(p. 153)。Pienemann 得出的结论是,某一语言结构不是在任意的时间内都可以通过教学手段使学习者学会,并构建于他的中介语中的。教学效果的影响在某种程度上受到了相关的心理处理能力的约束。比如在虚词尚未习得之前,主谓倒装不可能学会。如果教学指导试图对习得的速度和规则应用的频率起作用,需要有一个条件。这一条件就是学习者现有的中介语发展阶段必须接近自然顺序习得中的那一阶段。

在教学中,我们所关心的是什么时候教哪一项语法结构。Bardovi-Harlig (1995)从一个不同的角度调查了在时间表达、时态和体的习得上,教学和自然顺序之间的相互影响作用。首先,她对比了受到教学指导的学习者和没有教学指导的学习者在时间表达、时态和体的习得情况。得出的结论是受到教学指导和没受到指导的学习者在初级阶段有着同样的习得过程。受过指导的学习者在结构形式表达的准确度上似乎超过了没有指导的学习者。但是这两组学习者在用体分类表达过去时态的词法的数据分布情况上却是一致的。由此表明,教学并没有改变语言形式和意义映射的基本学习阶段。在另一项研究中,Bardovi-Harlig 调查了课堂教学介入的效应问题。研究的抽样是参加美国英语密集学习班的初级和中级水平的学习者。调查过程包括实验前、实验后、实验中和在教学指导之后的四个星期的连续性的测试。Bardovi-Harlig 的研究结果表明教学指导是否起作用是建立在学习者的习得阶段的基础上的。教学的效应根据学习者现有的习得阶段(Acquisition stage)可以预测出来。当教学的介入正好在学习者自然的语言习得的那一阶段时,学习者才能从教学指导中受益。换句话说,教学是否有效应的关键在于教学对学习者的中介语发展阶段介入的适时性。

本项研究调查三项汉语语序(从主—谓—宾到主—宾—谓结构)习得的顺序。这三项语法结构是动词补语结构,疑问代词非疑问句和把字句,如例句 1—3 所示。

1. 我说中文说得很慢。
2. 我弟弟什么电影都喜欢看。
3. 他们把书都整理好了。

除了句法特征外,上述的三项语法结构显示了一些内在的共有和不同的语义和语用功能。述补结构和把字句都强调动作的结果。疑问代词非疑问句和把字句都具有语用的强调功能,表达不同的交际意图。疑问代词非疑问句表示意义上的包容性和任指性。而把字句着重强调由于动作的作用给宾语带来的变化。把字句中的宾语不但前置,而且说话者和听话者双方都明白宾语的特指性或类属性。同样,疑问代词非疑问句中的宾语也置于动词前强调宾语意义的整体性和任意性。为了调查语序、语义、语用三者之间的互动关系,为了比较述补结构,疑问代词非疑问句和把字句的习得顺序,为了与以前的研究方式(Clahsen 1984,1987;Pienemann,1987,1989)相一致,本实验采用了上文讨论的综合模式进行调查。研究的两个问题是:1)在三项语法结构的习得过程中是否存在着一定的习得顺序? 2)如果存在,是怎样的顺序?

二、语法结构

1. 述补结构

动词补语是一个词语或短语,在动词之后用来表示动作的结果、方式、程度和数量。语法助词"得"、"了"位于动词后、补语前构成述补结构。如果动词没有宾语,那么句子的语序就是主语—谓语—补语,如例句 4。如果句子有宾语,语序产生变化。或是宾语前置(S O V Compl),或是复述动词(S V O V Compl),如例句 5。这样宾语和补语都分别紧跟动词。

4. 我们都学得很努力。
5. 我学中文学了一年了。

当动词为双音节复合词时,有两种可能性。复合词可能是一个简单的动词(如"休息"),也可能是一个动宾结构(如"睡觉")。这两种语法现象必须加以区分才能知道是否要进行句法上的宾语前置(S O V Compl)或复述动词(S V O V Compl)。然而,这一区分常常不是显而易见的。语言的形式丝毫没有提供任何有用的线索,因为两者都是双音节复合词。语义方面也没有提供充足的信息。例如,"游泳"、"结婚"、"睡觉"都是动宾结构,"休息"却不然。而"休息"和"睡觉"在形式和意义上都没有充足的信息使学习者明白前者是一个简单动词,后者是动宾结构。另外,有的双音节复合词中动宾之间在语义上有一定的特征,宾语("泳""婚""觉"分别在"游泳""结婚""睡觉")并不是动作的受事,也不定指。

2. 不定疑问代词句式

疑问代词"谁"、"什么"、"哪儿"和不定代词一起表示"无论是谁"、"无论什么"、"无论哪儿"、这样任指性和完整性的概念(Li & Thompson,1981)。疑问代词与副词"都"联为一体来表达不定、所有的意义。句 6 中的"什么作业都"和句 7 中的"哪儿都"表示不明确的泛指,而"都"相当于数量词"所有"表示代词的完整性(句 6—7)。

6. 今天我什么作业都没做呢.
7. 我哪儿都没去过.

3. 把字句

把字句中的宾语(把 NP)位于动词之前。宾语必须定指或表某一类别。动作对宾语的作用通过句末的补语表达出来。一般来说,把字句的运用在语义功能上有两个要求,动词要有强烈的处置意义,宾语要有明确的定指性。动作对宾语造成的作用越大,使用把字句的可能性越大。例如,当动作对宾语造成的结果不是很清楚或很强调时,同样的意思可用句 8a 或 8b 来表达。如果要强调动作对宾语的结果,把字句就变成了首选。如第 9 句因为动词"扔"对宾语有很强的处置意义,往往要用把字句。把字句中的"把 NP"常常是直接宾语,是动词处置的对象。把字句要求一定要有动词补语以表达动词对把 NP 的作用或结果。把字句的语序为:主语+把+NP+动词+补语。

8a. 我买了那辆车。

8b. 我把那辆车买了。

9. 别把土豆扔进水里!

所以选择述补结构,疑问代词非疑问句和把字句是因为这三项结构有句法、语义和语用方面的内在关系,它们包括了从 SVO 到 SOV 语序上的转移。在结构上有所重叠,在功能上有所相似,同时三者又是根本不同的语法结构。述补结构和把字句都强调动作的结果,而后者更着重于动作对宾语的结果。疑问代词非疑问句表示说话者对不定代词的任指性。

三、实验方法

1. 抽样

美国一所大学密集暑期语言学院的 50 名母语为英语的汉语学习者参加了这项调查。五十人中初级水平和中级水平的汉语学习者各 15 名,高级 I 水平和高级 II 水平的汉语学习者各 10 名(见表 1)。学生们每天在教室上 4.5 个小时的中文课程,课后至少花 5 个小时来完成作业和准备次日的考试。学生的语言水平分班是根据汉语口语水平面试(OPI)和笔试的成绩所决定。汉语口语水平面试由两名教师评分,评分时以语言水平为调节标准,对学习者的口语表达的语音语调、流利程度、词汇、语法、句子的长度和复杂性、语用的得体性等给予打分。笔头考试是一个汉语水平标准考试,内容包括对学习者的语言知识和技能的全项考察:语法、词汇、阅读、写作和语言的运用。

表 1　抽样的情况

语言水平	初级	中级	高级 I	高级 II
受试人数	15	15	10	10
平均年龄	21	22	24	26

到收集语料为止，所有的受试者在暑期密集班已学习了至少 7 个星期的汉语。初级水平的受试者来暑校以前没有接受过任何汉语学习。中级到高级 II 的受试者都各在本校学习过时间不等的汉语。所有的学习者在他们的第一年课程中都学过这三种语法项目，并在此后的不同水平的汉语课程中有所复习。这三个语言项目在他们的暑期课程中和教材里都再次出现。

2．步骤

实验研究者在十天内对所有受试者分别进行了一次个别谈话。谈话以非正式会话的形式进行，其中包括两项对所有受试者都完全一样的任务。第一项任务是要求受试者回答研究者的问题。谈话主题包括旅游、体育、娱乐、学校生活、专业学习等内容（请看附录一）。第二项任务是看图说话和回答问题。受试者描述四张图片并回答与图画有关的问题。两项任务中所有问题旨在引发述补句、疑问代词非疑问句和把字句。所有的谈话都被录音，谈话材料随后被转写成为书面形式以做数据整理、分析统计。书面形式又与录音磁带校对以保证语料转写的准确性。

在判断语料准确性时基本上采取了两个步骤："确认"和"正误鉴别"。首先把所含有三种语法结构的分句（述补句、疑问代词非疑问句和把字句）从语料中找出来确认。在决定分句的正确与否时，采用了正确和不正确这两类标准。正确的分句在句法和语义上都能够被接受；不正确的分句或是句法或是语义上，或是句法和语义两者都不能接受。判断的标准还要根据每个句子的上下文来决定。如果受试者能够运用把字句但在他/她的语料里却出现"别扔 NP 到/在水/河里"这样的分句，则认为是把字句的回避现象。主述题结构的句子如"这些 NP，别扔到/在水/河里"则没有选入研究的数据分析中，因为句子里没有出现任何本实验所调查的语法结构。

四、结　果

受试者一共造了 267 个含有述补句、不定疑问代词非疑问句和把字句的分句。分句的界限由所收集的语料中的意义和语调判定。表 2 显示了三项结构的正确分句的数字和百分比以及不同类型的分句频率分布情况。

从表 2 中我们可以看出,两个因素影响着三个结构运用的准确性。一个是受试者的汉语语言水平。这是可以预期的。随着受试者汉语水平的提高,运用三项结构的准确率也逐步递增,这一现象在三项语法结构中都表现得清楚明了。另一个是语言的复杂程度和语序的作用直接影响到第二语言习得的进展。述补结构的正确率最高(79.7%),疑问代词非疑问句次之(66.6%),把字句运用的正确率是最低的(55.3%)。这些结果与已发表的对第二语言语序的习得研究结果相一致(Clahsen,1984,1987;Pienemann,1987,1989)。主谓宾语序出现在汉语习得的初级阶段。形式和意义之间的透明度,词汇意义的改变,语用功能和个体语言的特殊性都影响到了这三项语法结构运用的正确程度。这些将在下文中一一讨论。

表 2 分别显示了三项语法结构的习得过程。首先,述补结构百分比的正确率在初级水平受试者的语言运用中就表现出一定的高度(64.7%)。可以被认为是"首次系统地应用某一结构"(Pienemann,1987:147)。到了中级水平时受试者使用述补结构的正确率趋于稳定(78.8%)。在高级水平 I 时已得到了全面的巩固,正确率高达 88.2%。所以,高级水平 I 和高级水平 II(94.2%)之间的差别不很明显。

第二,疑问代词非疑问句百分比的正确率在初级水平受试者的语言运用中没有表现出"首次系统地应用某一结构",正确率只达 47.4%。只是在中级水平时才显示出一定的正确运用这一句式的稳定性(64.3%)。到高级水平 I 得到了进一步的掌握,正确率为 78.5%。在高级水平 II 时已得到全面的巩固,正确率高达 90%。从表 2 中我们可以看到,运用疑问代词非疑问句的正确率比述补结构的正确率低了一个语言水平的学习阶段。

第三,初级水平与中级水平的受试者在运用把字句时存在着一个很大的差别,分别为 0%:42.8%。从中级水平开始,受试者使用了把字句,但运用把字句的正确率颇低(42.8%)。只是到了高级水平 I 时,使用率才开始有一定的稳定趋势,运用把字句的正确率为 54.5%。到高级水平 II 时,受试者对把字句的运用得到进一步的提高,正确率达 69.2%,首次表现出系统地应用把字句结构的特征。这意味着受试者在他们达到高级水平 II 之后仍然要继续学习和掌握把字句。从表2中我们可以看出,运用把字句的正确率比疑问代词非疑问句的使用正确率低了约两个语言水平的学习阶段,比述补结构的正确率低了约三个语言水平的学习阶段。

表2 三个结构的正确运用数

结构 水平	述补结构 个数/总数	%	疑问代词非疑问句 个数/总数	%	把字句 个数/总数	%
初级	33/51	64.7	9/19	47.4	0/0	0
中级	41/52	78.8	9/14	64.3	6/14	42.8
高级 I	30/34	88.2	11/14	78.5	6/11	54.5
高级 II	33/35	94.2	9/10	90	9/13	69.2
总计	137/172	79.7	38/57	66.6	21/38	55.3

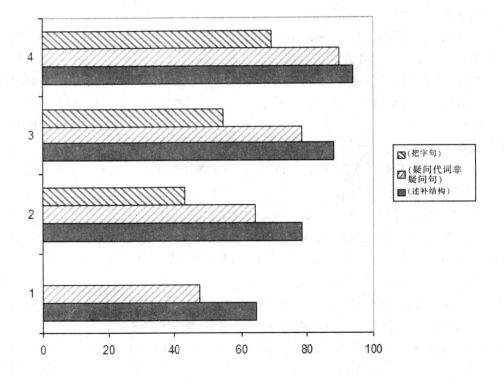

图1 运用三个结构的准确率比较

1. 动词补语

受试者一共造出了172个述补结构的分句。在分析述补结构句式的过程中,数据呈现出两个特点:第一,宾语起着重要的作用。没有宾语时,正确率相对要高(初级水平的受试者使用述补结构的的正确率是64.7%,中级水平的正确率是78.8%,高级水平Ⅰ和Ⅱ分别是88.2%和94.2%)。然而,当动词有宾语时,正确率明显降低(初级水平是55.6%,中级水平是70.1%,高级水平Ⅰ和Ⅱ分别是85.0%和90.5%)。表3展现了不同汉语水平的受试者习得述补句式中含有宾语和没有宾语的正确率的分布情况。初级水平的同一个受试者所造的第10和11句就是这方面的佐证。表3还说明述补结构习得的速度比较快。当学生达到高级水平Ⅰ时,他们的准确率已经非常高了。

如果动词有宾语,句法形式有了很大的变化。它或者要求宾语前置,或者复述动词。受试者,尤其是初级水平及中级水平的受试者,更倾向用复述动词来构成SVOVC语序。

10. 在日本的时候玩得很好.
11. *我玩网球得不错.

表3 运用述补结构有/无宾语的准确率和频率

水平	述补(无宾语)				述补(有宾语)			
	个数/总数	%	M	SD/M	个数/总数	%	M	SD/M
初级	33/51	64.7	2.2	0.88	15/27	55.6	1.0	1.3
中级	41/52	78.8	2.7	0.45	18/26	69.2	1.2	0.7
高级Ⅰ	30/34	88.2	3.0	0.57	13/16	81.3	1.3	0.7
高级Ⅱ	33/35	94.2	3.3	0.43	14/15	93.3	1.4	0.6

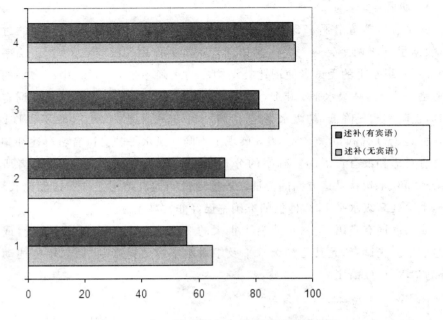

图 2　运用述补结构有/无宾语的准确率比较

此外,初级和中级水平的学生对形式和功能的运用时常常遇到困难。在否定结构的句子中会发现语言功能正确但形式错误的例子(如句 12—14),而在其它的情况下会发现语言形式正确但功能使用不当的句子(句 15—17)。

否定句中语言形式错误,功能正确的句子:

12. ＊他准备不好。(由一个初级水平的学习者所造)

13. ＊我不吃饭吃得很多。(由一个初级水平的学习者所造)

14. ＊我游泳得不好。(由一个中级水平的学习者所造)

形式正确而使用不当的句子:

15. ＊我想我进步进得不错。(由一个初级水平的学习者所造)

16. 他工作得很多。(由一个中级水平的学习者所造)

17. ＊我很喜欢走得快。(由一个高级Ⅰ水平的学习者所造)

从语料数据和上面的例句中我们可以看出当动词是双音节复合词时,尤其是对较低水平的学习者来说,区别动词的离合性并不容易(如"游泳",句 14)。

述补结构需要学习者了解复合动词的构成要素。高级水平的受试者在使用复合动词时所出的错误要少得多。这说明当学习者积累了一定的对双音节复合动词的经验和知识后,便能够正确地运用双音节复合动词在述补句中的形式。

2. 不定疑问代词句式

表 4 显示了用不定疑问代词造句的准确率。随着语言程度的提高,受试者使用这一结构的正确率也稳步进增(初级水平为 42.1%,中级水平为 64.3%,高级 I 和高级 II 分别为 78.5% 和 90%)。所收集的语料中的不定疑问代词词组绝大多数都是句子的宾语。这些宾语或者置于句首或紧跟主语在动词之前。这对受试者来说有相当的难度(如句 18—21)。

表 5 显示了宾语错置的频率。宾语错误地放在了陈述句和否定句的动词之后(句 18—21)。初级水平受试者把宾语放在动词之后,基本上使用典型的主—谓—宾语序。应该指出,初级水平的学生运用疑问代词非疑问句的频率要比其他语言水平的受试者高,尽管他们使用的正确率是最低的(表 4)。这或许意味着学习者对任指性这一意念比较敏感,容易掌握。也或许是课堂教学的表面效应,因为初级水平的受试者在参加本项研究时刚刚学习完了此项句型。例句 18—21 是初级水平的受试者所造的。

18. *我没有去过什么地方都。
19. *我很喜欢什么都国饭。
20. *我想做什么都。
21. *我不喜欢喝什么都酒。

表 4 疑问代词非疑问句准确率

水平	个数/总数	%	M	SD/M
初级	9/19	47.4	0.6	1.5
中级	9/14	64.3	0.6	1.2
高级 I	11/14	78.5	1.1	0.9
高级 II	9/10	90.0	0.9	0.6

表 5　宾语错置的情况和比例

水平	个数/总数	%
初级	8/19	42.1
中级	4/14	28.6
高级 I	1/14	7.1
高级 II	0/10	0

高级水平的受试者在所造的不定疑问代词的句子中,表现了在语序运用上的灵活性。他们的数据表明这个阶段的学习者不仅能够注意到疑问代词非疑问句中宾语前置的特点,而且还把宾语置于动词之前。他们的偏误多在副词"都"的位置和补语上(句 22—23)。换言之,造成疑问代词非疑问句难度的因素不仅包括宾语前置的变化,而且也包括副词"都"在句子中的位置问题。

22. *什么事都没准我。
23. *什么都地方我还没去过。

3. 把字句

受试者总共造了 38 个把字句。在把字句的引发、语料收集时,有些情景使运用把字句为必要的选择。把字句在受试者第一学年的课程中就做过重点介绍和学习,并且在课堂和家庭作业中都进行了重点练习。尽管初级学习者接受了常规教学指导,也做了课内外的练习,可是把字句没有在初级水平受试者的中介语中出现。只是到中级水平时,受试者才开始使用把字句(表 6)。正确地使用把字句从中级水平的学习者开始,随着学习者语言水平的提高而巩固。直到高级水平 II 阶段,受试者仍然在继续学习把字句的过程中。

表 6　把字结构的准确造句

水平	个数/总数	%	M	SD/M
初级	0/0	0	0	0
中级	6/14	42.8	0.4	1.3
高级 I	6/11	54.5	0.6	1.2
高级 II	9/13	69.2	0.9	0.6

从所收集的语料数据中可以看到,受试者在"把 NP"的定指这一限制上并没有犯任何错误,但是在动词补语上的偏误颇多。另外一个现象是回避使用把字结构(句 24—25)。把字句中的偏误,在一个句子中常常不止一处。偏误可以归为三类。第一类是句中没有动词补语来表明动作的结果和对宾语的作用(句 26)。这种偏误说明学习者虽然能够造出"把"字句但却没有真正理解它的功能:把字句表达了强烈的对宾语的致使意义。他们并没有建立起把字句的语用概念。他们可能以为把字结构是简单的宾语提前的句子,有着"主语+把+宾语+动词"的语序。尽管他们的句子里有"把"字,而且宾语也放在了动词的前面,但把字句的语义和功能却没有表现出来。

24. *别在水扔这些菜.(由一个初级水平的受试者所造)
25. *别扔这些菜在水.(由一个中级水平的受试者所造)
26. *别把土豆扔在水.(由一个高级 I 水平的受试者所造)

第二类偏误集中在动词补语的形式和意义上。其中包括语序及误用介词(如句 27)。介词在使用上灵活,在意义概念上抽象,往往反映了操本族语的人和第二语言学习者对空间方位在感观和认知上的不同(Bowerman,1998)。所以对介词的习得往往有难度。比如,"别把土豆扔到水/河里。"这个句子,有的受试者所表现出来的是"别把土豆扔在水/河里",好像把土豆扔在水面上,其结果是土豆在水面上漂浮着。"别把土豆扔到水/河里"这个句子的重点是在"扔"这一动作的方向,而不是表面的方位。

第三类偏误是对"把 NP"所发生的变化和结果表达得不完整。虽然句子有补语但缺少成分。许多动补形式表现出了不完整性,如"里"、"上"在"扔到河里"、"挂在墙上"常常在句中缺失。所收集的语料数据说明随着学习者语言能力的提高,他们似乎理解并逐步形成了"由于动词行为的作用使宾语产生了变化"这一概念,并试图把这一概念与把字句的使用联结起来。

所有的受试者的中介语中,特别是在初、中级水平的受试者的中介语中存在着对把字句的回避现象(句 27)。在收集完语料后,本实验研究者个别询问了初级和中级水平的受试者。当问及是否知道把字句和为什么在描述图片和回答问题时不用把字句时,一些受试者谈到把字句需要语序的变化,他们更倾向用最简单的形式。还有的说把字句的宾语要前置,太麻烦。从与受试者的交谈中可以看出他们将把字句的使用看成单纯的语言形式的变化，而且可用可不用，是可选择的。有这些想法的受试者显然没有对为什么用把字句，即把字句的语用功能建立起明确的概念来。即使他们用了也只是表现在形式上（如句26）。他们没有意识到在一定的语境中和条件下，把字句并没有可用可不用的灵活性，而是必须用的。

27. * 你不要把这些土豆扔掉在水里。（由一个高级 II 水平的受试者所造）

五、讨 论

1. 语序的学习顺序

本项研究结果表明，在三种结构中，述补结构最早被习得，而把字结构则在最后才习得。基于这一研究结果，可以这样假设，汉语语序的习得有三个阶段：最初，学习者使用一种典型的主—谓—宾语序。由于述补结构一般符合主—谓—宾的语序，因此在初级阶段就习得了。当述补结构的动词有宾语时，较低水平的受试者通常使用了 S V O V Compl. 的形式。该形式仍是 SVO 的一种变体，因此仍然比较容易掌握。下一个阶段是有一定程度的动宾语序变化和调整阶段。我们再用述补结构为例。如果句子有宾语，那么宾语必须置于动词之前，或者必须复述动词。同样的原则也适用于不定疑问代词非疑问句。如果不定疑问代词在句子中充当宾语，那么它通常放在动词之前，这样就破坏了主—谓—宾的语序。最后的习得阶段是重新安排动宾语序及整个句子的语序。在把字句中，除了把作为语法助词的"把"加进主语和动词之间以外，还要把宾语前置，补语要放在动词后并要叙述完整以表达动词对宾语所产生的作用。学习者在习得述补结构、疑问代词非疑问句、把字句时经历了从主—谓—宾语序到非主—谓—宾语序，从不需要任何语序变动到宾语的前置及对整个句子语序的重新调整。

本项研究结果表明了学习者在汉语习得初期更倾向于主—谓—宾语序并广泛地运用它来造句。句子加工处理的程序（如 Gass，1987，Wen，1995b）说明，主—谓—宾语序是标记深层语法和句子语义关系最简单的形式，所以主谓宾策略是理解句子的基本形式。正如Clahsen(1984)所述,常规语序策略,即主谓宾语序策略把语言的深层结构直接地映射到了语言的表层语串。在处理语言材料的形式和功能时比较简单直接,不必涉及和花费很多心理智能。

　　尽管汉语是一种话题突出的语言,句式常以话题—评述的语序出现,语序似乎比英语更灵活,然而主—谓—宾语序不仅出现于汉语为母语的儿童的语言中,汉语为外语的学习者也是第一选择。Erbaugh(1983)报告,中国儿童习得汉语的语序与习得英语相同,即以施事—动词—受事这样的语义形式为方法。本研究的数据显示,当句子没有宾语时,所有水平的受试者造句的准确率都比较高。当动词有宾语时,受试者生成的句子中SVOVC比SOVC形式多(句19—24),初级水平的学生尤其是这样。

　　第二个阶段标志着语言深层关系的重组和动宾语序的重排。这一阶段,学生已经接触到大量的非常规语序和分裂动宾成分的输入。他们开始用更为灵活和非常规语序来生成句子,如把宾语放在动词之前。当不定疑问代词做宾语时,学习者不仅能够在概念意义上理解该结构所强调的任指性和包容性,而且造出非VO语序的句子形式。

　　第三个阶段的特点是学习者不仅习得了宾语位置的灵活性而且习得整个句子中表层语串之间语序的灵活性。在这一阶段,学习者能生成更加复杂的语言形式和功能之间相关联的语序,解决深层结构对表层语序的映射问题。他们能够在更大的范围内重组深层结构的关系来适应目的语语言的特征。对把字句的习得正是这样的一个例子。

2. 其他的心理语言方面的制约和习得顺序

　　如上所述,语序在习得顺序中起着非常重要的作用。然而,语序仅是解释习得顺序的一个因素。句法的复杂性还包括在生成句子时所涉及的执行过程(The operational processes)的复杂性。例如,即使述补结构带宾语,运用述补结构仍是相对简单的过程。在这一执行过程中,动词需要重述,以使宾语和补语都能分别紧跟动词。不定疑问代词句式要比述补结构复杂得多,因为在句子的执行过程所涉及到的成分大于动补结构。不定疑问代词句式必须有副词"都"。"都"不等于英文单词"all-所有"。汉语"都"和英语"all"不但在句法的运用上,而且在语义功能上也不是一对一的透明。而把字句在句法上更复杂:1)"把"是一个句法标志,加在宾语之前,没有语义功能;2)动词补语形式的复杂性涉及到语态和句尾情态助词"了",以及介词短语的形式与运用。两者对汉语为外语的学习者来说都很有挑战性。

　　语言功能的复杂性同样影响了本实验所研究的三项语法结构的习得顺序。述补结构所表达的"任指性"和"包容性"在认知概念上来讲比较易懂,而把字句所强调的"由于动词的作用给宾语所带来的变化和影响(Affectedness of the object and disposability of the verb)更属于语言学的概念范畴,比较抽象,因而在认知上不容易理解。"再者,这些概念常常与特定的语境和上下文所关联。什么时候、在怎样的情况下必须用把字句很难有具体可靠的规则标准。把字句的运用常常取决于语境和语用的因素,说话者想要强调的内容等。

　　形式和意义之间的透明度也直接影响到语序习得的顺序。述补结构中的双音节复合动词,不少形式和意义之间的关系浅显易懂。而那些不大透明的双音节复合动词(如"游泳","结婚")可以通过对词义的学习方式相对容易地掌握,不需要用在句子单位上的深层结构对表层结构的映射。不定疑问代词句式的形式和意义之间的关系并不那么透明。疑问词的意义发生了改变,不再有提问的功能,而是和副词"都"联起来组成一个语法结构表示任指和泛指,有强调的功能。把字句的形式和意义的关系往往不透明。例如,把字句中的动补形式可简单地只用"了"来表示。"了"在许多语境中表达的已经很完善了,如"狗把你的饭吃了。"而在很多情况下,补语的形式很长而功能却是相同的:表达动作给宾语带来的结果和变化。

　　语法学习任务的难度各不相同。个别语言特性(Language specific features)也决定了脑力分析处理过程的不同。而把字句所呈现的是汉语语言的特性。把字句的语序,句法的执行处理程序,语义的复杂性和功能上的灵活性都说明了这一结构的独特性。正如Clahsen(1987)的假设所说的,语言的独特性需要大量的脑力分析处理来重新组织语言的深层结构,来把准确的语法形式与合适的语言功能映射起来。本调查的结果表明学习者最容易习得的语言结构是与他们现有水平的语言处理策略相一致的。而需要区别、分解和重新排列组合的语言单位,以及要把语言的形式、意义、功能相关联的结构要求较高的脑力处理过程和心理分析能力,因而在语言习得的后期才被掌握。

六、对教学的启示作用

本实验研究说明教学指导的适时性在语言习得中扮演很重要的角色。在这一研究中,四个水平的受试者都接受了课程中对三项结构的课堂教学指导。然而,课堂教学效果对初级阶段的受试者习得把字句来说几乎没有什么效果。把字句只是在二年级学习者的中介语中才开始出现。本实验结果意味着只是在习得了述补结构和掌握了语序的一定的灵活运用的基础上,把字句才易于习得。也就是当学习者的中介语发展到了能够分析处理句子倒装(宾语前置,打乱动宾结构)、补语能够表达得完整时,对把字句进行教学指导才是最有效的。当教学的导入和学习者的习得阶段相吻合,教学的效果才会既是雪中送炭,又是锦上添花。VanPatten(1991)在分析了若干不同的第二语言习得顺序的研究后,做了这样的总结:"对于许多句法的不同特征存在着不同的习得阶段……有的句法特征的习得一定在其它句法的前面……总而言之,在语法结构的习得上存在着认知和心理语言学的限制作用,课堂教学对这些限制并没有什么作用与效果,(尤其是对初级和中级水平的学习者而言)。"(p.55)

习得新的语法项目需要时间。在教与学的过程中,教起着辅助、促进的作用,教学的即时性和适时性非常重要。教学的即时性和适时性是建立在学习者的中介语发展的各个阶段的。如果教学的输入和指导低于或超越了学习者中介语的现有阶段,教学就不会有明确的效果。因此,教师应该理解和尊重学习者的学习发展阶段,在适当的时候,为学习者提供合适的课程输入和指导,从而帮助他们在"以学生为中心"的教学环境中逐步建立和发展自己的中介语系统。

附录:受试者用会话的形式回答研究者的问题。
1. 你喜欢在明德学习吗?你学得怎么样?你的同学呢?
2. 上个学期你都修了什么课?这些课你学得怎么样?你的朋友呢?
3. 今天的作业你都做完了吗?明天的小考你准备得怎么样?你把生字都记住了吗?你的同学呢?同屋呢?
4. 你喜欢旅行吗?你去过哪些地方?最喜欢什么地方?
5. 你喜欢运动吗?你常常做什么运动?什么运动你做得好?

6. 你每天都游泳吗？游得怎么样？
7. 你喜欢看什么电影？你觉得谁演得好？为什么？
8. 你喜欢吃什么饭？哪国的饭？
9. 酒呢？
10. 两个月以前,你到明德来学习的时候,你是不是从家里带来一些东西？你把什么从你的家或是你的宿舍带到明德来了？

思考讨论题

1. 语言习得研究是在观察学习者的语言运用的基础上,对以前研究中未得到解答的问题进行假设,并把这些假设制定在实验中加以求证。方法大致分两类,纵向跟踪和横断研究。方法的选择取决于抽样的人数、时间、环境等条件,语料的收集方式根据某一具体的课题和目的而定。请你想几个语法现象,比如在一定的上下文中代词的省略,量词,"把"字句等。做一个简单的实验调查设计,决定要用哪一种研究途径。通过怎样的方法来收集语料？要控制哪些因素？把你的设计讲给别的同学进行讨论。

2. 在第二章的研究中,语料的收集有两种方式。一种是通过一对一的谈话,研究者把设计好的问题以一种自然的谈话形式来表达,希图引发出受试者一定的语料。然后把录音谈话写成书面的形式,进行数据处理。另一种是用书面采集语料的方式。这两种方式各有什么优缺点？

3. 当学习者的中介语中出现某一语言形式时我们是否就可以说他/她习得了那一语言现象了？或是他/她已经把那一语言现象内化了？请举例来证实你的看法。

4. 请思考一下对"把"字句的习得过程和习得趋势（第一、五节）。学习者在"把"字句的语言知识方面与汉语为本族语的中国人有什么相似之处,有什么不同？在运用"把"字句方面与汉语为本族语的中国人有什么相似之处,有什么不同？

5. 从学习者、语言形式、语言环境等因素出发,分析讨论什么因素造成了语言习得中的"石化"现象,即对某一语言形式的使用在未能达到目的语的标准时就停滞不前了。"石化"现象与语言发展中的某一相对稳定阶段有什么不同？

第三章 汉语作为外语学习的
目的、动机与策略研究

语言的学习活动由学习者来完成。学习者的个人因素(Learner factors)起着决定性的作用。这就使得语言习得研究的任务必须包括对学习者个体因素变量的调查分析。这些因素包括认知与情感等方面，如学习动机、学习动力、学习策略、学习方式等等。本章调查学习者个人因素，内容分为两大类。第一类探讨学习者在语言输入解码时所用的策略方法。第一节和第二节分别对信息处理手段与认知技巧、策略的运用进行了求证分析，希图了解学习者在听力理解和认字阅读时所用的途径及线索。第二类调查学习的动机与目的。第三节对77名美国亚裔学生和45名非亚裔学生学习汉语的动力与学习成绩的关系做了比较。第四节对学习者选修网络课的动机、学习态度和学习成绩之间的关系进行了调查。

研究的方法基本上是定量性的。所用的工具或是某一研究模式(第一、二节)或是在前人的研究中已得到证实的问卷调查表(第三、四节)。由于各种不同的因素，如抽样的背景、研究的侧重点、环境的差异、笔者把前人的问卷调查做了一定程度的改动，并把改动后的问卷调查表做了可靠度分析和因子分析，检查确定调查工具对具体的抽样是否合适有效。第一、二节是通过记录受试者命名和叙述意义的方式来收集数据，之后对收集起来的数据进行加工整理、分类比较，统计分析。

第一节 语序与语义在句子理解处理中的作用

在语言发展和语言理解策略的研究中，学者们试图探讨的问题有：1)学习者把自己哪些已有的知识带到了新的学习任务中；2)他们如何把自己已有的知识与新的语言任务结合起来,在已知与未知之间建立起有机的联系(Rice,1989b)。在第二语言习得领域,学者特别关注第二语言学习者如何把对语言的处理策略从母语向目的语转移,在他们对语言的输入处理时如何用语言和认知策略解决句法、语义和语用上的矛盾。本项研究采用 Bates & MacWhinneys 功能主义的处理模式(Functionalist Processing Model)。该模式为探讨学习者如何处理矛盾信息,以及测量在学习过程中使用的策略提供了一个比较令人满意的方法。

一、竞争模式(The Competition Model)和第二语言理解处理策略

竞争模式是建立在人们进行信息处理时,语言思维过程具有竞争性这一认识的基础上的。这种模式探讨言语如何被大脑加工处理,并说明为什么说话者选择某种特殊的方式来表达某种意图。这一处理系统采用线索驱动方式自下而上来运行。四条线索被用来决定语言要素间的关系:词汇项目、形态标记、语序和韵律。在信息处理和理解的过程中每条线索都被激活,相互间进行趋同或者竞争。它们在所有的线索达成一致时会形成联盟,联合为一体,如例句 1。当线索之间存在矛盾时(如例句 2),各个线索就会竞争优势的统治地位。相应的其中一个线索有战胜其他线索的可能。线索取胜的原因在很大程度上取决于语言、理解以及感知的难易程度等。

1. 猴子推小车。
2. 小车推猴子。

MacWhinneys(1989)指出,语言学习的本质和语言的本质存在着密切的联系。不首先考虑"语言是什么"这个问题,人们就不能合理地回答"语言是如何习得的"。语言结构和语言学习过程完全交织在一起。不同的语言在分配基本语法线索的力度上有着明显的区别。例如,英语中置于动词前的位置是辨认"主语"最强的线索;而意大利语中人称、性数格、名词和动词的一致性是比语序更强的线索(Bates & MacWhinneys,1981)。这说明线索的选择具有相当的语言特殊性。

不少第二语言习得的实证研究采用了竞争理解模式,调查第二语言学习者

用怎样的策略来加工处理输入的语言素材。Bates & MacWhinneys(1981)调查了德语为母语的英语学习者和意大利语为母语的英语学习者所用的理解策略。他们把德语为母语的英语学习者及意大利语为母语的英语学习者和说德语的、说意大利语的本族人的数据进行了比较。在实验中，他们让受试者说出输入的句子中的主语/施事者和宾语/受事者。这些句子中都包含顺序不同并带有不同语义（有生命的）和语法（语序）线索的两个名词和一个动词。结果发现所有学习第二语言的受试者都把自己的母语的语言处理策略运用于他们的目的语（英语）中。尽管他们的英语相当流利。例如，母语为德语的英语学习者比说英语的本族人更依靠词汇语义线索，他们的英语理解策略更接近于说德语的本族人理解德语句子时所采用的策略，而不是很接近说英语的本族人理解英语句子时所采用的策略。Bates & MacWhinneys 指出，从母语到目的语的迁移策略可能是阻碍第二语言的学习者，使他们不能达到类似于本族人那样自由选择和那样流畅说话的原因。

Miao(1981)通过对母语为英语的汉语学习者和母语为本族语的中国人来研究他们对汉语句子理解的策略。受试者所听到的句子也都包含两个名词和一个及物动词，并且以三种可能出现的顺序具体排列为：名—动—名，动—名—名，名—名—动。名词在语义方面可以是有生性的(animate)也可以是无生性的(inanimate)。研究结果显示，汉语为母语者更依赖词汇、意义等因素，而不是依赖语序来解释汉语句子。而英语为母语的汉语学习者既依赖语序信息，又依赖词汇语义。在理解现代汉语句子时，英语为母语的汉语学习者迁移了英语中的语序策略，把这一策略迁移到了对汉语的理解处理过程中。

Liu, Bates &, Li(1992)研究了早期与晚期成为汉英双语使用者对句子的理解能力。调查结果显示，晚期的汉英双语者通常迁移运用以语义为基础的策略来理解英语句子，晚期的英—汉双语者则迁移了某些英语语序的策略去理解汉语。早期的汉英双语使用者则比较灵活，表现出各种不同的迁移模式。在总结这一类型的研究时，Gass(1987)指出在从语义为主导的语言向以句法为主导的语言转化的过程中，学习者至少要经历两个步骤。首先，学习者必须意识到语序概念在目的语中的重要地位。据此，他们才有可能决定目的语的语序。但是从另外一个方向的转化，即从以句法为主的语言向以语义为主的语言的转换似乎相对容易一些。Gass 提出在中介语的理解策略中以存在着一个普遍的语

言理解策略,即语义是一种比句法更占强势的策略。(1987:344)

　　Sasaki(1994)的研究表明说日语的本族人在日语和英语理解处理中都采用相似的基于词标记的策略,而说英语的本族语人则依据英语和日语在不同的理解处理中对线索策略进行相应的修正。随着学习者对日语熟练程度的提高,他们依赖日语标记的能力也逐渐增强。Sasaki 修改了 Gass 的在句子处理中所存在的普遍的语义优势的假设。他认为词汇的语义线索提供了最广泛的可迁移类型。如果第一语言和第二语言不相配的话,语法线索的迁移将受到阻碍。当语法线索的迁移受到阻碍时,词汇的语义线索会作为替代线索出现,即使它在第一语言中并不是最强势。

二、研究目的

　　在前人对第二语言所做的研究中,语序的线索不是一个强势的处理策略,所以第二语言学习者把第一语言(意大利语、德语和日语)的处理策略迁移到以英语为目的语的处理策略上。然而在 Miao(1981)和 Liu 等(1992)的研究中对此在一定程度上得出了不同的结论。他们的研究表明:英语为母语者在理解汉语句子时把母语中所用的以语序作为线索的策略迁移到了对汉语的处理程序中。"说英语的本族人在理解处理汉语时既依靠语序又依靠语义。"(Miao,1981:109)

　　本实验对英语和汉语中采用的理解处理策略进行调查,对比个体学习者在第一语言和第二语言之间采用的处理策略的差异和相同之处。本研究试图探讨三个方面的问题:1)中介语的理解处理过程;2)第二语言学习者如何将母语中使用的策略迁移到目的语中;3)普遍的语言解释策略(Gass,1987:344)。这项研究将采用竞争模式,因为作为一个理论基础,竞争模式比较有效地推测言语过程中所使用的理解处理策略。

1. 汉语语序

　　汉语通常被认为是一种语序语言,其语序在很大程度上决定了词语的语法关系和词语的功用。例3至例6就是这样的例子:

3. 狗咬孩子。
4. 孩子咬狗。

5. 孩子狗咬。
6. 咬狗孩子

语序的变化使得例3—6句在语义和语用上都不相同。从另外一方面讲，类似的考察也反映出汉语句子中的语序是相对灵活和自由的，具体表现为：(1) 汉语是一种话题突出的语言。话题通常位于句首，但并不一定就是句子的主语或是施事。因此句子的主语可以经常被省略。此外，汉语的主述题结构允许句子的语序有相当的自由度。通常主—谓—宾(SVO)的顺序(例3—例4)是标准的形式，但是 SOV、OVS(例5)和 VOS(例6)的顺序也是可能或者能够被接受的形式。(2) 汉语的句法结构的形式松散，主语的语法范畴并没有被结构完全限定。Li & Thompson(1981)提出，决定汉语基本语序的因素主要还是在于意义，是语义因素而不是语法因素决定了动词在主要成分中所排列的顺序。例如，汉语与英语不同的是，汉语没有形式主语，其语序依靠意义原则且不能相对独立。(3) 界定现代汉语的基本语序并不是一件很容易的事情。现代汉语既具有 SOV 的语言的一些特点又具有 SVO 的语言的某些特征，并且前者的相似性要大于后者。(1981:23)

由于汉语是话题突出的语言而且主语的位置又很灵活，汉语中语序、话题以及语义线索之间相互作用、相互竞争的状况经常发生。不同的语言使用不同的线索，在汉语句子的语序和语义线索相矛盾时(如例2)，汉语为母语的使用者会采用语义线索将表层主语指派给有生性名词"猴子"。这说明语义/功能线索在汉语中扮演了主要角色，有着重要的地位。

2. 假设

基于竞争模式和前人的研究结果，本实验提出四项假设：

1. 说英语的本族人在理解处理英语句子的时候更主要依靠语序线索而不是词汇—语义线索。
2. 说汉语的本族人在解释汉语句子的时候更主要依靠语义线索而不是语序线索。
3. 母语为英语的汉语学习者(CFL)在解释汉语句子的时候更主要依靠语序线索而不是语义线索。
4. 母语为汉语的英语学习者(EFL)在解释英语句子的时候更主要依靠语

义线索而不是语序线索。

三、实验方法

1. 抽样

参加本次实验的人数总共为 33 人,其中 22 人的母语为英语,11 人的母语为汉语。在母语为英语的 22 人中,11 人学习汉语一年,另外的 11 人学习汉语达到或超过两年。这 22 名母语为英语的汉语学习者大部分人都参加过美国大学汉语课程的学习。而 11 位说汉语的本族人都生活在美国。他们学习英语的时间长达五年或是更久。表 1 是受试者的有关信息。母语为汉语的学习者的英语都达到高级水平。由于本实验研究重点在于母语为英语的汉语学习者的习得情况,初级水平的英语为外语的学习者的数据没有进行追踪。

表 1 抽样情况

第一语言	英语	汉语
第二语言	说英语的汉语学习者	说汉语的英语学习者
人数	22	11
第二语言的水平	较低水平人数:11 人 较高水平人数:11 人	高级
性别	女性:12 人 男性:10 人	女性:4 人 男性:7 人
平均年龄	最小年龄:22 岁 较大年龄:34 岁	30

2. 实验过程

向受试者所提供的输入是由说英语和说汉语的本族人分别录制的一盘录音带。英语和汉语输入的内容,如句子、词汇、语序和有生性线索,都完全一致。在 36 个句子中共有 14 个名词(7 个有生性的和 7 个无生性的)和 7 个动词。(见附录)。所有的句子都是由两个名词和一个动词组成的,所不同的是语序和名词的有生性。每个句子的语序采用 NVN(名—动—名)、VNN(动—名—名)、或者 NNV(名—名—动)。每个句子都有两个名词;有生性线索则在每句中按照 AI(有生—无生)、IA(无生—有生)、或者 AA(有生—有生)的顺序排列。所有的句子可以分成九类,如表 2 所列。英语的形式中,所有的动词都以第三人称单数的现在时出现。每个名词前面都有定冠词"the"。

表 2 输入的九种类型的句子

类型	例句
名—动—名	
有生—有生	奶牛拍打猴子。The cow pats the monkey.
有生—无生	狗看着桌子。The dog looks at the table.
无生—有生	桌子咬猫。The table bites the cat.
动—名—名	
有生—有生	吃鱼猫。Eats the fish the cat.
有生—无生	亲狗筷子。Kissed the dog the chopsticks.
无生—有生	推车牛。Pushes the cart the cow.
名—名—动	
有生—有生	狗猫咬。The dog the cat bites.
有生—无生	鱼车抓。The fish the cart grabs.
无生—有生	椅子猴子推。The chair the monkey pushes.

测试的方式是在两个不同的时期对受试者进行单独测试。第一时期测试他们的母语情况，即母语为英语者听英语以及母语为汉语者听汉语。第二时期则测试他们的外语情况，也就是母语为英语者听汉语以及母语为汉语者听英语。第一时期和第二时期的时间间隔超过两周，之所以有时间间隔是为了避免第一次测试会对第二次测试产生后续效应。

在开始对受试者的测试时，有指示告诉他将听到 36 个句子，听完每个句子以后，有 8 秒钟的停顿请受试者回答出所听到的句子中的主语或动作的发出者。受试者必须报告他/她所听到的每个句子的主语，回答情况由研究员记录下来。当受试者被测试的是他/她的外语时，为确保词汇项目都是受试者所知道的，测试之前受试者把词汇进行了预习。因为反应时间没有作为一个变量，所以没有记录受试者对每个句子的反应时间。

为了在最大限度上发现说母语者和第二语言学习者运用理解策略的可能性，测试中采用的刺激反应句子大多数是没有语法的。MacWhinney, Pleh & Bates(1985)指出，人们处理合语法和不合语法的句子时使用的是相同的线索和处理结构。因此，在测试中采用不合语法的句子被认为是合理的。

四、结　果

方差分析①用来检验所收集的数据,其中依变量②是所选择的第一个名词,三个自变量是语言、语序、有生性。T检验法③来检测初级水平和较高水平的汉语为第二语言的学习者之间的差异。T检验法也用于检验发现在同一个受试者中是否存在母语和目的语测验之间的不同。

方差分析(ANOVA)结果表明语言、语序和有生性都在统计意义上有显著的不同。语序和有生性线索在解释句子时起到显著作用:语言×语序,$F(2,4)=37.69, p<0.01$;语言×有生性,$F(2,4)=32.07, p<0.01$;语言×语序×有生性,$F(4,8)=4.42, p<0.05$。双项方差分析中,语序×有生性,$F(2,2)=3.88, p<0.05$ 也是显著的。

1. 语序

表3显示了在所有测试组中将第一名词选择作为句子主语的百分比。如表3所示,当句子为NVN的语序时,受试者选择第一名词的比例最大。NVN语序是一个常用的标准式的语序,无论在英语还是汉语中,第一名词在NVN结构中通常被认为是主语或者是施事。说英语的本族人在英语NVN语序中,选择第一名词作主语的比例是88.10%,而在汉语句式中,选择第一名词作主语的比例为82.01%。例如,18名母语为英语者在理解"the ball bites the cat"时,选择"ball"作为主语;而13名母语为英语者在理解同样的汉语句子(即"球咬猫")时,选择"球"作为主语。汉语为母语使用者在NVN语序中,选择汉语句子中的第一个名词作主语的比例为60.10%,而在理解英语句子时选择第一个名词作主语的比例为65.15%。第一名词在NVN语序中被选的比例最大,而在VNN语序中被选的比例最小。母语为英语使用者在VNN句式中处理英语句子时选择第一名词为主语的比例是11.90%,处理汉语句子时选择第一名词的比例为

---

① 在分析几个变量同时起作用所产生的效应问题时,则用方差分析(ANOVA)。方差分析用于检验两个以上的样本。
② 变量是有变化或有差异的因素。自变量(Independent variable)是由研究者安排控制的因素。依变量又称因或应变量(Dependent variable)是随着自变量的变化而改变的,是研究者打算观测的变化。"语序"属于句法的范畴,"有生性 Animacy"属于语义范畴。
③ t-test 比较两组抽样的平均值是否有显著意义上的差别。p 值越小,显著性则越可靠。

30.39%。而对于母语为汉语者的使用情况则是:处理汉语句子时比例为 38.64%,处理英语句子时比例为 37.12%,几乎没有区别。

表3 不同语序中选择第一名词作主语的百分率

语序	英语	汉语	EFL①	CFL low②	CFL high③
NVN	88.1	60.60	65.15	84.85	79.17
VNN	11.90	38.64	37.12	34.10	26.67
NNV	26.98	53.03	43.18	37.12	37.50

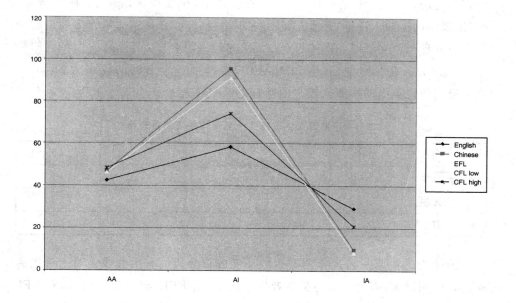

图1 不同语序中选择第一名词作主语的百分率

图1表明了受试者在语序功能中选择第一名词作主语的效应。它说明母语为英语者在处理英语句子时依靠语序线索最多,而母语为汉语者在处理汉语句子时依靠语序线索最少。而汉语为外语和英语为外语的学习者(CFL,EFL)

---

① 英语作为外语学习者
② 汉语作为外语学习者(低)
③ 汉语作为外语学习者(高)

的情况则介于上述两种之间。英语（EFL）学习者的理解策略与汉语第一语言的理解策略很相近,其相近程度要比汉语学习者（CFL）的理解策略与英语第一语言的理解策略的相近程度高。比起英语的语序理解模式来,中介语采用的理解策略要更接近于汉语的非语序理解模式。

2. 语义策略:有生性（Animacy）

正如表4显示的,第一名词在有生—无生句式组合中被选择的比例最高,而在无生—有生句式组合中被选择的比例则最低。汉语使用者在有生—无生句式组合中选择第一名词的比例为93.18%,如在汉语句子"马杯子吃"中选择"马"做主语。而在"无生—有生"的句式组合中,在处理汉语句子"杯子马吃"时,说汉语的本族人选择"杯子"为主语的比例为9.85%。第二语言为英语的学习者在处理英语句子时,在"有生—无生"的句式组合中,选择第一个名词的频率为90.40%;在"无生—有生"的组合中,选择第一个名词的频率为8.33%。表4显示出说英语的本族人较少依赖有生性的语义线索。

表4 不同语义中选择第一名词作主语的百分率

语义排列	英语	汉语	EFL	CFL(low)	CFL(high)
有生—有生	42.46	46.97	46.21	57.57	48.33
有生—无生	58.33	95.45	90.91	73.48	74.17
无生—有生	29.37	9.85	8.33	25.06	20.83

图2为选择第一名词作为有生性功能的百分比。有生性线索对于母语为汉语者作用最大,而对母语为英语者作用最小,而EFL（英语为外语者）和CFL（汉语为外语者）两组则介于中间。有生性的语义线索在母语为汉语者和学习英语的中国人（EFL）理解句子时所起到的作用近乎相同。学习汉语的美国人（CFL）则有采用有生性语义策略的倾向。他们的数据介于英语组和汉语组之间,反映出一边受到目的语汉语的影响,另外一边受到第一语言英语的影响。学习汉语的美国人水平较高的小组使用有生性策略要比水平较低的频繁（尽管他们之间的差异很小）。

在22个学习汉语的美国人中,有3人在所有英汉句子的理解处理中都使用有生性语义线索。换句话说,他们所使用的对句子的理解处理策略与说汉语的本族人所用的方式相同。Bates 等人(1982)所调查的意大利语,Harrington(1987)和 Sasaki(1991)所调查的日本语,Miao(1981)所调查的汉语,Wulfeck,Juarez,Bates & Kilborn(1986)所调查的英语—西班牙双语组,和这三人都持有相似的理解策略,即使用有生性语义线索作为提取句子主语的指标。由于英语有生性附属组人数比较少(3人),他们的处理策略将同整个英语使用者的小组一起讨论。

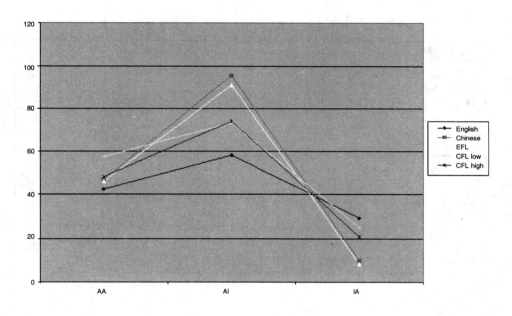

图 2　不同语义中选择第一名词作主语的百分率

3. 语序和有生性语义策略的相互作用

一般来说,标准的语序是名—动—名(NVN)。表 5 反映了第一名词的选择比例体现出的语序和有生性语义线索之间的相互关系。首先是 NVN 的语序。在 NVN 语序中,当语义线索为"有生—有生"或者"有生—无生"的顺序时,也就是句法线索与语义线索趋向统一时,第一名词被选择为主语的频率在所有受试组中都是最高的。当句子是"有生—有生"的组合时,说汉语的本族人在理解汉语句子时选择第一名词的比例为 61.36%,是所有受试组中最低的。通过对数据的仔细观察可以发现,母语为汉语者非常依赖词汇—语义线索。如果两个名词都是有生名词时,择选较大或较强的有生性名词为主语,即使这个名词处于宾语的位置也没关系。例如在句子"鱼吃猫"中,母语为汉语者大概会考虑到"鱼是不会吃猫的",因此仍然认为处于宾语位置的猫是句子的主语。在"无生—动—有生"句子组合中,第一名词经常被英语使用者提取处理为英语句子的主语(75.00%)(如在句子"the car looks at the monkey"中选择"the car"作为主语),而汉语使用者理解处理汉语句子时作这样的选择频率是最低的。

表5 语序和有生性的相互作用中对第一名词选择的百分比

语义线索	英语	汉语	EFL	CFL 低	CFL 高
名—动—名					
有生—有生	82.28	61.36	72.73	95.46	77.50
有生—无生	100.00	100.00	100.00	100.00	100.00
无生—有生	75.00	27.27	22.73	59.04	60.00
动—名—名					
有生—有生	8.33	25.00	22.73	36.37	25.00
有生—无生	23.81	93.18	88.64	56.81	55.00
无生—有生	4.76	0.00	0.00	9.10	0.00
名—名—动					
有生—有生	28.57	56.82	43.18	40.90	42.50
有生—无生	47.62	97.73	84.09	63.63	67.50
无生—有生	4.76	2.27	2.27	6.81	2.50

4. 非标准语序

动—名—名和名—名—动。在动—名—名和名—名—动句子组合中第一名词被选择的比例要低于在名—动—名中的比例。只是在"有生—无生"顺序中,第一名词经常被说汉语的本族人在理解汉语句子和作为外语的英语句子时被提取为主语(在"动—有生—无"顺序中第一名词被提取为主语的百分率为93.18%,在"有—无生—动"中为97.73%,在"动—有生—无"中为88.64%,在"有—无生—动"中为84.09%)。例如,在解释处理汉语和英语输入的句子时,大多数的汉语使用者在"咬马筷子"中选择"马"作为主语;在"奶牛筷子咬"中选择"奶牛"作为主语。

当说英语的本族人在理解英语动—名—名和名—名—动句子组合时很少选择第一名词。母语为英语的汉语学习者在理解汉语句子"动—有生—无生"和"有生—无生—动"的模式时,选择第一名词的比例适中(分别为55.91%和65.57%)。在非标准语序中的"有生—有生"和"无生—无生"组合中,CFL使用者所选择第一名词作主语的比例较低(在动—名—名中分别为30.68%和4.55%,在名—名—动中分别为41.70%和4.64%)。这表明,当一个句子的语序不是标准语序时,CFL者使用的处理策略是介于他们的目标语言和第一语言之间,并向有生性语义策略倾斜。

另外,从所收集的数据中我们还可以概括出两项差别:1)在名—动—名句式组合中英语使用者提取第一名词的比例高于汉语使用者。这种差异在"有生—动—有生"和"无生—动—有生"顺序中表现得更加明显。当为"有生—无生"顺序,即语序和语义线索相统一时,在所有的组别中第一名词的选择比例为100%。当句子中的名词处于"无生—动—有生"的顺序时,也就是标准的语序线索与有生性语义线索相冲突时,说英语的本族人选择第一名词的频率是75%,例如在句子"钢笔轻拍狗"中,选择"钢笔"作为主语。而同一个句子被汉语学习者(CFL)所选择第一个名词作主语的比例为59.55%;汉语使用者为27.00%,而EFL者则为22.73%。这表明,英语使用者多依赖语序线索,汉语使用者则多依赖有生性线索而较少考虑句子中词语的位置。

2)当句子是非标准语序时(动—名—名或者名—名—动),英语使用者之间的变化不大,选择第二名词作主语的策略比较常被采用,例如在英文句子"咬球筷子"和"球筷子咬"中,选择"筷子"作为句子的主语。CFL组选择第一名词趋向适中,在"有生—无生"的汉语句式组合中倾向于选择有生性名词作主语,比例为60.68%。汉语使用者之间变化颇大(标准差为43.56);在"动—有生—无生"和"有生—无生—动"顺序的汉语句式中选择"有生—无生"比例为95.45%(例如,在句子"拿住鱼球"和"鱼球拿住"中,选择"鱼"作为句子的主语),而在"动—无生—有生"和"无生—有生—动"汉语句式中选择"无生—有生"比例为1.13%;EFL者(标准差为39.09)在"动—无生—有生"和"有生—无生—动"的英语句式中选择"有生—无生"的比例为86.32%,在"动—无生—有生"和"无生—有生—动"英语句式中选择"无生—有生"的比例为1.13%。

五、讨 论

1. 第一语言和第二语言中的理解处理策略

这项实验的结果表明,汉语为母语者在理解处理汉语句子时依赖词汇—语义线索。不论是标准或非标准语序,他们经常选择有生性的名词作为句子的主语/施事。例如,当有生性策略和语序在"无生—动—有生"的句式中发生冲突的时候,汉语使用者不会考虑词语的位置而选择第二名词。与此相反,母语为英语者则往往忽视有生性线索而认为语序是最重要的。因此,假设1和2都得到了证明。

汉语为母语的英语学习者(EFL)在理解处理英语句子的时候更多依靠有生性语义线索而不是语序线索,这样的结论支持了第4个假设。汉语为母语者和学英语的中国人(EFL)在运用理解处理策略之间细微的差别在于后者能够意识到目的语中语序的重要性,然后试图努力去重视语序线索。参加实验的EFL者都接受过五年以上的正式课堂英语学习并且在美国生活了两年以上。他们的英语水平都很高,但他们的EFL理解策略却主要受到他们第一语言汉语的影响,这表明有生性的语义策略是一个很强的制约因素。

母语为英语的汉语学习者(CFL)则是不同的。和EFL者不同的是,CFL者使用的策略和他们在理解第一语言英语句子中使用的策略并不十分类似。因此,假设3不成立,因为CFL学习者表现出更多的介于使用有生性线索和语序线索之间的特征。一方面,CFL者仍然依靠在理解他们第一语言(英语)句子中使用的语序策略;另一方面,CFL者也意识到语义线索在目的语中的重要性,然后尽可能最大程度地使用有生性线索。尽管CFL者的汉语水平远不及EFL者的英语水平,但是CFL者对目的语理解策略的发展速度要大于EFL者。

这项研究的结果表明:第二语言学习者如果能认识到目的语中语义因素并且逐步地掌握语义策略的话,那么从一种句法为主的语言向以另外一种语义/功能为主的语言转化是一件相对容易的事情。但是对于第一语言是以语义为主的第二语学习者而言,要他们掌握目的语的以语序线索为句子理解处理策略,要比前者困难得多。这项结果同Gass(1987)和Sasaki(1991)的结论是一致的。他们的课题都表明从第一语言为英语向第二语言为意大利语或者日语的理解策略发展要比反方向的学习简单。Gass 指出："摒弃语义策略是一件很难的事情，但是接受语义策略是很容易做到的。"(Gass，1987:343)

2. 中介语理解的过程

Miao(1981)指出：与儿童依据某一种典型句子模式来理解处理句子不同，成年人大脑中储存着一种重要的典型的句子模式，此外还有若干个不同的句子模式。这些句子模式反映了某一个语言中的不同的句子的种类。因此，当句子不符合典型句式的时候，成年人可以通过运用已有的不同模式来理解句子。换句话说，成年人拥有更多的图式结构和灵活性去处理不同句子的语序。

这项实验的结果支持了 Miao 的假设。首先，许多受试者都在一定程度上似乎知道决定英语和汉语句子中主语的因素是不同的。当我们在第二次测试以后向 CFL 受试者询问他们在测验中所使用的策略的时候，大多数人都表示他们认为在英语中语法和语序都很重要，而汉语句子中有生性比较重要。当他们被测试英语的时候，他们认为英语的语序灵活并且可以不同地组合，他们注意到由不同语序排列所产生的可能性。当他们在做汉语测试时，他们尽量地把注意力集中在意义上，选择有生性名词作为句子的主语。即使那三个英语为母语的汉语学习者在母语和目的语中都使用了相同策略，也做了同样的回答。这意味着学习者似乎已经注意到了两种语言之间的差异。而且，他们接受了这种差异，并用句式图式来理解掌握不同语言中的不同因素。

第二，学习者在中介语的理解过程中似乎采用了不同的模式。当所给的句子语序是标准的(SVO)或者有生性特征看起来合理时(施事—动词—受事)，第二语言学习者首先会利用语法线索，通过句子的表层结构来处理，同时依据句子语序来指派主语。这也就是为什么 EFL 组在名—动—名的句式中选择第一名词的比例要高于汉语为母语组。但是，当语序线索与意义和词汇约束产生矛盾的时候，学习者就会将所给的句子和他们大脑中标准句子相对比，然后找出所给句子的异常之处。在这种情况下，对句子的理解所用的处理线索取决于或是语序或是语义因素的强度。当语序和有生性线索都不是很明显的时候，学习者最可能用到的是非语言性的涉世知识，并根据词义以及名词和相关动词之间的逻辑关系来指派主语或者句子的施事。词义和语义约束似乎是理解句子过程中所采用的替代策略。

不管是像汉语这样以语用/语义为主导的语言还是像英语以句法为主导的语

言的学习者都使用词义和语义因素作为候补策略,这与语言习得的认知心理有直接关系。以词汇/语义为基础的处理策略反映出了一般的认知方式以及信息处理的方式。Bowerman(1989)指出:幼儿对语义分类中的特定语言原则很敏感。语言的语义组织本身反映出我们知觉和认知组织模式的深层固有属性特征。认知/知觉概念的建立先于其语言形式的习得。换句话说,在我们把语言形式运用到所指对象时,常常根据分类原则进行自发的归类,这些分类原则通常在自然语言的语义系统中起着重要作用;而基于句法的形式却不是直接地从认知功能制约中所引出的。本项研究结果支持了 Bowerman 的假设:当句法和语义线索都不明晰时,第二语言学习者倾向于使用普通的认知图式去理解句子。

Sasaki(1994)指出,在日语系统中如果大多数可依赖的句法标记线索不明确的时候,JFL 受试者则主要依靠词汇——语义线索来决定句子中的语法角色。本项研究也表明了汉语的有生性语义线索向英语的强势迁移。MacWhinney(1989)指出,如果一个线索在第一语言和第二语言中都有相类似的映射,就很有可能发生正迁移。词汇/语义线索在第一语言和第二语言中很可能具有直接映射。这样,语义线索在对中介语句子的理解处理时就成为候补策略。

3. 第一语言和第二语言在个体学习者间的过程差异

英语为母语受试者在使用理解策略时存在很大差异。36%(8人)的英语为母语受试者在理解英语和汉语句子时都采用了基本上相同作用的一元系统。在这 8 个受试者中,5 人在理解英语和汉语句子时都采用了语序线索。他们对于 SVO、VOS 和 OSV 结构有特殊的偏向。其余的 3 人在理解英语和汉语句子时主要依靠有生性语义线索,因此这 3 个受试者的数据类似于汉语为母语者。剩下的 14 名英语为母语受试者在理解英语和汉语句子时采用了形式各异的处理策略。他们在理解英语句子时主要使用语序策略,在理解汉语句子时一定程度上采用语序线索和有生性线索。

不少学习者有自己独特的使用理解策略的倾向。他们在理解母语和目的语时没有明显地改变自己的策略模式。此外,他们对策略的使用也与他们的目的语水平无关。两名英语为母语受试者在理解汉语句子时仍然使用语序线索,尽管他们的汉语水平很高。另外三位英语为母语受试者的汉语水平差别很大,但是他们在理解英语和汉语中都倾向于使用有生性线索。这项关于个体学习者对理解策略选择倾向的结果和 Wulfeck 等人(1986)的实验结论一致。在

Wulfeck 等人的实验组 2 中,西班牙语—英语的双语使用者在理解他们的第一语言和第二语言时都采用有生性线索。本项实验与 Wulfec 等人的实验不同的是,他的实验对象是双语者,而本实验对象是第二语言成年学习者。

母语为汉语的抽样所使用理解策略比母语为英语的抽样所使用的理解处理策略要单一。这表明,有生性语义线索是理解汉语句子的一个关键因素,同时它一般也容易迁移到对第二语言的学习,如对英语句子的理解中。意义线索在理解处理第二语言的句子的过程中起着很重要的作用。

六、结 论

本项研究调查了母语为英语和汉语的外语学习者在分别理解英语汉语句子时所采取的处理策略,得出了三个结论。第一个是母语为英语的汉语学习者对汉语句子的理解处理时,能够在很大程度上接近汉语的以语义为主的理解模式。而与此相反的方向则要难得多。母语为汉语的英语学习者也能意识到目的语中语序因素的重要性,但在向目的语的进展中所采用的语序策略却不显著。

第二,汉语的词汇—语义策略具有相当的影响,因而在对中介语的理解的发展过程中基于意义的方法成为了一个候补策略。

第三,个体学习者所表现出的差异是很明显的。不同个体学习者的母语和目的语的理解策略也表明大多数的学习者都有其倾向性的理解策略。许多学习者在理解母语和目的语时使用不同的理解处理策略,而也有若干的学习者没有改变他们在不同语言中使用的处理策略。我们并不知道这个阶段对某策略的优先选择与什么因素有关。年龄可能是一个因素。在这方面需要去做更多的研究。

附录

使用的词条,汉语译文中使用翻译等价词。
有生性名词:horse, dog, cat, calf, fish, monkey, cow
无生性名词:ball, pen, cup, table, chair, car, chopsticks
动词:bite, hold, pat, push, kiss, look at, eat

第二节　母语为英语的学习者认读汉字的策略分析

本研究探讨汉语水平不同的学习者认读汉字的策略。60名母语为英语的美国大学生完成了汉字命名和字义识别两项任务。研究结果表明：中级汉语学习者主要采用语音策略，初级学习者更多借助于视觉—字形和语音的混合策略。而高级学习者较少依赖语音线索，这可能与他们对所给汉字非常熟悉有关。综合研究结果表明，在学习过程中，汉语作为外语的学习者只有积累了足够的有关形声字的声符，清楚声符可以提供什么样的语音信息的知识后，才能有效运用语音策略。当学习者到达此阶段，他们能够自发地推导出汉字的语音与类比规则。

一、文献综述

汉语的书写系统曾被认为是表意系统，即汉字代表意义而与读音无关（例如，Baron & Strawson，1976）。人们认为汉字的意义可以经由视觉，即时而直接地得出，语音在认读汉字中可能并无作用。由此可以假定，汉语学习者只有通过死记硬背来学习数以千计的汉字。

然而，很多研究者置疑汉语的书写系统是否真的是表意系统。据DeFrancis(1984)的统计，只有很小比例（不超过10%）的汉字是表意字，而90%以上的汉字是形声字，即每个字由一个形旁和一个声旁组合而成，形旁表义，声旁标音。在形声字中，有33%是一致形声字，即声符和整个字的发音完全一样（如"清"、"蜻"和"青"），33%是部分标音，即声符和整个字的发音或者在韵母或者在声母上相同（如"精"、"睛"和"青"）。这样声符提供的表音信息达到66%（DeFrancis，1984）。超过半数的形声字可提供的语音信息很可能有助于学习者超越死记硬背的初级阶段来认读汉字，就像"字母—语音"的对应规则能帮助拼音文字语言的学习者进行阅读一样。

Perfetti，Zhang & Berant(1992)提出了阅读的"普遍语音原则"，强调不管是在拼音文字还是在非拼音文字语言中，读者阅读时总会提取文本的语音形式。这一语音过程可能是普遍、自发和多层次的，可能包含特定文字系统所允许的形声映射的任一层面。字词识别的过程不会漏掉语音,不可能让语音成为一个自由选择,一个可有可无的编码。相反,识别的过程必定包括正字法 X、语音 Y、意义 Z 三者,其中语音是不可缺的。Perfetti 等认为普遍语音原则同样适用于汉语阅读。对由声旁和形旁组成的形声字而言,声旁可提供整字的语音信息。他们提出,在非拼音语言文字中,语音成分可能以一种和形素—音素对应(Grapheme-phoneme correspondence)相类似的方式被用于计算整字的"前词汇"语音,即语音编码先于词汇通达。换句话说,字词到语音的转换先于语义编码。包含多个正字法成分的视觉符号先是通达语音表征,然后再通达语义。在这个过程中,读者运用蕴含于正字法中的字形—读音对应的知识,通过查询头脑中检索的词汇和词义,继而确定词义(如,Everson,1998;Hung,Tzeng & Tzeng,1992)。

  Zhou & Marslen-Wilson(1999)考察了阅读汉字形声字时的亚词汇过程。其研究结果显示,声旁不仅有助于词汇通达时字形到语音的映射,而且可激活语义系统。虽然他们的发现在形、声、义三者间的相互作用上不同于 Perfetti 和 Tan(1998),但他们一致认为汉字认读不仅要激活声旁读音,也要激活整字读音。当声旁与整字的读音一致时,聚合的激活就会加速字的认读和意义通达。

  不同类型的正字法系统也在字词认读中发挥作用。例如,Huang & Halley(1994)研究了香港和台湾儿童学习认读汉字、以及英国儿童认读英语中的语音意识和视觉技能特点。他们的实验结果表明,语音意识(韵脚和音素探察)和英国儿童的阅读能力显著相关;与此不同,视觉技能(视觉配对学习)和台湾、香港儿童的阅读能力显著相关,但与英国儿童的阅读相关不显著。该研究的结果提示,视觉线索在汉字认读中的作用可能比在基于字母的语言文字中更为突出。

  与每一字母代表一个音素的拼音文字(如英语)和每一字母代表一个音节的音节文字(如日本片假名)相比,中文更多地基于意义,每一汉字代表一个语素。意义通过视觉途径和语音途径来提取。Coltheart(1978)称之为"双重编码加工"模型。在阅读中,除语音通路外,意义还可以经由视觉通路得到提取。意义直接从字形表征来编码,而语音编码可同时或甚至在语义编码后发生,因此称作"后词汇"语音(Post-lexical phonology)。完整的语音表达也可通达头脑中检索的词义。虽然研究结果尚不一致,但一般认为(例如,Besner & Hildebrandt,1987;Hirose,1992)当语音加工发生于词汇通达之后时,视觉通路就是一个缺省策略(Default strategy)。视觉策略是熟练的阅读者阅读熟悉字词的基本策略。Chen(1993)和Hoosain(1991)的研究提示,对不熟悉或不经常使用的字词,阅读者就会使用语音通路。

在认字过程中,很多变量,如阅读能力,对字词的熟悉程度和语音的规则性,都发挥着显著的作用(Seidenberg,1985;Jared & Seidenberg,1991)。例如,Fang,Hong & Tzeng(1986)发现,受试者在完成汉字和假字命名任务中的表现有着显著效应。中文读者遇到生字时依赖声旁找出语音线索,字不熟悉的时候尤其如此。Ho & Bryant(1997a)考察了香港一、二年级的学生学习汉字时是否应用了字形—语音的对应规则。结果显示,在阅读汉字中与语音相关的错误最为常见,而且学生认读语音规则的汉字比语音不规则的汉字更为准确,其两者的准确率造成了统计意义上的显著不同。Shu,Anderson & Wu(2000)在北京进行了一项有关汉字习得的研究。他们考察了小学二、四、六年级学生对声旁意识的发展。研究结果表明,字的熟悉度和语音规则性对学生汉字的习得都有很大影响,而且声旁意识在整个小学阶段持续发展。

上述研究大多考察汉语为第一语言的学习者阅读中文的情况。研究汉语作为第二语言/外语(CFL)的学习者认读汉字的策略只是近年来才受到关注(例如,Hayes,1988;McGinnies,1995;Ke,1996,1998;Everson,1998;Shen,2000)。Hayes(1988)较早对汉语作为外语的学习者使用编码的策略进行了研究。这项研究包括了汉语为母语的阅读者和汉语作为外语的学习者。由于错误可揭示重要的学习加工策略,Hayes比较了汉语为母语的阅读者和汉语作为外语的学习者认读汉字时所出的错误。汉语为母语的阅读者在读音任务中的错误比较多,而汉语作为外语的学习者的错误比较分散,更多地表现在字形和语音上,混合错误较多。

Ke(1998a)研究了语言背景在一年级美国大学生汉字学习中的影响。Ke的发现和Hayes对汉语作为外语的学生汉字认读策略的研究结果相似。Ke发现不管语言背景如何,受试者在学习汉字时都采用了随意的、不系统的方法。他提出了汉语作为外语的学习者汉字学习阶段的模型,认为"学习者需要在汉字学习上达到一个更高的阶段,才能显著提高其正字法意识的水平。"(p.97)

Everson(1998)对汉语作为外语的学习者认读和理解中文双字词二者关系的研究发现,汉语初级学习者似乎已经能够依赖命名来完成阅读。20位初学汉语的大学生命名并辨识汉字的意义。他们先读出46个字,然后用英语写出这些字的意思。相关的分析表明,在能读出汉字和能辨识汉字意义二者之间具有重要联系($r=0.96$, $p<0.0001$)。Everson 提出,汉语作为外语的初学者似乎依赖读汉字音的能力来掌握汉字。"表意"这一强调单纯的视觉编码和汉字字形的处理不是汉语作为外语的初学者的基本策略。

Shen(2000)对汉字部首知识与汉字形声字的掌握的关系进行了调查。根据部首知识测试的成绩,每年级的受试学生分成了两组,强组和弱组。研究过程主要包括两项"依据部首知识推测汉字"的测试。实验结果表明,强组学生在对那些字义与形旁联系紧密的形声字进行字义推测时,成绩优于弱组。这种差别在根据字义补形旁的测试中表现得更为突出。因此,部首知识对于学生的汉字学习确有显著影响。

总体来说,以上关于汉字认读的研究显示了在字形、字音和字义之间的不同映射策略及其读音的规则性和熟悉度这些变量之间的相互作用。字形—语音对应规则为汉语作为外语的学习者汉字的掌握提供了框架。包含在字里的声旁提供了必要的视觉线索,而这些线索是通过语音或者视觉策略来处理的。在语音策略中,蕴于字形中的语音规则帮助阅读者把字里的形声成分"组装"为语音表征,进而通达阅读者表征了字义的头脑中的检索。在视觉策略中,读音经由对整字的加工得以确定,语音编码以整体的方式在字的层面上被"处理"。而语义则经由记忆中与语音表征的对应而通达。

在 Ke(1998)关于语言背景对汉字学习的影响的研究中,样本包括来自美国9个大学的一年级汉语作为外语的学生。研究结果显示,学生在认字和表达两项任务的成绩中均具有不同的大学所在地的校际差异。因此,控制教学机构与教学时间等变量对于有效的比较是非常重要的。本研究从一个学校中抽取样本,考察汉语作为外语的学习者字形—字音处理能力的发展情况。研究探讨命名和识别字义两个依变量的关系,及其与学习者语言水平,对字的熟悉度、字的声旁与正字读音关系的规则性等自变量的关系。研究采用了三因素混合设计,其中,语言水平是被试间因素,语音规则性和字的熟悉度是被试内因素。本文考察了以下三个研究问题:1)汉语作为外语的学习者认读汉字时是否使用了语音加工?2)如果是,语言熟练程度如何?3)在什么环境和条件下使用?

二、研究方法

1. 参与者

美国一所大学里注册了汉语普通话课程的65名学生自愿参与了此项研究,只有60名学生的数据被采用。5名初级水平的学生只认读出不到20%的汉字,难以进行有意义的分析,因而剔除。在有效数据中,初级、中级、高级水平的学生分别为20、19、21名。数据收集时,初级水平学习者学习汉语约170小时,中级水平约275小时,高级水平约380小时。学生的汉语水平还进一步通过课程考试成绩和教师来核定。为了控制语言背景因素,参与者经过了仔细筛选。所有的参与者都以英语为第一语言,在注册汉语课程之前,没有人会说普通话或汉语方言,也没有人会读写汉字。

2. 过程

数据的收集经三周完成。研究者对所有学生进行个别访谈和测试,测试时间约25分钟/人。所有学生都完成两项任务:汉字命名和字义识别。在汉字命名任务中,每个学生逐个读出包括60个随机排列汉字的字表(见附录)。每读对一个字(不考虑声调的不正确变异),就得一分。这项任务的最高分为60。在字义识别任务中,学生用汉语或英语口头说出每一个字的意思。正确识别出每个字的意思就得一分。这项任务的最高分也是60。学生完成任务的时间不限。

3. 材料

所有用于测试的字都是形声字,由形旁和声旁两部分构成。声旁有两类:自由形式和黏着形式。自由形式可单独看作一个字,或在形声字中充当声旁,如"青"。黏着形式不能单独出现,只能作为形声字的一个部件,如"畐"。共享同一个黏着声旁的字通常在读音上有一定联系,因此,能提供潜在有效的读音信息,例如"副"、"富"、"福"。有些学生不一定认识单独成字的声旁,但均学过包含这一声旁的字。例如,他们都没学过"亥"这个字,但学过"孩"/hai/、"该"/gai/、"刻"/ke/和"咳"/ke/。在这种情况下,可能采用类比策略。

所有的字在熟悉度上分为两个等级(熟悉和不熟悉),在语音规则性上分为三个等级(高,中,低)。字的熟悉度根据课程中出现的频率和强度而定。所有学生都在课上学了所有的熟悉字。初级水平的学生没有接触过任何一个不熟悉类别的字。中级和高级水平的学生分别学了不熟悉类别字的20%和70%。不熟悉类别的字对中级和高级水平的学生来说并不是完全不熟悉的,这是研究设计的一部分。通过不熟悉字在不同语言水平学生中的不均匀分布考察熟悉度的影响。

语音规则性由整字与声旁读音的一致性程度界定。如果整字和声旁的读音一致,即同音(如"清"/qing/),则该字的语音规则性就被界定为高;如果整字和声旁在声母或韵母上相同,即部分同音(如"睛"/jing/),则该字的语音规则性就被界定为中;如果整字和声旁的读音在声母和韵母上都不相同,即非同音(如"猜"/cai/),该字的语音规则性就被界定为低。声调因素不予考虑,这和已有研究一致,如 Ho & Bryant(1997)。

如果应用字形—语音对应规则的策略被使用于汉字学习中,那么可以预期汉字的语音规则性和对字的熟悉度的作用在认读语音规则性高的不熟悉字中将有更大的效果。换言之,与语音不规则的汉字相比,学习者可正确读出更多语音规则的形声字,尤其对不熟悉的字更是如此。如果学习者主要运用语音线索,那么与识别字义的任务相比,他们可能会正确命名更多的字。

三、结　果

1. 语音规则性

语音规则性对各个语言水平均有显著影响,$F(2,171)=14.72, p<0.001$。表1显示了不同汉语水平和不同语音规则性下汉字命名的平均正确百分比。如我们所预期,学生命名汉字的成绩随语言水平而提高。表1也显示命名声旁与整字同音的汉字准确率最高(如"清"/qing/),命名声旁与整字部分同音的汉字的准确率次之(如"睛"/jing/),命名声旁与整字非同音的汉字的正确率最低(如"猜"/cai/)。这一语音规则性不同汉字命名准确率的差异在中级和初级水平学生中尤为明显。换言之,中级水平学生命名声旁与整字同音汉字的准确率显著高于命名声旁与整字部分同音以及声旁与整字非同音的汉字(表1)。

表 1 汉语水平不同学生命名语音规则性不同汉字的平均正确百分比(Mean)和标准差(SD)

汉语水平	语音规则性						F 值(自由度)	p 值
	规则		部分规则		不规则			
	Mean	SD	Mean	SD	Mean	SD		
初级	0.33	0.09	0.27	0.08	0.24	0.143	0.82(2,57)	0.030
中级	0.62	0.15	0.54	0.14	0.40	0.179	0.77(2,54)	0.000
高级	0.96	0.03	0.93	0.08	0.89	0.132	0.95(2,60)	0.060

既然语音规则性在整体上有显著的影响,下面进一步分析在各个语言水平上语音规则性的效应。表1中还呈现了汉语水平不同的学生命名语音规则性不同的汉字时的差异检验 F 和 p 值。对语音规则性在汉语水平不同的学生汉字命名任务上的效应分析表明,中级水平的学生命名语音规则性不同的汉字时差异显著($p<0.001$),初级和高级水平学生中的差异相对没有那么大(初级水平 $p=0.030$,高级水平 $p=0.060$)。对语音规则性三个水平的两两比较显示,任意两个水平的成绩都有显著差异($p<0.001$)。因此,数据结果表明汉语学习者,尤其是中级水平的学生,明显运用了形声字提供的语音信息来完成汉字命名任务。

2. 熟悉度

在汉字命名任务中,汉字熟悉度和语音规则性的交互作用显著,$F(5,120)=46.86, p<0.001$。表2呈现了命名具有不同熟悉度和语音规则性汉字的平均正确百分比。语音规则性对于熟悉汉字命名正确性的影响比不熟悉汉字的影响较小,但仍然具有显著性。数据似乎表明学生能使用形声字提供的语音信息对熟悉的字进行解码,也能预测出生字的读音。

表 2 命名熟悉度和语音规则性不同汉字的平均正确百分比(Mean)和标准差(SD)

熟悉度	语音规则性					
	规则		部分规则		不规则	
	Mean	SD	Mean	SD	Mean	SD
熟悉	0.84	0.73	0.69	1.16	0.69	0.74
不熟悉	0.512	0.05	0.41	0.80	0.401	0.11

如表2所示,语音规则性对命名熟悉和不熟悉汉字均具有作用。正确命名熟悉和不熟悉的语音规则汉字的得分明显高于命名部分规则和不规则汉字。正确命名熟悉和不熟悉的语音规则汉字的百分比分别为0.84和0.51,而正确命名熟悉和不熟悉的部分规则字和不规则字的百分比分别为0.69,0.41,0.69和0.40。这些结果提示,学习者可能已经利用了语音线索来正确命名汉字,而规则字中的声旁提供的语音线索比部分规则和不规则字的声旁所能提供的线索更为可靠。命名不熟悉的部分规则字和不规则字的准确率相当。表3的数据显示,相比不规则字而言的部分规则字的优势不如规则字明显、可用。

汉字熟悉度和学习者的汉语水平之间的交互作用在汉字命名上有显著性意义,$F(2,114)=33.91, p<0.001$。表3呈现了具有不同语言水平的学习者命名熟悉度不同汉字的平均正确百分比。随着学习者获得更多的学习经验,积累更多语言知识,其汉字命名的准确率也更高。数据还表明初级水平的学习者比较高水平的学习者更容易受到汉字熟悉度的影响。

表3 汉语水平不同的学习者命名熟悉度不同汉字时的平均正确率(Mean)和标准差(SD)

学习水平	汉字熟悉度			
	熟悉字		不熟悉字	
	Mean	SD	Mean	SD
初级	0.49	0.31	0.09	0.07
中级	0.76	0.12	0.34	0.04
高级	0.97	0.04	0.91	0.10

采用t检验考察各个汉语水平上命名熟悉与不熟悉汉字的差异是否显著,结果如我们所预测,各个水平的学习者对熟悉汉字命名的准确率都高于不熟悉汉字,即使对高级水平的学习者也是如此,$t=3.407, p=0.003$。初级水平学习者命名熟悉和不熟悉汉字的差异最大,$t=18.69, p<0.001$。这表明语言水平较低的学习者比中级和高级学习者更多地依赖熟悉度。他们似乎更可能通过死记硬背来掌握汉字,这可能使得他们有机会主要在熟悉的汉字上有较好的成绩。

汉字命名与和字义识别任务的比较

如前所述,学生完成了汉字命名和字义识别两项任务。字义识别任务的数据表明,汉字熟悉度和汉语水平的交互作用显著,$F(2,114)=50.18$,$p<0.001$。表 4 呈现了不同汉语水平的学习者识别不同熟悉度的汉字意义时的平均正确百分比和标准差。

表 4 汉语水平不同的学习者识别熟悉度不同汉字意义时的平均正确率(Mean)和标准差(SD)

学习水平	汉字熟悉度			
	熟悉字		不熟悉字	
	Mean	SD	Mean	SD
初级	0.46	0.10	0.01	0.02
中级	0.68	0.14	0.15	0.14
高级	0.97	0.04	0.88	0.11

把表 3 和表 4 的数据相比较,很明显,学生命名熟悉和不熟悉汉字的准确率都高于字义识别的准确率。换言之,学生在命名汉字比在字义识别任务中更多地利用了形声字所提供的语音线索。值得注意的是,命名和字义识别任务间的差异在不熟悉汉字中大于在熟悉汉字中。而且,中等水平学习者对不熟悉汉字的命名准确性远高于字义识别(0.34 比 0.15)。这一结果提示,学习者,更确切具体地说是中等水平学习者,利用了声旁提供的语音信息去命名熟悉和不熟悉的汉字。

在意义识别任务中,汉字熟悉度和语音规则性的交互作用显著,对不熟悉汉字的交互作用更强于对熟悉汉字的作用,检验值分别为 $F(3,80)=31.8$,$p<0.001$ 和 $F(3,80)=19.98$,$p<0.001$。语音规则性对字义识别任务的显著效应表明,语音规则性在汉字意义的解码中也发挥重要的作用,汉字的形、音、义的映射相互作用并影响这一解码过程。

比较汉字熟悉度对汉字命名和字义识别任务的影响,其差异并不显著。对于熟悉汉字,两项任务的差异检验值为 $F(1,40)=0.646$,$p=0.426$;对于不熟悉的字,两项任务的差异检验值为 $F(1,40)=3.66$,$p=0.063$。进一步分别考察具有不同汉语水平的学习者,结果表明,对于熟悉汉字而言,所有语言水平的学习者在汉字命名和字义识别两项任务中的表现并没有显著不同;但是对于不熟悉汉字而言,初级和中级水平学习者两项任务的差异显著,$F(1,38)=15.57$,$p<0.001$;$F(1,38)=3.36$,$p=0.009$。这些发现证实学习者在不熟

悉汉字的命名中比在字义识别中更有效地运用语音信息。

四、讨 论

1. 不同汉语水平的学生利用语音线索的情况

本调查的第一、二个研究问题是汉语作为外语的学习者在阅读汉字时是否利用了语音加工；如果利用了，是在什么样的语言水平上利用的？显然，中级水平学习者在阅读汉字时主要使用语音线索。他们在汉字命名任务上的成绩明显高于字义识别任务。而且，他们在规则字、部分规则字和不规则字上的表现也有显著的差异，他们对规则字的成绩高于部分规则和不规则字。如表 1 所示，学习者，尤其是中级水平学习者正确命名语音规则汉字多于部分规则汉字，而正确命名部分规则汉字又多于不规则汉字。可见，学习者对于有一致语音线索汉字的命名比对只有较少一致性语音线索的汉字要更准确。

初级水平学习者似乎不是一致性地采用语音策略。虽然他们也倾向于使用语音线索，但似乎更基于一个零散的基础来获得汉字。例如，他们的汉字命名明显好于字义识别。他们在语音规则、部分规则和不规则汉字的阅读上也有重要差异。如表 3 所示，初级水平学习者在命名熟悉和不熟悉汉字上的巨大差异意味着他们可能仍然更多地通过死记硬背逐个掌握汉字。

本实验关于初级水平学习者使用汉字识别策略的调查结果和 Hayes(1988)、McGinnis(1995)、Ke(1998)的结果相一致。这些研究表明，初学者犯形和音的混合错误。他们使用的策略是随意的，包括视觉记忆，词汇和亚词汇联结，以及字形对比。

数据还显示初学者汉字命名显著优于字义识别。这似乎说明初学者已经开始利用语音线索并在一定程度上通过读音来记住汉字。这一发现支持 Everson(1998)的研究结果。他认为"表义"的加工并非阅读的基本策略，而语音与字词命名与给出字词意义均密切相关。也许本研究中的初级水平学习者正处在从使用混合策略和死记硬背向语音策略过渡的阶段。

高级水平学习者表现出最少地使用语音信息。他们的汉字命名和字义识别任务几乎没有差别。与此相对，初级水平学习者在两项任务上的成绩明显不同。不仅如此，高级水平学习者在命名语音规范性不同的汉字时成绩几乎一样。

前文提及的研究(如 Chen, 1993; Flores d'Areais, 1992; Hoosain, 1986)已经揭示出熟练的中文读者在识别不经常使用或读不熟悉汉字时使用语音线索。高级水平学习者之所以最少使用语音线索,可能是因为本研究中所给汉字对他们来说非常熟悉。他们可能在伴随语义通达的词汇水平上激活对汉字的识别。

2. 使用语音策略的条件

本实验的第三个研究问题是学习者在什么样的条件下使用语音策略进行阅读。本研究结果提示,学习者的语言发展阶段只有达到了以下三种条件时才会使用语音信息。第一,他们已经积累了有关语音线索的足够知识。他们识别并懂得了相当多的形—音对应规则。本研究中的初级水平学习者之所以没有主要采用语音策略,是因为他们极有可能还没有足够的关于声旁读音的知识。换句话说,学习者只有从语言经验中积累了足够的语音信息,才能利用语音线索阅读汉字。第二,他们已经达到能把语音知识应用于汉字识别的语言水平。各种策略,如使用语音和类比线索,都是随着学习者积累了大量的语言经验并提高语言水平而相应得到发展的。Ho & Bryant(1997b),Ehri & Robbins(1992)的发现也显示学习者只有在达到了一定的水平时才能应用诸如类比较重要的解码技巧。第三,对阅读者来说,汉字的难度水平适当。如果汉字对读者而言不经常使用或者不熟悉,语音策略就可能被采用。在本研究中,高级水平学习者比较初级水平学习者更少使用语音加工策略,这可能是因为这些汉字对他们而言已很熟悉的缘故。

本研究的结果与对母语为汉语的阅读者的研究(例如,Ho & Bryant, 1997a),或母语为英语的阅读者的研究(如 Ehri, 1991, 1992)的结果是一致的。学习者最初关注字形特征,通过视觉途径来阅读。在学习过程中,他们逐渐发现语音规则,并最终能把这些原则应用在阅读的分解和提取中。Ellis & Large(1988)考察了北威尔士说英语儿童的阅读发展阶段。其研究发现阅读技能的性质在头三年变化迅速。最初是无分化的技能,而后是"与整体视觉模式识别相联的技能"(p.47)。正是在后一个阶段里,年幼的阅读者运用分析性的视知觉分析来学习新符号的声音联系与声音组合技能。虽然中文书写系统不是主要以语音为基础,但学习者逐渐发展出了语音意识和使用语音线索的技能。一旦达到这个阶段,他们就可推导出语音规则,进而通达字义。

3. 整字方法

对所有汉语水平的学习者而言,熟悉和不熟悉汉字的命名和字义识别任务上均存在显著差异。无论语言水平如何,汉字熟悉度对阅读都有很大的影响。熟悉度限制了整字水平上的自动字形识别和意义提取。中文书写系统不能提供像拼音文字系统那样可靠而一致的语音线索。各种策略,诸如正字法技能,形—音和形—义映射,都在中文阅读中扮演重要角色。本研究中的高级和初级水平学习者可能通过整字途径解码汉字,语音激活的效应在整字水平而非声旁水平上引发。因此,与整字相联的意义和语音形式得以自动而直接地提取。在这样的解码过程中,熟悉度发挥重要作用。

然而,初级水平和高级水平学习者之间存在着重要差异。初级组处于积累声旁信息的阶段,不能在任务中有效地利用语音策略。他们能命名的汉字多于能识别出字义的汉字,因此似乎也没有利用形旁提供的语义信息。高级水平的学习者能力相对较强,他们已经拥有一定的语音信息。他们能命名的汉字与能识别出字义的汉字等量。由于任务中的汉字对他们而言相当熟悉,他们是在整字水平而非亚词汇成分上识别字音并提取字义。

五、对教学的启示

很多为母语是英语的汉语学习者所编写的课本都没有明确地介绍汉字的声旁,也不提供阅读汉字的语音技能练习。汉语教师经常忽略汉字中亚词汇成分可提供的语音信息。声旁在阅读中的作用也很少在汉语作为外语或第二语言的课程教学中得到讨论。这也可能是受到汉字是表意的、学习者得逐字记忆等传统观念的影响。这也可能因为汉字声旁提供的语音线索所具有的不规则性所造成。

清楚地认识学习者如何学习掌握汉字是很重要的。本研究的发现提示,学习者一旦积累其有关声旁的足够知识,就会自发地利用语音线索。因此,对这些发现的一个解释是能够利用形—音对应信息的学习者将会提高吸收新字的衍生能力,成为高效率的学习者。因此,对于教学的启示有以下四方面:

1) 在初始阶段,让学习者系统地接触各种形声字极为必要,由此他们有机会积累大量的语音规则和半规则汉字的实例。

2) 课程与教学中应当包括对汉字合成中声旁作用的明确解释。既然学习者在阅读中使用语音线索，教学就应当促进对语音规则进行推导的学习过程。

3) 课程和教学应向学习者提供大量声旁类别和联结的练习。类别可包括具有明确读音、本身是简单字的声旁及黏着形式的声旁。诸如类别的策略主要被用于后一类字中。联结可包括声旁或形旁激活，以启动亚词汇水平成分的联结（Zhou & Marslen-Wilson,1999）。

4) 本研究的结果还意味着教学应当帮助学生发展熟练的口头语言。口语能力不仅可增强学习者的语言交际能力，还可增强其字词识别技能。口语的熟练性直接支持阅读汉字时的声音与符号的对应。

附录
汉字命名和字义识别任务中的汉字

红	驻	秒	拌	防	位	沙	玩	球	源	绘	作
热	房	绝	跑	现	计	技	涨	精	伴	旁	该
妙	完	城	往	河	猜	客	刚	短	氧	机	诚
请	转	奇	码	便	把	怕	粉	院	吵	清	骂
爬	孩	透	拍	愿	氰	待	放	但	抱	视	伯

第三节　汉语学习的动机与动力：
不同种族背景学生的比较研究

　　本项研究调查了美国大学中，两组不同种族背景的学生学习汉语的动力因素。一百二十位初级水平和中级水平的亚裔美国学生和非亚裔美国学生参加了此项调查。

　　研究结果表明，对于亚裔美国人来说，开始学习汉语的动力主要出于内在的对于中国文化的兴趣，以及期望了解他们本民族的文化传统；而对于非亚裔的美国人来说，学习的动力既是因为他们对中国的文化感兴趣，也是出于对学习方法和努力程度的期望。此外，对于中等水平的两类不同种族背景的学生来说，对学习任务和成果的期望是他们进一步学习汉语的显著动力因素。如期望理论所言，两类学生中，动力因素与希望获得的学习成果之间都有显著的相关。

学习者的各项变量，如动力和情感因素，直接影响到学生运用语言学习策略的频率、考试成绩，以及语言技能与语言水平在学习结束后能否持续等问题。

一、理论框架

Gardner & Lambert(1959)是最早奠定第二语言学习动力理论基础的学者。在对第二语言学习者的态度和学习成果之间的关系的研究中，Gardner & Lambert 确认了两种不同的外语学习动力：同化动力和工具动力（Integrative and instrumental）。"如果学生是出于对某一文化、社会的兴趣，并且具有开放的视野，希望最后成为该群体的一员，而去学习其文化，那么这就是同化动力。"(Gardner & Lambert，1972:3)。而出于工具动力的学生，希望能通过学习外语而获得更多的特殊收益，例如与工作相关的机会。他们对于所学习的语言和文化本身可能并不很感兴趣。Gardner 的早期研究表明，同化动力比工具动力在第二语言的学习中发挥了更大的作用，因为第二语言学习者的最终动力不仅在于获得一种语言能力，还在于获得目标文化的"心理认同"。在他们后期的研究中，Gardner & MacIntyre(1991)发现，工具动力在第二语言的学习中同样有一定的影响力，而且同化动力的作用未必比工具动力更大。然而，对于那些具有同化动力的学习者来说，后一阶段的学习可能会比其他人获得更大的成功，主要是因为心理认同会使他们对语言学习的兴趣保持得更持久（Gardner，1985；Dornyei，1990）。

一些研究却得到了不显著甚至与 Gardner 的研究相冲突的结论（Lukmani，1972；Pierson, Fu & Lee, 1980；Oller, 1981）。例如，Clement & Kruidenier(1983)指出，根据不同的环境，会有特定的动力，可能很难完全通过同化—工具动力来表示和解释。换言之，同化/工具动力理论在解释不同学习背景方面有一定的局限性。近年来，学者们（Crookes & Schmidt，1991；Oxford & Shearin，1994），呼吁扩展现有的对第二语言学习动力的概念，在同化动力理论中加入普通心理学理论。对外语和第二语言的学习动机与动力的研究，一方面要通过更广泛的方法来定义动力的构成，另一方面，要根据不同的环境背景来应用。

在美国大学中,非普遍教授语言,例如汉语和日语遇到的一个问题是学生持续学习的保持率很低。据报道,在学习日语的学生中,有时退出率高达80%(Mills,Samuels & Sherwood,1987)。Samimy & Tabuse(1992)称学习日语等非普遍教授语言会让学生产生严重的负面情绪,从而减弱他们的学习动力。高难度的学习任务可以视为削弱学习动力的一项因素,根据美国外国服务协会的统计,对于说英语的美国人来说,学习汉字所花费的时间至少是学习法语和西班牙语的三倍。这主要是因为汉字体系难以掌握,成了学习汉语情感和动力上的主要障碍。如果学生在心理上没有对汉语学习的要求做好准备,他们在学习过程中就可能受挫折。此外,在学习汉语和日文的过程中,学生对于学习任务和努力程度所做的预料可能与实际的学习情况并不相符。比如他们可能因为着迷于汉字而决定学习汉语,然而却忽略了在练习汉字时所需要付出的辛勤努力。

近年来,美国亚裔背景的学生学习汉语的人数大幅度地上升,这可能会使学习汉语的动力也随之改变。大多数亚裔美国学生都有一定的语言背景,他们可能会说一些中国的地方语言,或是上大学之前,曾经在中文学校中接受过普通话的教育。他们的学习动力可能和非亚裔美国学生不同。

上述的假设需要得到检验与证实,研究目的是鉴别汉语学习的动力因素,并测量这些动力因素与汉语学习成绩的关系。本文将比较来自不同种族背景的学生在选择学习汉语时的内在动力。研究将在两个层面上关注学习动力:初始动力和促使学生保持学习的动力。本文的研究目的包括三个方面:观察学生选择学习汉语的初始动力,调查激励学生在初级阶段之后坚持学习的动力,并利用期望理论模型,检验动力和期望的学习成果之间的互相影响作用。

二、方　法

1. 抽样对象

来自美国两所大学的6个汉语班的学生参加了这一研究,他们都选修了初级或中级的汉语课程。发放问卷共计135份,回收了122份,回收率为90%。其中77位学生是亚裔美国人,45人为非亚裔美国人。七十八人,即64%的被调查者此前曾经学习过一门外语。一百一十六人，即 95% 的被调查者是本科生。所有的抽样学生每周都接受 5 小时的正规授课，课后花约 2.5 小时完成家庭作业。在课程之外，被调查者都没有什么机会使用普通话。尽管这些被调查者的周围有一些小型的中国人社区，但中国人社区通常使用粤语。大多数亚裔美国学生在修中文课程时，都会讲或能听懂一种中国的方言。他们大多和其祖父母或其他不懂得英语的亲戚交流时使用方言。需要指出的是，尽管此项调查中，大多数的亚裔美国学生会讲或能听懂某一中国的方言，他们在一开始选修初级汉语课程时，都不具备普通话的背景。初级汉语班的要求排除了具有普通话语言背景的学生。

由于本研究的一个目的是调查为什么有些学生能够坚持学习汉语，样本包括了两种不同语言水平的学生：81 名初学者，41 名中等水平的学生。在 41 位二年级的学生中，37 人来自第一年级，还有 4 人是在通过汉语分班考试直接加入到中级班的。在填写问卷时，初级水平的学生学习了两个月的汉语，中等水平的学生学习了 14 个月的汉语。

2. 实验工具

本研究的工具包括问卷调查和期中、期末的考试。首先，是一份分为两部分的问卷，（请参见附录）。问卷的第一部分测量动力的变量，包括对于学习策略和学习投入的努力程度的预测等。学习策略和学习投入的努力程度的预测被视为动力的直接指标。也就是说，对于学习策略和学习努力程度有更高期望的人，对学习会更加积极。本部分的问题主要是采用公认的语言学习动力分类量表：态度/动力测量组（Attitude /Motivation Test Battery）（Gardener, 1985），以及 Ely(1986) 设计的问卷。由于这两者都没有包含关于对学习策略和学习投入的努力程度的期望的条目，问卷中又增加了这一方面的内容。本次调查包含了以往调查的内容，以及针对学习汉语这门外语的新内容，本调查研究希望能够得到一个更全面更有效的汉语学习动力的结论。七分类的量表（Seven-point rating scales）用来测量动力变量，对于学习者期望的学习策略、努力程度和任务，采用了四分类的多项选择来测量。

问卷的第二部分是根据 Vroom(1964) 和 Mitchell(1974) 的期望理论设计的。期望理论将动力定义为价值和期望的方程（价值×期望）。调查问卷中的问题是通过两个步骤设计的。首先，进行了一项小型预调研，要求 15 位来自一年级和二年级汉语班的学生写出他们最希望从汉语班中所获得的学习结果。根据学生所写的内容,计算出各项结果被他们提到的频率,在问卷中采用了六个提到次数最多的结果作为选项。最终的问卷中包含了 18 个条目,平均分配到效价、期望的学习能力,以及达到目标的可能性这三个部分。

问卷中每一类问题的六个条目,分别反映了学生学习汉语课程希望达到的不同目的。第 1 到 3 条涉及的是语言技巧,比如,"非常流利地说汉语","用汉语和汉语使用者交流"以及"拓展汉语阅读理解能力"等。第 4 条反映的是学生通常修课时的考虑:"在这门课程中得到 A"。这项学习结果和其他的五项不同:它是一个外在动力,而其他的结果反映的是对于语言熟练程度和不同文化知识的希望。第 5 和第 6 条涉及的是文化内容:"更好地了解中国人和他们的思维方式"以及"更多地了解中国文化和风俗"。

效价(Valence)是通过七分类的量表来测量,而预期学习能力和学习成果是通过 0 到 100 的比率测量的。用于教育机制中的期望理论公式是:f(目的×能力),其中目的=效价×预期的结果;能力=预期的学习能力。这种设计问卷和测量期望值的方法是由 Mitchell(1974)最早提出和使用的。它假设效价和期望会影响学习中付出努力的程度。

第二项工具是在所有班级中进行的期中和期末的考试。不同班级的考试形式非常相似,包括听力、阅读理解、作文、翻译和语法。每个学生的期中和期末考试成绩都被转化为了百分比,平均后成为标准的综合评价指标,即成绩总分。

3. 过程

回答问卷是在平常的课堂上进行的。要求学生尽可能准确的按照他们的第一反应来回答问题,他们填写学号以保证其名字的保密性。本研究通过以下的统计过程对数据进行了分析:(1)用因素分析来确定本研究中涉及的动力变量;(2)通过因子分析得到的因素,进一步由回归过程进行检验,以此来确定在语言学习中发挥最重要作用的因素;(3)利用动力和期望模型的公式,计算期望模型中每一项条目的分值;(4)计算动力因素和期望模型中变量的相关系数;(5)用 T 检验来比较初级水平和中级水平的学生,亚裔和非亚裔的学生的考试分数,检验不同组的平均分之间是否存在显著性差异。

三、数据分析结果

1. 因子分析[①]

因素分析被用于确定美国大学的学生学习汉语的动力因素。通过相关矩阵、因素提取、轮换(Rotation)这几个步骤对 18 个问题进行了分析。主成分分析被用来提取特征值高于 1.0 的因素。四类因素被提取出来,分别定义为工具动力、内在动力、期望的学习策略和学习投入的努力程度,以及根据要求作出的被动措施。

工具动力包括 5 个条目(第 5,9,2,7,8 条)。这一类因素的 Cronbach Alpha[②] 系数是 0.82。这一类因素的条目都有一个显著的特征,就是将语言作为一个工具来达到特定目标。

第二类因素是内在因素,也包括 5 个条目(第 4,1,13,6,3 条)。其 Cronbach Alpha 系数是 0.61。这一类因素反映的是对于学习语言内在的高度评价和满足感。

第三类因素是对于学习策略和学习努力程度的期望,包括 5 个全新的条目(第 14,15,17,18,16)。其 Cronbach Alpha 系数是 0.68。第 14,17,18 条关注的是学习策略,第 15 条关注的是学习的时间投入,第 16 条是关于课堂中的互动和参与。

最后一类因素是学习者根据某些要求所作的被动措施,包括三个条目(第 12,11,10 条),其 Cronbach Alpha 系数是 0.54。这类因素引致的动力包括"我的学位的要求",或是其他外在的原因。

2. 汉语学习成绩的显著预测变量

多元回归被用来识别确定不同类别的动力对汉语学习成果的不同预测能力。四类用因子分析所得出的因素被作为自变量[③],逐步纳入到多元回归过程

[①] 因子分析(Factor analysis)也称因素分析,是根据数据中的内在逻辑,把多个影响因素用统计的方法归纳成几个综合指标,以显示事物的实质性。

[②] Cronbach Alpha 用来检验某一测验工具的可信度。Alpha 系数越高,可信度越大。

[③] 自变量(Independent variable)是由研究者安排控制的因素,此处指通过因子分析所得出的四类因子。依变量又称因或应变量(Dependent variable)是随着自变量的变化而改变的,是研究者打算观测的变化。此处指受试者一学期以来那门课的考试成绩。

中,而考试的分数则被作为依变量纳入其中。根据数量程度和不同的种族背景,数据被分为四个子类别:初学者和中等水平者,亚裔美国学生和非亚裔美国学生。

结果显示,"内在动力"以及"对于学习策略和学习投入努力程度的期望"对于初级和中级水平的学生的汉语学习成绩,都具有显著的预测性。对于一年级的亚裔美国学生,依变量16.9%的方差可以通过"内在动力"解释,而对于二年级的亚裔美国学生来说,依变量10.0%的方差可以通过"对于学习策略和努力程度的期望"来解释(表1)。换言之,对于亚裔一年级的学生来说,内在动力对于学习成绩的影响更大;而对于亚裔二年级的学生来说,他们通过投入更多的努力和更有效的学习策略来获得考试的高分。

"内在动力"以及"对于学习策略和学习努力程度的期望"这两类因素对于一年级非亚裔美国学生,也都是显著的预测变量。对于一年级的非亚裔美国学生,其依变量15.7%的方差可以被"内在动力"解释,而内在动力以及对于学习策略和学习努力程度的期望,共同解释依变量22.7%的方差。对于二年级的非亚裔美国学生,10%的方差可以被"对于学习策略和学习努力程度的期望"这一因素解释(表2)。表1和表2所示的是对于四类因素,分为四类学生做回归测验的结果。

表1 对课程成绩的逐步回归

亚裔美国学生中的初级和中级两组

步骤	等式中的变量	R^2	R	T	p
1	内在动力	0.169	0.411	6.366	0.000
1	期望的学习策略和努力程度	0.100	0.317	2.430	0.018

表2 对课程成绩的逐步回归

非亚裔美国学生中的初级和中级两组

步骤	等式中的变量	R^2	R	T	p
1	内在动力	0.157	0.397	3.508	0.000
2	期望的学习策略和努力程度	0.227	0.476	2.468	0.016
1	期望的学习策略和努力程度	0.100	0.3172	0.430	0.018

逐步回归法被用来确认最佳的预测学习成果的某一变量。"内在动力"这一类因素中的所有变量对应初级水平的亚裔美国学生这一类别,"内在动力"和"对于学习策略和学习投入的努力程度的期望"包含的所有变量对应初级水平的非亚裔美国学生,以及"对于学习策略和学习投入的努力程度的期望"包含的所有变量对应中级水平的两类来自不同种族背景的学生,都被分别独立地纳入到回归过程中。中文课的成绩仍作为依变量。回归的结果如表3,4,5所示。结果显示,"对于继承自身的文化传统的兴趣"对于初级水平亚裔美国学生的语言学习成绩具有显著的预测性(表3),"对于课上学习策略的期望值"对于中等水平的亚裔美国学生具有显著预测性(表4),而对于中等水平的非亚裔美国学生来说,"对于课后学习策略的期望值"是一个显著的预测值(表5)。对于初级水平的非亚裔美国学生,没有变量能够被纳入到回归方程中。

表3 对课程成绩的逐步回归
初级水平的亚裔美国学生

步骤	等式中的变量	R^2	R	T	p
1	对于自身传统的兴趣(第4条目)	0.253	0.485	3.633	0.001

表4 对课程成绩的逐步回归
中级水平的亚裔美国学生

步骤	等式中的变量	R^2	R	T	p
1	课上的学习策略(第16条)	0.123	0.350	2.724	0.009

表5 对课程成绩的逐步回归
中级水平的非亚裔美国学生

步骤	等式中的变量	R^2	R	T	p
1	课后说汉语(第18条)	0.061	0.247	2.36	0.020

回归结果的分析表明,内在动力对于亚裔美国学生和非亚裔美国学生选修汉语课程,都具有重要的影响。内在动力中,最重要的条目是亚裔美国学生"对于自身的文化传统感兴趣";而"对于学习策略和学习投入努力程度的期望",是中等水平的亚裔美国学生和非亚裔美国学生能够持续学习中文的动力。那些运用了学习策略,在课程上更多的参与互动,投入更多时间,并在他人反馈中获

得提高的学生,更可能继续第二年的汉语学习。

3. 观察不同类别之间的差异:T检验

独立T检验[①]被用来发现初级和中级水平的亚裔美国人和非亚裔美国人的动力差异性。如表6所示,两类因素在不同语言程度的两组学生中具有显著差异,"根据课程要求所做的被动措施"($t=-2.86, df=120, p=0.005$),以及"对于学习策略和所投入的努力程度的期望"($t=2.62, df=120, p=0.011$)。如表7所示,对于两类不同种族背景的初等水平学习者来说,内在动力同样具有显著影响($t=2.47, df=79, p=0.018$)[②]。

表6 独立T检验:初级和中级水平的两组

"根据课程要求所做的被动措施"	t=-2.86	df=120	p=0.005
"对于学习策略和所投入的努力程度的期望"	t=2.62	df=120	p=0.011

表7 独立的T检验:初级水平亚裔和非亚裔两组

内在动力	t=2.47	df=79	p=0.018

结果表明,与中级水平的学生相比,初级水平学生,被动的学习态度对获得高分有更大的作用。对于中等水平的学生来说,"对学习任务的期望"会更有助于得高分,而"根据要求的被动学习"会带来更低的分数。这些研究结果说明,对于学习策略和努力程度的恰当的期望,是学生在完成初级阶段之后持续学习汉语的重要影响因素。而另一方面,被动的态度和对要求的服从,可能是学生最初选修汉语课程的一个影响因素。

一般来说,学生更熟悉主流教学的语言,例如法语,而对非普遍教授语言不太熟悉。在学习汉语的过程中,他们的学习任务可能会发生改变。学习汉语的直接经验能够帮助学生建立对于学习策略和努力程度的适当期望,因此,处于更高水平的学生会在学习中采用更多适当的学习策略,付出更大的努力。

---

① 独立t检验(Independent t-test)是t检验的一种,用来对两个独立的样本的平均值进行比较。

② p值为结果可信程度的一个指标,p值越大,越不能认为样本中变量的关联是总体中各变量关联的可靠指标。p值越小,显著性则越可靠。一般认为$p<0.05$是可接受的边界水平

由于没有对二年级的学生刚开始学习汉语时进行过问卷调查,我们没有数据来证明他们是从一开始就对学习策略和努力程度有更恰当的期望,还是他们在后来的学习中进行了发展。但是期望在后来得到发展似乎更有可能性。那些没有、或是没有发展出对于学习策略和努力程度的恰当期望的学生,更可能在达到中等水平之前就放弃了汉语学习;而那些希望继续学习的人,可能很快就会发现,学习汉语是一项需要花费很多时间的任务,学生可能根据具体的情况进行自我调整,发展对学习任务和策略的期望,从而能够持续到中级阶段的学习。

T检验的结果表明,两组不同种族背景的初学者具有显著的差异性(表7)。这两组之间的差异性在表1和表2的回归结果中就已经表示出来了。这一结果说明,处于初级阶段的亚裔美国学生具有更强的"对自身文化的兴趣"的动力(表3)。他们选修汉语课程的初始动力是了解中国文化。另一方面,来自非亚裔美国背景的学生,主要的动力是"内在动力","对于学习策略和任务的期望"。

4. 动力变量和期望的学习成绩之间的相联关系

期望模式中的预期成果和动力变量之间的关系,是通过 Pearson product-moment correlations 计算出来的。变量之间的很高的相关系数提供了构成汉语学习关联动力的信息。表6到9所示的是不同水平和不同种族背景的学生的相联关系。

表8　期望的学习成绩与4项动力因素之间的相关分析

初级水平的亚裔美国学生

期望的成果	工具动力	内在动力	预期的努力程度	被动因素	课程平均分
1 流利的说汉语	0.009	0.041	0.286*	−0.109	0.215
2 用基本的汉语交流	0.225	0.002	0.347**	−0.253*	0.297**
3 发展阅读技巧	0.093	0.017	0.246*	−0.208	0.334**
4 得到A	−0.147	0.037	0.198	−0.217	0.336**
5 了解中国人	0.363**	0.289*	0.389**	−0.193	0.170
6 学习中国文化	0.387**	0.204	0.353**	−0.261*	0.063
7 课程平均分	0.220	0.303**	−0.051	−0.151	1.00

　　* p<0.05　　** p<0.01　　*** p<0.001

表9 期望的学习成绩与4项动力因素之间的相关分析

初级水平的非亚裔美国学生

期望的成果	工具动力	内在动力	预期的努力程度	被动因素	课程平均分
1 流利的说汉语	0.139	0.224	0.133	0.163	0.077
2 用基本的汉语交流	0.254 *	0.168	0.279 *	0.024	0.147
3 发展阅读技巧	0.209	0.117	0.208	0.181	0.060
4 得到 A	0.030	0.086	0.136	0.119	0.419 **
5 了解中国人	0.277 *	0.353 **	0.341 **	0.110	0.005
6 学习中国文化	0.265 *	0.070	0.395 **	0.069	−0.020
7 课程平均分	−0.035	0.391 **	0.008	−0.055	1.00

* p<0.05   ** p<0.01   *** p<0.001

表10 期望的学习成果与4项动力因素之间的相关分析

中级水平的亚裔美国学生

期望的成果	工具动力	内在动力	预期的努力程度	被动因素	课程平均分
1 流利的说汉语	0.380 **	0.354 **	0.249 *	0.058	0.150
2 用基本的汉语交流	0.526 ***	0.361 **	0.451 ***	−0.116	0.264
3 发展阅读技巧	0.536 ***	0.289 *	0.468 ***	−0.191	0.331 **
4 得到 A	0.064	0.136	0.127	−0.179	0.454 **
5 了解中国人	0.617 ***	0.517 ***	0.591 ***	−0.083	0.205
6 学习中国文化	0.595 ***	0.471 ***	0.630 ***	−0.103	0.067
7 课程平均分	0.164	0.151	0.317 *	−0.268 *	1.00

* p<0.05   ** p<0.01   *** p<0.001

表11 期望的学习成果与4项动力因素之间的相关分析

中级水平的非亚裔美国学生

期望的成果	工具动力	内在动力	预期的努力程度	被动因素	课程平均分
1 流利的说汉语	0.364 **	0.368 **	0.502 ***	0.008	0.131
2 用基本的汉语交流	0.375 **	0.346 **	0.397 **	−0.072	0.186
3 发展阅读技巧	0.388 **	0.276 *	0.413 ***	0.015	0.127
4 得到 A	0.150	0.219	0.263 *	0.132	0.262 *
5 了解中国人	0.349 **	0.378 **	0.380 **	−0.001	0.147
6 学习中国文化	0.348 **	0.449 **	0.386 **	−0.008	0.149
7 课程平均分	0.071	0.413 ***	0.312 *	−0.123	1.00

* p<0.05 ** p<0.01   *** p<0.001

对于中级水平的学生来说,"内在动力"除了第 4 条之外,与预期的成果都有显著的相关,第 5 条"了解中国人"对于不同种族背景的初级水平学生也有显著相关。"内在动力"和期望的结果之间的相关,还表明对于一年级学生来说内在动力更多的定位于文化而非语言;而对于中级水平的学生,其定位于文化和语言的内在动力和预期成果之间都存在显著相关,因此,他们的内在动力是来自文化和语言两个方面的。

对于来自不同种族和具有不同汉语程度的学生来说,"对于学习策略和学习投入的努力程度的期望"都和大部分的预期学习成果存在着显著的相关。在期望模型中,愿意采用更加有效的策略,更加努力地学习的学生会对学习的成果有更高的重视。对于中级水平的学生来说,期望的学习策略和努力程度与课程分数之间存在着显著的相关性。这说明,"预期的学习努力程度和学习策略"对中等水平学生的汉语学习成绩,发挥了更加重要的作用。这一发现与表 1 和表 2 所示的回归结果是一致的。

对于所有学生来说,"对课程的要求的消极态度和消极措施"和所期望的学习成果存在着负相关,或不存在相关性。这一发现说明,被动的选择中文课程这一原因和其他的动力因素不同类。这一变量可能更多地涉及学生对于外在要求的被动反应,以及缺乏通常意义上的努力而是被动的应付式的学习。这可能是促成一些学生选择汉语课的一项因素,但却不能帮助他们坚持到中级水平。被动因素和其他动力因素,期望的学习成果以及课程分数之间,都只有极弱的相关性,说明这项因素可能并不属于本研究所讨论的动力框架。

四、讨 论

1. 不同种族背景的学生学习中文的的初始动力

对于亚裔美国学生和非亚裔美国学生来说,开始学习汉语的动力是相似的,即内在动力起着显著作用。但是,其动力的主要方面和定位却在一定程度上有所不同。亚裔美国学生的最大动力来自"对于继承自身的传统文化的极大兴趣",以及"了解中国人"。而非亚裔美国学生受到"内在动力"和"对学习策略和努力程度的期望"的共同激励。内在动力是非亚裔美国学生开始学习汉语的初始动力,此外,对学习策略和学习投入的努力程度的正确估计同样对处于初级阶段的非亚裔美国学生的成绩发挥了作用。

另一项可能促使学生选修初级汉语课的因素是根据课程要求所作的被动反应。"汉语课程比其他五个单元的课程要求更低"的设想,以及"完成要求"的原因使得学生开始学习中文。然而,这只能在选修中文课程这一阶段发挥作用。具有一定语言背景的学生可能会认为这一课程对他们来说要求低一些,因为他们有语言背景。事实上,他们预期的学习任务可能不合实际:汉语课的要求比他们想像的难得多。两个种族学生的预期成果和 4 项动力因素之间的相关性数据显示,具有被动动力的学生获得的分数更低,且更可能在达到中等水平之前就放弃学习汉语。

2. 中等水平学生的学习动力

对于两个种族的学生来说,学习中国文化这一内在动力都是他们决定学习中文的显著预测变量,但并不是他们在中级水平持续学习中文的显著因素。"对于学习所投入的努力程度和学习策略的期望值"是来自不同种族背景的学生在中级阶段继续学习的显著预测值。

上述发现和以前有的研究结果(Gardner,1985;Dornyei,1990)不一致。可以用于解释不一致的一项指标是不同的语言学习环境,尤其针对非亚裔美国学生来说。汉语的书写体系和英语之间存在着很大的差异。可能很多学生刚刚开始学习中文时,对于汉语的书写体系着迷,却没有意识到学习汉字需要投入大量的时间,他们可能没有预料到等待着他们的学习任务是如此的繁重。学习了一年之后学生慢慢意识到记忆汉字的重要性,随之改变了他们对学习策略和对学习投入的努力程度的预测。在这一阶段,"对学习策略和投入努力程度的期望"成为预测学习成绩的首要因素。

因此,对于中级水平的学生来说,并不是内在动力消失了,而是在学习和动力的互相影响中,对学习策略和努力程度的期望成为预测语言成果的最佳变量。在学习的过程中,学生逐渐地认识和发展出对于学习任务和学习策略的适当的期望。

3. 期望的学习成果和动力因素

本研究中,期望的学习成果包括三个组成部分:通过测量不同程度的对学习的看法而得出的效价,通过对可能性测量的学习成果期望值,以及个人达到学习成果的能力的期望值。这几个因素强调认知方面的学习态度与期望,以及由目的所引导的学习动力。当个人的动力有一定的目标时,就会下决心去实现其目标。此外,目标越明确越详细,动力就越有效(Knowles,1973)。

如表8到表11所示,对于不同水平和不同种族背景的学生来说,大多数期望的成果和课程的实际成绩之间存在显著的相关。期望的成果和工具动力以及对投入努力程度的期望这些动力因素之间同样存在着显著相关。因此,这一研究结果表明,当学生相信预期成果和对学习作出的努力将会带来明确的有意义的结果或是有价值的手段时,他们很可能会受到激励而更加努力地学习。他们会有动力采用有效和高级的学习策略来达到目标。因此,"期望的学习成绩"、"有价值的工具"、"有目标的努力"以及"有效的学习策略"这几项因素之间显著相关,并且互相影响形成了促进学生学习的强大动力,帮助学生更明确学习目标,采用更有效的策略来达到目标,并发展自我控制的意识。

附录:问卷调查表

STUDENT QUESTIONNAIRE

Student ID:

I. General Information

1. Give your age in years:.
2. Indicate your sex: M; F.
3. Check your ethnic membership below:
   Caucasian; Asian (please specify your nationality); Asian-American; African-American; Hispanic; American Indian;
   Other (Specify).
4. What is your major.
5. Check your classification: Fr; So; Jr; Sr; Gr;
   Other (specify).
6. What year are you enrolled in: Chinese: First Year; Second Year.
7. The language(s) you can speak, understand, read, and write.
   Following are a number of statements with which some people agree and others disagree. There are no right or wrong answers since many people have different opinions. Please give your immediate reactions to each of the items. On the other hand, please do not be

careless, as it is important that we obtain your true feelings. Circle the number of the alternative below the statement which best indicates your feeling in that statement.

II. Motivation Information

I am taking Chinese:

1. so that I will be able to better understand and appreciate Chinese art and literature..

    Strongly   Strongly

    disagree 1 2 3 4 5 6 7 agree

2. so that I will be able to meet and converse with more and varied people.

    Strongly   Strongly

    disagree 1 2 3 4 5 6 7 agree

3. because I want to learn about other cultures to understand the world better.

    Strongly   Strongly

    disagree 1 2 3 4 5 6 7 agree

4. because of interest in my own Oriental heritage.

    Strongly   Strongly

    disagree 1 2 3 4 5 6 7 agree

5. because I feel Chinese is an important language in the economic development of the world.

    Strongly   Strongly

    disagree 1 2 3 4 5 6 7 agree

6. because it will help me to better understand the problems that Chinese-speakers face.

    Strongly   Strongly

    disagree 1 2 3 4 5 6 7 agree

7. because I think it will someday be useful in getting a good job.

    Strongly   Strongly

    disagree 1 2 3 4 5 6 7 agree

8. because I want to be able to use it with Chinese-speaking friends.

    Strongly   Strongly

    disagree 1 2 3 4 5 6 7 agree

9. because I want to use /Chinese when I travel to a Chinese-speaking country.

    Strongly   Strongly

    disagree 1 2 3 4 5 6 7 agree

10. because I need to study a foreign language as a requirement for my degree.

StronglyStrongly

disagree1234567agree

11. because I feel the class is less demanding than other five-unit courses.

　　StronglyStrongly

　　disagree1234567agree

12. because I need it for study abroad.

　　StronglyStrongly

　　disagree1234567agree

When I learn a foreign language, I expect that:

13. I will

　　a. pass on the basis of sheer luck and intelligence.

　　b. do just enough work to get along.

　　c. try to learn the language.

　　d. enjoy doing all the work.

14. I will think about the words and ideas which I have learned in my classes:

　　a. hardly ever.

　　b. once or twice per week.

　　c. several times during the week.

　　d. daily.

15. I will spend about the following amount of time to practice the language after class.

　　a. zero hours

　　b. one hour per week.

　　c. four hours per week.

　　d. more than six hours per week.

16. I will

　　a. not be necessarily active in speaking the language in class.

　　b. answer the questions when I am called.

　　c. volunteer answers to the questions which are easy.

　　d. volunteer answers as much as possible.

17. after I get my Chinese assignments back, I will

　　a. just throw them in my desk and forget them.

　　b. look them over but don't bother correcting mistakes.

c. correct mistakes when I have time.

   d. always rewrite them, correcting my mistakes.

18. I will try to speak Chinese after class

   a. never

   b. when I have to.

   c. when I am offered the opportunities to do so.

   d. in wide variety of situations and as much as possible.

III. Information on learning outcomes: valency, expectancy, and ability.

How significant are these outcomes from your Chinese class to you? Circle the number which best indicates your feeling in that statement.

1. To speak /Chinese fairly fluently.

   Very Very

   insig. 1 2 3 4 5 6 7 sig.

2. To communicate with Chinese-speakers in basic /Chinese language.

   Very Very

   insig. 1 2 3 4 5 6 7 sig.

3. To develop reading comprehension of /Chinese.

   Very Very

   insig. 1 2 3 4 5 6 7 sig.

4. To receive the grade of "A" from the class.

   Very Very

   insig. 1 2 3 4 5 6 7 sig.

5. To better understand /Chinese people and their way of thinking.

   Very Very

   insig 1 2 3 4 5 6 7 sig.

6. To learn more about /Chinese culture and custom.

   Very Very

   insig 1 2 3 4 5 6 7 sig.

What is the probability you expect that you will achieve the above outcomes from the / Chinese class that you are taking now? Circle the expected probability for each outcome.

1. To speak/Chinese fairly fluently.

   no probability 100% probability

0 10 20 30 40 50 60 70 80 90 100

2. To communicate with /Chinese-speakers in basic Chinese.

   no probability 100% probability

   0 10 20 30 40 50 60 70 80 90 100

3. To develop reading comprehension of/Chinese.

   no probability 100% probability

   0 10 20 30 40 50 60 70 80 90 100

4. To receive the grade of "A" from the class.

   no probability 100% probability

   0 10 20 30 40 50 60 70 80 90 100

5. To better understand /Chinese people and their way of thinking.

   no probability 100% probability

   0 10 20 30 40 50 60 70 80 90 100

6. To learn more about /Chinese culture and custom.

   no probability 100% probability

   0 10 20 30 40 50 60 70 80 90 100

What do you think of your own ability to achieve the above outcomes? Circle your estimated ability for each outcome.

1. To speak /Chinese fairly fluently.

   very low ability very high ability

   0 10 20 30 40 50 60 70 80 90 100

2. To communicate with Chinese-speakers in basic.

   very low ability very high ability

   0 10 20 30 40 50 60 70 80 90 100

3. To develop reading comprehension of /Chinese language.

   very low ability very high ability

   0 10 20 30 40 50 60 70 80 90 100

4. To receive the grade of "A" from the class.

   very low ability very high ability

   0 10 20 30 40 50 60 70 80 90 100

5. To Better understand /Chinese people and their way of thinking.

   very low ability very high ability

0102030405060708090100

6. To learn more about /Chinese culture and custom.
very low ability very high ability
0102030405060708090100

第四节　网络课程中学习态度和学习成绩的关系

一、文献综述

随着信息技术的飞速发展和网络技术的广泛应用,教学资源呈现的形式更是丰富多彩。以计算机技术和网络技术为辅助手段的课程设制逐渐作为新的教学形式在美国的各个大学广泛展开。以计算机和网络技术为手段的课程(Webct courses)优点瞩目,发展迅速。以美国南部的一所州立大学为例,2002年秋季全校 Webct 课程的注册人数是 30188,在 2006 年秋季 Webct 课程的注册人数是 2002 年的两倍;所开的 Webct 课也从 2002 年秋季的 350 门增加为 2006 秋季的 984 门。

以计算机技术和网络技术为手段的课程(以下简称为 Webct)集中了众多优势,有传统教学难以实现的功能。首先是使得学习成为了个性化和自主化的过程。这种课程打破了传统课堂教学模式的时空界限,学习者不但可以选择适合自己的时间、地点,决定自己的学习速度,而且还可以选择不同的学习内容与重点,体现了实际意义上的"因材施教"和"以学生为中心"的教学理念。第二是使得教学内容、传授方式和学习方法焕然一新,有力地提高了教学的趣味性。各种文本、图表、动画的灵活运用使得学习材料形象、直观、逼真,激发多重感官,提高学习的效果。第三是有利于学习者心理情绪的健康。学习者可以反复学习同样的内容,做同样的练习而没有任何心理顾虑,出众多的错误不必感到不好意思;可以提早准备、以自己的学习进度来完成学习任务。本文的目的在于调查上述的第三点,调查学生是以什么样的学习态度、带着怎样的学习动机来 修Webct课的。他们对计算机和网络技术的态度和修Webctcourses的动机是否与他们的学习成绩有关系？如有，是怎样的关系？如何解释这些关系？

不少研究表明计算机和网络技术对教学的辅助作用是明显的（Liaw，2000；McFarlane，1997；Garrett，1991a）。顺之推理，Webct 课的教学效果也应该是显著的。但在另一方面，Webct courses 的学习效果在很大程度上会受到心理、情绪方面的影响。Donoho(1994)的调查表明 36% 的在办公室用电脑工作的人员觉得由于他们的计算机能力不够好，所以没有充分运用计算机所提供的各种功能。他们在心理上存在着一种对高科技的焦虑感，觉得不容易操作，学起来费时间。Harris(1985)把对计算机技术的掌握有恐惧、忧虑情绪的现象称为"恐机症"。可以想象得到，这种"恐机症"再加上对网络操作的不熟练或是对计算机采取一种消极的态度就会造成学习的障碍，降低先进技术对教学的作用。另外，造成心理方面的障碍的原因又和很多别的因素有关。如 Migliorino & Maiden(2004) 调查高中教师对应用教学软件的态度问题时发现，对教学软件的态度与教龄和使用计算机的历史以及教师的年龄有显著关系。

技术的先进并不能保证使用的高效率。成功地使用先进技术在很大程度上取决于积极的态度和对技术的正确运用。成功地使用先进技术是给工作、学习带来高效率的一个基本条件。对计算机和网络技术采取一种积极的态度，对运用这些技术的能力持有自信心，在运用这些技术时采用主动的方式、积极的策略、有兴趣去探索是利用先进技术取得高效率的先决条件。Flammer(1995) 认为对学习结果的信心和期望会对取得学习成绩起重要的中介作用。学习者对自己的行为和所预想的结果感到有控制力（Control belief）。这种控制能力首先是表现在有明确的信念上。信念就意味着可能性：一定的信念会带来一定的行为，一定的行为又会带来一定的结果的可能性（Contingency beliefs）；其次，能力的信念（Competence beliefs）表现在有采取某些行为的能力上。换句话说，如果学习者对计算机和网络技术有自信心，相信自己在这方面的动手能力，知道自己能够用计算机从事各项任务，这位学习者就会有较高的成功系数。

在学习任务中，当学习者觉得自己把握着一定程度的主动权时，这种正面的感觉会引导出积极的行动。即使面临着失败的可能也会坚定信心，积极努力争取成功。反之如果觉得自己对环境和任务基本上无能为力时，往往采取回避和被动的态度。控制力和主动权是学习计算机技能的一个潜在动力(McInerney, Marsh, & McInerney, 1999)。Al-khaldi & Al-Jabri(1998)对计算机辅助教学效果的调查表明相信自己运用计算机的能力这一因素可以预测学习者是否会经常并且长时间地使用计算机。

既然完成任务和使用工具的自我控制感和主动权非常重要,调查产生和发展不同程度的自我控制感和主动权的条件就是一个研究的热门课题。不少研究结果表明两个条件是重要的。一是正面的和成功的经验,二是与外界,如他人或要达到的标本相比自我感觉良好,不觉得落后(Pajares, 1997; Solvberg, 2003)。成功的学习经验给人以自我能力良好的感觉,这种感觉又反作用于对任务的自我控制感和主动权上,形成从心理、认知到行为能力的良性递进;而失败的感觉则带来从心理、认知到行为能力的恶性循环。所以我们希望学习者在运用计算机技术和网络教学方面所积累的经验是正面的和成功的。另外在对计算机的态度和能力的研究方面,有些调查(如 Rozell & Gardner, 2000; Whitley, 1997)表明使用计算机的经验和对计算机的态度有显著的相联关系。有使用计算机经验的人有较高的对计算机的自信心和对计算机使用能力的自我认识(Computer self efficacy)。

Pajares(1997)提出,当人们不是很确定自己的能力或是缺乏做某些任务的经验时往往会对外界变得敏感而进行比较。如修某一门课时,这门课的要求和同学都会成为学习者相比较的对象,成为学习者判断自己能力的对照。如果相比较的结果是正面的,觉得自己的能力良好,就会提高自我能力的信心(self sense of efficacy);否则会在心理上妨碍对自己的正面认识。如果觉得自己与相比较的模式距离越近,那么说服、相信自己可以成功的比率也就越大。有些学者(Skaalvik, 1997; Bandura, 1997; Pajares, 1997)认为这种与外界比较作用对学习者自我能力的判断(Competence beliefs)和对完成任务的自信心都有很大的影响。

在对计算机技术和网络技术为手段的教学研究中,学习态度包括学习动机和对计算机的自信心与控制能力。而这些心理情感因素(如学习态度与自信心等)会导致学习者对学习任务所采取的一系列行动和学习策略。学习者对学习的投入程度和学习策略对学习结果有直接的、重要的作用(Flammer, 1995; Mori, 1999; Solvberg, 2003)。不少研究表明(Abraham & Vann, 1987; Gu

& Johnson,1996;Carrel,1989;Ely,1986)如果学习者相信某一学习策略的优势,他们在实际的学习中会反复地运用这些策略。Mori(1999)调查了以英语为第一语言的美国学生学习日文时所运用的策略和他们对学习任务所抱有的认识与态度的关系。其调查结果说明对学习任务和整个学习抱有什么样的认识和策略,在学习中就相应地会有什么样的学习行为,其学习行为会带来相应的学习结果。

二、本项调查的特点

本调查的重要性首先在于其研究内容的深度。我们不仅调查学生在修Webct courses课程时在心理情感方面可能会有什么样的因素,而且还要分析这些因素与学生的学习成绩是否有关系,如有,是什么样的关系。已发表的调查虽然在心理、情感等方面有研究,但很少有对心理情感和学习成绩进行直接的相关调查。而这一方面的研究是重要的。说到底,检查教学质量的一个主要标准取决于学生的学习成绩。

第二,本调查的范围有一定的广度。以前在这方面的研究都是以传统的课堂教学为背景来调查心理、情感等因素。本调查则以Webct课为背景,考查学生把哪些与计算机和网络技术有关的心理态度等抽象因素带入课堂,融入学习过程中。Webct courses显然比传统的课程给学生提供了多种优势。在这些众多的优势中,哪些优势是最吸引学生的?这些优势是否促进了对知识与技能的掌握,促进了学生学习成绩的提高?

此外,建立在以前的研究基础上(如Migliorino & Maiden,2004),本调查还研究造成计算机和网络技术有关的态度、情感因素的其他相联因素之间的关系。这些因素包括学生的年龄、性别、大学年级、专业、修过多少网络课程,使用计算机和网络的方便程度。这些自变量可能对计算机和网络技术的态度和成功的运用程度造成一定的影响。本调查希望通过对这些因素的调查来进一步了解心理情感因素在Webct courses所起的作用。

Webct courses(Web Classroom Technology courses)课是以计算机和网络技术为辅助或主流手段的课程。它既可以采用传统的课堂教学方式,同时兼用计算机和网络技术所提供的灵活多样的优点作为辅助,还可以把计算机技术和网络技术作为主流教学,使之变成一个网络课程。教师把大量的教学内容,如课堂教学讲义、学习重点和难点、有关内容的背景资料、学习指导和导读材料(Study / Reading Guide)、家庭作业、强化性学习内容(Enhancement Materials)和补充材料都放在 Webct 课的网站上。这些材料的展现往往有着图文并茂,音响辅助,新颖生动的特点。学生可以在任何时间,任何地点上网选择任何内容进行学习。教师对课程的出席率有不同的要求。有的教师要求学生仍然到教室上课;有的要求学生只是一部分时间到教室上课,剩下的课程时间学生自己在课程的网页上学习;也有的教师不要求学生到教室去上课,所有的教学活动都通过网络进行。不论是什么样的要求,Webct course 都有一个共同点,即学生可以在任何时间、任何地方上网来学习这门课的内容。本实验所调查的三门中国语言、文学和文化课程,教师的要求是二分之一的课程时间用于课堂教学,二分之一课程时间用于网上学生进行自主性的学习。课程的网页上有丰富生动的教学内容与学习资料,如课程计划与要求、教学进度、课程内容评分标准、教师的讲义、有关内容和背景知识的介绍、辅助材料、课程的重点和要讨论的题目、家庭作业、学期作业、学期论文的辅助材料和要求,网上讨论等,一一列入课程的网页上,最大限度地提供了自主学习的方便。学生所有的作业、讨论等活动都在网上进行。

三、研究的问题与求证方法

实验对四个问题进行调查分析。第一,在选修 Webct courses 时学生有哪些情感、态度方面的因素?第二,这些因素与学习成绩有什么样的关系?第三,这些因素之间存在着什么相联关系?第四,这些因素与学生的性别的关系如何?

1. 调查工具

实验用了两项工具。第一项工具是一份含有两个大部分的问卷(请参见附录)。问卷的第一部分收集受试者的基本情况。根据以前的研究结果(如 Miglioino & Maiden, 2004),问卷包括了与计算机和网络技术的态度与运用能力有关的因素。这些因素包括 1) 年龄, 2) 性别, 3) 大学年级, 4) 专业和副专业, 5) 以前修过多少网络课程, 6) 自己是否有计算机, 7) 是否可以在任何地方上网，8）是否可以在任何时间上网。这些因素可能会对计算机使用者的心理和情感方面有直接或间接的影响。

问卷的第二部分建立在 Gressard & Loyd(1984，1985) 的"计算机态度衡量标准"(The Computer Attitude Scale)和对计算机、网络技术的控制力、主动权的研究(如 Solvberg，2003；Flammer，1995)的基础上，并针对本调查的情况做了相应改动。"计算机态度衡量标准"用度量衡量形式(Linkert Scale)提出正面和反面的问题来收集对计算机和使用计算机的态度。Gressard & Loyd (1994)以高中和大学生作为实验受试的抽样，研究了性别、年龄和计算机使用经验对计算机的态度所产生的关系，并对计算机使用的忧虑感和自信心等因素做了分析调查。他们的实验结果表明计算机的使用经验对学生在心理方面所产生的不同态度有直接的显著的影响，而年龄与性别对计算机的态度没有造成明确的作用。他们还使用了"计算机态度衡量标准"，用因子分析进行考察鉴别以确定"计算机态度衡量标准"的可靠性与有效性，检验学生对计算机的学习和使用方面的心理、态度等因素。他们在 1985 年对"计算机态度衡量标准"再一次进行鉴别，通过三个实验来检查它的有效性和可靠程度。这些实验结果表明这一标准的指标系数有较好的稳定性，各因子之间有令人满意的有效程度，而且对受试者的计算机态度的改变等行为有敏感的反应。。本实验所以采用 Gressard & Loyd 的"计算机态度衡量标准"不仅仅是因为他们的实验方式、调查内容与本研究相似，还因为这一标准在后来的研究中证明了其有效性和可靠性，被广泛地采纳使用(Gressard & Loyd, 1984, 1985；Maher, 1994；Migliorino & Maiden, 2004)。

除了采用"计算机态度衡量标准"的题目外，调查问卷还借鉴了以前的对计算机使用的自信心和自我能力控制感的研究(如 Solvberg，2003；Flammer，1995)，在此基础上问卷包括了对计算机使用和控制能力的自我看法。学习者对自己能力的看法会导致他们在学习中会采取什么样的行动，运用如何的策略及对学习所投入的努力程度。

问卷的第二部分有 21 项题目调查受试者对计算机和网络教学的态度，修 webct courses 的动机，学习经验、学习策略等因素。其中有的题目是有关学习者对 webct courses 的焦虑或畏缩情绪，缺乏自信心，觉得自己跟他人相比落后的，比如"我对网络课程有畏惧感"，"我对网络课程的这种学习环境不很适应"；

有的题目表现了学习者对 webct courses 的兴趣和内在动力,比如"我认为修网络可用计算机对我来说很重要","我喜欢网络课程的这种学习环境";有的题目是有关学习者在学习中所获得的正面的成功的经验,比如"我希望以后还会修别的网络课程","我觉得我修网络课程时比非网络课程更有控制感和主动权";有的题目是关于学习者为什么选修 webct courses,比如"我修网络课是因为网络课的阅读材料比非网络课的少","我修网络课是因为我可以用灵活的时间和地点来学习";有的题目是对学习的投入程度和学习策略的运用,比如"我读网络课的阅读时比非网络课更认真、仔细"。请见文后的附录。

第二项工具是学生的期中、期末的平均成绩。虽然参加实验的学生来自三个不同的课程和班级,但由于课程设计和要求相似,考试的内容和形式也都很相似,形式都包括多项选择、正确和错误的判断和短文。每个学生的期中和期末考试成绩都转化为百分比分数,平均后成为标准的综合评价指标。

2. 抽样对象

本调查的受试者来自美国南部一所大学修中国语言、文学和文化的三个班级。调查问卷发出了 83 份,收回了 73 份。回收率为 88%。这三门中国语言、文学和文化课用英文讲授和学习,不要求学生要有任何中文语言背景。这三门课是本校"亚洲研究"和"汉语研究"两个副专业的选修课。90% 的抽样学生修这门课是为了完成他们的副专业。

收回的问卷的第一部分的结果表明,抽样的学生年龄均在 18 到 28 岁之间,其中 18—21 岁的学生 28 名,22—23 岁的学生 30 名,24—28 岁的学生 15 名。抽样学生的专业和副专业分布情况为,40 名商业金融专业,21 名社科人文专业,12 名自然科学专业。64 名(90%)抽样学生的副专业是"亚洲研究"或"汉语研究"。所有的抽样学生都有自己的计算机。97% 的抽样学生在任何地方都可以上网,95% 的抽样学生在任何时间都可以上网。所有的抽样学生以前都修过最少一门 Webct course。其中 37 名抽样学生修过一到两门,16 名抽样学生修过三到四门,20 名抽样学生修过五门或五门以上的 Webct courses。表 1 是参加实验的抽样学生的基本情况。

表 1 参加实验者的基本情况 N = 73

年龄	N	性别	N	年级	N	专业	N	已修过的 WCT	N
18—21	28	男	37	大一	2	商业	40	1—2 门	37
21—23	30	女	36	大二	18	人文社科	21	3—4 门	16
24—28	15			大三	28	自然科学	12	5—8 门	20
				大四	25				

3. 采集过程与数据处理

回答问卷和测验考试都是在平常的课堂上进行的。这些课程是 Webct courses,二分之一的课程在教室上,考试也在教室进行。在发给学生调查问卷时,要求学生尽可能准确、认真地按照他们的即时反应来回答问题。学生有足够的时间来完成问卷。考试(期中和期末考试)的设定和判分方式和标准都是各门课的教师通过互相的沟通讨论以后形成的。

调查通过以下的统计过程对数据进行分析:1)用因素分析来确定本研究中涉及的学习态度、动机、情感等变量,并检验整个问卷和每一个变量因素的 Cronbach alpha 的系数,测定问卷和每个因素的可靠性;2)用回归过程对变量因素和学习成绩之间的关系进行检验,确定哪些学习态度方面的变量因素能够解释学习成绩的不同;3)用相关研究分析所提取的因素之间和课程学习成绩之间的关系,4)检验自变量性别与所提取的因素之间的关系。

四、数据分析结果

1. 调查问卷项目的描写数据

首先对问卷 21 项题目内部的信度作了分析,其 Cronbach Alpha 的系数是 0.78,说明本调查问卷有比较高的信度。然后对调查问卷第二部分的每一项进行了描述性分析(表 2)。从表 2 中我们可以看到,抽样对第 17、25、13、14、的回答分数最高,对第 11 项的回答分数最低。第 17 项表达了学习者对 Webct 课的强烈要求:Webct 课在计算机和网络技术方面必须要好用(User friendly)。第 25 项表达了抽样学习者认为 Webct 课的技术带给他们的最重要的学习便利:"可以在对我最方便的时间和地点上网学习我所需要学习的内容"。第 13 和 14

项表明了学习者对 Webct 课的计算机和网络技术的积极的态度,如"我觉得通过网络用软件的形式提供课程学习的内容与资料很有必要","我相信对我来说在 Webct 课中学习用计算机技术是非常重要的"。第 11 项的分数最低,说明的是抽样学习者对 Webct 课中的计算机技术的顾虑与担忧心理。

表 2　调查问卷项目的描述数据 N=73

	Minimum	Maximum	Mean	Std. Deviation
第 11 项	1.00	7.00	2.4795	1.81130
第 12 项	1.00	7.00	5.1644	1.53671
第 13 项	1.00	7.00	5.3014	1.44034
第 14 项	1.00	7.00	5.2877	1.63707
第 15 项	1.00	7.00	4.7123	1.75182
第 16 项	1.00	7.00	4.6027	1.68110
第 17 项	2.00	7.00	5.6301	1.31769
第 18 项	1.00	7.00	4.4932	1.74899
第 19 项	1.00	7.00	3.8493	1.74540
第 20 项	1.00	7.00	3.2603	1.76405
第 21 项	1.00	7.00	4.0959	2.16130
第 22 项	1.00	7.00	3.1644	1.88572
第 23 项	1.00	7.00	3.5479	1.89327
第 24 项	1.00	7.00	5.1096	1.66301
第 25 项	1.00	7.00	5.3425	1.71771
第 26 项	1.00	7.00	3.2466	1.73830
第 27 项	1.00	7.00	4.6164	1.75301
第 28 项	1.00	7.00	4.5753	1.62376
第 29 项	1.00	7.00	3.8630	1.74256
第 30 项	1.00	7.00	3.4932	1.81906
第 31 项	1.00	7.00	4.3699	1.75204

2. 因素分析

本实验所考察的的第一个问题是在选修 Webct courses 时学生有哪些动机态度方面的变量。因素分析[①]被用于确定抽样的学习态度与动力的构成。通过因素提取的步骤对问卷的第二部分的 21 个项目进行了分析。四类因素被提取

[①] 因素分析(Factor analysis)也称因子分析,是根据数据中的内在逻辑,把多个影响因素用统计的方法归纳成几个综合指标,以显示事物的实质性。

出来,分别被定义为1)技术优势动机、2)正面的学习经验、3)负面的对任务的期望、4)对Webct技术的焦虑失控感。表3显示了因素荷载和方差解释率。四个因素一共可以解释57.48%的总方差,表3是总因素荷载和方差解释(Rotation Sums of Squared Loadings)。

第一类是Webct课的技术优势所提供的对课程与学习的各种便利条件,包括10项(第25,24,17,18,27,16,15,12,13,14项)。这一类因素的Cronbach Alpha系数是.79。这一类因素说明了学生选修Webct课程的原因。计算机技术和网络技术给学习者带来了时间、地点、学习内容、学习速度等方面的便利条件。如"我期望能在对我方便的时间和地点学习网上的内容"、"我期望我能以自己的速度来学习"、"我愿意通过Webct的途径以软件的形式来学习课程计划和课程学习资料,不选择保留硬件"、"我喜欢Webct课程所提供的网上的学习环境"、"由于网上所提供的教学,我觉得我的时间的利用率可能会更高"、"我愿意修更多的以网上的学习环境为主的课程"等。这一因素是4个因素中含有的项目最多的,反映了学生认同计算机和网络技术给教学所提供的各个方面的便利,同时也说明学生在选择课程时,对Webct课程利用计算机技术有着具体的期望。他们期望由于高科技,Webct课程能够带来学习上的灵活,选择方面的自由和运用方面的便利。抽样的学生对Webct课的期望成为他们选修Webct课程的动机原因。

第二类是正面的学习经验,包括5项(第29,28,30,26,31项)。这一类因素的Cronbach Alpha系数是0.72。这一类因素的一个明显特点是当比较Webct课程与传统的非Webct课程时,学习者觉得自己在修Webct课时有着更正面的积极的学习经验和自控感觉。比如"我读教师布置的阅读材料要比我修非Webct课时更认真"、"我比我修非Webct课时学习更独立、自觉"、"我参加Webct课程的网上的电子讨论比修非Webct课时课堂上面对面的讨论要更积极"、"我觉得我修Webct课要比修非Webct课更独立自主"。这一类因素反映了学生在修Webct课时要比修传统的教学方式的课程感觉更积极、自主、独立。换句话说,与非Webct课相比,Webct课程给学生提供的不仅仅是学习上的便利(如第一类因素所表达的),还有积极的学习和成功的自我感觉。

第三类是负面的对任务的期望,其中包括3项(21,22,23项)。这一类因素的Cronbach Alpha系数是0.80。这一因素的特点表明学生选修Webct课的另一个动机是觉得 Webct 课程比非 Webct 课的要求低,难度小。比如"Webct 课不要求每次到教室上课","Webct 课对阅读的要求可能比非 Webct 课少一些","Webct 课对写作的要求可能比非 Webct 课少一些"。负面的对 Webct 课程的任务的期望也是选择修 Webct 课的一个动机。它与第一个因素技术优势动机相比较,是很不同的。前者对学习的态度是消极的,希望少读书、少作业;后者期望通过计算机技术和网络技术,Webct 可能给他们带来各方面的便利学习的条件,学生的态度是积极进取的。

第四类是对 Webct 技术的焦虑失控感,其中包括 3 项(20,11,19 项)。Cronbach Alpha 系数是 0.73。这一因素包括了从心理和情绪方面对计算机技术和网络技术的焦虑、缺乏自信心与失控感。比如"我怕 Webct 课中的计算机技术","由于 Webct 课用了计算机技术,我觉得自己的学习能力很弱","在修 Webct 课时,我尽量少参与少做功课"。尽管所有的受试者都最少修过一门 Webct 的课程,而且每个学生都拥有计算机,有用计算机的条件与经验,但对 Webct 课中所用的计算机技术仍然存在着焦虑感和失控心理,由此觉得自己的学习能力弱或以躲避的形式来学习。

表 3 因素荷载和方差解释 Rotation Sums of Squared Loadings

因素名称	1. 技术优势动机	2. 正面的学习经验	3. 对任务的期望	4. 焦虑失控感	总计
解释率	17.06	15.77	13.04	11.62	57.48

回答本实验所考察的的第一个问题,因素分析的结果说明,在选修 Webct courses 时学生存在着 4 项因素。这 4 项因素,覆盖了学生修 Webct 课程的心理动机、学习态度与自我感觉的范围。这 4 项因素可以分为两大类。第一是有关为什么学生选修 Webct 课动机的,如或是出于对计算机和网络技术所带来的优势的重视(第一因素),或是期望 Webct 课会比别的课要求低(第三因素);第二是有关在修 Webct 课时自己的经验与感觉的,或是正面积极的(第二因素),即由计算机和网络技术所带给学习者的独立自主感觉,或是消极的,即在计算机和网络技术面前学习者的焦虑情绪与无能为力的感觉(第四因素)。

3. 学习成绩的显著预测因素

本调查的第二个研究的问题是:所提取的四个因素与学习成绩有什么样的

关系？多元回归过程被用来识别确定四项因素（技术优势动机、正面的学习经验、负面的对任务的期望、对 Webct 技术的焦虑失控感）对 Webct 课学习成绩的预测能力。四类因素作为自变量，期中和期末考试成绩的平均分作为依变量，纳入了多元回归过程中。

回归结果显示只有一项因素，第 4 个因素"对 Webct 技术的忧虑失控感"具有显著的预测性。学生学习成绩中 7.8% 的变异可以通过"对 Webct 技术的忧虑失控感"来解释（$F=5.97, df=(1,71), p=0.017$）。这一因素的非标准化回归系数 B 值，和标准回归系数 Beta 值均为负数，说明这一因素对学习成绩的负作用。多元回归的结果说明，在选修 Webct 课的动机、态度和情感方面，学生对计算机技术和网络技术的焦虑、缺乏自信心与失控感对他们学习成绩的影响最大，阻碍了他们学习的效果。表 4 是四项因素回归的结果。

表 4　Webct 课学习成绩的逐步回归

步骤	等式中的变量	B	Beta	R^2	F	p
1	对 Webct 技术的忧虑失控感	−1.98	−0.279	0.078	5.97	0.017

4. 各因素之间相关系数分析

实验所调查的第三个问题是四个所提取的因素及 Webct 课的成绩之间存在着什么相联关系。皮尔逊积差相关法被用来分析四个因素及学习成绩之间的关系。变量之间比较高或很低的相关系数为我们分析 Webct 课的选修动机与情感的构成提供了有用的信息。表 5 是 Webct 课的学习成绩与 4 项因素之间的相关分析。

表 5　学习成果与 4 项因素之间的相关分析

	因素 1	因素 1	因素 1	因素 1	平均学习成绩
1. 技术优势动机	1				
2. 正面的学习经验	0.336 **	1			
3. 负面的期望	0.221 *	0.435 **	1		
4. 焦虑失控感	−0.279 **	0.073	0.240 *	1	
平均学习成绩	0.172	0.047	0.030	−0.279 **	1

** Correlation is significant at the 0.01 level (1-tailed).

* Correlation is significant at the 0.05 level (1-tailed).

相关分析显示了 4 对相关显著的因素（$p=0.01$）。技术优势动机与正面的学习经验及焦虑失控感；正面的学习经验与负面的期望；焦虑失控感与 Webct 课的学习成绩各有显著的相关。

正如回归结果所显示的，对 Webct 技术的焦虑失控感是唯一的与学习成绩有显著的相关的因素（$r=-279, p=0.009$）。首先分析一下对 Webct 技术的焦虑失控感这一因素。皮尔逊积差相关系数说明，学习者对 Webct 课中所用的计算机和网络技术的焦虑感越高，他们的学习成绩就越低。这一因素还与第一因素，Webct 课的技术优势所提供的学习便利的动机，有着显著的负相关（$r=-0.279, p=0.008$）。也就是说，学习者对计算机技术和网络技术给他们带来的时间、地点、学习内容、学习速度等方面的便利条件越珍惜、越重视，他们对 Webct 技术的焦虑失控感就会越低。此外，对 Webct 技术的焦虑失控感与对学习任务的负面期望也有显著的相联关系（$r=0.240, p=0.020$）。当学习者对 Webct 技术有焦虑失控感时，他们期望 Webct 课程比非 Webct 课的要求低、难度小。或者说，他们所以选修了 Webct 课是期望 Webct 课的阅读、写作及为这门课所花费的精力比非 Webct 课要少一些。负面的学习态度与学习动机与对 Webct 技术的焦虑失控感有紧密的联系。由此可见，虽然仅是第四项因素与学习成绩有显著关联，但这一项因素却和别的两个因素有统计意义上的显著相关，它们之间的关系提供了对修 Webct 课的动机与态度方面的构成的重要信息。

第二个因素，正面的积极的学习经验，与两项因素有相联关系。首先是与第一项，学生选修 Webct 课的动机（$r=0.336, p=0.002$）。Webct 课所用计算机和网络技术给学习带来的便利条件成为学生选修 Webct 课的初衷，他们对学习的便利条件珍惜利用，同时也觉得自己在修 Webct 课时获得积极的学习经验和良好的感觉，其动机与学习经验两者之间成显著的正比。第二因素也与第三因素，对学习任务的负面期望有显著的相关（$r=0.435, p=0.000$）。第三因素是学习者选修 Webct 课的另一个动机，期望 Webct 课比非 Webct 课的要求低、作业少。相关分析显示，尽管学生对 Webct 课的学习任务有负向期望，带着这样的动机来修 Webct 课，他们在学习中仍能努力，能比修非 Webct 课程时获得更积极的学习经验和更良好的自我感觉。

5. 四个因素与性别的关系

要调查的第四个问题是 4 个因素与学生的性别的关系。实验用了多项方差 MANOVA[①] 分析。性别作为自变量,四个选修 Webct 课的动机与情感态度因素作为依变量来检验它们之间的关系。方差分析的结果表明男女性别的差别在正面的学习经验这一项因素上有统计意义上的显著不同($F=5.5$, $df=1$, $p=0.002$)。实验数据说明男生比女生在修 Webct 课时有更正面的、积极的学习经验和自主、独立的感觉。在别的三项因素上都没有显著差别。性别的不同与 Webct 课的学习成绩没有统计意义上的差别。

五、讨 论

1. 选修 Webct 课的动机

本调查所关心的第一个问题是与传统的非 Webct 课相比,学生为什么要选修 Webct 课?调查的结果表明,吸引被试学生选择 Webct 课的原因最少有两条,即从因子分析中所提取的第一因素和第三因素。而且这两项因素分别于其他三项因素都各有统计意义上的显著相关,范围和影响力是很大的。一项是学习者喜欢计算机和网络技术给课程带来的便利,如可以随时随地上机学习,可以根据自己的需要选择学习的内容和步骤等。确实,Webct 课比传统的非 Webct 课不论在课程的设置、教学活动的安排,还是在课程内容的实施方面都有着众多的优势,体现了以学生为中心,为学生服务的思想。可以想象出为什么 Webct 课成为很多学生的首选。本调查的数据表明,所有的受试学生都最少修过一门,一半的受试者修过 3 门以上的 Webct 课。

另一项修 Webct 课的动机是对 Webct 课的学习任务存在着侥幸心理,觉得 Webct 课的阅读和写作比非 Webct 课少一些,要求低一些。这一动机在某种程度上表现了对 Webct 课教学要求的一种误解。确实,Webct 课给学习者带来学习上的灵活性,时间、地点、学习方式的方便性、计算机的直接反馈给学习者心理和情绪上以安全感。但教师对课程和学习任务的要求往往不会由于先进的技术而降低,而是很可能由于灵活有效的学习环境,对学习者的要求更高了,学习任务更重了。笔者对这一问题与数位正在用 Webct 课技术进行教学的

---

① 多项方差(MANOVA)用来观察几个变量之间的交互作用。详见桂诗春、宁春岩所著的《语言学方法论》。

教师进行了交谈。教师一致认为,用了 Webct 课的技术,对学习任务的要求或者是和传统的课一样,或者是稍高了一点儿。

2. 选修 Webct 课的动机与学习经验

不同的选修 Webct 课的动机是否给学习者带来了不同的学习经验?对于这一问题很难做简单的回答,从学习动机到学习结果是一个复杂的过程。计算机和网络技术所带来的众多的优点使得 Webct 课成为很多学生的首选。这一动机与学习者正面的学习经验、积极的学习态度和对学习的自控感有着直接的关系($r=0.336, p=0.002$)。他们少有对计算机和网络技术的焦虑担心或失控心理,这也解释了为什么第一因素和第四因素之间是有统计意义上的负相关($r=-0.279, p=0.008$)。另外,这一动机也与第三因素,即对 Webct 课的要求和任务的负向期望有显著相关。这两个动机表面上看很不同,仔细想来并不互相排斥。学习者在修 Webct 课时可能存在着两个动机。比如他们一方面喜欢 Webct 课的计算机和网络技术带给他们的便利,这是传统的课所没有的;另一方面他们对 Webct 课的要求和任务有负向期望,希望 Webct 课要容易一些。

对 Webct 课的负面期望是否只是给学习者带来负面的学习经验?在一方面,确实,第三因素和第四因素有显著的相关,即对 Webct 课中的计算机和网络技术的焦虑和担心越严重,越期望课程能够容易一些($r=0.240, p=0.020$)。但在另一方面这一动机也与正面的学习经验成正比($r=0.435, p=0.000$),说明与非 Webct 课相比,尽管学习者对 Webct 课的学习任务存在着负向期望,但在修课的过程中,他们还是能够积极地参与,自觉努力地学习,并从中得到对学习的自控感。另外对 Webct 课的负面期望,希望 Webct 课容易一些这一动机也与第一因素,对 Webct 课提供的便利有显著的相关。这些结果说明对 Webct 课比传统的课要求低一些的期望不一定完全是一个负动机。它可以跟焦虑失控感联合在一起对学习产生消极的负作用;也可与对 Webct 课的技术优势的喜爱这一动机联合在一起,在学习过程中产生正面的学习经验和积极的自我感觉。

3. 预测 Webct 课学习成绩的因素

本实验结果发现能够预测学习成绩的因素并不是 Webct 课中的技术优势动机,也不是在学习中所获得的正面的学习经验,而是对 Webct 课中所用的计算机和网络技术的忧虑担心和失控感。这一因素与学习成绩有显著的负相关。

这一现象说明两点。第一,尽管 Webct 课中的计算机和网络技术给学习者提供了传统课不可能实现的众多的技术优势,但要使这些优势发挥作用的关键在于运用。而运用的一个先决条件是有开放、积极的心态。有了这样的心态才能够不被忧虑所困扰而积极地投入学习。对算机和网络技术的焦虑担心和失控感是修 Webct 课在情感方面的第一阻力。

人们一般会认为既然计算机和网络技术已经进入 Webct 课堂,它自然会发生效益,促进学习的有效性。但这一技术应发生的效益却被心理因素所阻扰。正像 Migliorino & Maiden(2004)所指出的,计算机使用者不仅仅担心自己是否有能力来操作运用计算机技术,对自己的能力担心,怕出错,而且也对所提供的技术和软件有所顾忌,不知是否好用方便,或是否能成功地完成任务。所持有的顾虑多于想积极去学的动力。早在 1985 年 Harris 就提出在计算机技术的运用方面存在着"恐机症"(Cyberphobia)。二十年过去了,计算机和网络技术又有了突飞猛进的发展。当高科技被 Webct 系统搬进教室时,我们面临着仍然是一样的由于人们心理态度所造成的挑战,正如这一调查结果表明"恐机症"是影响学习成绩的第一因素。与二十年前所不同的是彼时计算机并不十分普及。而今天几乎人人都有计算机、个个都用网络。但对技术及其使用能力的顾虑仍然是阻扰学习成绩最显著的因素。可见心理因素中"恐机症"的作用之大,影响之深。

第二,虽然第一项因素,技术优势动机在本调查中不是预测课程学习成绩的显著因素,却和显著因素,忧虑担心和失控感,有着统计意义上的显著的负相关。确实,如果对 Webct 课中的计算机和网络技术有兴趣,看上了先进技术给 Webct 课的学习所带来的各种便利,对技术的顾虑担心势必会自然减少。第二项因素,正面的学习经验与第一因素一样,也是一个重要的心理因素(Flammer,1995)。不少调查(如 Mclnerney, Marsh, & Mclnerney, 1999; Al-khaldi & Al-Jabri,1998)说明,成功的使用计算机的经验、对计算机技术有兴趣而且觉得自己有运用计算机的能力、有学习上的主动权是学习计算机技能的一个潜在动力。这一动力能够预测学习者是否会经常并且长时间地使用计算机。本调查的结果从另一个角度说明对计算机和网络技术的顾虑担心或"恐机症"在某些时候和情况下比技术优势动机和正面的学习经验更能直接的预测学习的结果。由于对 Webct 课的计算机技术的担忧(第 11 项)以及觉得自己运用计算机和网络的能力效果差(第20项)，导致的结果是在学习中避免采取行动(第19项)。对计算机报一种消极的态度恐惧的心理会导致使用操作的不熟练，从而阻碍学习。

六、结　论

本调查收集了73名美国大学生选修Webct课的学习动机和情感方面的数据，调查他们对Webct课所用的计算机和网络技术的态度和运用经验。调查结果说明学习者在选Webct课时有两项动机：看上了Webct课中计算机和网络技术所带来的各种学习便利条件以及期望Webct课会比传统课的要求低。在众多的Webct课的优势中，最吸引学生的是能够在对自己方便的时间、地点上网学习自己所需要的内容。在情感经验方面，调查结果表明计算机和网络技术带给了学习者独立自主的感觉和主动参与学习的经验。在另一方面，与Webct课中计算机和网络技术有直接关系是对技术的忧虑担心与失控感。这一因素是本调查中唯一能够预测Webct课学习成绩的因素。

对Webct课中计算机和网络技术的忧虑担心与失控感是预测学习成绩的显著因素说明两点。第一，对技术的忧虑担心与消极态度(或是担心自己对技术的能力有限，怕出错，或是顾虑课程技术的设计不好用，不能完成任务)是修Webct课在情感方面的最大阻力，是阻碍学习成绩获得的强劲敌手。因此鼓励、培养学习者对技术运用的自信心是首要的。一个有力的途径是在设计Webct课时一切从使用者的角度出发来方便学生，使Webct课中的计算机和网络技术好用，让使用者得心应手。这一点也正是抽样的学生所表达最强烈的一项(表2，第17项，即"Webct课必须对使用者友好(User friendly)，否则我不用。")。第二，并不是第一和第二因素，即技术优势动机和正面的学习经验不重要。恰恰相反，它们很重要。第一因素和对技术的忧虑担心成显著的负相关。因此，我们对Webct课的设计要放在最大限度地提供学习的便利上，特别是使用的方便。当学习者被技术所提供的先进性和方便性所吸引时，自然会更着重于积极主动的参与而减少消极回避的态度和恐怖顾虑的心理负担。

附录：问卷调查表

WEBCT COURSES SURVEY

YourID:Number:_____

Your feedback is key to helping us understand students' learning motivation and experience in web-based courses in an online learning environment. All your answers are confidential and have no influence on your course achievement and grade. Your identity will never be reveal at any time and under any circumstances. Please fill in the blank or circle the response below the statement that is most appropriate to you.

I. General Information

1. Age: _____
2. Sex   a: F   b: M
3. Classification: ____ Fr; ____ So; ____ Jr; ____ Sr; ____ Gr; _____ Other (specify).
4. Major: _____, minor _____
5. I have taken ____ 1, ____ 2, ____ 3, ____ 4, ____ 5, ____ 6, ____ 7, ____ 8, ____ 9+ web-based courses whose format consists of 50%+online learning.
6. I own my own computer: Yes _____; No _____
7. I have internet access in my home/apartment/dorm room: Yes _____; No _____
8. I have ready access to the internet any time I want: Yes _____; No _____

Please respond to the statements below by circling the number of each scale which best indicates your true feeling. There are no right or wrong answers. Your immediate reaction to each item is important, but please read carefully.

11. I have a fear of computer technology in web-based courses.

   1 ——— 2 ——— 3 ——— 4 ——— 5 ——— 6 ——— 7
   Strongly   Strongly
   disagree   agree

12. I feel that I am a competent computer technology user with my schoolwork.

   1 ——— 2 ——— 3 ——— 4 ——— 5 ——— 6 ——— 7
   Strongly   Strongly
   disagree   agree

13. I feel that there is a need for learning materials provided in electronic form on the web.

    1 ——— 2 ——— 3 ——— 4 ——— 5 ——— 6 ——— 7

    Strongly   Strongly
    disagree   agree

14. I believe it is important for me to learn to use computer technology in web-based courses.

    1 ——— 2 ——— 3 ——— 4 ——— 5 ——— 6 ——— 7

    Strongly   Strongly
    disagree   agree

15. I would prefer using the web to access a course syllabus and other learning materials rather than keeping the paper copies of the course materials.

    1 ——— 2 ——— 3 ——— 4 ——— 5 ——— 6 ——— 7

    Strongly   Strongly
    disagree   agree

16. I would like to take more web-based courses in an on-line learning environment.

    1 ——— 2 ——— 3 ——— 4 ——— 5 ——— 6 ——— 7

    Strongly   Strongly
    disagree   agree

17. A web-based course has to be user friendly; otherwise I do not want to work on it.

    1 ——— 2 ——— 3 ——— 4 ——— 5 ——— 6 ——— 7

    Strongly   Strongly
    disagree   agree

18. I enjoy web-based courses in an online learning environment.

    1 ——— 2 ——— 3 ——— 4 ——— 5 ——— 6 ——— 7

    Strongly   Strongly
    disagree   agree

19. I would do as little work as possible required by web-based courses.

    1 ——— 2 ——— 3 ——— 4 ——— 5 ——— 6 ——— 7

    Strongly   Strongly
    disagree   agree

20. I feel I am an inefficient learner because of the computer technology used in web-based courses.

    1 ——— 2 ——— 3 ——— 4 ——— 5 ——— 6 ——— 7

Strongly   Strongly
disagree   agree

I am taking this web-base course because

21. it does not require me to attend classes every time.

    1 ——— 2 ——— 3 ——— 4 ——— 5 ——— 6 ——— 7

    Strongly   Strongly
    disagree   agree

22. web-based courses might require less reading than regular courses.

    1 ——— 2 ——— 3 ——— 4 ——— 5 ——— 6 ——— 7

    Strongly   Strongly
    disagree   agree

23. web-based courses might require less writing than regular courses.

    1 ——— 2 ——— 3 ——— 4 ——— 5 ——— 6 ——— 7

    Strongly   Strongly
    disagree   agree

24. I expect that I can learn the online materials at my own pace.

    1 ——— 2 ——— 3 ——— 4 ——— 5 ——— 6 ——— 7

    Strongly   Strongly
    disagree   agree

25. I expect that I can learn the online materials at my own convenient place and time.

    1 ——— 2 ——— 3 ——— 4 ——— 5 ——— 6 ——— 7

    Strongly   Strongly
    disagree   agree

26. I generally prefer feedback from a computer rather than the instructor.

    1 ——— 2 ——— 3 ——— 4 ——— 5 ——— 6 ——— 7

    Strongly   Strongly
    disagree   agree

27. I think that my time might be spent in a more efficient manner because of online instructions and materials.

    1 ——— 2 ——— 3 ——— 4 ——— 5 ——— 6 ——— 7

Strongly   Strongly
disagree   agree

When I take a web-based course,

28. I am more independent in my course work than in regular courses.

    1 ——— 2 ——— 3 ——— 4 ——— 5 ——— 6 ——— 7
    Strongly   Strongly
    disagree   agree

29. I do readings more thoroughly and carefully than in regular courses.

    1 ——— 2 ——— 3 ——— 4 ——— 5 ——— 6 ——— 7
    Strongly   Strongly
    disagree   agree

30. I participate in electronic discussion posting more frequently than in face-to-face discussion in the classroom.

    1 ——— 2 ——— 3 ——— 4 ——— 5 ——— 6 ——— 7
    Strongly   Strongly
    disagree   agree

31. I feel that I have more sense of control in my learning processes than in regular courses.

    1 ——— 2 ——— 3 ——— 4 ——— 5 ——— 6 ——— 7
    Strongly   Strongly
    disagree   agree

（陶沙教授对本章第二节的初稿提出过宝贵的意见,特此致谢）

思考讨论题

1. 第一节用了"竞争模式(The Competition Model)"来分析解释语言学习者在进行语言理解处理时所用的机制。"竞争模式"认为学习者用输入中所提供的某种提示来进行理解处理。他们所用的提示在一定程度上受到自己母语理解机制的影响。第二语言或外语学习者怎样才能意识到自己母语的理解策略对第二语言来说可能是不合适的？语言形式和语言意义的吻合取决于哪些因素？哪些条件？

2. 在这一章中,我们讨论了学习动机、动力、焦虑情绪等因素与语言学习成绩的关系。从学习者的个体因素出发,你认为还有什么因素会影响成人的语言学习？这些因素会出现在怎样的环境下？教师在哪些方面可以起因势利导的作用，推动学习者个体因素的正面发展？

3. 第二语言的习得受到学习者个体因素的影响，这些因素包括语言能力，年龄，学习动机与动力，人格特点，认知技能等。如果你想调查这些因素与语言学习成绩的关系，应该怎样来设计你的实验调查？怎样来衡量这些因素？请你在上述的几个因素中选一个来作具体的讨论

4. 如果成人学习者有不同的学习目的，比如有的只想学习口语，只需要进行口头交际；有的则想把四个语言技能都学习掌握。在教学中如何对待学习者不同的学习目的、学习兴趣这一问题？

5. 在帮助汉语学习者认字与阅读方面，声符/义符起着什么样的作用？你自己在什么情况下用汉字中声符/义符的提示？你的学生呢？你觉得第三节的研究结果对教学有怎样的启示作用？

6. 列举5个调动学习者的积极性、激发他们的学习动力的教学方法或技巧。向你的同学说明你是怎样运用这些方法和技巧的？

第四章 语言习得研究与汉语作为外语的教学实践

本书的第一章对语言习得的不同理论流派做了介绍与分析,第二章和第三章是实验研究篇。第二章在认知和心理语言学的框架下探讨了母语为英语的学习者习得某些汉语语法的过程与特征。第三章探讨学习者的个体因素,如认知策略与情感方面的因素对语言学习的影响作用。第四章与第五章是理论研究结合教学实际篇。本章试图把理论研究的结果引入课堂教学中。教学这棵常青树如果能够不断地汲取理论与研究所提供的营养,就能枝繁叶茂,教学就能更科学、更有效。

第一节 教学输入与学习者的语言输出

近 20 年来,第二语言习得研究对语言教学中语言的输入和语言的学习环境等因素对习得的影响做了大量的调查,着力探讨教学如何引导促进学习者的语言习得过程。比如很多研究是关于语言习得的基本条件(如 White,1991; Trahey & White, 1993),语言输入的内容(如 VanPattem & Sanz, 1995;Gass & Madden,1985),语言形式特征如何引起学习者的注意(如 Long, 1991; Doughty & Williams, 1998),及如何使语言的输入转变为学习者的语言的输出(如 VanPatten, 2003; Swain,1995)。一系列的理论研究结果为课堂教学带来了新的理念,新的教学途径与教学方法。

与以前的教学相比,一个实质性的变化是教学理念的不同。在以前,师生都把目的语的学习当作一个科目,出发点立足于"教"。从教师的角度研究教什么和怎么教。至于学习者如何对应教学输入,习得能否产生则成为一种自然想象的教的结果:教师教什么学生就学什么,就会什么。新的研究成果和教学理论展现给我们的是从学习者的角度出发,起点立足于"学"。教不等于学,输入不会自然地变成学习者的输出。教必须建立在学的基础上，从学习者的现有水平、知识背景、学习方式、学习动机和情感出发。教学内容对学习者必须是能够理解的、教学活动必须是学习者能够积极参与的，"教"才有可能对学习者有意义，才有可能被吸收。这样，我们首先考虑的问题是"学生是怎么学的？我必须做哪些事情来启发、诱导、促进学生的学习？怎样的教学内容和课堂互动方式能够更有效地促进学生的积极参与，使教学的输入转变为学习者的输出？"换句话说，课堂教学要适应学生的学习特点和学习兴趣，应和他们的学习方式，调动他们积极参与的愿望和努力表达的热情，促使他们有数量多、质量高的语言输出。教室也不再是一个传统的教语言的地方，而是一个提供给学生有组织、高效率、语言输入丰富、语言理解容易、语言运用恰当、语言交际真实的环境。

这种教学理念给教师提出了不同的要求。教师的任务不仅仅是教语言，更是一个语言环境的策划者，互动教学的组织者。教师必须首先营造一个鼓励学生参与的互动课堂，激发学生积极参与的愿望。学生语言的输出取决于一系列的教与学的因素，本文从三个方面探讨语言的输入与输出的过程：1) 语言输入是如何转变为输出的？2) 如何使语言输入（Input）转变为语言吸收（Intake）？3) 强化性的语言输出（Pushed output）。

一、语言输入是如何转变为输出的？

VanPatten (1995)，VanPatten & Sanz (1995) 提出了语言习得中语言转变处理过程的模式。此模式中包括了4个概念和3个过程（表1）。首先是语言的输入。语言输入指学习者从不同的方面所接触的任何语言素材。这些素材可能是从老师或书本中来的，也可能是从同学、朋友或非正式的学习场合听到、看到的。第二，语言的吸收建立在语言输入的基础上，是输入的一部分（A subset of the input）。语言的吸收是通过认知和语言的加工，用一定的方式解码，理解了输入的内容，注意到了语法形式的特征性，才进入学习者的中介语系统中。第三，学习者的语言发展系统在不断地组合、重建、发展。学习者每接受到新的语言形式和语言功能都会与自己已有的语言系统作比较，用大量的语料对语言现象、语法功能进行假设、证实、分析加工。第四，语言的输出，即学习的结果，或是以口头或是笔头的形式存在。

表 1 语言习得处理模式（VanPatten & Sanz,1995:170）

I	II	III
Input ——→ intake ——→	developing system ——→	output
语言输入 ——→ 语言吸收 ——→	学习者中介语的发展系统 ——→	语言输出

I=对输入语言的处理加工

II=同化、重新组建

III=提取、控制、调节

VanPatten & Sanz 的语言习得处理模式从习得理论上解释了语言从向学生输入到学生自己的输出的转变过程。这一模式有三个特征。第一,输入的语言素材必须被学习者所接收;第二,接收了的内容并不是自动地就会变成中介语的体系,而是必须加以消化,进行加工、分解、归类、综合、总结,才能使得学习者的中介语系统不断地组合以逐步趋向目的语;第三,在语言输出前和输出时需要调节以使输出的语言正确、准确。

传统的教学所注重的是语言的输出,即在语言输出时进行大量的练习,以保证学习者所产出的语言不出错,如图1所示。

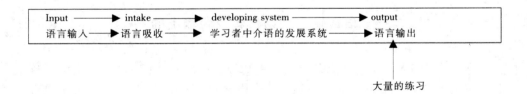

图 1 传统的教学模式

新的教学理念把重点更多地放在如何使教学的输入引起学习者的兴趣和注意,使之变成学习者的吸收,如图2所示。换句话说,新的教学理念着重于习得的过程,即语言的输入和如何使输入的内容能够被学习者接收。学习的结果,即学习者语言的产出也很重要,但如果只是强调最后一步就为时过晚了。学习者如果不能够对学习的内容分析、加工、吸收,即使造出正确的句子也很可能是机械性的。

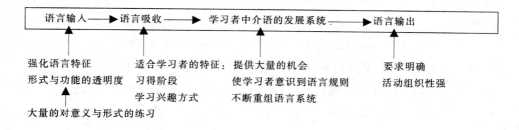

图 2　新理念的教学模式

二、如何使语言输入(Input)转变为语言吸收(Intake)?

促进教学的语言输入转变为学习者的语言吸收,是建立在我们对语言输入是如何转变成语言输出的认识上的。在上节的对语言习得理论的讨论中可以总结出三个关键的因素。一是在语言输入内容上下功夫;二是在输入方式上做努力;三是采取灵活多样的互动形式帮助学习者消化吸收,如为学习者提供交流互动、语义协商(Negotiation of meaning)的机会,鼓励学生总是在互动中,或是自己与学习内容的内在互动,或是学习者与教师或同学的外在互动。

1. 输入的内容与方式

输入内容。内容要以意义为基础,易于理解(Comprehensible input),有选择地提供适合学习者水平的语言形式。Savignon(1983)提出语言的交际应该包括三个方面,理解(Interpretation),表达(Expression)和语义协商沟通(Negotiation of meaning)。理解是前提,有了理解才有语义上的协商,信息方面的交换,意思上的表达。易懂输入的内容往往来源于日常生活。因为是生活中所熟悉的、被学习者形象化和概念化的,就容易理解。比如这些内容不但包括学生的校园生活,更包括当代中国社会文化热点,即学习者所关心的社会现象、文化习俗、中西文化的比较及现代与传统文化的对比。因为是来自于学习者的日常生活(如打招呼、问地方、约时间、打电话、谈价钱、交朋友)是他们所熟悉的内容,就有兴趣。学习者感兴趣的内容也易于理解,而文化内容往往是语言学习者所感兴趣的。把学生有兴趣的如社交礼节、当代文化热点搬进教室,教室就成为一个室内小世界,变成一个容易交流的自然环境。在这种环境下,内容来自于学习者的生活经验与交际的需要,他们就能有说话的意图,而且言之有物。

　　大量的信息输入(Input flood),循序渐进,组织严密(Well-structured input)。输入的内容要得到充分的、从易到难的互动,学习者才能有机会用自己的经验注意到其语言形式的特征。课堂组织方式和对每一个活动的要求都是有目的、有组织、细心策划的。比如,组织方式从输入下手。一个句型的输入以板书的形式把结构特点简明醒目地展现出来,并用典型例句帮助学生理解如何运用这一语言形式。把起点放在单句上,学习者容易对其句式结构进行观察理解。对于句式结构和范例,教师可以先示范用全班"大合唱"、小组"小合唱"、个人"独唱"的方式带领学生掌握。然后用问答、替换、提供具体语境完成句子等形式来反复练习,让学生进一步意识到语言的形式和语用的特点。在会说单句的基础上延伸,以段落进行交际。这时语言的形式、内容、与语用功能便溶为一体,自然地被学习者掌握了。课堂上的内容既来自于课本中,同时又超过了课本而来自于学习者自己的生活中,是鲜活生动的,有很强的交际性。练习以句子为单位以师生互动的输入开始,经过以对话为单位、反复的输入与练习,最后到学生与学生之间的互动,输出以段落/对话为单位而结束。

　　［例1］就是一个这样的例子。从这个例子里可以看到,首先教师所提供的输入要醒目、让学生知道整个句子的结构特征和用法,同时用例句让学习者进一步明白并且熟练地掌握。教师紧接着用交际性的提问和替换的方法进行语义上的协商与语言形式上的再练习。然后进行第二轮输入由单句发展为对话,形成一个语境篇章,进一步加强了交际的内容和对语言功能的运用。这样的循序渐进给学习者众多的机会来理解意思,注意句子的结构特征,意识到其形式和功能的关系。

［例1:输入］
1. Sujb. 是 Mod.(的)N. 之一。火药是中国古代的四大发明之一。
  1) 教师可以先示范用全班"大合唱"、小组"小合唱"、个人"独唱"的方式带领学生流利地说会例句。
  2) 接着可用师生互动的方式继续练习例句1。如教师先问全班然后个人:"造纸呢?""指南针呢?""印刷呢?""算盘呢?""中医呢?""电灯呢?""唱片呢?""蒸汽机呢?""老花镜呢?"

3) 在单句的熟练掌握的基础上教师用对话给学生继续做示范说明。输入方式可是口头如用两个小木偶对话,也可是笔头如把对话投影在黑板上。教师仍然用全班"大合唱"、小组"小合唱"、个人"独唱"的方式带领学生流利地说会典型范例对话:

——"你知道长江吗?"
——"知道,长江是中国的两条大河之一。"
——"你知道 Thomas Edison 吗"
——"知道,他是美国最有名的发明家之一。"

4) 生生互动,要求学生两人一对在范例对话的基础上用句型生成一个对话。下面是一对学生所做的:

——"你知道 George W. Bush 吗?"
——"知道,他是美国最喜欢战争的总统之一。"
——"不,他是最保护美国人的总统之一。"
——"什么?你有病?!"

输入应采用视听双形式 首先,学习者接收输入的方式不同,比如有的以听为主,以看为辅;有的以看为主,以听为辅。有的学习者对图片美术的输入形式独有钟情,能够一目了然;有的则喜欢用听的途径,过耳不忘。为了服务于学习者不同的学习方式,教学中口头和书面的输入都应该有,以多种形式来迎和学习者不同的学习特点,使他们能够有适合自己的、最有效的方式理解语言内容,注意到语法结构的特征。

比如上面对例句 1 的输入应该有板书展现句型结构和典型例句(Sujb. 是 Mod.(的)N. 之一。火药是中国古代的四大发明之一。)除了大量的口头输入和练习外,笔头不可少。这个句型的一个难点是语序,它和学生的母语(英语)的语序不同,所以练习重点放在语序上。如让学生用 3—5 分钟时间做下列笔头练习,让学生把所给的词组成句子或填空练习。

[例 2:注意结构特征]

一、把每行的所给词组写成句子。

1. 美国最受人　尊敬的华盛顿总统　之一是

2. 最有名　的　林肯总统　之一是美国
3. 老花镜　Fanklin　发明　的最重要　之一　很多是

二、用适当的词填空。

1. 火药是 _____ _____ 的 _____ _____ 之一。
2. 造纸技术是 _____ _____ 的四大发明 _____ 。
3. 电灯是 _____ _____ _____ 的重要发明 _____ 。
4. 唱机是美国科学家 Edison 的 _____ _____ _____ 。
5. Edison 是 _____ _____ 的 _____ 之一。
6. 张艺谋是 _____ 的 _____ 之一。
7. _____ 是 _____ 的 _____ 之一。

2. 对输入内容的互动吸收

对输入的互动练习应新颖多样。只有这样才能服务于学习者不同的学习方式,使教学高效率,生动有意义。教师应该用不同的技巧来组织教学情景与语境以引起学习者对目的语结构的注意,如句型练习与交际对话,个人练习与双人/小组练习,模拟面谈、采访、角色扮演、口头与笔头练习等方式。

输入需要有大量的不同角度的反复练习,比如,教师的非言语(Non-verbal)行为,如手势、动作、表演、图片(或是生词卡片和图片,或使用电脑以多媒体的方式投射在银幕上)都是很好的输入方式,几乎在每节语言课中都需要。其优点,第一,节省教师说话的时间。在一堂语言课中,教师说得越少越好,以便把时间留给学生使他们有大量的机会做语言实验活动,让他们积极参与。第二,高效率。以手势、动作,以图代话快速灵活,向学生提供各种语境、情景、提示或句型替换内容。比如在练习、检查学生词汇时用生词卡片;在句型练习时迅速地用手势或图片给学生以提示输入;在做阅读前的导读时,首先展现出源于学生所熟悉的生活内容而且与本课阅读紧密相关的图画;在学生做任务型练习前,先展示他们几张生动的图片,以便在内容、构思和语境、情景方面给他们以理解上的启发与引导。

仍以句1(Sujb. 是 Mod.(的)N. 之一。火药是中国古代的四大发明之一。)的练习为例。教师可以一边口头说"指南针呢?"一边展现学生一张指南针的图片,图片上既有画又有汉字与拼音。这样学生马上明白指南针的意思,就能较快地说出:"指南针也是中国古代的四大发明之一。"

非言语输入的第三个优点是互动性强。以手势动作,以图代话,自然要求学生抬头,或是看老师或是看同学,都是面对面的互动交流。其输入的内容或是一个句式结构与一个典型例句,或是一个要讨论的话题与相关的语言情境,或是学生表达时所会用到的句式和内容的提示,都是学生在面对面的交际中能够很方便地用到的。

输入练习的多样化也表现在组织活动的形式上。不论班级的大小,教师都能够做到让所有的学习者时时刻刻都积极地参与。学生与学生之间的互动可根据班级的大小、人数的不同来变换练习方式。其目的是让所有的学习者时时刻刻都在积极地互动。如两人一对的会话练习,然后请几对在班上表演;或是分别请学生到教室前边接受采访,回答其他同学的提问;或是让他们做记者(同时也是被采访者)去采访别的同学然后在全班汇报;或是请学生做"侦察员"调查询问别的同学的日程安排;或是让学生猜测说出听力或阅读输入中的人名、地名,事件等;或是给学生设计密切结合语言形式和内容的各种游戏在互动中学习;或是给学生和生活相连的主题与语境,要求学生做任务型的活动。不论是很小的对话,还是较大的任务,都让学生觉得时时有新意,使他们愿意参与语言活动,积极地对输入的素材注意,进行加工处理。

由于教师的精心策划组织,提供给学习者多种形式的输入与不同方式的活动,学习者就有可能有兴趣进行互动做语义上的协商,信息上的交流。每个星期的语言输入形式和输入的练习方式都与上个星期不一样,有着大量的对语言形式的重复练习。但是由于方式方法灵活多样,师生都觉得有意思不枯燥。

教学难度要跟学生习得的不同阶段、语言水平联系起来。Ellis(2002)提出在学生学习的最初阶段要有计划地提醒,启发诱导,让学生能够观察,从大量的语言素材中体验、积累语言经验。语言习得实验研究结果表明(如 VanPatten,1991;Bardovi-Harlig,2005)学习者在最初阶段吸收的是以词汇为主的内容。他们在大量的语言输入中寻找的是词组,短语,希图从中涉猎语义、明白意思。那么这个阶段的教学就应该从词汇结构入手,重点先不放在对语法的操练上。如向学习者提供、组织他们练习定式词组、短语、定式结构、让他们能够吸收大量的可懂语料。比如《新实用汉语课本》(刘珣等,2002)作者提出的一个特色正是这样:"第一册前六课,在集中学习语音的同时,通过掌握简易的口语会话,让学习者先接触多种基本句式,但暂不做语法的系统讲解;第一册的后八课及第二册12课共20课,使语言结构教学的第二次循环,逐个介绍并练习主要句型结构。"(1页)。

在学习者稍积累了感性认识,有一定的词汇量,能理解后,开始加强对语言形式的精讲多练。这个阶段教学的重点从学生前期的理解逐步转入吸收,转向对内容与形式互动的融会贯通。这个阶段的学习仍然是在一定的教学指导和要求下进行(Guided tasks),学习者可以容易地有规可循,从单句开始到能够成段地表达,并能够用较复杂的结构表达。比如,例3的活动是故意给两个学生信息方面的差异,让他们去向对方寻找信息做理解和语义上的协商。例3活动除了对阅读输入的理解,并在理解的基础上做分析、提纲挈领把大意写出来外,还包括跟同学的讨论,双方必须表达和协商以咨询到自己所需要的内容,并用逻辑思维把获得的内容组织起来,把对方说的部分和自己读的部分能合理地连在一起,在自己满意的情况下,完成作业。然后在班上做汇报讲演。这一活动包括了5项互动任务,练习了4个语言技能。

[例3 互动活动:语义协商]

1. 活动目的:寻找信息做语义上的协商,练习分析总结能力。
2. 任务:1)阅读理解。2)写出阅读的段落提纲。3)和同桌做口语语义上的信息交流活动。4)获得信息后完成全部的阅读提纲。5)以小组的形式向全班汇报所获得的内容。
3. 语言功能:语义交换。
4. 步骤

    1) 家庭作业:学生分为A.B.两组,各发给同一个题目的不同的阅读内容,如"高薪穷人族"(《新实用汉语课本》第3册,151页),把文章从意思上分成两部分分别发给A.B.两组。再发给每个学生一份阅读理解提纲让他们把阅读后的内容大意写在提纲上。把阅读中没有的内容空下。

    2) 生生互动。上课的时候A.B.两组每两个同学一对互相咨询,把自己没有的内容向对方寻找,把没有写完的阅读提纲做完。

    3) 老师可以对A.B.两组向对方咨询来的内容进行测验。

4）然后让学生向全班作讲演，A. B. 分别表达他们从对方所咨询到的内容。

三、强化性的语言输出

以内容为主的易懂输入（Comprehensible Input）和以语义协商（Negotiation of Meaning）为内容的课堂互动活动已得到了广大语言习得研究者和教师的共识。语言的输出，即学习者的表达，同样是语言习得的重要的一部分。Swain（1985）提出仅有易懂输入不足以使学习者的语言能力达到高水平，应该提倡强化性的可理解输出（Pushed Output，Comprehensible Output），给学生提供机会，创造语言情境，促进他们的语言表达成句、成段、成章。她指出："输出能激发学习者从语义为基础的认知处理转向以句法为基础的认知处理。前者是开放式、策略性的、非规定性的、在理解中普遍存在；后者在语言的准确表达乃至最终的习得中十分重要。因此，输出在句法和词法的习得中具有潜在的重要作用。"（Swain，1995：128）

输出能够引起学习者对语言形式特征的注意（Noticing trigger）。在有意义的语言表达时，学习者有可能警觉、意识到自己语言和目的语的差异。语言习得过程是一个不断地对语言形式作出假设，并不断地对假设进行检验、比较、修正，使之趋于目的语的过程。学习者表达中的偏误就表明他们对目的语的语言形式在做出假设。对假设的验证通过不同的方式进行，而输出则是其中最常用和有效的一个。比如通过语义协商，说话的双方互相做内容上的澄清（Clarification），理解上的核实（Conformation），交际上的修补回应，互相给予反馈，各自得到了对自己的假设加以检验、判断的机会。此外，学习者在进行输出表达时会对语言的形式进行反思、分析，强化自己对语言结构本身的理解（Metalinguistic function）。这样学习者有机会更多地有意识地参与句法认知处理，体会语言结构的特征，从而促进语言的习得。

要达到学习者产出的语言准确、得体、流利、高质量，需要在语言训练各方面的努力。在此提出三点，1）教学活动要有高度的组织性，以滚雪球的形式，从典型例句开始，循序渐进，以段落结束。2）在不妨碍意思表达，语义协商（Negotiation of Meaning）的原则上，对于学生的输出的要求尽量明确、具体。

3) 采用任务型的活动来促进学习者的积极参与,自觉学习,大幅度的输出。

    1. 教学活动要有高度的组织性(Well-structured),以滚雪球的形式,从典型例句开始,循序渐进,以段落篇章结束。本文中的[例1]—[例3]都是这样的例子。[例1]从输入练习一个句式结构开始,在教师的带领下用交际性的提问和替换进行语义上的协商和语言形式上的再练习。然后进行第二轮输入由单句发展为对话,形成一个语境篇章。最后,活动由学生两人一对,把自己做出的、包括所练习的目的语法结构在内的会话表演给全班同学。[例3]从学生阅读回答问题、梳理出提纲开始,到学生之间的互动练习、咨询内容进行语义协商,并且把全文的提纲写出来,把从对方咨询到的内容向全班做报告。从个人阅读到双人交谈,从梳理提纲到向全班做报告,体现了由简到难,循序渐进的原则。

    对最后的成段表达所要做的铺垫工作很重要。铺垫除了包括目的句式结构外,也要考虑到可能用到的词汇学生是否熟悉,语境是否容易给学生联想,使他们在语用方面表达得恰当。交际活动的铺垫往往是以对词汇与句式结构的大量练习为前提的。这样学生在做成段的表达时就能流利、准确。所以一个课堂活动总会有若干个步骤组成,而且步步紧跟,环环相扣,为下一步难度更高的语言表达架桥铺路,引导学生逐步能够进行用更复杂的句式做成段的表达。

    2. 对于学生的表达输出,要求要明确具体。在不妨碍意思表达,语义协商的原则下,教师给学生的要求要具体。这些要求往往是针对语言的形式结构所提出的,并且应该在给学生布置练习作业或任务时就交待清楚。这样可以避免学生回避重点或难点句型。比如在练习单句结构时,要求学生"说整句"而不是一个词组。如果教学的目的是练习复句,产出较长的句子,对教师的提问:"除了中文以外,你还学过什么外语?"就应该是用整句回答,而不是简单的"日文。"如果教师对学生的输出有具体的要求,学生就会把句子说完整,用复杂的结构来表达。即使在生生互动语义交流的练习中,教师也可要求学生"用整句提问,整句回答。"

    在学生进行交际输出时,或是会话、或是段落篇章表达,对学生的要求应该具体。比如以交际题目"找工作"为例。在学习了语法结构"是……的……。"和动词后缀"—了、—过"及句尾"了"句式结构后,让学生写一个找工作的申请信,申请 Walmart 在北京的一个分店的经理职位。可先给学生一份此工作的广告,最好是真实语料的,可把其中个别的生僻专用词稍作改动。学生在阅读了广告后,写一封申请信,对广告中所要求的学历、工作经历、生活经验、兴趣等内容条件一一做应答。在广告对内容有所要求的基础上,教师对语言形式则更有具体的要求。比如对段落的长度和运用某些词汇和句式结构的明确要求。如"根据广告内容,请写一封求职申请信,信中最好用到下列句式结构。"

1. 是……的……
2. Subj. V. 过……
3. Subj. V. (Obj. V) 了 period of time (了)。
4. Subj. V. 了 period of time (的) N. 。
5. 时间短语:
   ……以前,sentence。
   ……以后,sentence。
   已经
6. 连词:虽然……但是……因为……所以……

下面是一个二年级的学生所写的:

人事经理:
  我对经理的工作在北京的 Walmart 很有兴趣。我明年五月要毕业。我是在修士顿大学学的中文。我学中文已经学了两年了。我要学中文学三年。我去过中国。我去年夏天在北京学习了一个月。我去北京以后,我知道我以后还要去。虽然我在 Walmart 没有工作,但是我在 Kroger 商店工作过。在 Kroger 以后我也在很多商店工作过。因为我很喜欢中国,所以我要去中国工作。

毕利沙

不仅是书写,口语练习也要给学生具体的要求。在交际过程中,学习者必须把自己的语言表达准确、清楚、连贯、以使别人容易地听懂。比如继续上一个活动,可在前一天先给学生写工作申请信的家庭作业。第二天在课堂上四人一组请他们模拟工作面试,一人被面试(Interviewee),三人提问(Interviewer)。教师的要求仍然是要用上边的 6 个语言形式与词汇。学生的提问就会包括所要求的 6 个语言形式,如:

你是在哪儿上的高中?
你学中文学了几年了?
你学中文以前学过什么外语?
你去过中国吗?
你是什么时候去的中国?
你为什么申请这个工作?
……

3. 对输出的要求是建立在给学生提供大量的具体的引导(Facilitating)的基础上的。以写作输出为例。写作是一个综合性的表现技能。写作表达涉及的技巧范围比较广,除了在语言运用方面要求准确、得体、文体一致外,在内容上要求清楚,意思完整、构思条理、上下文呼应。众多的技巧是对学习者能力的挑战,同时也是对教师提供引导工作的一个高度要求。教师可根据课堂的教学目的,采用多种形式提供给学生不同的途径与内容,引导学生的想象力和逻辑思维。要深入浅出,循序渐进使写作输出的困难化解。罗青松(2002,2006)提出了一系列的帮助学生写作表达的具体措施,根据不同的内容写不同文体的习作。如组画写故事,根据漫画写评论,根据音像材料写作(电影片段,录像,记录录音,观后感,小评论),根据语言材料写作(仿写,改写,回信,内容概述,读后感),根据语言点提示写作(关联词语,句型,引导词语)等。下面一个例子(罗青松,2006:3页)是根据对话写故事:

小马看球记
要求:叙述故事时尽量保留对话中的画线部分;
　　　发挥自己的想象,使得内容更加丰富有趣;
　　　适当用上表示承接关系的关联词语。
大明:昨天北京青年足球队跟上海队的足球比赛怎么样?
小马:北京队<u>踢得不错</u>,一比零赢了。
大明:是吗?谁进的球?
小马:3号王东。<u>遗憾的是</u>我没看到这个全场唯一的进球。
大明:为什么?
小马:路上堵车,我<u>到球场的时候</u>上半场已经快要结束了。本来从学校去体育场骑车也只要半个小时,可昨天我坐公共汽车路上<u>足足花了一个小时</u>。

大明:真遗憾,你要是骑自行车去就好了。

小马:是啊,我<u>本来</u>也想骑自行车去,可我的自行车<u>被一个朋友借走了</u>。

大明:那后半场怎么样,也一定很精彩吧!

小马:确实很精彩!北京队的王东和成强<u>踢得很好</u>,王东<u>跑得快</u>,成强<u>传球传得很准</u>。

大明:上海队的李军怎么样?我<u>很喜欢看他踢球</u>。

小马:他确实不错,可是昨天他因为腿伤没完全好,没有上场。

大明:下个星期这两个队还要赛一场,到时候我们一起去看吧。

小马:行!这次我<u>好不容易</u>买到了足球票,可只看到了半场球。下次咱们可要早点儿出发。

上面的例子(小马看球记)有 5 个特点,第一,提供了有主题有情节波折的内容,化解了写作输出的难度;第二,鼓励了创作力与想象力。学生的输出源于对话却远远超出了所提供的内容,引导了学生自己的构思写作;第三,要求具体明确,特别是对语言形式的要求,注重了句式的结构("保留对话中的画线部分")和表达的句式长度与复杂性("用上表示承接关系的关联词语"),有助于语言的习得;第四,实现了语言内容(日常生活交际主题:球赛)、功能(叙述描写,称赞、惋惜)和形式(动补结构、连动结构、被动结构、点式与段式时间状语)的三统一;第五,练了两个技能(读、写),引导学生意识到读的与写的文体上的不同。

4. 任务型的活动:促进学习者的积极参与、自觉学习、强化性的输出。强化性的输出仍然是在交际语言教学(CLT)的框架下进行。任务型教学是 20 世纪 80 年代兴起的一种强调"做中学"的语言教学方法。所谓任务实际上就是一个鼓励学生积极地用语言进行交际的手段。其优点有三。第一,在"做中学"的过程中,学习者容易被活动所吸引,想参与,处于一种积极主动的学习心理状态。第二,在完成任务过程中,学习者一定要与别的同学接触,或是解释咨询,或是小组活动,他们之间一定是有意义的互动。第三,"任务型"的学习过程提供了学习者自然地有意义地运用语言环境和资源的机会。在这一过程中,学习者会调动各种语言和非语言的可及资源,来解决问题、完成任务。总之,任务型的活动建立在学生的积极参与、体验、独立思考、合作研究、意义学习的基础上,给学习者充足的机会进行口头和笔头的输出。

设计组织任务型的活动很重要。首先要顾及到学习者之间所进行的不是单向而是双向的信息交流。双向的信息交流更能激发语义协商(Negotiation of Meaning),更接近于真实交际(Long,1981)。第二,活动中应体现信息交换的必要性。由于信息交换是必须的,语义协商就会大量地出现于其中(Doughty & Pica,1986)。第三应该给学生提供大量的、强化性的、可懂输出的机会。只有通过这样的机会,学习者正在形成的语言能力被强制地运转起来(Swain,1985)。

任务型的练习在于教师的策划。教师的任务是营造一个学生可以做真实交际的语境与情景。教学活动既可在低年级,又可在高年级进行,不同的是随着语言水平的提高,学生要做的任务也随之复杂起来。比如中文方位的表达法对说英语的学习者来说不容易。不容易的原因不仅仅是因为中文的方位表达语序与英文不同,而且空间概念从认知角度来讲就比较抽象,再加上在方位处所的表达法中常常涉及到介词,介词的运用又受制于不同文化所影响的感观所造成的不同概念上的表达(Bowerman,1989)。下面是任务型的方位表达的练习举例。

1. 发现性的学习。老师告诉学生:"老师把20多样东西(铅笔、纸、笔记本、表、中国邮票、苹果、香蕉、梨等等)放在教室里了,你能帮老师找着吗?你找着的每一个东西都要用2—3个方位词来描述它在哪儿,如"这个笔记本在那把椅子的上头,桌子的下头,窗户的旁边。"每个同学最少要找着两样东西,然后向全班汇报你是在哪儿找着的。这是有奖活动:你可以选一样你找到的东西自己留起来。"

2. 识别性的学习。请详细地描述一个大家熟悉的校园的楼房(如图书馆、书店),用口述的方式让大家猜猜你说的地方。同样的练习也可以描述本市大家都喜欢的一个饭馆儿的位置,美国一个州的位置,世界上一个国家的位置,请大家猜猜你描述的地方的名字。

3. 看地图说话。你在新生指南办公室工作。你的主要工作是帮助新生找他们要去的地方,并告诉他们怎么去那儿。
4. 小组活动。你是一个房屋建筑设计者。请你设计一幢你非常喜欢的房子,并告诉你的同学这幢房子的社区位置和环境,及房子里的每个房间的位置。

上述的 4 个例子难易程度不同,可循序渐进,也可在同一个课堂同时用于汉语水平程度不同的学习者。另外在给学生任务时,教师可以对学生要用到的语言的形式结构加以具体的要求,促使学生的输出不仅包括例句的句式结构,而且有一定的长度和复杂性。即使是任务型的活动,教师也应该用不同的教学技巧来组织教学情景与语境以引起学习者对目的语结构的注意,分析、比较与内化。

5. 用交际情景、任务型教学活动来化解学生程度不齐的难题。高年级课堂上语言输出面临的一个挑战是学生的背景不一、程度不齐。这一挑战恰恰反映了真实的语言社区中人际交流的特点:人们的语言水平交际能力都是参差不齐的。教师的任务就是要通过不同的教学活动内容和教学技巧把课堂变成一个语言交际场所,不同背景和不同程度的学生被交际任务自然地结合在一起,以互动的方式表演着不同的角色。每个同学都有自己的强项。在这种环境下,学生能自然地互助学习。语言的输入不仅仅来自教师和课本,更来自于同学、伙伴儿,学到的语言更鲜活、更有生命力(Swain,1997;Barnhardt,1999)。

任务型的教学要求高度的组织性。在对活动的内容和方式的策划与设定时要顾及学生不同的语言背景,让每个同学都积极地参与起来;让程度高一点儿的学生仍然觉得有一定的挑战性,程度低一点儿的学生觉得能跟上而且有意思。Shih(2006)介绍了的任务型教学法如运用综艺节目和辩论的形式,从难度较低的寒暄问好、主持会议、介绍来宾、到难度较高的正式讲演、辩论等,不同的语言水平的学生按着角色的难易程度相配合,各演所长。语言教室转变成一个说中文的小社会,共同的任务活动自然而然地把背景和程度不齐的学生融合在一起,提供给每个学生取长补短、各尽所能的机会。

Shih(2006)认为在口语教学中,不论是在语言的内容还是在语言的形式上,体现的是一个灵活多样的原则。活动形式要有高度的组织性、给学生练习的机会要频繁众多,并用不同的方式来调动他们的积极性。同样的任务常常会有不同的语言内容,用不同的方式来完成;同样的问题往往有各种各样的回答;即使是同样的话题也会引出完全不同的内容。教学的起点要根据学生的具体情况来定,可高可低。一堂课应有多层次的活动,把容易的留给水平较低的同学。而对水平高的同学尽量给他们发挥的机会,鼓励他们的创造性。随着学生水平的提高,每个学生的任务和扮演角色进行轮换,教师的要求也随着不断地调整、提高。对学生输出的要求只有最低限度,没有最高标准,以鼓励他们不断地对自己提出新的更高的要求。

结 语

以上从三个方面探讨了语言的输入与输出的关系。首先从理论研究的角度讨论了从语言输入到语言输出的习得过程。实验研究表明输入的语言素材(Input)必须被学习者所接收(Intake);即使接收了的内容也并不会自动变成中介语的体系,而是需要有进一步的对输入语言的加工、分解、归类等综合性的处理。在语言"内化"的基础上,学习者的中介语系统才能够不断地得到重新组合(Restructing),趋于目的语。另外,学习者在语言输出前和输出时需要调节,以使表达准确、流利。建立在理论研究的基础上,提出了三项教学的关键因素:1)语言输入的内容;2)输入方式;3)采取各种互动形式帮助学习者消化吸收,如为学习者提供语义协商的机会鼓励他们在互动中学习。在语言输出方面,笔者提出教学活动要有高度的组织性(Well-structured),以滚雪球的形式,从典型范例开始,循序渐进。对于学生的表达输出要有明确具体的要求。此外教师应该提供灵活多样的引导,比如用任务型的活动来促进学习者的积极参与。

第二节 语言习得与词汇教学

词汇教学是语言教学中的一项重点内容。本文探讨词汇教学的三个问题 1)词汇教学的重要性,2)词汇教学的重点,3)词汇教学中教师的作用及教学技巧。本文从语言本身的特点和语言习得研究方面论证了词汇教学的重要性。由于受文化的影响,我们对事物存在与事物之间的关系的认识及概括方式各不相同,语言的表达也不尽一致,这一点尤其表现在词汇上。词汇的掌握是学习者习得的结果,词汇习得容易受到教学的影响与作用,因此,具有很强的可教性。词汇教学的重点应该放在动词结构上。这不仅仅是因为动词往往有成句的作用,更因为掌握了动词结构不但学到了语义功能、句法结构,而且也明白了语用环境。在课堂教学方面,本文讨论以下五点:1)词汇的习得不仅仅要通过阅读更要通过运用;2)教师要简明地讲解母语和目的语之间词汇意义和用法的不同,并提供大量的练习帮助学生意识到汉语的特征;3)离合动词的教学应该清楚地让学生认识到词义之间的关系及其语法特征;4)针对学习者容易出现的偏误讨论汉语的不及物动词;5)对多义词和同义词的教学应提倡在已知的基础上导入新的内容。

一、教学内容:语言的可学性

教学中的第一个问题是教什么。这个问题的答案取决于学生。什么内容是学生容易学而且学了就能用的,就是我们应该教的。Pinker(1989)认为语言习得是建立在大量的正面的语言输入和普遍语法原则制约的基础上的。语言的可学性直接受到了普遍语法的限制,纯粹的句法结构与句法知识很抽象,需要籍于普遍语法而习得。Bowerman(1989)没有对普遍语法进行讨论而是从不同的角度分析了认知、感观、概念与语言的关系,并在此基础上讨论了语言的可学性与可教性。事物的存在,以及操不同语言的人们对事物的体验、认识、分类、表达,既有相同的一面,又有不同之处。人类感观的认知能力与智力系统的相同性使得幼儿对世界的物体、行为、因果关系、空间方位等基本观念的理解概括有着比较一致的认识。要交流表达时,必须寻找相应的语言形式,如用各种实词、虚词、语序,语音语调等形式来把意思用语言符号表达出来(Mapping)。儿童对事物的经验和认识、分类与概括,在很大程度上受到了人类先天的感观(Perceptualization)与认知系统的影响与制约。在这一方面,不同的语言反映了人们认识的共同性,语言符号的含义有着相同的特征。如汉语很多动词的语义,甚至用法和句式结构都与英语有一致性。

在另一方面,由于受不同语言和文化的影响,我们对事物与事物存在的关系的认识及概括方式各不相同,语言的表达也不尽一致。如汉语很多动词的用法和句式结构与英语迥然不同。换句话说,即使当人们对社会的存在的认识持有相同的感观体验时,不同的语言符号的含义不一定会相同,这是因为语言本身有很强的选择性。语言用不同的标准来对事物和世界上的各种现象加以分类,把人们的体验以某种特有的方式从不同的角度和不同的着眼点概括起来,提供对同一事物和现象的不同的表达方式,造成了各个语言的不同特征。胡明扬(2000)指出语义和概念有密切的关系但语义绝非概念。不同语言相关词语的语义在概括方式和概括范围方面都有差异。逻辑概括具有相对的普遍性,而不同语言对概念的表达和遣词造句的标准却是不一样的。Bowerman(1989)指出儿童在习得母语时,对其语义方面的特殊原则很敏感。某一具体语言的独到的特征与其约定俗成的与别的语言的不同规律,正是要通过学习才能获得的。语言的可学性在于此,可教性也在于此。正如 Bowerman (1989)所说,"对语言学习者的大量输入会引导、影响他们对某一具体语言的特征和其约定俗成的规律的注意,会直接地影响他们的语言习得。"(第 150 页)。本文所讨论的也正是汉语的一些特殊性,而这些特殊性更多地表现在词汇的语义内涵与运用方面。

1. 词汇的重要性

词汇学习的重要性是不言而喻的。但词汇的教学一直没有得到应有的重视(陆俭明,2000;胡明扬,2000;Gass & Selinker, 2001;Coady, 1997)。Rice(1989b)提出语言的可教性在于词汇。词汇不仅仅是语言的基本成分,而且词汇的意思及分类既不完全是认知概念的直接映现,也不受宠于普遍语法,而由某一具体语言而定,受到某一具体语言的文化、感观、认识等方面的影响与制约,是学习者习得的结果。词汇的学习掌握在语言习得过程中起着辅助、促进、引导、疏通的作用。词汇在把意思和概念用语音和语法编码形式表现出来时起着决定性的协调作用(Mediator)。Levelt (1989) 指出"语前意义启动了词汇,随着词汇的激活,语法、语素、语音的编码程序引向了句子的产生。"(181 页)

词汇不但在语言输出的编码程序中起着重要的作用,在我们对输入的语言进行理解解码时更是无它不可。词汇不但为理解消除障碍、开通道路,而且在对意思的理解、推论(Inference)过程中往往能决定语法语义之间的关系。Koda(1989) 对词汇和阅读理解(填空 cloze test 和回答理解问题)的调查结果说明其相关系数分别是 69% 和 74%。此外大量的研究说明(如 Stahl, 1983)理解和词汇相互作用,成正比关系。

在汉语作为一门外语的习得中,从学习者所出的偏误中我们可以看出,词汇方面的错误常常比语法方面的更有误导性。这可能是因为听者比较容易辨别语法上的偏误,而辨别词汇方面的偏误就不大容易了。比如听者可以很容易地明白下面例句 1 的意思,但当听到例句 2 时往往不会想到说话的人要表达的是"去找女朋友"而不是"去看女朋友"。

  *1. 我的双鞋太大了。
  *2. 我要去中国看(应该是"找")女朋友。

学习词汇不仅仅要明白词义,如什么是"打破"。词义只是词汇学习的一部分,更重要的另一部分是其内涵特征及使用规则,如语法与语义的相联关系。有的动词必须带宾语,有的动词可有可无,有的动词不可带宾语。有的词的用法在某一语言中运用得当但在另一种语言中则完全不然(5—7 句)。

  3a. 他打破了杯子。
      He broke the glass.
  4a. *他打破了。
      *He broke.
  5a. *我常常见面她。
      I often meet her.
  6a. *我想张朋要结婚李友。
      I think Zhang Peng is going to marry Li You.
  7a. *我睡觉得太少。
      I sleep too little.

词义的变化也表现在语用上。比如汉语的俗语,我们所用的往往不是其字面上的意思,而是在某种社会、文化、和历史阶段产生且约定俗成的意思。如对惯用语的学习掌握必须建立在对其词汇的本意与比喻、假借等引申意思的理解上通过学习的积累而获得(第 8 句)。

  8. ——听说小胡是你们单位的老油条。
     ——是,连领导都拿他没办法。

二、词汇教学的重点:动词结构

Pinker(1989)提出词汇学习的关键在于掌握动词结构(Thematic Cores and Verb-Argument Structures)。动词以主谓、谓宾、主谓宾的形式出现,往往有成句的作用。句子结构由动词的语义功能及名词与动词的语义、句法之间的关系所决定。换句话说,掌握了动词结构不但学到了语义功能(动词和它所匹配的名词在意义上的关系),句法结构(动词和它所匹配的名词在语法上的关系),而且也明白了语用(以某一动词结构所出现的句子有什么样的语用功能,在什么样的语境下出现)。在第一语言习得中,儿童对动词结构的限制性是很敏感的(Pinker,1989)。

Pye(1989)也提出教语法成分没有意义。只告诉学生"开"是动词,"车"是名词,就要求学生能把这两个词准确地运用于无数新句子中颇趋于天真。而动词的一个特征是其意思必须通过句式结构来表达,如一个动词最少要求一个名词以组成一个句式。动词的意思常常可以决定要求多少名词和什么样的名词,而且这些名词和动词的语义关系是通过怎样的语法成分表达出来的。同一个动词由于结构不同,意思就不相同了。例句9和10所用的是同一个动词,但由于主语的题元角色不同,句法结构不同,动词的意义也相应改变了。例句9中主语的题元角色是书的占有者,例句10中主语的题元角色却是书的暂时的保存者。由于句子中动词受到了与别的词组的关系上的限制,它的语义也起了变化。

9. 小英把书借给了我。Xiaoying lent the book to me.
10. 我跟小英借来了那本书。I borrowed the book from Xiaoying.

不同的动词对其名词短语,比如哪些是必需的,哪些是可选的都有具体的要求。动词的功能随着语法的特征和名词语义上的作用而不同。语法功能和语义功能是相对应的。比如有的动词只允许从句但不允许代词作它的宾语("建议")。有的动词只允许名词而不是代词作宾语,(如"赞同"和"同意")。还有的动词既允许名词、又允许代词、还允许从句作它的宾语("推荐"和"支持")。

动词和其名词结构(Predicate-argument structures)表现了不同语言的特

殊性（Language specific properties）。即使动词在不同的语言中有着相同的意义，动词结构常常不一样。这正是教师应该教，学生应该学的内容。比如，中文的动词，"结婚"和"见面"只允许一个做主语的名词，而英文的"to marry" and "to meet"要求两个名词。中文的动词"结婚"和"见面"不能有宾语因为动词本身已经是动宾结构的合成词。例句 11—12 中的偏误的原因是多方面的，其中一个是学习者可能并不知道跳舞（to dance），睡觉（to sleep）是可离合的动词。

11. *星期六晚上，我们跳舞得很高兴。
12. *他来晚了因为他昨天睡觉得很晚。

下面我们来分析三组动词（移位动词，存现动词，离合动词）来讨论动词结构的特征和教学要点。

1. 移位动词

动词的特征（Properties）决定了它在句中可以有多少个名词，什么样的名词，及其语义和语法的内在关系。比如动词"放"要求三个名词短语（施事者/动物名词，受事者，场所）表示的意思为

13a. 施事者 X（主语）使得受事者 Y（宾语）处于一个地方 Z（介词宾语）。
13b. 他把你的书放在桌子上了。
13c. *他放。
13d. *他放你的书在桌子上。

根据语用所强调的不同目的，动词"放"用于"把"字句或主述句。

动词结构（Thematic Cores and Verb-Argument Structures）中以语义性质为结构，题元角色的实现就是句法的呈现。然而动词结构中名词的语义关系亦受制于语法语用规则，这就是为什么例句 17d 用汉语来说是错误的，而用英语则完全可以。正如 Bowerman（1989, p. 143）所指出的，语言有很强的选择性，因此造成了各种语言语法结构的不同。

因此，以动词结构为纲来解释教授语言对语言习得过程是很重要的，原因有三。第一是受到了语义上的限制（如施事者必须是动物名词），使得学习者把认知概念和语言知识融汇在一起，语言学习变得不抽象而有意义了；第二，语义必须和动名结构相呼应，所表达的语法结构受到句法上的限制。这样学习者出错的机会减少了；第三，根据语义功能和语法的限制关系分类揭示语言规则，这

些规则对语言习得与语言教学都有很现实的意义。这些规则不但展现了语法的实质,即不同种类的动词要求用不同的名词来组成不同的动词结构;而且把语法和语义合二为一,语言的规则性不但取决于句法而且同时也取决于语义。如把和动词"放"相似的动词归类(Verb Subgroups/Conflation Classes),这一类移位动词的规则即为:

14. X(动物名词)使 Y 置于 Z(位置/结果)。

其中 X=施事者/主语,Y=受事者/宾语,Z=位置/动词补语。适合这一动词结构规则的词有放,搁,挂,贴,搬,拿,带,扔,等(表1)。这样学生每学一个词就对这一类词有一个进一步的理解,学到的不仅仅是几个动词,而是语言本质的属性,动词的语法规则。正如 Pinker 指出的"只有把动词归类为组,动词才会遵守句法规则。"(Pinker,1989,p.56)。也就是在这种条件下,习得才容易,教学才有效。

表1 移位动词句法、语义、语用特征

动词:放,搁,挂,贴,搬,拿,带,扔等	施事	受事	位置/处所	语用句式
语义角色	动物名词	动物或非动物名词	在,到,	把字句主述句
句法关系	主语	宾语	补语	

2. 存现动词

表示天气和存在的动词,如下,起,有等要求一个名词短语,表示动作存在的方式,如从上至下(动词"下"),从下往上(动词"起"),或在空间运动("刮")。常常需要与表示体态的助词如"要","着","了"连用(例句15—17)。这一类动词由于此类动词只能带一个名词短语,所以第17句是错误的。而英语中的此类动词则需要两个名词短语,由一个无意义的代词(It)作形式主语。

把和"下"相似的动词归类(Verb Subgroups/Conflation Classes),这一类存现动词的规则即如表2所示。

表2　无主语动词句法、语义、语用特征

下,起,刮,打,闪,有,站,坐等	施事	题元	体态助词
语义角色	无	存在	
句法关系	无主句	存现宾语	要,着,了

15. 门外站着一个人。

16. 闪电了。

17. ＊天闪电了！

3. 离合动词

离合动词由两个或两个以上的词素构成。在离合动词中,给学生带来较大困扰的是由动词和名词所组成的动词词组(如见面、接吻、结婚、帮忙、录音),学生不清楚这些合成动词是否可以带宾语。有的合成动词本身是凝结得很紧的结构,不允许有宾语,而是需要有介词短语来表示动作的对象。合成动词的动宾结构中不少宾语的"受事"意义不强或不存在,其名词意义也较抽象,有时很难分辨出来,如:"结婚"中的"婚"和"帮忙"中的"忙"。这些离合动词不能带宾语,而在英文中这些动词都是及物的,要求两个名词短语。英语为母语的汉语学习者常常把母语的这些动词结构用于汉语(例句18—19)。把和"见面"相似的动词归类,这一类存现动词的规则即如表3所示。

表3　离合动词句法、语义、语用特征

见面、接吻,结婚、帮忙,录音、服务、介绍等	施事	受事	对象
语义角色	动物名词	无	动物名词
句法关系	主语	无	壮语

18. ＊我不要见面她。

19. ＊他想他要结婚 lisa.

离合动词给学生带来的第二个困扰是如何判断其离合性。因为离合动词在语义上往往并没有对其离合关系进行提示。比如有的动词如"休息""进步"、"介绍"、"感冒"、"过敏",是不可离合的。有的动词如"睡觉"、"散步"、"洗澡"、

"游泳"是可离合的。汉语中的离合动词在英文中仅是一个词,不存在词素"离""合"的问题。例句20的错误就是因为"进步"不可以分开;同理,例句21的错误是"睡觉"应该是分离的。

20. ＊我来明德以后我的中文进步进得多。
21. ＊昨天我睡觉得太晚。

三、词汇教学的方式与方法

1. 教学效果

学习词汇的一个普遍方法是通过阅读。Hulstijn(1992)调查了泛读与掌握词汇的关系。他的研究结果表明学习者从泛读中所能学习到的词汇非常有限("the retention of word meanings in a true incidental learning task is very low indeed"(p. 122)。尽管理解性的阅读对第二语言词汇的学习有帮助,有计划有安排的教学输入和对词汇的互动练习更能够有力地促进(facilitate)词汇的习得。Paribakht & Wesche(1997)对两组英语水平相同的学生学习词汇的情况进行了调查。一组采用了突出要学的词汇的特征和认知策略的教学技巧,这一组的学生通过阅读理解回答了问题,并在阅读的基础上做了专门的有关词汇的练习。第二组的学生也做同样的阅读理解和回答问题,但他们没有对有关词汇做练习,而是在有关词汇的基础上又做了一段阅读。实验结果表明虽然两组学生都有进步,但第一组的学生不仅进步更大,而且能运用这些词汇来表达。而第二组的学生在运用这些词汇表达方面显然不如第一组的学生。可见,建立在意义学习基础上的词汇教学和互动活动要比只是阅读理解活动效果高。Ellis & He(1999)也发现当学习者有机会用新学的词汇来表达意思进行语义协商交际时,他们对词汇的习得要比只是在输入中所接触的效率高得多。

很多学者(如Coady, 1997; Gass & Selinker, 2001)认为教学起着非常重要的引导、促进作用。教师应该向学生提供大量的不同形式的练习,使得学习者的注意力集中在具体的词汇的理解和运用方面。在组织词汇练习活动中,两个因素很重要。一个是量度,要有充足的内容与大量的理解性的输入。换句话说,词汇练习往往寓于综合性的练习之中,既锻炼学习者的语言能力,又锻炼认知能力。二是要求学习者能够有机会从事在意义、结构和功能方面的不同的分析处理过程,比如让学生专门来练习词汇在句式结构中与别的成分的关系与搭配,从语义的角度来理解不同词组的语法关系与内容,在合适的语境中掌握词汇的语用规则,使学习者运用词汇所造出的句子不仅正确,而且在语境中恰当得体。

2. 生词输入的对应翻译的误导

词汇教学中所遇到的第一个问题是语言输入,如生词表。生词表以一对一或一对几的形式出现。这种教学输入给学习者一种误导,好像目的语和学习者的母语之间存在着一对一或一对几的对等关系。事实上这种词汇之间的相应对等往往不存在,有时即使存在也受到语法、语用、文化色彩等方面的不同程度的限制,不可以用一种语言(母语)的词汇来套用另一种语言(目的语)的词汇。正如胡明扬(2000)所指出的:"不同语言语汇单位之间,除了专有名词和单义的术语以外,基本上不存在简单的对应关系,更不可能是一种'一对一'的关系,而只是一种极其复杂的交叉关系。"(292页)。一方面语言词汇有着相同之处因为它反映了人类对客观世界的现象、事物和事物之间的关系的概括与意念的表达的相通性;另一方面词汇体现了语言之间的不同,因为人们在表达时概括事物特征的的方式与标准不一样(Bowerman,1989,胡明扬,2000)。

可以给学习者做简明的解释和提供大量的练习来提醒、帮助他们逐渐意识到不同语言之间的词语尽管有相同之处,但不同是普遍的。教师的责任就是要指出这些不同之处。练习1是一个这样的例子。在一种语言中理所应当的表达在另一种语言中却会不可思议。比如动词"穿"和"戴"译成英文都是"to wear",但"穿"、"戴"和"to wear"不可以等同起来。英文的"to wear"语义内涵与涉及宾语的范围比汉语的"穿"和"戴"的总和还要多。

练习1 动宾搭配。

1)、*Each of the following verbs can take at least 2 nouns as its object. Match the verb and the object by linking them with a line*:

知道	那件事
了解	中国文化
认识	很多语言
懂	张老师

他说的意思

500个字

他一定不在家

2)、*In each of the following, two nouns do not make a correct association with the verb in each line. Which are the odd nouns?*

穿	衣服,袜子,眼镜,鞋,化妆,裙子,外套
戴	戒指,帽子,手表,香水,发乳,手套,首饰
听	话,讲座,我,课,音乐会,学生,爸爸的话
说	中文,故事,相声,玩笑,电话,话
开	车,门,电视,电影,绿灯,公司,空调
吃	饭,米饭,面条,酸奶,水果,粥,冰激凌
跑	步,肚子,嗓子,龙套,调儿,腿儿,高速,生意

练习1提供给学生大量的对动宾结构的输入。在理解动词与名词词组的的意义和语法关系的基础上,学习动宾搭配的一些特殊用法。这些用法表现了汉语语言的特点。比如可以说打球、打牌、但不能说打钢琴,而英文中"play"的用法要广泛得多,可与各种不同的表乐器的名词搭配。这种语言之间的不同必须通过大量的练习来掌握。对动词结构的练习可以帮助学生建立动词和其名词短语之间的关系的概念,对动词结构的掌握直接影响到对整个句子的形式的掌握。

3. 离合动词的输入与引导

离合动词是词汇教学中的难点也是重点。离合动词之所以是难点,因为第一,学习者无论从语义上还是逻辑事理上往往得不到离合的提示。比如"进步"不可以离合但是"跑步"、"散步"可以;"休息""退休"不可以离合,但"睡觉""下岗"可以。第二,与学习者的母语相比,英语没有离合动词。汉语的动词以凝结式的动宾结构出现时,在英语中却是一个单词,如"开车—to drive","看书—to read","喝酒—to drink","跑步—to run","走路—to walk"等等。

练习2有三个目的。第一,帮助学生分辨离合动词中的两个语素的语义语法结构。第二,为了避免类似例句20的错误,教学输入时要把语言的形式特征醒目地展现给学习者,比如用不同的颜色来表示动词与宾语,在动词与宾语之间加一个竖扛等来表示分离的可能等。第三个目的是要求学生在社交情景中运用这些词汇来交际。正如 Coady(1997)和 Gass & Selinker(2001)指出的,学习词汇的一个有效方法是运用,在交际情境中生成语言。

应该给学生明确指出汉语和英文中有关动词所呈现出的不同特征。当学习者对动宾结构的离合动词的构成和特性有了认识和了解,又能够与相对应的母语做比较,就能防止学习者受母语的负迁移的影响,从而正确地运用这一类动词。

22. *她昨天跑步/走路/睡觉/聊天儿/洗澡/游泳了三个小时。

练习 2 Following compounds are all in the verb-object form. The verb is in black and the object is in red. Use 6 compounds to describe your daily activities. Use another 5 compounds to make a dialogue with your partner.

跑步,走路,睡觉,聊天儿,洗澡,游泳,上课,谈话,吵架,打球,教书
跳舞,唱歌,滑冰,打工,吃饭,喝酒,开车,看书,下雨,刮风

4. 不可带宾语的动词

学习动词的另一个难点是如何判断一个动词是否能带宾语。语义上的提示并不能告诉学习者为什么某些动词必须带宾语(如"离开"),某些可带可不带(如"回"),某些不能带(如"走")。动词"走"在语法上的限制是只能有一个名词短语,即动作的发出者做句子的主语。动词"离开"要求两个名词短语,一个动作的发出者做句子的主语,一个表示处所的名词做句子的非受事宾语,如"离开妈妈","离开北京"(表 4)。动词"走"和"离开"与英文中意义相对的是一个词"to leave"。如果学中文的美国学生把英文的"To leave"和汉语的"走"或者"离开"在语法关系上等同起来,就一定会出错误。

不同语言之间对动词结构的限制以及动词与名词短语所搭配的规则差别往往很复杂。其复杂性来源于多方面,或是在特定的社会习俗中所形成,或是人们对事物和事物存在的方式形成了不同的感观与看法,或是语言与认知概念的建立之间相互影响。不论什么原因,动词结构体现了语言之间的不同和某一具体语言的特征。这正是我们词汇教学中的重点。

表 4 动词同义词的句法、语义特征比较

动词	施事/主语	受事/宾语	非受事/宾语
帮忙	动物名词/主语	无	无
帮助	动物名词/主语	动物名词/宾语	无
走	动物名词/主语	无	无
离开	动物名词/主语	无	处所/宾语
回	动物名词/主语	无	处所/宾语

当动词是以动宾的合成结构出现时,教师可以明确地提醒学生动宾式的离合动词不可带宾语,并且把动词和宾语在输入时就清楚地展现出来(如或是用不同的颜色,或是在动词与宾语之间划一个竖扛)。

教师还应该有重点地对生词表中的有误导的翻译加以简单的讲解点拨。比如把"结婚"译为"to marry",把"见面"译为"to meet",把"介绍"译为""to introduce"会引起说英文的学生的误解,因为英语的"to marry","to meet",和"to introduce"都是及物动词,而在汉语中都是不及物动词。学生于是会造出类似"他要结婚一个日本人"的句子。这时候教师有两个任务。第一是要很简明地告诉学生这些词汇母语和目的语语义相似,结构不同,用法也不一样。中文的这些动词不能带宾语。第二个任务是组织各种活动来练习,比如让学生去分别采访三个同学"请他/她,给你介绍一下儿,她是什么时候跟她的男朋友/先生见面的,什么时候结婚的,或什么时候准备结婚。"练习中要让学生有机会用到这些动词涉及到一个对象名词词组,如例句23—25。

23. A 和 B verb(见面、结婚)。
    他和她的男朋友五月见面,六月结婚。

24. A 给 B verb(介绍、服务,帮忙,录音)。
    我给你们介绍一下儿。

25. A 给 B verb modifier N. = A verb 了 B 的 N。
    小刘给我们帮了大忙。小刘帮了我们的大忙。

练习应有各种形式,在课堂上着重于口语会话练习,所布置的课下作业着重于笔头巩固加强。练习3是一个对不及物动词进行书面练习的范例。

练习 3 *The following compound verbs cannot take an object. Some are in the form of verb-object where the object is in red. Write a story about Lisa and Paul by using 6 following verb compounds.*

介绍、见面、帮忙、录音、服务、结婚、接吻、送行、说话、问好

Following are some useful The sentence patterns for your convenience：

A 给 B 介绍一下儿。

A 和 B(time) 见面／说话／结婚／接吻。

A 给／为 B 录音／服务／送行。

A 帮 B 的忙。

5. 在已知的基础上学未知：多义词与同义词

　　一词往往多义。如何处理一词多义的问题？是一个义项一个义项地出现，在已知基础上学新知；还是一次展现给学生若干个义项，进行有系统的教学？认知心理学(如 Ausubel，1963)认为学习是一个循序渐进的过程，学习者的语言习得从一个形式一个意义(one form, one meaning/function, Andersen, 1984)开始，在同一个形式的基础上逐渐加入多义项(相同的形式不同的意义，多义词)，或在同一意义的基础上逐渐学习不同的形式(相同的意义不同的形式，同义词)。这样的教学方式帮助学生把要学的新内容有机地建立在学习者已知的基础上，或是在意义上或是在功能上建立连接性，学习就变得容易且有意义了。

　　比如动词"问"的第一次出现是在"请问"的语境中(May I ask/Excuse me) (Yao et al.，1997，《中文听说读写》；刘珣等 2002，《新实用汉语课本》)，比较好掌握。学习者可以把"请问"作为一个词来学习，明白其语用功能(用于句首，引导一个问句)。此时没必要给学生把"问"的其他义项介绍出来，内容太多，学生接受不了。如果学生能够在提问前用上"请问"二字，有礼貌地问问题，教学的效果就达到了。第二次"问"的出现是在"问问题(to ask a question)"的语境中(24，25，27 句)，这是"问"的主要意义。再后来的"问"出现于"咨询、请教(to consult)"的语境中(26 句)，是"问问题"意义上的派生。只有在学生积累了一定的语言经验和语用能力后，才向学生介绍"问好(to send regards to)"("向 A 问好"，"问 A 好")，并且要同时解释为什么不能说"问好 A"；也不能说"A 问 B 吃饭"。汉语的"问"和英语的"ask"只是在"问问题"这一义项中对应。

　　26．我问，你回答。

27. 我要问一个问题。
28. 我想问问医生。
29. 我想问医生一个问题。
30. *请问好你妹妹!
31. *他问我帮助他。

再比如动词"想",首先出现在"想做什么"即"想＋VP"的语境中,其意思和英文的"to want to VP"、"to intend to VP"或"to desire to VP"相似(32句)。"想"的另一个常用义项是"认为",出现在"想＋Sentence"的结构中,和英文相应的意思是"to believe / think / consider"(33句)。当"想"后边直接跟一个名词时(想＋NP)时,其意义是"惦念、思考",和英文的"to think of NP, to miss"相对应。

一个词的义项出现了两项或两项以上时,才把它与已出现的义项做比较,并做综合性的练习来复习巩固。综合性的练习和讲解的一个目的是帮助学习者明白母语和目的语之间词义与用法中的对应关系并不像传统的"生词表"所展现得那么简单,这样学习者能够辨别不同语言的词语有不同的语义内容、语法原则和使用范围;另一个目的是能引导学习者去注意语言之间的差异,能够举一反三、归纳推理,习得语言。

32. Subj.＋想＋VP:我想吃了饭再去看电影。
33. Subj.＋想＋Sentence:我想火箭队这次一定能赢!
34. Subj.＋想＋NP:要是你想家,我们就想一个办法请你妈妈过来。

胡明扬先生(2000)提出,"生词表"应该改为"新词语表"。多义词在第二项、第三项出现时用的是以前没有列入过生词表的义项,而学习者又无法从上下文中推导出这样的义项来,那么应该再一次列入;而不应该是"一次性的",只要以前出现过的词语,不管有关的义项介绍过没有,都不再出现于生词表了。这些词语虽然不是"生词",却有着"新义",应该再列入"新词语表",以提供给学习者基本的语言输入,引起他们对多义词的每一义项进行注意与比较。有的教科书已经这样做了,如《新实用汉语课本》把旧词语新义项都再次列入,并用星号标记出来,方便了教师,引导了学习者,提供了有效的输入,有利于词汇教学。

同义词的教学方式也应如此,教师从已学过的内容入手,引导启发学习者,帮助他们认识到已知和新学的内容之间的有机联系，把对新内容的学习建立在已知的基础上。随着学习者语言经验的积累和语言水平的提高，把已学的内容加以比较、推理、归纳，使之成为学习者自己语言系统的一部分，并根据不同的语境、交际的需要来学习。

结　语

词汇教学是语言教学中的一项重点内容。所以对词汇教学进行讨论，不仅仅是因为我们对这一领域的重视不够（陆俭明，2000；胡明扬，2000；Gass & Selinker，2001；Coady & Huckin，1997），更是因为词汇教学容易受到课程、教材、教学的影响与作用，使之有很强的可学性和可教性。本文从语言本身的特点和语言习得研究这两方面作了论证。与语法不同，词汇在语言之间显示了更多的某一特定语言的特征。由于不同文化和语言之间的互相影响，使得我们对事物与事物存在的关系的认识及概括的方式的也不相同，由此带来语言表达上的不一致，这一点尤其表现在词汇上。这就是为什么不同语言之间很少存在着词汇上的一对一的对应关系。从语言习得的角度来讲，语言的可教性在于词汇。词汇不仅仅是语言的基本成分，而且词汇的意思及分类既不完全是认知概念的直接映现，也不受宠于普遍语法，而是由某一具体语言而定，它受到某一具体语言的文化、感观、认识等方面的影响与制约，这些正是学习者应该习得的。

笔者提出词汇教学的重点应该放在动词结构上。这不仅仅是因为动词往往有成句的作用，句子的结构由动词的语义功能及名词与动词的语义、句法之间的关系所决定，更因为掌握了动词结构不但学到了语义功能（动词和与它搭配的名词的在意思上的关系），句法结构（动词和它搭配的名词在语法上的关系），而且也明白了语用功能（以某一动词结构所出现的句子有什么样的语用功能，在什么样的语境下出现）。

在课堂教学方面讨论了五点。首先实验研究的结果说明建立在意义学习基础上的词汇教学和互动活动的效果要比只是通过阅读理解学习词汇好。当学习者有机会用新学的词汇来表达意思进行语义协商交际时，他们对词汇的习得要比只是在输入中所接触的效率高得多。第二，教师要简明地讲解母语和目的语之间词汇意义和用法的不同，并提供大量的练习帮助学生意识到汉语的特征，以纠正课本中生词输入时一对一的翻译的误导。第三，离合动词的输入和练习应该清楚地让学生认识到动宾之间的关系及其语法特征。第四，针对学习者容易出现的偏误讨论汉语的不及物动词的结构、语义与用法。第五，对多义词和同义词的教学提倡要在已知的基础上导入新内容。教师要在学生积累了一定的词汇和词义的基础上进行比较与概括，设计综合练习活动。

第三节 语言习得与语法教学

简单地说，语言习得的过程是一个从把语言的输入内容理解吸收、到产出语言把自己的意思表达输出的过程。语法不论是在对输入语言的理解还是在对输出语言的可懂、准确性方面都起着决定性的作用。比如一个长句子对说英语的汉语学习者来说不容易理解，但是如果用语法分析的策略，把主、谓、宾语和句式结构提取出来，理解上的困难立即得到化解。

语法技能在帮助学习者理解输入时必不可少，在学习者的输出表达时更是起着"让他人明白（Comprehensible output）"的基本作用。语法使表达准确并使他人理解其意思；语用使表达恰当并使他人不产生误解。

一、语言规则的习得过程

语言习得所研究的一个主要内容是语法规则的习得。如果我们能清楚学生怎样习得语言的形式和语法结构，我们的教学势必会更有的放矢。教师如何教取决于学生怎样学。虽然我们对语言规则习得的研究刚起步，了解有限，但不妨把现有的研究总结一下，以指导教学实践。

从心理语言学的角度来讲，语法知识的建立分为两种。

一种是交际时在无意识的语言运用中形成的。在第二语言学习中，学习者首先要接触大量的有意义的语言输入。自然语言的大量出现和运用激活了大脑中的语言习得装置（LAD）。语言习得装置把学习者所接触到的语言输入材料概念化、规则化、抽象化，逐步地给大脑中的普遍语法参数赋值。这样，学习者产生了语感，能够辨别句子的正确与否。这样的语言知识是抽象的、隐含于大脑中，有无限的生成力。

另一种是能清晰明确地说出来的语法规则和语言知识，如教材中所描述解释的语法条例。这些知识通过学习而获得,跟第一种语言知识不等同。为什么我们不提倡单一地讲语法呢?因为这一类语法与语言的生成没有直接的关系,对语言的习得起间接的推动促进作用。Long(1988)和 Ellis(2002)指出语法书上的语法条例只是语言学家们分析归纳的结果,对语言习得,对学习者建筑自己的语言系统来说并无直接的关系。

那么语法在教学中是否应该束之高阁呢?不是的。学习者语法系统的习得建造虽然是无意识的,但教学可以用有意识的学习活动促进无意识的习得(Ellis,2002)。以前一些学者(如 Krashen)认为有意识和无意识的这两种知识系统是分开的、互不影响的。近十几年来,不少实验研究表明(如 Schmidt,1990,Seliger,1979)这两种体系紧密地联系在一起。当学习者学习某一具体的语法特征时,这两种语法系统互动发展,把有意识的学习升华为无意识的习得。在此过程中,"注意"(Notice)是把输入的语言变成吸收和正确输出的必要条件。习得通过可懂输入产生,也就是说输入中的内容与形式很重要。但教师对语言输入方面所下的工夫并不能保证学习者对语言的习得(Gass, Mackey & Pica, 1998)。决定习得成败的是学习者自己。如果学习者能够首先注意到某些语法特征,就有可能在以后接收处理输入时不停地意识到所学的结构,就能把对语言的感性认识概念化并对某些语法特征加以推测和假设。所以能够使学习者注意到语言规则特征的各种教学活动都是可取的,都能帮助学生习得语言的形式。

Hinkel & Fotos(2002)这样总结了语言的习得过程:当一个语言点反复出现而且得到经常性的注意时,学习者就会无意识地把它和自己已经建立的中介语的语法系统相比较,无意识地对已经注意到的语言点提出假设,对注意到的新的语言现象和他们现有的语言能力之间的不同提出假设。他们无意识地通过两个渠道来验证自己的假设。一是继续对大量的语言输入中的语法现象加以观察、注意;二是在运用和表达输出中检验。当学生进入这种学习阶段时,他们就能重新构建(Reconstruct)他们隐含的无意识的语言知识体系。

二、语言习得与语法教学

解释练习语法的目的并不仅仅是让学生会用语法,更重要的是帮助他们注意到某些语法特征,明白语法规则的实质内容。教师虽然无法控制学习者的习得，但可以用众多的措施与途径去影响并提高其效率。通过大量的语言输入，教学能够促进学生把语言规则提炼出来，再溶入自己语言系统即自己的中介语中，使之不断地趋于目的语。这种教授语言结构的理念不是以前语法教学的重复，而是为了有益于学习者中介语语言系统的发展，是透过对语言形式的练习，促进对语法特征的注意，使语言经验概念化，举一反三，创造性地生成与运用。赵金铭先生(1994)指出了对外汉语语法教学的六个原则，提纲挈领以"学"为出发点，在"学"的基础上讨论"教"。这六个原则包括：1) 是教学语法而不是理论语法，2) 是教外国人的语法而不是教本族人的语法，3) 是从意义到形式而不是从形式到意义，4) 不仅是分析的语法更是组装的语法，5) 不仅是描写的语法更是讲条件的语法，6) 不是孤立的讲汉语语法，而是在语际对比中讲汉语语法。

应该提到的是对语言形式和语言结构的教学是在语言的交际这一大框架下进行的。这样的教学思路，与"精读课"对有限的几个语言点的密集训练使学生准确无误地掌握语法有本质上的差别。也与交际法只是把语言点隐入语言输入中而不做明确的讲解迥然不同。此外，所教的内容不是语法分析，而是教学语法(The pedagogical grammar)，是学习者容易在理解表达方面出错误的语言规则和句法结构。这些语法内容正是教师应该用某些教学手段和教学策略来提醒学生，唤起他们的注意，激活他们的习得状态。如果教师能够帮助学生有选择、有意识地注意语言的形式和语言形式的内在关系，习得就有成功的可能(Ellis, 2003)。

近十多年来，在交际语言教学的框架下(CLT-Communicative Language Teaching)，对语言形式，即对句式结构特征的展现和语法教学，不但得到了众多的第二语言习得实验研究结果的证实，而且作为一项教学中的独立内容得到了研究者和在教学第一线的老师的共同重视。和以前不同的是，对语言形式，即语法教学一定要从对语言的理解入手，从意义开始；要把语言的特征清楚明了地展现给学习者，使无意识的习得在有意识的引导下产生；此外，语言输入的数量和质量要跟学生习得的不同阶段和语言水平联系起来。

第一，从理解入手(Comprehensible Input)如何促进学生注意到语言形式的特征？讲解语法常常达不到这个目的。因为教师的讲解是外在的，不是学习者内在的活动。首先是要对学习的内容得到很好的理解。只有在理解的基础上才能谈到"注意语言的形式"。输入的内容以语义为主,内容真实,易理解。

一个帮助学生理解的技巧是运用非语言输入如实物、图片、手势、动作。这些非语言的输入提供给学生视觉上的刺激、涉世知识方面的便利,使他们容易进入情景,容易明白。另一个帮助学生理解的手段是在学习者已知的基础上来学习未知,新的学习总是建立在已有的基础上。比如,在介绍一个新语法点时,语言的形式是新的,但功能可能是旧的。这就需要把语言形式、内容和功能紧密地结合起来。"把"字句就是一个这样的例子。"把"字句常常用于祈使句或叙述句中。而祈使比如请求他人做事和叙述如看图说话,都是学生所熟悉的语言活动。所以介绍"把"字句不妨从祈使句入手、从听力理解开始。在介绍"把"字句时,为了帮助学生理解"把"字句的语用特征"强调动作的结果,强调动作给宾语带来的变化",可以用"完全行为反应法"(Total Physical Response)(Asher,1982)提供给学生大量的感性经验,使他们在行动中体验"强调动作给宾语带来的变化"的含义,如[例1:理解输入,把字句]。

[例1:理解输入,把字句]

活动目的:用实地实物、听力理解来帮助学生熟悉"把"字句的语用含义。教师首先把句式和典型范句用板书的方式输入给学生:"请把 N. V. Complement。请把书打开。"然后一边说一边做打开书的动作。

在学生理解了输入的意思后,进行师生互动。

1) 教师向学生做语言输入,用祈使句做实地实物要求。教师通过学生的行为知道他们是否理解。(教师可以变换名词,如书、本子、笔、手机、手表等)

"请把你的书从书包里拿出来。"(学生把自己的书从书包里拿了出来)。

"请把你的书放在桌子上。"(学生把自己的书放在了桌子上。下同)。

"请把你的书打开。"

"请把你的中文名字写在书上。"

"请把你的书合上。"

…… ……

2) 师生互动。教师输入。对个别同学提出的要求,如

(教师指着教室的门)"海伦,请把门打开。"
(教师指着教室的灯)"汤姆,请把灯关上。"

3) 生生互动,学生输入。要求学生都站起来。每个人想好三个祈使句,说给他/她的同桌,一个说,一个做。然后变换角色。

4) 生生互动。全班性的再次做总结练习。教师请两三个学生分别用"把"字句请求或命令,要求所有的学生用行动做出回答。

这一课堂活动的特点是:1) 用实地实物来帮助学生理解。这4个小活动中,每个句子中的宾语都改变了其原来的位置"把书放在桌子上。"或状态"请把灯关上。"希望学生通过对多种方式输入的理解,能够意识到"把"字句的语用特征,在什么情况下用"把"字句。2) 输入有语义上的真实性,容易被学生理解。3) 输入从教师开始,到学生互相输入为止,由浅入深,由易到难。

学习"把"字句的难点最少有两个。首先是学生不容易明白什么时候用"把"字句,这是语用方面的问题;其次是语法方面的,如语序和动词补语的难度。第二个例子是用实物来帮助理解。围绕实物,用叙述的形式把它表达出来。因为实物是说话者所注重的焦点,而且由于动词的作用发生了位置上的变化,"把"字句便成为必用的句式。

[例2:叙述,把字句]

活动目的:用实物帮助学生理解"把"字句的语用含义,语序形式。仍然从理解入手,学生用叙述句来表达他们所发现的老师的"秘密"。步骤:

1) 首先教师用口头与板书的方式输入句式特征与典型范句,并且带领学生把典型句说流利。

"Subj. 把 N. Verb. Complement. 老师把什么拿出来了?"

2) 教师从自己的包里每拿出一样东西,就让学生先是集体然后是个人把它叙述出来。教师把物体一一整齐地摆在讲桌上。如:

老师把苹果带来了。
老师把面包带来了。
老师把热狗带来了。
老师把奶酪带来了。
……

教师把物体都一一拿出来，一一叙述后，指着物体再让大家用句型叙述一遍。

3）"Subj. 把 N. Verb. Complement. 我把苹果拿走了。"
教师告诉大家"这些都是老师给你们的礼物，请你们把它一一拿走。"学生分别上讲台来拿，每拿一个，大家叙述一句话，如：
John 把苹果拿走了。
Mary 把香蕉拿走了。
……

4）教师请个别学生汇报一下儿"谁把什么拿走了"。
下面是一个学生的汇报：
"我没有把橘子拿走了。我把面包拿走了。John 没有把苹果拿走。他把奶酪拿走了。Chris 把火腿拿走了。我们做三明治。"

从上面的例子可以看出，语法教学从理解入手，最后落实到学生之间的互动上。语法技能要在语言的形式、内容与功能三位一体的练习中获得。比如，在活动二（"老师把什么带来了？"）的基础上，可以给学生一个任务型的练习"你把什么带来了？"同桌之间生生互动，发现彼此书包里的"秘密"，然后向全班汇报"侦探"的结果。由于练习是实地实物，学生好理解，易交流。

第二，把语言的特征清楚地展现给学习者，让学生有机会意识到并抓住其特征。对语法项目的提示，特别是第二语言学习者容易出错的地方，应加以提醒与有意的编排以引起学生的注意。这就需要我们在语言形式的输入上做文章,在语料上下功夫。正如陈贤纯(1995)所提出的,"第二语言教学至关重要的是选用什么样的语料,怎样使用语料以及语料的数量。"(p.25)。

比如,类比(如替换练习)是一个明确地显示语言结构特征的方式。通过替换练习来组装创造新句子,变换、扩大句子的意思与内容。这是一种用同样的形式建造不同内容的技巧,适合于"旧的形式,新的内容"的习得特点(Operating Principles)(Slobin, 1985;Andersen, 1984);也适合学生的认知技能,新内容建立在旧的结构上。由于语法结构展现得很清楚,学生容易掌握其规律,学起来较轻松,并有机会不断地调节、重建其中介语的语法体系。

[例3:展现语序,连动句式]

1. 活动目的:复习语序,明白修饰语在句中的位置。
2. 任务:1)用句型回答问题。2)看图说话。3)和同学做互动交流。
3. 活动前准备:学生熟练地掌握了有关的动词结构和副词短语。
4. 语言功能:叙述日常活动。
5. 语言形式:Time+Subj.+Adv. Phr.+来/去/到(PL)+VP.
6. 步骤。

1)教师可先把汉语语序结构展现在黑板上来引起学生的注意:

Time	Subj	(Time/Freq.)	Adverbial (manner, means, location, etc)	来/去/到 (PL)	Vp. (Purpose)
	我			去	看电影
	我			回 家	吃饭
今年夏天	我		从纽约	去 北京	看朋友
上学期	我	常常	和张萌一起骑车从宿舍	到 图书馆	学习

2)教师可以用图片,词汇卡片、多媒体的动画形式,用教师的非语言动作、手势等作为内容提示,不断地提供给学生词汇内容方面的输入,做替换练习。让学生先从简单的短句开始,再到说长句子,来表达完整的意思。练到长句有困难时,可用倒练/金字塔的形式来帮助学生巩固句式表达的流利程度。如:

去中国找工作

从芝加哥去中国找工作

和肖娜从芝加哥去中国找工作

我和肖娜从芝加哥去中国找工作

今年夏天我和肖娜从芝加哥去中国找工作。

3) 在替换练习完成后,可以用不同的对话方式来做有意义的交际。问句先由老师引导,然后转给学生。

4) 最后让每个学生去充当一个记者的角色,采访两个同学,问问他们这个春假的打算("这个春假你准备和谁去哪儿做什么?"),或圣诞节的计划,或日常生活中常常怎么和谁从哪儿去哪儿做什么等。

5) 每个学生根据"采访"的内容写一篇"新闻报道"作为家庭作业交上来。学生在这些交际活动中会有意识或无意识地用上刚刚练习过的句型。

第三,以交际为主题实现语言的形式、内容和功能的三统一。在语言教学中,无论是备课还是课堂教学,接触的第一个问题是语言的形式(句式结构)、内容意义与语用功能的相互关系。Garrett(1991b)在对语法教学与交际能力的关系进行分析论述时指出,在语言习得过程中,学习者的一个任务就是把功能范畴特征用恰当的形式表现出来,即习得两者之间的"映射"(Mapping)的能力。因此课堂教学的重点应在语言形式与语用功能的对应规则(Mapping rules)的输入与练习上,而不是单纯地讲解语法。

不同的教学原则对语言的形式、意义与功能的认识各有不同。在交际语言教学(CLT)的框架下,应该采用三者兼顾的原则,即以交际情景为出发点,把语用背景情境化具体化,以语义交流、意思的协商为内容,以语言的形式为重点。换句话说,语言的内容、形式和语用之间不应有冲突,而是紧密地结合在一起。把这三点从内容上连为一体的方式多种多样,在以交际为目的的教学观念中,则以语言的功能为纲,从交际话题入手,重点放在对语言形式的练习上。

教学内容应是日常生活中学习者所熟悉的、最常用到的,学习者最有兴趣的。这些内容不但应该包括学生的校园生活,更应该包括当代中国社会文化热点,即学习者所关心的社会现象、文化习俗、中西文化的比较及现代与传统文化的对比。因为日常生活题材（如打招呼、问地方、约时间、打电话、谈价钱、交朋友）是学习者所熟悉的内容，就显得有趣、易懂。

语言的内容与功能不可分。如果教学内容是来自于日常生活，语言功能就会交际性强，体现急用先学的原则。如从问候、介绍、请求、允许、道谢、祝贺、邀请、告别到表意愿、提建议、抱怨、致歉、说服、婉绝等。当学生能不断地在交际中完成这些语言功能，他们就能从学习中得到成就感。

语言的内容、功能、和形式往往有内在的一致性。比如交际的题目是求职面试，语言的内容就会包括谈论自己的经历，语用的功能为强调性的陈述，语言的形式则会用到某些句式，如："是……的"；动词后缀―过，―了，句尾了，和时间短语。[例4]就是一个这样的例子。语言的形式在一开始就得到重点的大量的输入与互动练习；所有的互动练习都以内容为主；六个步骤的组织结构从学生的机械练习单句开始，到具体情景会话交际，再到模拟找工作面试，螺旋式循序渐进；最后以任务型的交际活动结束。任务型的交际活动往往需要铺垫，如对词汇与句式结构的大量练习。步骤1到步骤3都属于铺垫练习，一方面提供机会让学生进行会话交际，一方面为下一步"工作面试"任务的顺利进行打基础。

[例4：内容功能与形式，求职面试]

交际题目：求职面试

语言内容：谈自己的经历

语用功能：强调性的陈述

语言形式：Subj. 是 Adv. Phr (being emphasized) V (Obj.) 的 (Obj.)。
　　　　　Johnny 是 17 岁上的休士顿大学。

步骤：

1) 教师输入。教师先把语言的形式（整个句式结构和典型）用书面和口头的形式展现给学生，并用全班"大合唱"、小组"小合唱"、个人"独唱"的方式带领学生流利地说会范句。

　　　Subj. 是 Adv. Phr (being emphasized) V (Obj.) 的 (Obj.)。
　　　Johnny 是 17 岁上的休士顿大学。

2) 师生互动。教师把问题个人化、兴趣化，先问全班，然后个人："谁是17

岁上的休士顿大学?""你呢？你也是17岁上的休士顿大学吗?""你呢？你是十几岁上的大学?""你朋友呢?""你的哥哥呢?"在典型范句的基础上，教师在内容上引申发展，反复练习、熟练掌握句式结构。

3) 生生互动。学生两人一组用"是……的"句式信息交流，了解对方。十分钟后每一对在班上汇报，把各自所获取的内容说给大家。

4) 角色扮演。交际题目：一个学生要申请到 Pier 1 商店做经理。他有一个面试。请一个同学做被面试者（Interviewee），其他同学做面试者（Inerviewers）。学生轮换当被面试者（Interviewee），用目的句式回答别的同学（Interviewee）的提问。

5) 教师总结。"Subj. 是 Adv. Phr（being emphasized） V（Obj.）的（Obj.）。"的特征：a. 所强调的内容要放在"是"的后边；b. 强调行为的时间、地点、目的、方式、施事等。c. 用于已经完成的动作。d. 说话者双方都知道动作已发生。

教师要把语用背景具体化、情景化，通过语境和交际题目来选择有关句型与语言形式。表1仅是一个把语言的内容、功能、和形式三者结合起来的简单例子。实际运用要根据课堂活动的目的、对语言内容和形式的要求、学生的具体情况来进行。

第四，无意识的偶然习得却是在有意识的引导下产生的。一个途径是要增加语言项目的出现频率（Input Flood），在各种上下文，各种语境中反复出现以引起学生的注意。另一个途径是使学生所学到的语言固定形式（Formulaic speech）和语法规则变成习得的有利条件（Acquisition Facilitators）。当学生掌握了较多数量的语言定式和语言规则后，在教师的引导下注意到了语言概念中关键的特征时，有意识的学习便逐渐为无意识的习得铺开了道路（Seliger & Long, 1983; Ellis, 2002）。

表 1　举例：语言的内容、功能、形式的三统一

交际情景\题目	语言内容	语用功能	语言形式
求职面试	谈自己的经历	强调性地叙述过去的经验,已完成的行为与事件	1. 是……的 2. Subj. V. 过……。 3. S. V.（Obj. V）了 period of time（了）。 4. Subj. V. 了 period of time（的）N.。 5. 时间短语： 　……以前,sentence。 　……以后,sentence。
第一次见面	介绍自己认识他人	寒暄问候自我介绍	V. 一下儿（介绍一下儿）形容词做谓语 请问、姓、叫、贵姓
定约	时间、地点、做事情　疑问副词	请求、允许、建议	S. 有时间 V. Obj.。 S. + Time + PL. + V. +（Obj.）。 Sentence,好吗? N. 呢?
问地点	地方名词,方向词,方位词	询问、描述	S. 在 PL（adv.）。Modifier 的 N.
"我喜欢的一条街"	存现句,方向方位	叙述、说明	S. 在 N. 的方位词。N /（在）N. 的方位词有 N。N. 的方位词是 N。
听指令做动作	把字句和常用的动词,如拿、放、带等	祈使句	把 Obj. V. Compl.。 Verb complement. 请把你的书从书包里拿来。
布置会场	用"把"字句分配任务"谁把什么怎么样"	陈述、描述	S. 把 O. V. Comple. Sarah 把 O. 搬出去,搬到 PL. Mary 把 O. 带来,放在 PL. John 把 O. 拿出来,挂在 PL. ……
怎么做 N. "怎么做炒米饭"	用"把"字句说明某种技巧	介绍,说明	先把 N. 放在 PL. 再把 N. V. Complement. 然后把 N. V. Complement. 最后把 N. V. Complement.

语言定式（Formulaic speech/use）是在语言习得初级阶段，第一语言（如Brown，1973）和第二语言（如Bardovi-Harlig，2002）学习者普遍采用的语言运用策略。Lynons（1968）指出语言定式是大脑中未经分析加工就应用的固定表达方式。语言学习者在初级阶段对所接触的大量的语料并不做——分析，而是作为整个语言组块，即以词组\短语甚至句子为单位来运用。特别是交际中常用的语言形式，如"I speak no English.""太贵了，便宜点儿！""认识你很高兴。"常常是初学者把整句作为定式组块记下来而运用的。在教学中，特别是在低年级语言教学中我们不妨因势利导，帮助学生掌握大量的语言定式，正如赵金铭（1997）所提出的"不仅是分析的语法更是组装的语法"。语言定式在习得中的优点包括：

1）准确率提高了。学到的是组合起来的大词组和句型。

2）学习任务的难度降低了。学习者学到了一个固定的架构后就可在语义上进行替换，创造出无数新内容，使语言有了生成力。如在句子层次上：

"Subj. 是 clause 的 N."

小王是我昨天认识的新朋友。

新新餐厅是我常去的饭馆儿。

宫保鸡丁是我最喜欢点的菜。

中国历史是我觉得最有意思的课。

也可在词汇的层次上(见下面的例5)。

3) 迎合了认知学习技能"旧的形式,新的内容"的习得特点。学习建立在已知的基础上。学起来比较轻松,并有机会不断地调节、重建学习者中介语的语法体系。

4) 学后即用,立竿见影。因为语言定式广泛地用于日常生活会话中,学习者可经常用到,获得成就感。

[例5:定式短语:有点儿 adj/v]

1. 活动目的:用"有点儿 adj/v"来表达;并且明白"有点儿"和以前学的"一点儿"意思相似,语法功能不同。练习复习三个定式词组:
   "Subj. 有(一)点儿 adj./verb.",
   "Subj. V. 一点儿 N. 和
   "……Adj. 一点儿"。

2. 任务:1)听力理解。2)用所学结构回答问题。3)和同桌做语义上的互动活动。4)笔头填空练习语法结构。

3. 活动前的准备:学生熟练地掌握了交际中会用到的形容词和动词。

4. 语言功能:语义交换,婉转描述。

5. 语言形式:Subj. 有(一)点儿 adj./verb。我的头有点儿疼。

6. 步骤

   1) 教师输入。把图投射在黑板上(《新实用汉语课本》,176 页)。把句型写在黑板上:"Subj. 有(一)点儿 adj./verb." 我的头有点儿疼。然后开始输入。

      "这是候医室。老王的头有点儿疼,小张全身都有一点儿不舒服。小王的肚子疼,还有点发烧。"

   2) 师生互动,练习句型。老师问,回答形式可为先全班集体,然后个人。

   3) 教师进行微型对话输入.(可用口述,也可投射在黑板上。)
      "——你今天怎么迟到了?
      ——昨天晚上我有一点儿发烧,今天嗓子很疼,头也有一点儿疼。"

"——星期五下午我们去看新电影"达芬奇解码",好吗?
——星期五下午我有<u>一点儿</u>忙,星期六可以。"

"——我们先去商店还是先去饭馆儿?
——先去饭馆儿吧。我<u>有点儿</u>饿,也<u>有点儿</u>渴,还<u>有点儿</u>累。"

4)生生互动,以对话的形式作句型练习。学生找一个本星期还没有谈过话的同学一起来练习教师指定的对话,五分钟以后对全班表演。(Find a partner with whom you haven't talked this week to practice the given dialogues and make them fluent. You will present the dialogues in class in five minutes.)然后,教师分别请三、四对同学把微型句型在班上说一遍。

5)生生互动。在微型句型的基础上,每对学生创作两个微型句型,5分钟以后在全班表演。(Create two dialogues based on the given dialogues and present your dialogues to class in 5 minutes)然后,教师分别请三、四对同学把学生自己创作的对话在班上表演。

6)教师总结"Subj. <u>有一点儿</u> adj./verb"的用法,并提示与"一点儿"的不同:
("有一点儿"modifies verbs, so it precedes a verb. We learned"<u>一点儿 N.</u> and Adj. <u>一点儿</u>" a few lessons ago. Although their

meanings are similar, their grammatical functions are different. "一点儿"modifies nouns, so it precedes a noun. "一点儿"also follows an adj. to indicate comparisons.)

教师可以板书标明句式特点：
Subj. 有(一)点儿 adj./verb。如：我的头<u>有点儿</u>疼。
Subj. V. 一点儿 N. 如：我喝了<u>一点儿</u>水，也吃了<u>一点儿</u>药。
……Adj. 一点儿. 如：我比小林高<u>一点儿</u>。

7) 教师给学生笔头练习，做这三个定式词组的的比较练习。
Direction：Fill the blanks with"有一点儿"or"一点儿" according to the context.
张老师：
对不起，我今天没有去上中文课。我的头＿＿＿＿疼，嗓子＿＿＿＿发炎，全身都很不舒服，还＿＿＿＿发烧. 我去看了大夫，他给了我＿＿＿＿中药，也给了我＿＿＿＿西药。我希望我能很快就能好＿＿＿＿。
您的学生汤姆
一月十六日。

8) 学生交换笔头练习，互相批改。这样学生再次有一个对语法特征进行强化性的注意和复习的机会。

第五，语言形式的输入、输出的数量和质量要适合学生习得的不同阶段和语言水平。Ellis(2002)提出在学生学习的最初阶段，可以不把语法作为一个单独的内容加以练习训练，而是有计划的提醒，启发诱导让学生能够观察，从大量的语言素材中体验、积累语言经验。输入自始至终都包括有特征性的、容易让学生理解的语言形式。《新实用汉语课本》(刘珣等,2002)的作者提出的一个特色正是这样："第一册前六课，在集中学习语音的同时，通过掌握简易的口语会话，让学习者先接触多种基本句式，但暂不做语法的系统讲解；第一册的后八课及第二册12课共20课，是语言结构教学的第二次循环，逐个介绍并练习主要句型结构。"(1页)。

语言习得实验研究结果表明(如 VanPatten, 1991; Bardovi-Harlig, 2004)

学习者在最初阶段吸收的是以词汇为主的内容。他们在大量的语言输入中寻找的是词组、短语，希望从词汇、词组、和短语中涉猎语义以明白意思。那么这个阶段的教学就应该从词汇和词汇结构入手，如向学习者提供、组织他们练习定式词组，短语、让他们能够吸收大量的可懂语料。

在学习者稍积累了感性认识，有一定的词汇量并能理解后，开始加强对语言形式的精讲多练，学习大量的句型结构。在这个阶段，教学的重点从学生前期的理解吸收逐步转向在教师指导下的陈述表达。学习者一方面仍然在不断地接受语言输入，另一方面给予大量的机会交际沟通。这个阶段仍然是在一定的指导和要求下进行(Guided tasks)，学习者可以容易地有规可循，从单句开始到能够成段地表达、做语义协商，并能够用比较复杂的结构表达。

教学的重点进入更高的阶段，从理解吸收和在指导下的表达发展到较自由表达和成段讨论，进行大量的语言输出。语言输出是语言习得中的第二个阶段，学习者在第一个阶段通过大量的语言输入来对语言现象进行观察总结并提出假设，需要通过语言的输出来检验自己的假设是否正确，需要众多的机会来进行注意、观察、比较、假设、证明，使自己的规则逐步趋于目的语。根据学生的情况，表达可以是强化性的(Pushed output)(Swain, 1997)，要求学生所表达的语言中包括适当的语言形式，语义准确，语用得体，交际功能完整。对学生的要求更是对教师的要求：教师要设计一个把语言形式和语言内容紧密地结合在一起的交际任务，对语言结构的运用有明确的要求。

比如学习比较句时常出现的一个问题是学生的输出不充分、不完整。教师可先用实物实地让学生做比较。就地取材的优点是益于理解容易接收，学生的输出速度快。然后教师用醒目或夸张的手段，如用图片或多媒体投影，来引导学生的想象力，引导他们"比吹牛"。例6是另一个强化性的语言输出活动。在这一活动中教师给学生明确的、具体的要求。

[例6：强化输出：比较级]
1. 练习目的：强化性的输出，复习各种比较表达法。
2. 任务：1) 写一段短文"我和我_____（爸/妈/哥/姐/弟/妹/朋友/老师）"；2) 口头叙述；3) 回答同学的问题，做语义协商。
3. 练习前的准备：学习者熟悉比较句句型，也掌握了一定数量的形容词。

4. 语言功能：语义输出，陈述描写。和同学做语义上的协商。

5. 语言形式：对短文要求包括以下形式：

A 比 B Adj 得多 / 一点儿 / ♯N.

A 很 adj. ，B 比 A 更 Adj。

A（没）有 B 那么 Adj。

A 不如 B Adj。

……，不过……。

对……来说，……。

6. 步骤

1）家庭作业：写一段短文"我和我_____（爸/妈/哥/姐/弟/妹/朋友/老师）"。要求：必须用上所要求的语言形式，长度在 10 个句子左右，意思要连贯。

2）生生互动。请个别同学分别在班上叙述短文，（不可以念）。

3）生生互动。要求所有的学生（听众）对发言的同学准备一个问题。一个学生说完后听众开始问问题。讲演者给予回答。

4）重复第二第三步骤，分别请 3 个同学做讲演，别的同学提问。

下面是一个同学所做的：

我和我的狗

我的狗叫 4 月（April）。他是 Irish Setter，不过他比别的 Setter 大、也高得多。他比我矮一半，也比我轻一半。他跑得很快，可是他没有姚明跑得快。我不如他跑得快。对他来说，我是他最好的朋友．我吃什么就给他吃什么，我做什么他就做什么。要是我去打球他也去打球。要是我去游泳他也要游泳。不过我去上课，他不上课。狗很聪明，它比别的狗更聪明。要是他上课，他一定是好学生。

在设计练习语法结构的活动时应该注意到四点。

1）教师的板书输入要明了醒目，句式结构公式化并有典型范句。学习者容易一眼看到句式的特征，从视觉到概念上引起注意。然后通过大量的练习使学习者在运用的过程中意识到语言形式与语用功能的特征。

2）意义为主。学习者不论是在处理输入还是在表达输出时，所寻找和所依赖的是意义。即使在做机械性的训练时，其内容也是有意义的、交际性的。

3）教师应该在设计活动时考虑到把三个因素紧密地结合在一起：交际功能、语言结构、语用情境。教师设计一个能把语言形式和语言内容紧密地交织为一体的的任务，通过活动培养学习者的理解和沟通能力。

4）对语言形式的教学要重视、尊重学习者的语言水平和习得发展阶段。向学习者提供什么样的活动练习取决于他们的语言水平。如上文提到的，中文学习刚开始时，要注重词汇和语言定式的输入，以理解为主，以日常用语为内容。初级和中级教学的重点侧重于对结构的大量反复输入、理解、语义协商、吸收、和有指导的输出。高年级的学习者则应鼓励高质量的表达、强化性的输出。

结　语

语言习得所研究的一个主要内容是对语法规则的习得。语法知识的建立分为两种，一种是在交流时无意识地形成；另一种是能清晰明确地说得出来的。本文提出教师要通过大量的有特征性的语言输入来促进学生把语言规则提炼出来，再融入自己语言系统中，使之不断地趋于目的语的形式。这种教授语法的理念不同于以前的语法教学，有益于促进学习者中介语系统的发展，是透过对语言形式的练习来促进学习者对语言特征的注意，使语言经验概念化，学习者能举一反三、创造性地运用语言。这种语法教学是在语言交际这一大前提下进行的。

第四节　新时期对外汉语教学的目的与原则

本文从语言教学的目的与原则两个方面探讨对外汉语教学在新时期所要更新的教学理念和指导原则，并用课堂教学实例对新理念进行了展示与分析。"新时期"是指 1999 年美国外语教学学会 ACTFL（American council on the Teaching of Foreign Languages）提出的"21 世纪外语学习标准"到现在这一阶段。新的教学目的把四个语言技能与三个交际模式结合起来，重点突出了对交际能力的培养。要具备语言交际能力，除了学会语言规则外，还要学会语言的使用规则。而语言的使用最终是要通过语言技能来实现，言语活动来完成。在教学原则方面，本文提出的教学原则应以学生为中心，以交际为目的，以理解为基础、以有意义的学习为途径，以诱导启发学生为手段，向学生提供一个实用的语言情境来进行语义上的交流。

一、教学目的

目的和原则是行为和思维的动力和标准。如果教学目的清楚就如纲举目张,课程安排、教学内容、教学方式方法及教学效果考察都据之而定,顺之而行。在外语教学领域,教学目的和教学标准变得明确清楚起来只是这 20 年来才开始的。教学目的和标准都产生于一定的历史条件,代表着人们在那一时代的认识,保留着与那一时代的理论研究及认识水平的痕迹。语言教学随着其理论研究的深入而发展。在早期的语言教学中,语言作为一门知识性的学科,其教学目的是为了"掌握语法知识"。这样的目的没有突出语言教学的学科特点,因此学习者精通语法知识却不能与他人有效地交际。

二次世界大战期间,汉语教学在美国兴起,其目的是培训美国军人,使中美两国同盟军可以进行语言交流并击败日军。这一目的和当时刚刚崛起的行为主义心理语言学的听说法联姻,培养出了一批汉语表达流利的美国外交官和军人。50 年代行为主义心理学(如 Skinner,1957)用新的观念对语言行为做出了详尽系统的论述,提出了语言环境和教师的重要性。教师之所以重要是因为可以控制环境,可以从外界入手不断地给学习者提供有计划、有准备的"教学刺激"。其教学目的是培养可以观察到的"语言行为"(Verbal behavior)。掌握正确的"语言行为"无疑已是对以前的"掌握语法知识"这一教学目的的叛逆。

50 年末 60 年代初,Chomsky 提出了转换生成语法,语言的深层结构与表层结构,指出了语言能力和语言的运用是两种不同的概念。语言教学的目的与内容由此走向对语言结构,特别是对核心句(Kernel sentence)的学习,也走向了发掘学习者的主观能动性和对认知技能方面的发展上。自 60 年代后期,这些教学目的与彼时的意念情境(Notional and situational)、语言功能教学大纲相结合,两者相辅相成。教学目的也因此明确起来了:强调语言的结构与功能,培养学生听说读写四个语言技能。学习者掌握了这四个技能,自然能够运用语言进行社交活动了。

70 年代以来,社会语言学得到了进一步的重视。培养学生的语言交际能力作为教学目的得到了明确。语言的意义、功能、文化背景、语境、话语等因素紧密相连,缺一不可。话语只有说得恰当得体,交际才能有效,才不会引起误会。在反思了以前的教学目的(培养学生的4个语言技能)的同时,语言教学工作者意识到掌握了四项语言技能说出的话语不一定就得体妥当。换句话说,仅是培养学习者听说读写的四项语言技能这一教学目的是不够的。应该增加培养交际语言能力(Communicative language ability)这一目的。

1999年美国ACTFL提出的21世纪外语学习标准(The standards for Foreign language learning in the 21st century)便把听说读写四个语言技能与语言的三个交际模式结合起来,重点突出了对交际能力的培养(见图1)。

1)人际互动交流:双向、即时、互动(Interpersonal communicative mode)

语言的技能包括听说读写,如会话、书信、电话、电邮等。

语言内容:以交际为目的、实用、有内容、易理解。

语言形式:句式结构的特征性,能引起学生对语言结构的有意识、有选择的注意。

语言功能:双方做语义上的协商(Meaning Negotiation),交际真实有内容。

2)解读诠释:理解、并在理解的基础上形成自己的诠释和见解(Interpretive communicative mode)如听、读能力.

Maurer(1987)在总结了学生学习数学的实验研究后提出,"学习"(Learn)这一提法不如"理解诠释"(Interpret)更能反映事物的本质。"学习"似乎没有更生动地表现出学习者的主动性和能动性,而学习者在做"理解诠释"时,一定是积极的、能动的。

积极主动地分析处理输入的语言是学习的第一步。只有理解明白其内容(Meaning based),意识到所学的语言结构的某些特征,才能把注意到的语言特征和自己已经建立的中介语系统相比较(Notice, and awareness of the gap),才能对已经注意到的语言现象提出假设,并对注意到的新的语言现象和自己现有的语言能力之间的不同提出假设。

3)陈述表达:语言的运用、表达(Presentational communicative mode)如说写能力。陈述表达可以说是语言习得的第二步。学习者在对语言现象做了假设后需要通过两个途径来验证自己的假设。一是继续对大量的语言输入中的语言现象加以观察、注意;二是在运用语言表达中检验其假设的正确性。学习者在不断地运用和表达中重建(Reconstruct)自己中介语的语言系统,使之发展趋于目的语。

图 1 "Framework for the 2004 Foreign Language National Assessment of Educational Progress"Figure 2, p. 25, Center for Applied Linguistics

从图1中可以看出，四个语言技能没有独立地设出来而是寓于三个交际模式之中。语言教学在没有明确地提出培养交际能力以前，没有清楚地考虑到语言的功能与交际性。教学目的不明确时容易忽略语言的实际运用，忽视把话语组织在一定的交际情境之中，使之发挥其功能。如图1所示，语言交际这一目的明确后，语言技能的训练和学生在各个方面的与语言交际密切有关的知识技能的发展便有机地结合起来了。图1的中轴内容可总结为以下4点：

1) 要具备语言交际能力，除了学会语言规则外，还要学会语言的使用规则，掌握语言的交际功能。培养交际能力的提出，对教学理念有了重要的改变，从对语言技能的训练转移到交际能力的培养，定了一个更高的标准。

2) 语言的使用最终要通过语言技能来实现，即通过听说读写的言语活动来完成。因此教学活动要围绕着语言功能与语言使用进行，而且要与语言技能的训练结合起来,用听说读写的形式体现出来。
3) 以交际为目的就是要为学生设计和提供尽可能真实的交际情景,让学生感到有表达的强烈要求,有交际的需要。
4) 交际原则要求教学内容交际化,课堂教学环节交际化,课堂活动的练习的内容与形式交际化。

把图1的外圆内容总结起来,我们可以看到一个清晰的教学理念,即课程的综合性和培养学生各种技能的全面性。这一理念注重了对能力的训练与培养。其教学目的的范围包括了五个方面:

1) 语言技能,其中包括语言运用能力—交际能力。语法能力是交际能力的基础。但是,学会了语言规则并不等于就具备了语言交际的实际能力。因此学生应该有社会语言学的知识和语用策略。学习者不仅能在交际情境中说出合乎语法的话语,而且要说得得体,恰到好处;不仅要掌握听、说、读、写语言技能,而且要能运用语言技能进行真实的交际活动。
2) 对目的语文化的了解与尊敬。语言教学通过展现中国的文化与习俗,学习者能在多种多样的语言情境中练习和掌握语言技能和文化知识。此外,教学内容不但要体现中国传统的价值习俗,更要展示当代中国的文化热点。
3) 在学科之间融会贯通,提高整体的知识水平,加强各门学科的渗透,贯连。学习者能够广闻博学。
4) 提高学习者的认知技能和举一反三的学习能力。培养学生自我学习的能力,分析解决问题的能力,独立思考、有创建性见解的能力。
5) 认识语言的社会性,进入目的语的社会环境中习得语言特征和人文知识的重要性,在社区中运用语言的必要性。

这五范围的教学目的会带来以下三个方面的教学结果:

1) 语言的使用者。学习者不但能够表达得清楚正确,而且能把话说得恰到好处,不引起他人的误解。
2) 文化的理解者。学习者用汉语进行交际时能适应中国人的社会文化心理习惯,具备社会文化背景知识以准确地表达说话人的交际意图。语言的运用受到文化习俗的制约。比如请求与感谢、委婉与礼貌,惯用语和俗语的运用无不与文化有关,无不体现中国的习俗。

3) 认知技能、学习策略的运用者。学习者不但掌握了语言知识与语用能力,更获得了自我学习的能力,如能够自我总结并自发地、灵活地、有目的地运用认知技能学习技巧,能独立地分析解决问题。

由此可见在培养学生交际能力这一目的下,我们要有一套相应的教学体系,不论是从理论上还是从教学实践上来达到这一目的。课堂教学中则要求从内容到形式个个环节都突出交际性。举一个简单的例子。形容词做谓语是汉语中常见的语言形式,在学习中文的第一个星期就会出现,但英语为母语的学生掌握起来并不那么顺利。在学习了生词后,教师可先和两个学生做下列的对话,其目的有三点:真实的交际,互动练习;语言输入演示给全班的学生,然后给学生任务型的交际活动;练习形容词做谓语和副词的语言形式。

在这一活动中,有三个环节,一是教师与学生的演示,二是学生自己找同学谈话,三是学生汇报谈话时所收集的内容,每一个环节都是真实的交际,以语义为内容练习了形容词作谓语的句型和副词的用法。在整个过程中学生都在反复练习,比如学生需要问不同的同学,需要向全班汇报,这些都是日常生活中自然的社会交际,因此不觉得是在操练,也不觉得有很多的反复。

[例1:你爸爸、妈妈好吗?]

  教师:你妈妈好吗?

  学生:她很好。

  教师:她忙吗?

  学生:她很忙。

  教师:你爸爸呢?他也忙吗?

  学生:他也忙。

  教师:你呢?

  学生:我不忙。

在全班的学生听懂了对话内容后,教师请所有的学生站起来,给他们一个交际任务:"分别找两个没有交谈过话的同学,问问他/她爸爸、妈妈怎么样,忙不忙。要记住谈话的内容,因为还要向全班汇报。"

约五分钟以后,每个学生分别和两个同学谈完话,开始以叙述的形式个人向全班汇报。以下是一个同学的汇报:

"他是 John。John 妈妈好，John 妈妈不忙。John 爸爸好，他爸爸很忙。他也很忙。"

自 80 年代末，在语言习得理论研究方面出现了一个新的与第二语言教学有直接关系的进展：注重语言形式的教学(Form-focused instruction，如 Gass, 1997；Doughty & Williams, 1998)。语言的习得不仅包括交际能力而且包括语言的形式。话语不但要说得得体，更要表达得正确。言语的准确受损，得体必伤。这一教学观念仍然建立在培养学习者语言的交际能力这个根本的教学目的的基础上。教学仍然是在语言交际化(Communicative Language Teaching)的框架下进行。所不同的是对单纯强调交际或是学习者能做大量的语言表达即为优胜的教学现象做了调整与拨正。学习者说得流利，却错误不断会同样阻碍交际，造成习得中的早期语言石化现象。实验研究证明这样的例子也是屡见不鲜的(Harley & Swain, 1984；Swain, 2000；Harley, 1992)。

二、教学原则

教学原则应以学生为中心，以交际为目的，以理解为基础、以有意义的学习为途径，以诱导启发学生为手段，向学生提供一个实用的语言情境来进行语义上的交流。在早期的语言教学中，师生把语言学习当作一个普通的学习科目。教学中教师的第一个问题是"教材中有什么语言现象，我应该怎么教？"；而现在我们考虑的第一个问题是"学生是怎么学的？我必须做哪些事情来启发、促进学生的学习？怎样的教学内容和课堂互动方式能够更有效地促进学生的学习？"换句话说，课堂教学要适应学生的学习方式，教材要服务于学生的兴趣，教师要引导、促进学生的语言习得。教室已不再是一个传统的教语言的课堂，而是一个提供给学生的有组织、高效率、语言输入丰富、语言理解容易、语言运用恰当、语言交际真实的环境。

教学原则 1：以学生为中心。学习者是我们整个教学理念、课程安排、课堂活动的关键，直接决定着教学的成败。一切从学习者的角度出发，考虑到他们的认知特点，生活兴趣、学习方式、尊重他们的个性与不同。比如一个以学生为中心的课堂，可以在一定的情况下请学生决定讨论的题目，练习的内容；也可以在一定的条件下给予学生对教学、考试、评分标准等关键项目的主动权和决定权。

[例2:学生的积极参与]

学期伊始,可以让每个学生写一个条,告诉老师两点,你为什么修这门课、想学什么样的内容。笔者的经验是学生所要求的往往正和这门课所设计的内容相符。否则老师要做一定的调整来满足学生对教学内容的合理要求。再者是考试内容。比如汉字的学习是一项重要内容。教师在布置汉字听写时,可让学生决定听写那些字。听写的字常常以词为单位,一般不超过10个词。可以让学生轮流每人在黑板上写一个,10个同学共写10个,成为家庭作业和第二天听写生词的内容。第二天上课时让一个学生念,别的学生写,然后学生互相批改,再有一次学习巩固的机会。最后老师收回判分作记录。

这种做法发挥了学生课堂参与的积极性和决定学习内容的主动权。不管学生选的是什么词,都是有用的。这样的考试不断地给他们成功的经验。另外学习成绩在很大程度上也可由学生自己掌握。如在考试以前,教师把评分标准给学生来征得他们的同意,或是让学生写一个纸条提出评分标准,如果学生的意见合理实用,老师就尽量采纳。学生逐渐会形成一个感觉,他/她是学习的主人,他/她在学习中有主动权。

教学原则2:以交际为目的。语言教学的目的是培养学习者的交际能力(Savignon,1983),即理解(Interpretation),表达(Expression)和语义上的协商沟通(Negotiation of meaning)。学习者所听到的、看到的、练习的都来源于日常生活,因此对学生的语言输入和学生的语言输出都是易理解的(Comprehensible input and output),表达的都是有内容的信息,或思想感情的交流。

程棠(2000)对交际能力的解释总结是这样的:"通俗地说,人要运用语言进行社会交际,只有语言能力或语法能力还不行,还要懂得在具体的交际情境中恰当地使用不同的语言变体。每个社会都有特定的交际准则,人在交际中要懂得和遵守这些不成文的准则。这几个方面的能力的综合就是交际能力。"(17页)

首先交际要有真实感,体现语言的功能性,"以言行事,言有所为。"语言功能就是指语言行为(Speech act),即用语言交际时所要达到的目的。用语言总有一定的目的,或想传递一个信息,想请人或帮人做一件事情,感谢、道歉、跟他人订约,跟朋友告别,交际的目的往往是要完成一个任务,语言的运用因此有鲜明的功能性与创造性。

第二,交际要有语言的实际运用知识,如语言形式如何在具体情况下体现功能的规则(Hymes,1971)。在现实生活的交际中,学习者能够运用这些语言形式和语言功能,知道对什么人、在怎样的场合下、什么时间、以如何的方式、讲什么或不讲什么。交际语言因人而异;因时间、地点、场合而不同。

比如在学习中文的第一个星期可以做这样的活动。这一课堂活动的特点是:1)真实的交际活动,有信息交流。这一活动在一开学进行,通过这个活动学生可认识班上的同学。2)把语言的形式与功能结合起来了;3)语法、语义、语用、都得到了练习,既有语言的输入又有输出;4)由易到难,从机械性的到灵活的交际性的,由输入、理解、对话、到输出叙述;5)语言活动既是自由的(学生可以任意找不同的同学,问不同的问题),又是精心设计的(学生要会用4个语言点来获得信息,介绍自己、认识他人)。

[例3:您贵姓?]
1. 活动目的:学生用汉语主动认识、了解班上的同学。
2. 任务:1)学生去与三个不认识的同学互相介绍;2)给全班同学介绍一位你刚认识的同学。
3. 活动前的准备:在每个学生找三个同学谈话前,已经对语言的形式与功能做了大量的练习,能够较流利地介绍自己,认识他人。
4. 语言功能:信息交流,介绍自己、认识他人。
5. 语言形式:1)什么时候用(不用)"是";2)怎样用"贵姓";3)疑问句;

4) 形容词谓语句。
6. 语用：客气的说法，尊敬的说法。
7. 步骤。1) 在熟悉了生词之后，首先教师带领学生做演示对话，给学生语言输入。根据学生的情况，对话也可投射在黑板上。语言形式基本上是一种模块式的：

老师：你好！
学生：您好！您贵姓？
老师：我姓温。叫温和平。你呢？
学生：我姓林，叫大为。
老师：你妈妈贵姓？
学生：她姓 Wentworth. 她叫 Molly Wentworth.
老师：她好吗？
学生：她很好。

2) 教师让学生两人一对做演示对话，给学生机会进一步明白意思，熟练对话。

3) 教师让学生站起来在班上分别找 3 个同学，在演示对话的基础上，问问他们的爸爸，妈妈，哥哥，姐姐，弟弟，妹妹，朋友怎么样，姓什么，做什么。

4) 教师分别请两三个同学给全体同学汇报他/她从谈话中所得到的信息。

教学原则 3：以理解为基础、以有意义的学习为途径，启发诱导学生创造性地学习，在互动中进行语言习得。理解是建立在有意义的学习（Meaningful learning）上的。如果输入的语言素材接近于学生的水平，出于他们的生活内容，在概念上具体、形象就容易被学习者理解接收。

大量的实验证明提供给学生的语言材料要能够被学生理解才有效（如 Krashen，1982；VanPatten，2004）。Schmidt(1990) 认为语言的习得在于学习者能够注意到（"notice"）输入语中语言的特征，换句话说，"注意"是习得的一个必要条件。如果学生能够得到比较适合他们语言水平的输入，可以说就得到了习得中所需要的"注意"（"notice"）的机会，他们就能把语流分解为段、分解为语音和语法的不同成分,以理解吸收。如果输入能够被学生理解吸收,就有可能变成学生的输出。Chaudron(1988)在评鉴了若干个对教师的课堂言语的调查实验后,指出教师对初级学生说话的语速比对中级和高级学生的语速慢。而且教师有时也会把他们话语中语法的难度放低,以适应学生的水平。这种做法是正确的,教学的一个原则就是针对自己的教学对象,由易到难,循序渐进。

输入的内容从学生中来就容易回到学生中去。从学生中来是指输入的素材是从他们的现实生活中提取的;到学生中去是指学习者能把输入理解吸收并创造性地输出。比如例4中的叙述摘自《中文听说读写》(Yao, et al., 1997)。根据教学的具体情况,稍作了一些改动。设计了6个活动步骤。

［例4:互动活动,我的学习］

1. 活动目的:理解练习,"注意"输入中的语言形式的特征
2. 任务：1)学生做听力/阅读理解；2)回答问题；3)填空做进一步的理解；4)学生语言输出
3. 语言功能:叙述,信息交流。
4. 语言形式:1) 除了……以外,Subj. 还 V.（Obj）；2) 开始……,后来……；3) Subj.（V. Obj.）V 得 adj./adv.
5. 步骤:语言输入:听力练习。教师口头叙述给学生一段输入。(教师也可把准备好的图片投射在黑板上作为阅读输入)。

"这学期克瑞斯很忙,除了专业课以外,他还修了中文和历史课。历史课是中国历史,他很喜欢。中文课也很有意思。"

互动式的语言理解。老师提问:
1) 这学期除了中文课以外,克瑞斯还修了什么课?
2) 克瑞斯喜欢中文课还是历史课?
第二次语言输入:
"中文老师姓李,从北京来。李老师只会说中文,不会说英文。所以上课的时候他们只说中文不说英文。开始克瑞斯不习惯,后来他有了一个中国朋友,王晓华。王晓华说话说得很清楚,常常跟克瑞斯一起练习中文,所以克瑞斯的中文进步得很快。"
第二次互动式的语言理解。老师提问:
1) 谁只会说中文不会说英文?
2) 克瑞斯开始不习惯只说中文不说英文,后来呢?
3) 为什么克瑞斯的中文进步得很快?
语言输入:阅读练习。教师给每个学生一张填空练习让每个学生自己做,或把一张幻灯片打在黑板上,大家一起做:

"这学期克瑞斯很忙,除了_____以外,他还修了_____课。历史课是美国历史,他很喜欢。中文课也很有意思。中文老师姓张,从上海来。张老师只会_____,不会_____。所以上课的时候大家只说_____不说_____。开始克瑞斯_____,后来_____。他的中国朋友说_____得_____,常常跟克瑞斯一起练习中文,所以克瑞斯的中文_____得_____。"

语言输出(家庭作业)。根据阅读练习的内容写一段你的学校生活。要把填空的句式都用上,最少6句话。

这个活动的特点是:
1) 注重了语言的输入与学习者对输入语言的理解。
2) 教师的提问输入也很重要,每一个问题以语义为主同时又都是一个句型结构。语言的内容和形式自然地结合起来了。
3) 六个活动环节和内容都是互动的,或是师生间的互动,或是学生与输入语言的互动;学生在整个活动中都在注意着输入和句型表达,是一个积极主动的学习者。教师不给任何一个学生任何机会坐着不参与课堂活动。

4) 学习者最后的输出是在输入语言的框架下、老师的指导下进行的。在内容上有自由性,在形式上是以结构为主,用了类比的方式反复地练习 4 个句子结构。

5) 由于内容和学习者的生活紧密相连,容易理解也容易运用。另外由于活动步骤的重复和上下文的连接(1、2 和 3、4)学习任务由此变得容易了。

Long（1983b）提出了互动的调节（Interactional modifications）模式,促使输入的语言材料有效地被学生理解吸收。互动活动是在语言意义上做协调（meaning negotiation）。在互动活动中,双方的调节能够疏通交流中的障碍,这样不但可以帮助理解,而且能够促进语言的习得。当学习者在交往中不断地征得双方的同意或是否定,明确对方的意思,清楚对方的用意时,就有习得语言的可能。Long 认为互动中的调节要比对语言输入的调节更直接辅助语言的习得。Loschky（1989）调查研究了调解的语言输入和协商性的语言沟通与第二语言（日语的处所词语）习得的关系。研究结果证明协商性的语言沟通对理解起了很大的作用,但对习得的作用不明显。

教学原则 4：教师的角色。教师是语言环境的策划者,互动教学的组织者,课堂活动的管理者；也是语言信息的提供者,语言内容的协调者。教师不是前台的表演者,更不是语言知识内容和学习活动的权威控制者。教师必须首先营造一个鼓励学生参与的互动课堂,激发学生积极参与的愿望,把题材的控制有意识地转于学生,促进他们多发言讲话。要有选择地提供给学习者语言输入,使其容易理解吸收,并谨慎地设计教师的提问。

在传统的课堂教学中,谁跟谁在什么时候、在怎样的情况下、讨论什么,都是由老师来决定的。老师可以插入或是打断学生的话,课堂话轮总是落于或回归于老师。新的教学理念要求教师的任务是营造一个语言活动互动,学生可以做真实交际的情景和环境。这样的教学活动既可在低年级、又可在高年级进行,不同的是随着语言水平的提高,学生要做的任务也随之复杂起来。

教学以学生为中心,教师却起着影响学生学习成败的作用。实验研究证明（Brooks，1990；Kinginger，2000）学习者把自己的老师和以前的语言学习经验作为指导来模仿。老师强调什么、教什么、考什么,学生往往就会什么。如果老师总是在语义上给学生丰富的内容,在结构上引导启发学生,在语境上给学生清楚的交代,鼓励学生交际,学生就会觉得有话可说,有信息要交流。

教学原则5:教学方法博采众长,灵活有创造性。正如程棠先生(2000)指出,教学目的和方法有内在的一致性,有本质上的联系。方法是为目的服务的,也受到目的的制约。目的应该明确,技巧应该多样,而且有所选择。特别是课堂活动必须有灵活性、多样性和独创性。为了达到一定的目的,不可能只存在着一种方法。教学目的一致,由于理论认识不一,提出的教学原则和其教学方法则有不同。但不同的教学方法往往可以服务于同一目的。

"教学有法而无定法"。所谓"法"是指教学原则、教学理念。从理论上来讲,方法应该是科学的、是获得实验研究证明的。比如,以学生为中心,以交际为目的,以理解为基础、以有意义的学习为途径,以诱导启发学生为手段这几个语言教学原则,是四十多年来被作为第二语言习得的各种语言的实验研究结果所证实的。这几个原则是众多的语言习得的研究结果,既不是主观臆造,也不是经验谈,而是被实验研究所证实的。(如 Ellis, 2003)

在科学性的基础上教学方法和课堂活动要灵活多样,综合运用,互相补充。只要效果好,使用容易,能激发学习者的兴趣的都是可取的。要针对自己的学生和不同的教学情景作调整,让教材、课程设计、内容、方式方法为教师服务;教师为学生服务。因此教师要有创造性,如创造性地运用教材,创造性地组织课堂活动,创造性地把所有的学生都发动起来,使他们都进入对语言学习或习得的状态。

教学的博采众长,课堂活动的灵活多样体现的是一个实用的原则(吕必松,1992;程棠,2000)。听说法的理论基础,行为主义心理语言学,受到了批评因为这一理论的一个致命弱点是把学生看作被动的,把学习看作接受性的。但听说法的教学活动,如对语言形式特征的练习,对语言环境的重视,句型的操练,听说领先等,对教学都很有借鉴意义,特别是对低年级的学生来说是必不可少的。比如替换练习可以从初级开始,带一定的机械性;又可以用于中级水平的学生,启发他们用句型说长一点儿的句子,使语言形式与内容相结合,成为有意义的交际活动。运用哪一种层次的练习取决于学生的水平,课堂活动的目的等具体教学情况。

下面的例子采取了综合性的教学方法,从机械练习开始(听写生词),转入句型演示的语言输入、语法提示、到替换练习以显示句子的结构,到最后的交际活动。

[例5:博采众长]。

1. 活动目的:叙述方位,提供方位信息。
2. 任务:1)听写。2)句型练习,回答问题。3)看图说话练习句型。4)完成句子。5)用方位概念进行交际。
3. 活动前的准备:熟练掌握了本课生词。
4. 语言功能:询问、提供方位信息。
5. 语言形式:1)抽象方位名词 locative Nouns:上、下、左、右、前、后;里,外;东、习、南、北。2)语序:修饰语(的)+名词;3)介词短语做谓语。
6. 步骤。

   1) 检查一个家庭作业:听写生词:方位词与方位短语。
   2) 语言输入,句型、会话、叙述练习

      a. Subj.＋在＋N.的＋locative Noun:"表在书的下边,桌子的上边。"教师先演示,把句子结构和例句写在黑板上,并实地实物移动自己或教具的位置,如手表,笔,眼镜,钥匙来告诉学生什么东西在什么地方,如"我在Jonathan的左边,Jenny的右边。""我的表在桌子下边。"进行实地实物的包括动作手势的语言输入。

   3) 师生互动。老师问学生问题,要求学生进行实地实物操练:"Jonathan的表在哪儿? Jenny的笔在哪儿?"等)。

   4) 教师输入,师生互动:教师先演示,把句子结构和例句写在黑板上。然后示图(可把图投射)带领学生看图说话,练习句型。

      b. N.的＋locative Noun＋是/有＋N. 我家(的)前边是一条小河。

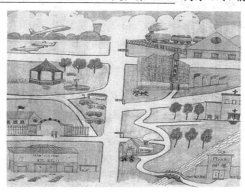

5) 进一步理解语言形式,练习成段表达。完成句子:
(教师给每个学生一张完成句子的练习让学生自己做,或内容也可投射,大家一起做。叙述方位和练习两个句型,顺序由易到难,循序渐进)。

我们学校的前边有_____。
学校的西边是_____。
飞机场在_____。
_____停车场。
_____医院。
_____邮局。

6) 生生互动角色表演:新生指南。请一两个学生分别到讲台上做新生指南,告诉新同学他们要找的地方的位置,如办公大楼,图书馆,餐厅,宿舍楼,学生活动中心,书店,邮局,银行,医院,停车场,运动场。学生每个人必须最少问一个问题,多者不限。如:"厕所在哪儿?"教师把学校的地图投射在黑板上。

这个活动的特点是博采众长,运用了机械练习,句型练习和认知技能开发(如看图说话,练习环环相扣,螺旋式渐进上升)等不同的教学途径。语言的交际功能是主导贯穿了每个环节,语言的形式通过问答操练,替换练习,笔头作业完成句子,和最后的扮演角色逐步完成。另外每个小活动之间有很强的关联性,一方面要避免形式和内容上的重复以保证学习者的兴趣,另一方面在语言的形式上用不同的活动方式做大量的反复练习以促进语言的习得。此外各个活动注意到了学习者的不同学习方式,既有口头输入,又有笔头输出,既有图画又有叙述,使得活动容易且有意思。还应该提到的是,各个活动都是互动的,即使是句型练习也是以语义为主,或是师生/学生和学生间的问答,或是学生对输入语言的理解互动,都显示了很强的语言的功能性。

最后应该说明的是,运用什么样的教学手段和课堂活动取决于每一课的教学目的、学生的水平、特点、社会环境和条件等因素。

思考讨论题

1. 你认为语言习得和语言教学的关系是怎样的？请你举课堂实践中的例子来说明两者的关系。在怎样的条件下双方会互相受到影响？
2. 在以交际为目的的框架下，语法教学应有怎样的地位，起如何的角色？语法教学怎样来辅助、促进学习者的语言习得？
3. 语言习得理论认为习得顺序是重要的，教学应该根据学习者的习得阶段，"因时适教"。教师怎么能够知道学习者是否进入某一阶段的状态了？如果输入应该是"i+1"，教师怎么知道学习者达到了"i"，而不是"h"，或"j"？
4. 是否有一个"最有效、最理想"的教学方法？你是怎么决定用什么样的教学途径、方法和教学技巧的？请把你教某一课时为什么采用某种方法的原因简单列举，并与同学讨论。
5. 是否有一套"最有效、最理想"的教材？你选择教材的标准是什么？如果在现有的教材中，没有一套教材能够全部达到你的标准，怎么办？对"不是很理想的教材"应该采取什么样的相应措施？
6. 在语法教学中，常用的教学活动有
   - 解释语法
   - 展现语言特征、用多种方式引起学习者对语言特征的注意
   - 句型训练
   - 替换练习
   - 在特定（或已给的）的语境中完成句子
   - 任务型练习
   - 角色表演
   - 游戏、比赛
   - ……

请你评价一下每个教学活动的功能与优缺点。在课堂中你是怎样设计组织语法教学活动的？你的教学活动怎样体现了语言形式、内容、与功能的三统一？怎样反映了以交际为目的的原则？

（沈禾玲教授对本章中的一些章节的初稿提出过宝贵的意见，特此致谢）

第五章 课堂教学组织与语言技能培养

第一节 语言习得与汉语课任务的设计

任务型教学(Task-based Language Instruction)是在第二语言或外语教学领域中所运用的一种教学模式。20世纪80年代,任务型教学大纲与教学途径被几位学者提出后,很快在世界范围内得到语言学习理论和第二语言习得研究的重视,并在教学中得到积极的推广。二十多年来,任务型教学被越来越广泛地采纳与接受。

任务型教学以"学习任务"为主导。"任务"的特点在第二语言或外语教学中至少包括六项(Long,1985;Prabhu,1987;Breen,1987;Willis,2004)。

1. 主题。Long(1985)提出"任务"指人们日常的工作与生活中的不断重复的各项活动。因此课堂内的"任务"与课堂外的真实世界为参照。

2. 意义。任务活动出自意义,以理解为基点。互动的双方进行可懂输入、输出。以意义交流为核心体现了交际的真实性,促进了学习者积极的参与和想发言表达的愿望。

3. 目标与结果。任务,即是"用语言来做事情",有具体的结果。任务是为达到具体的学习目标而设计的一系列活动。任务的完成意味着解决一个实际的问题,也会给学习者带来一份完成任务的喜悦。

4. 方式。学习者在接近自然的语言学习环境中,以互动的方式进行意义协商。互动包括在完成任务中所用的语言技能(听说读写)、学习策略、认知技能、材料资源(教师提供的输入、参考书、网上提供的材料)、参与活动的形式(任务由个人、还是由小组来完成)。

5. 条件。从教学的角度来讲,如何提供输入的内容与怎样运用输入是任务设计的重点。教师在设计活动时制造信息(Information)、推理(Reasoning)、观点(Opinion)上的差异(Prabhu,1987),促进学生在活动中积极地传递信息,交换意见,达到新的共识。因此任务有高度的组织性(Any structured language learning endeavor)(Breen,1987)。如任务有顺序安排(有任务前,任务中和任务后活动)(Willis,2004),完成任务时学习者有程序步骤(Richards, Platt & Weber,1985)。

6. 评估。一项任务包含广泛的评估内容,如学习者对题目是否熟悉,输入是否理解,表达输出是否准确,语言方面的难度,认知、学习策略的运用,词汇量的运用,课文的长度与难度,文化背景等。评估是学习的一部分,任务完成的同时也给学习者带来一个自我评价的机会。

以上六项的一个共同特点是从学习者的角度出发,重视对交际能力、语言技能、认知策略、分析问题、解决问题诸能力的培养。教学理念着重于语言学习的实用性、基于学习者的兴趣和学习特点来启发诱导,促进其学习过程。最后两项虽然讨论的是教学工作,仍然是从"学"着手,要求所设计的任务活动组织严密、步骤分明、循序渐进,评估有标准。确实,上世纪在教育领域的一个重大图突破是从"教"转到了"学",从对语言进行知识性的教授转变为对语言技能和交际能力的培养,从强调学习的结果转移到促进学习的过程上。任务型教学体现的正是以学习者为中心、以互动为形式、以日常生活情景为课堂环境来提高学习者的语言能力与学习过程。

本文试图从语言习得的角度来探讨任务型教学的指导思想与课堂实践。一个教学模式往往建立在一定的理论基础上,对"教"与"学"的认识体现在对语言的本质、语言的能力、语言学习过程等方面。本文从对任务型教学的理论研究入手,同时分析任务设计的原则、方法、技巧,意在把研究结果与课堂教学实践联系起来,探讨任务型教学的目的、途径、课堂活动的组织安排与教学技巧。

一、语言的能力——交际能力

任务型教学的理论基础是社会语言学(如 Vygotsky,1978,Hymes,1971)和系统功能语言学(Halliday,1975,1978)。这一学派所注重的是语言的社会功能与动态使用。社会语言学和系统功能语言学出现于转换生成语言学的鼎盛时期,很多观点与转换生成语言学一致。但从另一个方面来说,社会语言学和系统功能语言学又是对转换生成语言学的一个反动,他们认为语言是表示意义的系统,语法和词汇只是表达意义的手段。语言的意义在于运用。语言的作用和语言的运用是语言本质性的属性,它解释了语言的目的和人们用语言的意义。

语言是一种社会行为,通过对语言行为的研究,我们可以了解语言之外的现实存在,如社会结构,语言和在社会中语用的关系,如语言使用者是如何通过语言建立或维护社会关系,语言在构建人类社会的结构,及其参与确定个人的社会地位时所起的作用(Halliday,1978)。因此语言是工具性的,社会性的,甚至也是个人性的。

Hymes(1971)提出了"交际能力"这一学说。他认为转换生成语言学所研究的语言能力只是"交际能力"的一部分。交际能力既包括对语言规则的掌握,也包括在一定的语境中恰当地运用语言的能力。因此学习语言不仅包括学习语法和词汇,更包括使用。语言的能力主要表现在具体的使用过程中,使用者明白在一定的篇章和语境中语言的功能和所指。

交际能力所涉及的是动态的语言,是言语的功能。交际能力不仅仅包括表达得正确,而且要恰当得体。言语的使用要求两个能力(理解能力与表达能力),也要求明白在一定语境下语言所表达的意义与功能。比如,一个人在中午12点去朋友家,主人会问"吃了吗?"。此时此地问"吃了吗?"不一定是打招呼,而很可能是真的想留朋友吃饭,是"要是没吃,就在这儿吃。"的意思。如果来者不想吃,他的回答应该是"吃了",以使主人不再邀请。可见语言能力表现在社交过程中。语言能力是一种使用语言来社交处事的能力。

建立在 Chomsky & Hymes 对语言和语言能力的学说的基础上,Canale & Swain(1980)把语言能力分为四个范畴(Modules):语法能力,其中包括了乔氏的语言能力和 Hymes 的语法能力;社会语言能力,指对产生交际行为的社会环境的理解,包括人际关系,社交语用中的交际目的等;话语篇章能力,指在一定的语境下语用能力;语言运用的策略,指说话者使用语言策略来进行语言性的交际能力,如开始、维持、中止话语,更改话题等。Canale & Swain(1980)所关心的是社会因素会怎样地影响不同的学习者的第二语言能力。Savignon(1983)进一步把交际能力分解为三项,理解(Interpretation),表达(Expression)和意义上的协商沟通(Negotiation of meaning)。理解和表达是过程,协商沟通是目的。Savignon(1983)强调了互动的交际形式,即协商沟通要求双方能够在一定的情景下和语境中进行意义上的信息交流。

70年代初 Hymes 提出了与乔氏的"语言能力"相反动的"交际能力",80年代各界学者,特别是从事语言习得研究和第二语言教学的工作者对交际能力重新认识,把这一学说运用于第二语言教学的研究和课堂实践中。社会语言学和系统功能语言学成为奠定交际语言教学(Communicative Language Teaching)的理论基石。任务型教学则是交际语言教学大框架中的一个新的教学途径。

比如,传统的语言课常用"看图说话"来诱导学生叙说图中的画面,或是人物或是实物,学生可以用口头和书面的方式表达,或两人对话谈论。这一活动是给学生带来了开口说话的机会,但缺乏真实的互动,没有有效地培养学习者的交际能力。当一个同学叙述时,另一个同学可以不听对方的发言而去想自己的下一个要描述图画的句子,双方所谈论的内容是"就图说话",活动没有结果。如果把这一活动任务化,对学生提出明确的交际目的与结果,学习者会有动力,双方必须互动起来,必须在听了他人的意见后才能决定自己说什么。任务使得交际难度高了,真实性强了。表 1 是一个这样的任务设计的例子。

表 1　任务　谁的衣服是红色的?

1. 内容输入。这是一张人们在公园娱乐的图画。请看图并记住人们所穿的衣服的颜色,如:
   "那个唱歌的人穿着红上衣,蓝裤子"。
   "玩球的小孩的衣服是黄色的"。
   你有 20 秒来看图记忆。
2. 记忆测验。在发给你的同样的图画但没有颜色的纸上,用彩笔把你所记得的人们所穿的衣服的颜色填起来。你最少要给 8 个人的衣服涂色
3. 执行任务:两人一组互动。
   a) 看着自己填好的颜色来用句子告诉对方"谁穿着什么颜色的衣服",或"谁的衣服是什么颜色的";
   b) 如果两人所涂的颜色有分歧,要讨论看看是否能得到一致的意见;
   c) 然后看看除了已经涂好的颜色外是否还记得更多的颜色可以加进去;
   d) 把你们的结果组织成为一段话语在班上汇报,用语言来描述。

4. 汇报任务结果。两人用一段话语在班上汇报。班上别的同学是否同意?把大家都同意的划掉,把不同意的进行讨论。每个同学看看自己是否有别人没有涂的颜色?有多少?谁的最多?

5. 评估。重新看一下输入的图画,检查你做对了多少。

这一活动有 4 个特点:

1) 利用对记忆力的有限性制造了信息差,使得互动成为必须的交际;

2) 整个任务活动由 3 个步骤组成:任务前活动(第 1 步为进行内容和语言形式方面的输入,第 2 步为任务的执行做好了准备);任务中活动(第 3 步,即学生两人一组进行互动交流,把双方一致的意见准备好向全班汇报,不同的意见保留起来做进一步探讨);任务后活动(第 4 步是以全班为单位,互动汇报任务结果,第 5 步为检查评估);

3) 任务活动之间有紧密的逻辑上的连续性,环环相扣,使得任务的完成容易起来。比如先给图画填色(第 2 步)再用语言表达(第 3 步),这样在表达时可以看着自己填的颜色叙述,减轻了记忆上的负担,促进了语言的运用;

4) 把语言的形式(定语从句"那个唱歌的人穿着红上衣,蓝裤子",名词化"……的"的用法"玩球的小孩的衣服是黄色的",颜色词,方位词)、语言的内容和功能结合在一起了。

二、学习者的创造性和习得过程的独立性

任务型教学的一个鲜明特点就是把支点放在"学"上,充分认识学习者的创造性和习得过程的独立性。这一原则是得到了习得研究的实证的(请读者参阅第一章第一、二、四节)。

第二语言的习得在很大程度上并没有受到母语或是教学的影响,而是学习者自成的一种过程。甚至在正式的教学系统中,习得也独立于教学而存在、发展。60 年代末 70 年代初,"中介语"这一崭新的概念由 Selinker(1969, 1972), Corder(1971), Nemser(1971)等学者提出,为语言习得研究带来春风。中介语中有大量的与目的语所不同的形式(偏误)。对偏误的分析体现了不同的对语言和语言习得的观念。Corder(1967)和 Selinker(1969)指出偏误说明学习者在习得过程中充满创造性,他们能够举一反三,能够对已接触的大量的语料

输入推理假设。Smith(1994)总结了中介语的三个特点：1) 学习者的语言习用自成体系，是独立的；2) 学习者的语言系统存在着内在的连续性；3) 学习者有一个复杂的、抽象的、创造性的学习机制。

这些早期的研究都为任务型教学提供了习得方面的理论基础，即教师和教材并不能使教学内容成为学生学习的结果。教学必须以学生为中心，促进学习者的习得过程。任务型教学的一个鲜明特点就是语境、情景的设计和任务的安排都围绕着学习者，设计任务让学习者自己去完成，重点放在促进学习的过程上。

三、语言习得过程

对语言学习过程的认识直接反映了一个教学途径的理论基础。传统的教学对习得过程不感兴趣，只是重视"教"和"教"的结果，"教不严，师之惰"。Chomsky 的普遍语法理论的创立引导了对语言习得的实证研究，对学习者习得过程的研究。

任务型的教学原则所强调的正是如何促进学习者的学习过程。交际能力的获得需要一个过程，需要语言知识的积累，语言运用的体验。学习者以积极的方式加工处理语言形式，理解吸收语言内容，并把吸收的语言转换为自己语言系统的一部分进一步推理总结，在语言运用中提高交际能力。魏永红(2004)这样总结了两种不同性质的知识。现代认知心理学的广义知识观把知识划分为两种性质，陈述性知识和程序性知识。陈述性知识是有关"是什么(What)"的内容，可通过记忆、理解来获得。程序性知识是有关"怎么(How)"和"为什么(Why)"的义项，是概念的理解，知识的转化，实际的运用，是在分析问题、解决问题中所需要的能力。这类知识具有较强的特殊性、个体性、活动性和过程性。语言学习者所缺乏的并不是陈述性的语法知识，而是如何把陈述性的知识转化为程序性的知识的自动化过程，使语言的输入成为语言的吸收，成为自己语言系统的一部分。教学能够帮助促进这一途径的转换，如为学习者提供在真实交际情景中运用语言知识的条件，让学习者有大量的机会观察、证实和体验语言。

下面以"把"字句为例。只知道其句式结构"主语＋把名词＋动词＋补语"

是远远不够的。除了句法知识,还要有语用能力,知道在什么情形下怎样的语境中要用"把"字句;在什么情形下怎样的句式结构中必须用,在什么情形下怎样的句式结构中可用可不用,在什么情形下怎样的句式结构中不可用。这些知识的掌握不是记忆性的,不是一次就可以完成;而是一个在大量的语言输入和输出过程中,对语料和语言运用进行观察、分类、比较、实际运用并抽象提取。通过对语言形式特征和语言意义功能的观察体验,学习者会发现某类动词,如"放"和表示移位的动词常常需要用"把"字句,动词"爱"和有关表示心理活动的动词不能用"把"字句。在一定的语用语境中往往要用"把"字句(如在请求、命令句中;或是在描述、陈述句中;表示由于动作的作用,事物发生了什么样的结果或状态);在有的语境中不能用把字句(如在不强调动作的结果、宾语所受到的处置时)。对语言的学习或是对程序性知识的掌握正是学习者在不断地对语言进行判断、假设,并在反复的语言体验中证明自己的判断是否正确的过程中进行的。

　　语言习得的过程性给教学带来的启示是课堂不能用讲解、告知的方式,在课文中出现过、课堂上讲过、作业中做过的就要求学生能掌握运用。教学应该提供给学生更多的分析、对比、观察、假设的机会,辅助学习者进行过程性的习得。比如在学习"把"字句时给学生一项交际任务。这一交际任务由三部分组成任务前活动、执行任务、任务后活动。任务的题目是1)怎么样做"宫保鸡丁"?2)怎样做"蛋炒饭"?任务要求学生两人一组,每个人只做两个题目中的一个题目。学生要告诉对方自己所知道的一道题目,然后把从同学那儿学到的讲给全班同学听。

　　任务前活动:

　　1. 练习活动目的:1)明白"把"字句形式和意义功能;2)能够运用"把"字句;3)掌握必要的词汇和动词补语来为任务的完成做好准备。

　　2. 学生分为两组(A、B),各组看不同的录像。A组看怎样做"宫保鸡丁",B组看怎样做"蛋炒饭"。看完后以小组的形式来叙述所看的内容。(也可以让学生在网页上看,这样不占用课堂时间)。

　　执行任务:

　　两人(A、B)一组分别告诉对方怎么做"宫保鸡丁"和怎么做"蛋炒饭"。

两人要进行互动性的信息交换,不明白的词句和操作过程要问明白,从对方那里学到所有的内容。并把学的内容组织成一个段落,准备以口语的形式告诉全班同学。

任务后活动:
1. 检验完成任务的情况:教师请几个同学分别把自己从任务活动中学习到的信息告诉大家。
2. 家庭作业:"请你详细说明一个你最喜欢吃的中国菜的做法。并把你的食谱打到网页上发给全班同学"。

这一任务有4个特点。

1) 交际的真实性。由于两组学生所接受的内容输入不同,造成了他们之间所掌握的信息上的差别。学生必须与对方交谈沟通,或是解释,或是咨询,协商有内容,既要表达准确又要清楚地理解对方的意思,是意义上的互动。

2) 趣味性。做饭和做"蛋炒饭"都来自日常生活中,学有用的内容自然激发起学习者的兴趣,鼓励他们的积极参与。此外,在任务后的活动中每个学生都会收到别的同学写的他/她最喜欢的食谱。

3) 辅助了习得过程。首先,任务前的活动给学习者以从语言形式到语义功能方面的输入,并练习了有关词汇与短语,提醒学习者注意语言的形式和功能,同时还化解了后来的任务活动难度,为完成任务作了必要的铺垫。在任务中和任务后的活动中,语言形式和语义功能反复出现,使学习者有机会观察注意语言特征,进行分析处理。另外语言的输出形式也有变化,从开始时的口语输入到任务后的笔头输出,相同的学习任务练习了不同的语言技能。

4) 任务完成情况的检查由所有的同学来参加,给学习者及时的反馈。

马箭飞(2002)提出了交际任务的几项主要组织因素。建立在组织因素的基础上,表2总结了这一任务活动所涉及的从语言、认知、学习技能到交际技能等方面的因素。

表 2　任务：怎么做"宫保鸡丁"，"蛋炒饭"

任务	叙述如何做"宫保鸡丁"，怎么做"蛋炒饭"
任务目的	1. 听力理解 2. 向对方获得需要的信息 3. 口语和书面语表达
交际功能	询问、请求、解释、澄清、陈述
交际情景	两人讨论咨询，课堂演讲，用电脑输出
互动形式	生生双向交谈
认知技能	对语言的特征加以注意、综合、归纳、假设、求证、推理
语言技能	理解（听）、表达（说、写）
语义功能	陈述做中国菜的程序
语言形式	"把"字句、移位动词的运用

四、互动形式

　　任务型教学的创导者之一 Nunan(1991)认为任务型教学的第一个特征就是互动性，即学习者在完成任务时用目的语来交际互动（An emphasis on learning to communicate through interaction in the target language）。互动所以重要是因为它强化了语言习得的过程，为学习者提供了了大量的语料输入、信息处理和语言产出的机会，有助于学习者注意到语言的特征，促进了他们积极主动地参与语言活动，完成任务。正如 Brown(1994，转引自魏永红，2004：28)所说，"在对语言教学进行了几十年的研究后，我们发现互动途径本身是学会交际的最有效的的方法。互动性指两人或两人以上相互交流思想，情感或想法的活动，其结果是交流的各方从中受益。"。

　　从 80 年代中期开始，第二语言的习得研究探讨课堂教学中语言习得需要怎样的前提和条件。其目的是使理论研究结果直接地指导、服务于课堂教学，有效地辅助、促进学习者的第二语言习得。互动中言语者双方有三项任务 1) 理解输入（当然输入本身首先应该是可理解的 Comprehensible Input），2) 正确、恰当的表达（表达也应该容易被他人理解 Comprehensible Output），3) 双方做意义上的协商，有疑问的要澄清，不懂的要咨询，觉得他人不清楚的地方要解释说明。语言所以能够习得的一个重要条件是能够理解输入的语言，而互动则是这一过程中的有效手段。互动有单向和双向两种形式,后者比前者更为有效(Long,1989)。信息差、推理差、观点差(Prabhu,1987)的活动要求学习者的交际方式为互动,而且往往是双向互动。

比如教师给学生的任务是写一份对阅读内容的总结评论。老师把一份阅读材料分为不完整的两个部分分别发给 A 和 B 两名同学。由于学生所得到的内容不完整,必须互相向对方咨询自己缺少的那一部分。教师也可把一个电影、录像分为两部分,分别给 A,B 两组看,然后要求 A,B 一起组建故事,并向全班讲述。在互相输入中,他们会对无论是语言方面还是意义、内容方面缺少或不懂的地方进行提问、解释、从对方那里索取信息,直到自己觉得满意为止。咨询所得来的信息还要做过程性的处理,经过推理、分析、概括、演绎使之与自己已有的那一部分内容相吻合,在意义上能够合理的衔接。在此基础上,学生还要对全篇内容加以概括总结,提出自己的见解,对文中的某些内容、观点进行评论,并用书写的方式完成。在完成任务的过程中,学生做三项活动:在信息差活动中,双方进行语义协商,做从语言到内容方面的信息交流;在推理活动中,学习者对自己已知的和从互动中咨询来的新信息进行推理、分析、概括、总结,使两部分的内容和为一体,融会贯通;在意见表达的活动中,学习者在理解文章的基础上分析讨论,阐明自己的观点。

比如阅读材料"老的年轻,年轻的老"就可以用来做这样的任务活动设计(阅读选自教材:《发展汉语》罗青松,2005)。文中分别对青年人和老年人的生活内容、生活情趣、身体健康、心理状态和基于生活表面现象的对生活的不同态度与目的作了介绍与分析。教师可根据内容先把文章分为关于青年人和老年人的两部分,分别发给 A,B 两组同学。

任务:
1. 阅读。先阅读发给你的阅读材料"老的年轻,年轻的老"。
2. 生生互动。发给你的内容不完全,所以在阅读后你要和你的语言伙伴互相咨询,把你缺少的部分补齐。
3. 推理总结。在理解全文的基础上回答阅读理解问题,并写出一段总结。
4. 表达自己的看法。写一段对阅读内容的评论或感想。

阅读理解问题(根据罗青松(2005)所改编):
1) 在调查中,年轻人和老年人觉得他们的心理年龄和实际年龄一致吗?他们是怎样表达他们自己的感觉的?
2) "30岁的人,60岁的心脏;60岁的人,30岁的心脏。"这句话是什么意思?为什么会出现这样的现象?
3) 只有老年人才会得高血压、心脏病吗?为什么?
4) "英年早逝"是什么意思?为什么会有"英年早逝"的现象出现?
5) 老年人是否满足他们的现状?为什么?
6) 在"运动"和"锻炼身体"方面,年轻人和老年人有什么不同?什么造成了他们之间的不同?
7) "亚健康状态"是什么意思?谁有"亚健康状态"?什么造成了他们的"亚健康状态"?
8) 在哪些方面年轻人有压力?老年人在这些方面也有压力吗?为什么?
9) 文中最后对年轻人和老年人分别有什么建议?
10) 你认为年轻人应该从老年人的生活方式中学习什么?为什么?
11) 谈谈你对老年人的"一二三四五工程"的看法。

可以看出,学习者在做以上4项任务中,互动贯穿了每一项任务的完成。其中第一、三和四项任务活动的互动方式是学习者与学习内容互动。首先要理解教师发给的阅读内容。以前的观点认为理解是接受性(receptive)的学习。事实上理解决非是只是接受性的,而是互动性的。学习者在与阅读内容的互动中形成自己的观点与见解,对阅读的内容加以诠释。学习者用各种阅读策略、认知技能不断地和输入内容互动,猜测、比较、推理、推断;"理解"只是这种互动过程的结果。其次,学习者要在阅读理解的基础上写出总结并表达自己的看法(第三和第四项任务),既是理解的升华、概念的形成、把所获得的内容去粗取精、概括、整理的过程,又是运用表达技能把自己的观点进行语言输出的过程。第二项任务的互动方式是双向的,学习者向对方提供自己所知道的信息并询问自己的疑难,进行意义协商。

上述任务可用表3来总结。

表 3　任务　写一份阅读后的总结评论

任务	写一份对一篇阅读内容的总结评论
任务目的	1. 阅读理解 2. 向对方获得需要的信息 3. 口语和书写表达
交际功能	询问、请求、解释、澄清、陈述
交际情景	两人讨论咨询
互动形式	1. 生生双向交谈 2. 与学习材料内容互动,理解、表达
认知技能	分类、比较、对语言的特征加以注意,综合、归纳、假设、求证、推理
策略技能	预测、猜测、找关键词、关联词、上下文中查线索
语言技能	理解(听、读)、表达(说、写)
语义功能	比较(青年人与老年人的主客观因素); 谈论生活方式、心身健康

互动要有真实性和交际性。判断互动的真实性在于信息的交流是必须的还是可有可无的。从上面的例子我们可以看出,如果没有互动,四项任务中的任何一项都不能够完成。互动不论是在执行任务进行学习活动的过程中,还是在语言习得过程中都是一个必需的条件,基本的内容。

五、任务的组成与程序

任务的完成常常有条件的限制和程序性的要求。任务完成的条件是多方面的,可在语言方面,比如词汇的掌握、语言形式(语法)的难度、语言意义功能的运用等;也可在非语言方面,如背景知识、涉世知识、认知技能、学习策略的要求等。比如在上述的例子中,每一项任务都建立在前一项任务完成的基础上,任务与任务之间环环相套,循序渐进,使得完成任务的难度减少,互动容易,过程变得顺利起来。任务可由三个部分组成,任务前活动(A pretask phase),任务活动(The task itself),任务后活动(A posttask phase)。

任务前活动(A pretask phase)教师解释任务的要求、步骤,并练习在完成任务中要用到的语言形式和有关词汇。首先确定任务,然后根据任务来决定在执行任务中所要用到的语言项目。任务型教学并不排斥对语言形式的练习学习。任务型教学重视学生表达的正确与得体。语言训练的目的是为了使学习者用正确的语言形式去完成任务(Willis,2004)。

比如教师可以先演示或用多媒体来展示任务的内容和结果,帮助学生对任务的要求有一个清晰的认识,知道怎么去做。同时把可能要用到的词汇、句型、表达方式进行语言方面的训练。任务前活动很重要,直接关系到任务的完成是否可能、是否会顺利。

任务中活动学习者自己来做完成任务。如两人一组或以小组的方式,互相咨询、解释、澄清、陈述,重点在语义上的交流。由于以意义为主,学习者在互动中处于一种积极主动的心理状态,既有理解的要求,又有表达的愿望,常常是双向互动。这样的互动为学习者提供了大量的观察语言、建立假设、验证推理的机会,促进他们语言习得过程。另外,学习者会自然地运用语言环境和资源调动各种语言和非语言的资源,来解决问题完成任务。

教师在这一过程中与学习者互动,如提供有关语言项目、检验他们是否在用目的语交际,分析他们的弱项,提供必要的信息等。教师也可有意少参与,只是启发诱导,让学习者自己来独立地完成任务。教师参与的多少取决于任务的难度,学生的水平等因素。

任务后活动(A posttask phase)把任务的结果展现出来,主要以表达的形式展现给他人(Pushed output),学以致用。这一阶段可以是任务的扩展和引申,为学习者创造更多的真实的交际机会。对任务"产品"的准备常常可以作为家庭作业给学生。任务"产品"可形式多样,或是书面总结,或像一页宣传品,或像一份广告,或是口语展现,或是一段DVD的表演,或是自做的电视/广播节目,或是采访录像,或是用目的语做的新颖的游戏。

从某种意义上来讲,任务后活动也是对任务完成的检验评估过程。当学习者在班上作汇报时,班上所有的同学都参与了检验。同时对每个同学来说也是一个发现他人的优点,改进自己不足的机会。

比如,在学习方位、地点的表达时,可以做"我常去的地方"的任务,见表4。

表 4　任务　我常去的地方在哪儿？

任务前活动：	1) 练习有关方位词和表达方位的句式，让学习者意识到汉语方位语序的特征：<u>A 在 B 的方位词结构</u>。<u>A 的方位词结构是 B</u>。<u>某地方有 NP</u>。 2) 让学生快速看一幅商业区的地图。时间不超过三分钟。记住自己最常去的 4 个地方的位置，和一个最不常去的位置。如"<u>美国银行</u>"/"<u>好运餐馆</u>"在 幼儿园的<u>上边</u>；公共图书馆的<u>左边是商场</u>。
任务活动：学习者四人一组活动	1) 每人先根据地图上的位置，写出 4 个自己常去的地方的位置 2) 把所写的内容互相交换，讨论自己和他人的记忆是否一致，写得是否准确、清楚。 3) 比较哪些是 4 人都常去的，哪些只是一个人常去的，写出来。并比较在语言表达上是否有一致的地方和不同。准备向全班汇报本小组的最常去的四个地方，和最不常去的地方的位置。
任务后活动：	1) 小组四人轮流向全班汇报。班里的别的同学是否同意你的描述？他们所记得的位置是否与你相同，表达是否一致。 2) 全班再看一次地图，来检验谁的记忆最精确，表达最准确。

　　从这一活动中我们可以看出任务的组成与程序性。这一活动的特点是利用学习者记忆上的有限性制造成了输入信息上的差异（在非常有限的时间内，人们不可能把所有的都记住，不同的人会选择不同的内容记忆），使学习者在完成任务时进行真实的、必须的交际，而且不断地用表示方位的句式和词汇进行输入与输出的互动。教师在设计任务时除了要考虑如何制造情境、提出每项具体要求，任务的实用性和兴趣性，活动循序渐进的安排以外，也要想到如何把语言的内容、形式、意义和功能结合起来，使一项任务服务于若干个功能与目的。任务型教学不仅仅只是让学习者来做事情。更重要的是怎么用任务来创造出最适宜的学习条件，鼓励学生踊跃参加，促进语言的输入和输出的积极互动。

六、课堂小世界

　　无论什么样的教学途径都要落实到教什么这一问题上。任务型教学应该选什么教学题材与内容？在这一点上大家达到了共识：教学内容应出自真实世界(Real-world theme)，教学目的是培养学生对应真实生活中交际问题的能力，因此，语言的运用是首要的，它既是教学内容又是教学手段。

Willis (1996)提出任务应是真实世界的再现活动(Replication activities of the real world)。语言学习不是传授性的，而是经验性的。课堂教学内容就是要为学生提供认识、体验、实践的机会和真实的语言环境，引导他们积极参与、自我体验。任务是帮助教师组织教学、促进学习者习得语言的一个得力的途径。任务成为蕴含教学目的、创造机会、环境、条件、体现教师作用、引导学习者主动参与，从而认识、体验、学会使用目的语的中介（魏永红，2004）。

每个人在社会中都扮演着不同的角色。在语言课堂中，角色的扮演既提供给学习者运用语言的机会，又帮助学习者体验生活、体验语言，锻炼交际能力。比如，任务的主题是旅行，订机票定旅馆就是任务的内容。给学生的任务应避免模拟，因为在模拟活动中，交流往往成为语言的展示，为说话而言语，交际成为是可有可无的过程。任务应是真实意义上的交流。在交流过程中学习者会发现问题、解决问题、统一意见、达成协议。表5是角色扮演的一些范例。角色表演的优点是只要设计得合理，就容易激发学习者的兴趣，也容易做。此外，角色扮演内容可深可浅，难度的伸缩性很强，可用于不同语言水平的学习者。比如，主题是订旅馆，任务要求为 1) 把你要订旅馆的有关要求和你要提供的各项信息都列出来；2) 学生两人一组，互相比较对方所写的内容，然后写一个对话。对话中一个人是游客，一个人是旅馆的接待人员。

"任务是真实世界的再现活动"也意味着任务的内容、过程、完成的方式方法要多样，因为现实生活中人们的活动形式是综合的，既有目的又有结果，既有口语又有书面语形式，既运用语言技能又娴熟认知策略。教学中，学习者的语言水平有异，词汇量和语法习得程度不一，语言运用能力不同。但有一样却是常量：不论什么样的题目都会用到认知技能。任务的完成过程就是培养语言运用能力和认知能力的过程。Willis (1996)总结了6个主要的认知活动过程。

表 5　角色表演（Role play）

主题	情景	角色	主要的语言形式	语言的意义功能
订旅馆房间	旅馆前台	旅游者、旅馆人员	价格、单位	询问、要求、讲价
找工作	面试	申请者、面试者	动词后缀"—了"、"—过"，句尾"了"	自我介绍、陈述、说服、解释
买房子	在卖房人办公室	买房者、卖房者	存现句，方位词，地理位置	提出异议、咨询、赞美
卖车	卖车的地方	买车者、卖车者	比较句，形容词、副词的用法	比较、辨别、澄清、鼓动
订机票/火车票	打电话	买票者、卖票者	时间、地点的语序表达，"从NP到NP"	介绍、要求、推荐、商议
交朋友用名片	在晚会上互相介绍认识	三个人	姓名、工作、爱好、兴趣的表达方式	认识、了解、邀请、表扬
制定暑期旅行计划	收集了广告信息，利用信息做计划。	两位想一起旅行的朋友	时间、地点、系列活动的表达	商议、说服、同意、否定
导游	用一张地图来介绍说明	导游、旅游者	段落结构的组织。表达生动、简练。商品、价钱的表达。	篇章性的陈述，特点性的介绍，提供物美价廉的信息

1）通过个人或是小组的头脑风暴（Brainstorming）列出有关的事物项目。

2）排列整理。把所列的项目进行初步的逻辑分类、排列、整理。

3）把罗列整理后的项目进行比较对比，分析出彼此的共性与不同。

4）分析解决问题。对事物进行假设、比较、检验、评估。

5）分享个人的经验、观点。学习者运用语言来表达、讨论、意义交流。

6）任务的再创造与延伸。比如在完成任务"怎么做宫保鸡丁"后，写一份自己最喜欢的菜谱，用电子信件的形式寄给全班同学。

这些活动把培养学生的语言运用能力和认知技能自然地连起来，在帮助教师设计任务时很有借鉴作用。任务的设计以题目为主导，围绕题目可设计出一系列任务活动、围绕任务活动可想象到几组相关的词汇和句式、可能用的语言和认知技能。表6是一个这样的综合性的任务设计。

表6任务　你是一个居民小区设计助理。总设计师给你一幅以前的图纸，让你把它更新，使之设计更合理，更方便人们的生活。

	方式/技能/目的	步骤程序
任务前活动	内容输入，对输入的理解	1. 先观察已经设计好的图画，考虑如何改进它。（图纸作为输入的形式。如有条件，可以用录像，图声并茂）。
	语言输出。认知技能：比较、总结	2. 自己设计一个初步的草图。设计时要顾及到交通、商业、娱乐、教育、自然环境等因素。然后比较你的草图与原有的设计。记录两者之间不同之处，并写出原因。
任务活动	双向互动，听说技能。比较、协商、说服	3. 学生三人一组。互相比较自己的设计。看看谁的与原有的相同的地方更多，为什么。比较三幅图的共同点和差异，在此基础上三人一起设计出一幅新产品。
	语言输出，成段表达。要清楚，说服力强，分析概括	4. 小组三人在达到共识后，准备一个表达自己设计的陈述，口头向全班汇报。说明新设计的考虑和原因。别的同学会一边听一边把你们的设计画出来。
	成段的口述表达；听力理解。笔记训练。认知技能：分析比较、综合	5. 全班同学一边听别的小组的汇报，一边把所听到的内容尽详细地画下来。每个小组的设计有多少原因和特点？总体的相同之处有几点？不同之处有多少？
任务后活动	生生互动。对任务完成的进一步检验	6. 把自己画下来的与别人比较，看看谁将来会成为设计师。

这一活动有4个特点：

1) 对各项技能进行综合性的训练：不但练习了阅读听力理解(活动1、3、5)，也练习了口语和书面形式的表达(活动2、3、4、5)；不但练习了认知技能、学习策略(活动1—6)，也有机会对自己任务的完成作评估检验(活动6)；并通过语言的运用进行了人际之间的互动交流。

2）任务的目标明确，其中每一个步骤都有具体的结果产出。

3）整个过程用程序性的连接方式，循序渐进，每一步都建立在前一步的基础上，步步都要求真实的交际沟通。

4）利用了信息差、推理差、观点差来使任务真实化，交际化。

由此可见，任务型教学的优势正在于把外界的生活搬入课堂，使课堂成为一个大家所熟悉的真实的小世界，并把这个小世界用语言的形式表达出来。

结　语

本文从语言习得的角度出发，探讨了任务型教学的理念、原则、目的和途径。以对外汉语教学为例，讨论了设计任务时所要考虑的几个要素，即以真实的必需的语言交流为纲，以日常生活的内容为题材，以意义上的理解和语言运用为基础，以双向互动为方式，强调"做中学"使学习任务有明确的目的和结果。这些理念建立在以学生为中心，尊重他们的习得过程以及培养他们的语言、认知、社交的综合能力的基础上。语言的本质在于运用，语言的能力则表现在交际能力上。教师在对任务的设计要做全面的考虑。本文举例演示了如何制造信息、推理、观点上的差异，使语言环境成为真实意义上的交际；如何用任务前、任务和任务后一系列活动使教学循序渐进；如何设计不同的话题和语言环境来把语言的形式、内容与功能自然地联系在一起，帮助学习者不但表达的清楚、准确，而且恰当得体。

第二节　以听带说、听说互动的教学模式

在交际语言教学（Communicative Language Teaching）的框架下，听、说两项技能在课堂中以"会话"的形式出现，天衣无缝地合二为一。语言交流的双向性使得"听"、"说"交织穿梭，即时发生。当甲发出一个信号给乙时，乙不但接受这一信号，而且要在特定的语境中理解，做意义上的诠释。不清楚的地方加以询问，不理解的进一步协商，双方互动直到把信息表达、传递清楚。互动中彼此交换思想，认同看法，确定、保留各自不同的意见。

从心理语言学的角度讲，听力（"听别人说话的能力"）（吕必松，2007）和口头表达是两种不同的途径，有着不同的大脑解码和编码过程，对信息的处理和表达

通过不同的手段。比如听力有三个步骤，尽管这三个步骤几乎在同时操作发生：既要"听"(listen)，又要"听懂"(comprehend)，还会从个人的角度出发做诠释，赋以新的意义(interpret)。当全家人听到妈妈说"饭做好了！"这句话时，每个人的理解诠释不尽相同。爸爸的诠释是"把饭桌收拾好，餐具摆好，准备吃饭！"，哥哥的诠释是"好饿啊，饭终于做好了，我快去吃。"妹妹的诠释是"什么饭？是不是我喜欢的？"弟弟的诠释是"怎么饭又做好了？我们又不能去麦当劳吃饭了"。

从语言习得过程看，听说两者既有先后，又充满了互动与彼此的推进。吕必松(2007)指出，"听总是先于说。只有首先听到别人说话，才能跟着别人学说话，听不懂也就学不会。"(第139页)。确实，不仅仅幼儿在习得第一语言、在说第一个字以前已经接受过大量的语料，花了一年的时间做"听力练习"(Berko Gleason，Hay，Cain，1989)，第二语言学习者在课堂上花时间最多的也是在听别人说话上。"听的能力总是大于说的能力"(吕必松，2007)，接受大量的语言输入是语言学习的根本。"听"和"说"互动，"说"源于"听"而又促进了听的能力，依次循环增进了语言习得。

一、听说的基础理论研究

1. 信息处理中听与说的互动关系

工作记忆的"语音环"假设(Baddeley，Gathercole & Papagno，1998)从认知加工和记忆力的角度提出了"听"和"说"的密切互动关系。语音表征，重述和加工的质量及发音的清楚流利程度会影响信息处理过程，影响对听的理解力。在对输入语言的加工处理过程中，储存是基本条件。无论是几秒钟的短期记忆，还是几十年的长期记忆都时时呈现于编码和解码之中。比如我们听到一个电话留言："到会代表于六月9号下午三点乘联合航空公司179号班机抵达首都机场，请届时到机场接他们。"听话者在接受语音线性传递时，不停地解码，把语音处理转换、生成为语义信息，并储存起来。在解码句尾内容时，听话者必须仍然记得句首的信息。这样我们从记忆中随时提取有关的句型和词汇的意义，使上下文中的信息和储存在记忆中的内容协调一致。由于意义储存在或是长期或是短期的记忆中，才使提取和理解成为可能。

短期记忆只有几秒钟。第二语言的短期记忆要比第一语言更为有限

(Cook,1977)。短期记忆水平与"工作记忆(Working memory)"有直接的关系。Gathercole & Baddeley(1993) 提出了"工作记忆模式"。在这一模式中,中央执行系统(Central executive)控制着信息如何与记忆系统互动。语音模板控制着听觉语音的解码、储存;视觉/空间模板控制视觉的解码与储存(图1,转引自Cook,2001)。在语音存储中,外部信息可能一纵即逝。要想使信息保持长久,需要有声或无声地重复,或循环词汇、短语和句子的语音信息,使得语音信息重新返回语音储存。发音环(Ariticulatory loop)的作用在于储存不熟悉的语音形式,同时把它们在长期记忆的结构中建造起来。从这个意义上说,短时记忆与语音的重复速度有直接的关系。

学习外语的经验也告诉了我们这一点。语音的长短和对内容的熟悉程度与记忆有关。短一点的词汇短语比长一点的容易记,因为重述得要快一些。熟悉的和常用的比不熟悉的容易记忆,因为熟悉的内容可以直接从记忆结构中提取,节省了工作记忆力的工作力度,加速输入信息的加工处理。比如"王朋"这个名字比"古波"容易,也比"王朋九"容易记忆。

既然听力理解过程和语音的流利程度、语音的环路有直接的关系,对教学的一个重要启示是发音的准确、语音的流利能够加快听力解码的正确、迅速。发音的准确和口头表达能力建立在听力的基础上,并以语音重述的形式反作用于听力,增进短期记忆,使信息建立并进入长期记忆中,从而促进了听说双向能力。

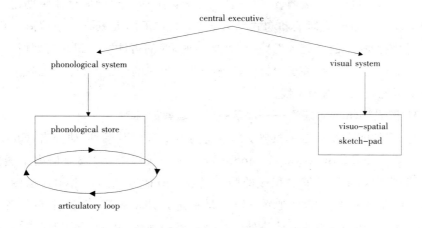

图 1　Baddeley's Working Memory Model (simplified)。转引自 Cook,2001,第 84 页

2. 语言的分解处理过程(Parsing)

语言的分解是"指根据句法、语义和指称信息对一篇章做语法分析"(戴维等,2004:257)。当我们听到一个句子时,思维活动会根据短语结构来分解句子,同时命赋以语义。在语言自动分解过程中,首先我们知道什么(主语或主题)怎么样(谓语短语,或是由动宾组成,或由动词或别的词类组成),或施事对受事采取了什么行为。其中,动词不是跟主语,而是跟宾语联为同一短语结构。语法操作自动地把句子分解成不同的语法部分,以互动、关联的形式从我们的词汇记忆库中提取合适的语言信息,分析处理短语之间的关系,并建立起新意义、新信息。从这一个意义上讲,语音、语法、语义不是被动的知识,而是作为操作系统,迅速自动地处理输入的内容。

分析操作可大致分为两个途径:自下而上或自上而下。自下而上是从词汇开始,把语音的输入转化生成为词汇。首先要把听到的词从大脑里词汇索引中提取,并根据上下文的语境,赋以意义。比如,"凤爪"中"凤"会唤起脑中"鸟的一种,闪亮的羽毛,漂亮的尾巴,可以展翅"的联想。从上下文中,听话的人会做出判断,"凤"在"凤爪"中只是一个修饰语,并从语境中猜测到"凤爪"是一种食品。在词汇的基础上连锁加工为词组,最后达到对整个句子的理解。

自上而下是从篇章的大框架开始来分析处理输入内容的中心大意。首先考虑"什么?",然后关心"怎么样?",再进一步查看"以怎样的方式方法从事什么行为?"我们通过语音、语调、语气的轻重等标记把话语记录储存在短期记忆里。语调可以让听话者把词汇和句式结合起来,对句子的大意有一个猜测。比如,当听到"我们村里的年轻人"这一新闻题目时,我们可能在一瞬间对要听到的内容有一个猜测:可能是关于农村的、年轻人的、当代的,文体可能是记叙报道、表达方式可能是以人物为主线。

3. 图式(Schema)理论——背景知识与理解的互动

听、读的能力并不是一种被动的接受能力。70年代后期,研究者(Clarke & Silberstein,1977;Bransford & Johnson,1982;Carrell,1984)提出了图式理论,说明听力和阅读理解是积极的脑力过程。听话者和阅读者用自己的经验、语言知识和目的语文化的理解对输入材料进行加工处理,并产生新的意义概念。在这一过程中,听话者始终处于一个积极的地位,从自己的记忆结构、经验组合中所提取的内容远远超过了输入的本身,正如 Clarke & Silberstein (1977)

所指出的(第136页):

> Research has shown that reading is only incidentally visual. More information is contributed by the reader than by the print on the page. That is, readers understand what they read because they are able to take the stimulus beyond its graphic representation and assign it membership to an appropriate group of concepts already stored in their memories.

虽然 Clarke & Silberstein(1977)讨论的是阅读,图式(Schema)理论对听力理解同样适用。比如上文中所举的例子,全家四口人对妈妈说的"饭做好了!"这句话各做了积极的听力处理,结果各有不同的反应。所以反应不同,是因为每个人的背景不一,因此对所听到的和脑子里所联想的也各有差异。在理解过程中,我们有选择地通过联想把自己认为有关的信息从记忆中提取,触类旁通进行举一反三。并通过推理,在所听到的内容上建造出新认识。

在听力理解过程中,听话者在各个层次与输入语言互动。听话者要从"话中听出音",理解说话者的真实意图。比如某抽烟者问"有火吗?",意思是"是否可以借用一下你的火?",而不是字面的"你是否有火?"其中,句子中的"火"是特定的,指打火机。如果听话者不明白"火"的所指,就会产生误解。此外,如果听话者把"有火吗?"当成一个简单问句而不是一个祈使句,双方的交际就无法进行。由此可见,当我们对所听到的语言内容或是非语言内容不熟悉、没有什么背景知识时,就会出现"听不懂"或造成误解。根据语境、上下文、说话内容、方式等,我们在听话的过程中不断地推测说话者的意图。比如说话者说"麻烦你很不好意思"时是想表示感谢,还是想求助请求帮忙?说话者的意图、语用功能往往要通过听话人的感觉和背景知识,推理猜测而获得。可见听力理解不仅仅只是对语言文字上的解码,更是根据语境、说话人和听话人的背景知识与个人的生活经验而获得的一种认识。

图式在记忆中以不同的联想分门别类,彼此相连互动。某一图式被激活提取时,相联的信息也会活跃起来变得容易提取,有关的一系列图式都有可能被激活。这就是为什么理解过程中有上下文要比没有上下文容易记忆。新内容如果能跟已有的知识相联,产生一定的内在关系,就比较容易理解储存。比如,在记人名时,句1要比句2容易记忆,因为前一句比后一句有更多的内在联系,容易在意义上唤起联想。

1. 琳达的家有 5 口人，爸爸、妈妈、哥哥、玛丽和妹妹，他们的名字是约翰、琳达、大卫、琳达和莎若。
2. 他们的名字是约翰、玛丽、大卫、琳达和莎若。

图式理论对培养学习者的听力理解力有直接的启示意义。首先，听力解码不仅是一个对语言的处理程序，而且也是一个分析问题、解决问题的过程。教师在培养学生的语言和认知技能时，给学生的任务一方面不应该超出他们第二语言的能力范围，另一方面应该做引导疏通，帮助学习者具备一定的背景知识。当学习者对内容不熟悉时，就容易把注意力停留在个别语音、词汇方面而不能随着说话人的语速自动解码。结果所听到的往往是支离破碎的词汇或与重点关系甚微的细节。如果对听力内容比较熟悉，听话者不停地与储存在大脑中的有关内容系统互动提取、依靠整体性结构的知识做全局性的理解，注意力就不再停留在某个词汇上。比如，如果学习者是美国人且没有一定的语言和饮食文化背景知识，在听例句 3 时，除了对词汇不解外，上菜的程序也会成为理解的障碍："为什么不先喝汤、吃饺子、再吃菜、饭呢？"

3. 几个中国朋友请丽莎吃饭。他们先点了三个冷盘：凤爪、猪脚、雀巢海鲜。然后点了四样热菜：琵琶豆腐、铁板牛柳、香菠甜酸骨、鸡和米饭，接着点了两盘饺子，最后要了雪花翡翠汤。

其次，新的内容要和学习者已有的知识建立起有机的联系。这样可以加速解码操作速度，提高听力理解的质量。这些联系可能是多方位、多层次的。比如在语言上的分门别类、在信息上的连锁反应、在涉世知识方面的认知联想、对目的语文化习俗方面的觉察了解。

二、理论研究对听说教学的启示

"语音环"学说指出话语的解码处理和发音的流利程度有密切的关系。发音的准确、流利能够加快语音的循环，解码速度。发音和口语表达建立在听力上，并以语音循环的形式反作用于听力，从而促进了听说双向能力。这一理论给我们两点启示：1) 听说结合，以听带说；2) 以理解为主，以理解带速度。语言的分解(Parsing)理论认为不论是理解还是表达都要抓住句子的主干。疏通理解的难度可以通过短语结构,把复杂的句子简单化。熟练掌握词语之间的关系,掌握词语的搭配,特别是动宾搭配很重要。图式(Schema)理论对听说教学有两点启示。一是要从语言本身入手,帮助学生建立和积累语言知识。理解,说到底,是依靠大脑对语言意义信息和各种知识结构的储存与提取来操作的。其次要从认知、文化的角度帮助学习者进行跨文化学习,促进理解能力。

1) 听说结合,以听带说。在初级阶段,要辨别语音的轻重,注重发音的正确与语流的特征,比如重读、节奏、停顿、语气、语调。要求学生在听的基础上加以模仿,使得既能在听觉上辨别,又能在口头上生成。在听力上能辨别就能加速"语音循环",使信息保留在语音库中的时间长一点、促进加工提取。正如杨惠元(1996)所指出的,"提高听的能力需要听后模仿,提高说的能力也需要听后模仿。大量的听后模仿是提高听说能力的必由之路。听后模仿首先是听准,其次是说对。"语句重音是传递信息的基本途径。胡波(2004)建议教学中把语音和语法结合起来,并提出汉语短句的语句重音的规律。

1) 在主谓中,谓语常重读。

你<u>说</u>吧!
你<u>喜欢</u>就<u>拿</u>上。

2) 简单句中有宾语时,宾语常重读。

他说出了<u>她的名字</u>。
我不用<u>手机</u>。

3) 主谓补句子中,补语常常重读。

张老师解释得很<u>清楚</u>。
他说得<u>有理</u>,做得<u>对</u>。

4) 修饰语常重读。

我想<u>安安静静</u>地读书。
他<u>就</u>喜欢说大话。
我喜欢听<u>刘欢</u>唱的歌。

5）疑问词常重读。

谁在说话？
你怎么去那儿？
你怎么什么都没带来？

学生在听力理解的同时把听到的说出来，在口语重复时进一步体会语音、语调和语句重音，既提高听力理解，又练习了发音的准确和表达的流利。

中级阶段仍然给学生提供听说结合的训练。在做听力练习时提示学生注意重音和辨别语调的变化，理解以后用自己的话表达出来。语音的特点（如重读、节奏、停顿、语气、语调）起着传递信息的基本作用，对听和说都很重要。以关联词为例，在句子和篇章里，关联词在语音上常重读，在语法上构建着句子，在语义上常常引出关键内容，或是并列、或是转折、或是递进、或是次序排列，给理解提供了有用的提示。

听懂了的语言说出来会加深理解。听后要求学习者或是复述、或是保留篇章中的关联词结构，但改变内容把自己的故事加进去。比如下面的一段话（摘自《中文听说读写》第 287 页，稍作改动，有横线的为重读），在学生听了以后或是做口头上的回答问题，或是对内容加以复述，或是两人一组把它改为对话的形式在班上表演给其他同学。

饮食健康

在现在的世界上，虽然很多人在为吃饭发愁，但是对不少人来说，他们担心的已经不是营养不足，而是营养过剩的问题。随着生活水平的提高，人们越来越关心自己的健康与身材。吃素的人越来越多，另外也有不少人减肥。可是有些人由于过分节食，结果患上了营养不良症。营养专家指出，应该注意摄取多种营养，只有营养均衡，才能保证身体健康。

2）理解为主，以理解带速度。听话时，语音输入快速连续呈现，要求解码必须迅速。解码的迅速是建立在理解的基础上的。没有理解也就谈不上速度。教学在提供输入材料方面，要注意到"可懂输入"（Comprehensible Input），也就是说要接近学习者的语言、认知、背景知识水平。在输入速度方面，应该有不同的速度，既考虑到第二语言学习者听话的能力，又考虑到交际的要求。在教学方法上要引导学习者注意对理解有帮助的重读、语气、语义和起承转合的结构关系。

1. 可懂输入

在语言方面，根据学习者的程度，生词不宜过多、过偏；句法不宜过难，句子不宜过复杂。生词是听力中的障碍之一，是不可避免的现实。对生词的处理，或是跳过去(不妨碍意义理解的)或从上下文中猜测其意思(重要的、关键词)。如果生词太多，就无从跳起。比如，例句 3 的听力材料不适合初级水平的学生。除了生词多以外，提供的在上下文中猜测的线索也比较少。当较多生词是关键词时，教师在做听力以前要预先提供一个生词表，把重要的生词做预习。这样有利于消除障碍，缓解难度。其次，根据学生的语言水平，语法和句子结构不宜过难过长。尽管理解过程中要大量地运用猜想、预测和推理，如果句式结构很复杂，在没有语言水平的情况下，猜测就变得艰巨起来。储存信息的提取很慢或不可能，势必成倍地增加工作记忆力的工作量，使得理解过程因艰难而中断。

在认知和背景知识方面，输入的材料应该考虑到即使第二语言的学习者是成人，在运用第二语言时，他们的认知技能会有变化，理解速度会变慢。但这些技能将随着第二语言水平的提高而进增(Cook，2001)。背景知识，或是涉世经验，或是对目的语文化的了解，在理解中起着至关重要的角色。由于我们在记忆中储了大量的与听力内容有关的知识，才能在解码操作中迅速提取，完成信息处理过程。如果学习者缺乏必要的有关知识，教师应该先做知识方面的介绍，疏通理解的渠道，加快理解的速度。

2. 输入速度

输入速度应该考虑到第二语言学习者听话的能力。Long (1983b) 的研究说明，人们跟第二语言的学习者说话时，会自觉或不自觉地做一定的调整，或是降慢语速，或是简化句子。Long 提出了互动调节模式（Interactional modifications），促使输入的语言有效地被学生理解吸收。首先是对输入的语速进行不同的调整。要达到让学生理解大意、掌握重要信息这一目的，速度在第一次听时应该稍放慢一点儿。吕必松(2007)提出，第一遍慢速，每分钟 160 个字左右。听完学生要做听力练习，或是口头、或是书面。重点在于把事情的来龙去脉，表层意思理解清楚。第二遍用中速，每分钟 180 个字左右。可以带着问题针对性地听。听后做练习。引导听者把注意力集中在一个方向，重点在于对深层意思的理解和推理(infer)，鼓励学习者进行逻辑预测和联想。第三遍用正常速度，每分钟200个字左右。听后把练习都做完，并可用小组讨论的方式对内容做口头上的分析评论，在班上报告。整个过程从听力开始，到口语讨论结束，学习者通过表达加深理解，把新的语言和文化信息组织重建。在这一过程中输入和输出之间起了互动的作用，以听带说，培养了听说的双向能力。

3）借助语法知识化解句子的难度。与英文相比，汉语的句子长。造成句子长的一个原因是汉语的主述题流水句。其中如果是同一主题时，主题在分句中不重现。一个句子由较多分句组成，用逗号相隔（如句4）。对于这样的句子，如果脑力记忆负担重，可以在每个分句之前加进所省略的主题，以助理解。其实，处理这种流水句，精力要放在"抓重点"而不是清楚每个分句或每个字的意思上。"抓重点"可从上下文与话语篇章下手，以语义为主。如例句4的意思是："爱人"男女都可用，是一个过时的称呼。

4. "爱人"，字面的意思是"我所爱的人"，不管男女都可以用，本来挺有浪漫色彩的，可是在特定的年代里使用久了，这种浪漫色彩早已磨损，变成了一种不分性别、散发着陈腐气味的称呼。（句4和5摘自《发展汉语》，罗青松，2005）

造成句子复杂的原因除了上述的主述题流水句外，汉语的修饰语不仅数量多而且形式长，如句5。帮助学生理解第5句的方法是借助语法把句中的主语、动词、宾语找出来。比如第5句，一个57个字的长句就变成了13个字的短句，只有主语和两个动词，两个宾语："活动活跃了气氛还提高了热情。"如果觉得缩短的句子表达不充分，可适当加进一些修饰语，增添信息："学生组织的活动活跃了学术气氛，提高了发展自己创新能力的热情。"

5. 这类由学生自己组织的<u>学术活动</u>不仅<u>活跃</u>了<u>校园</u>中的<u>学术气氛</u>，而且大大提高了大学生参与科研活动、发展自己的<u>创新能力的热情</u>。

如何培养学生简化句子的能力？在听话过程中，没有一定的训练和经验的积累，很难快速把一个冗长复杂的句子减为短小而且表达明确的句子。这方面的训练常常是综合性的，同时受益于四项技能之中。练习的形式综合多样，可以在教师的指导下边听边提取句子/篇章的主干；也可用听、读穿插的方法，以读带听，或听后阅读，通过阅读把结构词语提取出来。特别是应该根据汉语的特点来设计练习，帮助学习者积累句式结构和词汇的搭配。比如练习一训练汉语的主题结构。汉语中的主题不但确定谈话的中心,引出谈话内容,而且建立相对的语境。语境建立起来就可以帮助听者猜测推论。练习1虽然属于综合性的练习,不一定立刻用在听前或听后,却能直接帮助学习者意识到汉语语言主题突出的特点,顺着主题去预测、判断。

练习1 请在画横线的地方填写完成下列短语。这些短语常常用于句子或段落的开始,介绍引出要讨论的主题。

1. 根据新政策 _____ ,
2. 从学生的角度 _____ ,
3. 作为国家代表团 _____ ,
4. 对于喜欢看书的人 _____ ,
5. 面对 _____ ,
6. 到上月30日 _____ ,
7. 为了 _____ ,

Pinker(1989)提出语言学习的关键在于掌握动词结构(Thematic Cores and Verb-Argument Structures)。动词以主谓、谓宾、主谓宾的形式出现,有成句的作用。句子结构由动词的语义功能及名词与动词的语义、句法之间的关系所决定。换句话说,掌握了动词结构不但学到了语义功能(动词和它所匹配的名词在意义上的关系),句法结构(动词和它所匹配的名词在语法上的关系),而且也明白了语用(以某一动词结构所出现的句子有什么样的语用功能,在什么样的语境下出现)。很多动词在不同的语言中即使语义相同,表现的形式也不尽一致。比如,"滑冰、滑雪""to skate, to ski"。类似的还有"喝酒","走路","抽烟"等。比如汉语的离合动词,有的可分(睡觉、帮忙),有的不可分(休息,帮助),而它们在意义上的差别却是很小的。

长而且复杂的句子常常以复合句、主从句的形式出现。这样的句子可能用关联词。关联词把不同的意思连接起来的,把一个分句衔接到另一个分句上。听话者要利用关联词来找重点。首先采取自上而下的途径,从语段着手,以意义为切口来判断内容上的逻辑关系。比如"于是、以至、这样"表示承接;"从而、况且、更加"表示递进;"先……接着……然后……再有……"表示顺序;"然而、尽管如此"表示转折;"就是、即使"表示让步等。这些词语,在语音上常常重读,在语义上表示上下文中的逻辑关系,在语法上常常把不同的分句连接起来。应该指出,这些词语在文章中有时不出现,只是用了意合而没有明显的形式标记。这就需要做练习训练。比如练习二是前文曾出现的一个听力材料"饮食健康"。要求学生做听后练习。在听后用阅读的方式进一步明确连接词所起的作用。

练习二 选词填空:另外 不是 虽然 而是 但是 随着 越来越

在现在的世界上,( )很多人在为吃饭发愁,( )对不少人来说,他们担心的已经( )营养不足,( )营养过剩的问题。( )生活水平的提高,人们( )关心自己的健康与身材。吃素的人越来越多,( )也有不少人减肥。

做练习时,学习者要能分出层次,明白分句之间的关系,(如表示话题:对……来说;表示强调:不是……而是……;表示因果:随着……提高,越来越……;表示递增:另外也……;表示因果、条件:可是……由于……,表示结果:……;只有……,才能……)。因为这些练习(练习一、二)是综合性的、培养的是基本的对句式结构和语义知识的熟练掌握,所以不仅仅对听力理解而且对表达技能也是一个很好的训练。

4. 以词带篇,以篇推测词。以词带篇,是通过找出熟悉的关键词来带动对整个段落的理解。以篇推测词是通过上下文来猜测生词的意思。教学的关键在于用不同的途径点明引导。词汇可以通过联想和类比来练习。比如练习三是一个积累性的基础练习,鼓励学习者联想,透过字面了解词语的文化内涵。学习这些词汇的难点是:学习者容易用望文生义,选择字面义,或褒贬不分。

练习三 请用横线把 A 和 B 组中意思相近的词语连接起来,并表明褒贬意义。

	A	B
褒 贬	小皇帝	小学生
褒 贬	红领巾	失势的坏人
褒 贬	向阳花	聪明、有预见的人
褒 贬	诸葛亮	被惯坏的孩子
褒 贬	老油条	人民公社社员
		自由散漫的人

用语境、上下文帮助听话者猜测词语、句子的意思。语言是人们在不同文化环境下对认知结构和身边事物概念化的再现。人们组织观念和给经验分类的方式随语言、文化、环境的不同而不一样(Bowerman，1998；Lakoff，1987)。随着语境的增加，生词的意义也会变得越来越清楚。比如，"门"在中国传统文化中是经济、社会地位的显示。明白了这一点，"朱门酒肉臭，路有冻死骨"这一对比句的意思就容易理解了。尽管听者不是很清楚"豪门"、"名门"、"柴门"具体的借代所指，但在语境中大概能够猜测、理解句7的意思。词语的转义、引申也常常在语境中表现得更明确，如句8。

6. 朱门酒肉臭，路有冻死骨。
7. 王先生新开的学校广收学生，从"豪门"、"名门"、"柴门"来的孩子都聚集在这所学校里。
8. 张家力从小不好学，学什么都不能入门。正经本事没有，歪门邪道不少。拉关系、溜须拍马、走后门、占国家的便宜，他样样都精通。

教学的任务是引导学生用自上而下的策略在上下文中找意义上的提示，从已知中推测未知。比如句8，听话者清楚"从小不好学"的意思。从这一前提和句式"什么都不……"中来猜测"入门"的意思。第二句的意义建立在第一句上，句子中的两个分句在语法结构和语义上对仗。即使听者不明白每个词的意思，猜测句子的意思并不很难。第8大句中的三个句子在意义上层层递进，在第二句的基础上理解第三句要容易得多。而且"都"在第三句中起明确的提示作用，即使听者可能在第三句的列举中(拉关系、溜须拍马、走后门、占国家的便宜)有生词，凭着上下文，再加上"都"在句中的提示，听者能够比较容易地推测出整个句子的意思(张家力没有本事只会搞歪门邪道)并可引起"张家力不是一个好人"的推断。教师的任务是启发学生从语言的意义层次上寻找内在关系；从词语、句子形式、篇章结构上找出有提示意义的关键内容；在语境中进行联想、猜测、推理。

5. 理解与文化背景知识的互动性。通过理解积累文化知识，通过对文化的了解提高理解能力。换句话说，除了语言知识外，理解需要跨文化的知识和对目的语文化习俗、价值观念的了解。不少老师(如杨惠元，1996)提到在听完一篇短文让学生说主要意思时，结果大都说的是一些细枝末节。有的学生几乎能把文章的字句复述下来,但却说不到点子上。比如我在让学生听了《落花生》这篇短文后,他们从字面上似乎懂了。但在讨论主题时,不少学生却显得大惑不解。有的说"对啊,花生没有苹果、桃子好看,也不在树上长着,不知道花生是不是成熟了。",有的说:"苹果桃子又好看、又好吃,不是更好吗?",也有的说:"花生长在地下,虫子和鸟都看不到,就不能吃它。这是花生的优点吧?"。从学生的评论中可看出,他们仅从字面上所捕捉,而不能领会内容中所蕴含的深层意义。学生抓不住主题并不是语言方面的原因,也不是概括总结能力差,而是缺乏对中国传统文化价值的理解,对人格中不夸耀、不故意显示自己而是默默无闻、朴质无华地奉献精神的理解与共鸣,或是在他们所储存的价值观念中缺乏对中国文化的谦虚、宽容、质朴的内容。学生对这种深层意思的理解不得要领。这也表现在听《孔融让梨》后的讨论中。他们容易从故事字面意思出发,而不能领会礼貌谦让、宽厚待人的主题意义。

3. 推断主题

文章的意图,作者要说明的往往不直接了当地表达出来,因为那样意境不深,力度不大,缺少"回味无穷"的效果。主题洋溢于字里行间,力透纸背,往往是在听话人的背景知识、对目的语文化的了解和积累的基础上,通过由表及里,推断(infer)而获得。对推断能力的培养,除了背景知识的积累外还重在教师的引导。提问就是一个重要的引导手段。问题要提得直接而有启发性。比如我在后来的教学中让学生听完《落花生》后,不提"跟苹果和桃子比较,花生有什么优点?"这样的问题,因为这样的问题容易让理解停留在字面上,而忽视了文章的主题意义。从某种意义上来说起误导作用。而提的是"孩子们和父亲说花生有什么特点?""通过花生的比喻,父亲希望孩子们做什么样的人?""你认为父亲对孩子的希望与美国的文化传统一致还是有所不同? 指出与美国文化一致和不同之处"。在帮助学习者推测主题意义时,应该多用启发提问、引导提问。

三、听说课的教学计划

学习者通过互动学习知识、掌握技能。学习的互动性决定了教学方法的互动性。教学计划的制定,课堂活动的设计,语言技能的培养,无不体现一个互动的原则。从听力输入到学习者的语言运用表达,教学所要计划的是如何把语言的输入(Language input)变成了学习者的吸收(Language intake),进一步生成为学习者的语言输出(Language output)。第三、四、五节要讨论的是从听力理解开始到学生的表达结束这样一个听说互动的教学过程。

1. 选材(Instructional Input)

选材的第一个标准应是趣味性。能把学习者的兴趣和积极性极大限度地调动起来的内容为上选。比如输入内容与学习者的日常生活紧密相连,内容鲜活,实用性强。这样听话者在理解时能够产生情感、意义、思想上的共鸣,或是幽默,或是夸张,悟有所得。正如周质平教授指出"我们不可低估学汉语的美国学生的思辨能力,不可高估他们的汉语语言能力"。第二个标准是"可懂性"(Comprehensible Input),即输入要接近学习者的语言、认知、背景知识水平。既具有一定的难度与挑战性,又可以在正确的引导下通过各种学习策略进行有效解码。材料的难度不应该超出学习者的理解能力:能够对新内容产生联想,激活并提取自己大脑中所储存的知识结构,使新内容与已有的知识互动,进行重组而达到高层次的认识。第三个标准是内容丰富、信息性强,学习者从中能够容易地增长知识,得到启发。"真实语料"(Authentic materials),即说本族语的人所听或读的材料,往往有这一特征。"真实语料"不但信息丰富,而且常常蕴含着文化特征。有一个误解,认为"真实语料"难,不适合初级水平的学习者。其实并不尽然。很多"真实语料"言简意明,不论是在生词量还是在语法结构方面有趣且不难,如"丰田汽车:车到山前必有路,有路必有丰田车","人头马 XO:人头马一开,好事自然来",再如"义务献血:我不认识你,但我谢谢你!"。

2. "听前准备"(Pre-listening)

根据输入材料的内容和难度,教师在听前可提供或引导有关背景知识和范围,以开拓学生的联想,把他们已有的相关知识调出来。引导得当,学生就能够围绕题目进行积极的联想猜测,在听前或听力活动一开始就有正确的导向。此外,"听前活动"也是一种调动听者产生好奇心和积极性的途径。

1) 对题目的联想。(教学形式:师生、生生口语互动。)图式理论对教学的一个启示是用"自上而下"的策略,从全局、大框架(如题目、篇章、段落)出发来做猜测推论。可以从题目入手。题目往往是故事的总结或文章的主题。虽然题目只是短短的几个相关词语,却能引起听话者的联想,激活储存在大脑里的一系列有关内容和背景知识,使听话者进入状态。Bransford & Johnson (1982)

的调查实验说明了这一点。比如"春天的故事"这个题目可能说的是发生在春天的事情,自然界万物苏醒,物物争春;也可能是象征性的,表现人们对生命的追求,医生救活了患绝症的病人;对美好生活的渴望及所做出的努力;或是国家领导人为国家制定的宏图大略,引导整个民族走向春天等。属于哪一种类型,往往可以从小标题和听力材料的一开始预测出来。

2) 调动认知结构与背景知识。(教学形式:师生、生生口语互动)输入解码的基本操作需要把储存在记忆结构中的相关信息调动起来,以及时提取来处理所听到的新信息。教师要用各种方式来调动学生已有的认知系统和信息储存结构,或是用一幅生动的图片,或是用启发、引导式的提问,帮助学生产生正确的联想,调动脑中的知识图式。比如,对下面一段对话(你的车找到了),教师在听以前用提问的方式引导学生做语言和认知方面的准备:

1. 如果你的自行车丢了,你会做什么?学生会众说纷纭:没办法;贴纸条告诉别人希望别人送回来;去告诉 police("警察"可能是生词。教师引导:警察工作的地方是——派出所。由于"警察、派出所"是关键生词,又由于听后练习是做角色表演或用故事的形式口头叙述,教师把"警察、派出所"二字写到了黑板上以缓解语言上或是听力或是口语表达的障碍)。
2. 谁可能把你的车找到?(警察)
3. 警察会问什么问题呢?

听力练习:你的车找到了(摘自《新实用汉语课本 2》,刘珣等,2002)

女:喂,是马大为吗?
男:是啊,您是哪位?
女:我是东升派出所的警察,我姓刘。
男:刘小姐您好。找我有什么事儿吗?
女:我们想问一下,你是不是上个星期丢了一辆自行车?
男:对啊,就是上个星期六晚上丢的。
女:你的车是放在什么地方的?
男:那天我到城里去看朋友,车放在学院前边的公共汽车站了。
女:你的车是什么牌子的?什么颜色?
男:黑色的,永久牌。

女：你是哪天告诉派出所的？
男：我是星期天早上就告诉派出所了。
女：你的车已经找到了，你现在就可以到派出所来取。
男：真的？太好了！谢谢你们，我马上就去拿。

3. 听力过程（Listening）

听的过程是通过语言和非语言知识及学习策略进行理解的过程。与听力内容有关的语言和背景知识及认知策略要自动化，时时刻刻呈现于理解的过程中。上文所讨论的"联想"、"猜测"、"找关键词语"、"推断"、"自上而下""自下而上"等都是理解中必不可少的策略，属于分析问题和解决问题的认知策略。

1）从意义着手。除了对题目的联想和预测，在段落、句子中找线索也是理解的重要途径。在获取主要线索时要辨别和理解人物和事物的相互关系、主次轻重关系等。重点内容的寻找从意义线索着手，如时间、地点、人物、前因、后果、伏笔、证明等，顺着意义把找到的关键内容连贯起来，主要意思就清楚明朗了。根据听力材料的不同，关键词语可能是动词，也可能是表达认知概念的系列关系词语。关键词语和线索多为重读，在输入的语音展现中有时可以分辨出来。

2）跳过障碍抓重点。O'Malley, *et al*. (1985) 对英语为第二语言的初级和中级水平的学习者的学习策略进行了调查。他们发现中级水平的学习者既用了"自上而下"的学习策略，比如把语调和短语结构作为理解的提示，又用了"自下而上"的学习策略，比如注意词的意思。而初级水平的学习者把注意力集中在词汇上，而不能够迅速地分解句子。听力材料中有不少生词是一个正常现象。如何对待生词反映了不同的理解能力、认知策略和学习技巧。首先，在听的过程中要敢于、乐于放弃对某些信息的听辨处理，因为这些信息和生词对主要意思的理解无关紧要，应该把它们"跳过去"。要能够采取一个容忍和冒险的态度，既能容忍知识的模糊性和理解的不确定性，又敢于通过上下文来猜测生词的意思、推断内容的主题。前文例句 5—8 所说明的正是这一点。

3）以图助听、听说互动。根据内容的不同，难度较大的听力材料除了做必要的背景提示，用自上而下的各种策略来预测中心意思外，在听的过程中可提供给学生图像辅助，以减轻工作记忆力的负担，增加听力的趣味性。图像可能是简单的图表、作息表、工作或学习计划、地图等。其中可有文字内容，学生在听时可做挑选和辨别。也可以是一个有题目的大框架,听者边听边把有关的内容填在表格里。图表作为辅助手段可以帮助学习者理顺内容抓住中心意思,起辅导和引导的作用。如下图:

8:00am, 8:30am, 10:30am, 2:00pm, 4:00pm, 9:00pm

学生在做完听力练习后,根据自己所做的图表内容,以两人或小组的形式进行口头讨论。这一过程从听力开始,用陈述表达加深理解,然后以协商讨论结束。

4) 以做助听、听说互动。"做"有两个所指。一是作为对初级水平学生的一种教学方法,动作反映法(The Total Physical Response)(Asher,1982),让他们做听力练习,用行为来加深理解。比如在开始教"把"字句时,先让学生"动起来",提供机会让他们看到或感觉到动作给宾语所带来的结果。内容可就地取材,要求学生边听边做:如"请把门关上/打开"、"请把灯关上/打开"、"请把你的手机拿出来"、"请把你的电话号写在黑板上"、"请把你的钱包拿出来"、"请把你的钱给我"等等。也可以在词组、词语的层次上。比如对动补结构的练习,先给学生指令要求学生边听边做,在做中体会语序和语言形式。如"请你(们)走到教室前面来。""走过去,走到那儿去。""走上来","走下去","开门出去";"往前走三步","往后退一步"等。比如对方位词的练习,可用同一个方式。先给学生指令要求学生边听边做,在做中体会语序和表达。"你的笔在书上。""你的笔在书里。""你的书包在桌子上面。""你的手机在书包里面,不在书包外面。""你站在丽莎的后面,在斯蒂文的前面"等。听力—动作反映方法所练习的词组和句子结构有一定的难度（如把字句、方位概念的表达，动补结构），脑力处理时可能会慢一些，所以学习者应该给予大量的机会边听边理解，体会语言的意义和形式。这几种练习以师生、生生互动的形式出现。指令可先由教师给，学生按着指令动。接着让学生每人想三个指令，轮着给别的同学。这样每个同学都有练习听和口语表达的机会。

5）以笔助听。另一种培养抓重点的学习策略是边听边画或做笔记，以笔记辅助听力理解。笔记可用拼音或学习者的母语。这样做有两个优点：减低了记忆力的工作强度从而加快了信息处理的速度；练习了找关键内容的学习策略。仍以学习地点方位表达为例。教师先让学生做听力练习，所听的内容要求学生用画图的形式记录下来。然后以小组的形式，互相传阅每人所画的地图，看看听了同样的内容后每人是否画出了同样的画儿，并分析讨论大家不一致的地方。最后要求学生每人想好五句话口头描述大家所熟悉的校园里某一建筑的位置，比如书店、体育馆，或本城市的某一条街，某一个人人都喜欢去的饭馆的位置，让大家猜猜这个地方的名字，属于识别、发现性的学习。以班或小组的形式让每个人轮流发言。每个学生既练习了听力又练习了口头表达。（句9是一个学生所说的）。

9. "这个饭馆在Calhound街上。这个饭馆的旁边有一个加油站。这个饭馆的对面是law school。这个饭馆的左边有Wendy's。这个饭馆离45号公路不远。你知道这个饭馆吗？"

6）笔记内容。需要笔记的内容因听力材料的不同而异。一般说来，给认知增加负担的（如数字、抽象概念如方位的表达，物体在空间的关系）和一些或是语言、或是非语言的重点信息，如动词短语、关联词组、事物之间的关系等常常需要笔记。形式可用拼音或母语、线条或图画。此外，有经验的听者会从重音、停顿、语气、语调中听出重点，记下关键词语。

4. 听后活动（Post-listening）

听后的活动可以有若干个目的，如1）测验理解的质量，2）进一步加深理解，3）把学习策略融汇在练习中引导学习者进一步运用认知技能，4）通过口语讨论的方式，把学到的新信息、新认识表达输出。这四个目的可以在同一任务中兼顾，关键在于教学的设计。比如在听以前，教师要给学生明确的要求："1）听完以后请做发给你的练习，2）然后请你和你的同桌互相检查，3）讨论你们练习中不同的地方，4）把你们不同的看法在班上汇报。"

把学习策略的运用设计到练习中。练习的设计很重要。首先尽可能地把学习策略和认知技能的运用设计进去，帮助学生在做练习的时候意识到怎样寻找线索，抓住关键内容，并通过上下文来推断作者的观点。比如要求学生清楚语义的层次、复合结构的关系，承合转折，对称对比，前因后果的关系，找表达作者态度的提示词语。听力练习还应当帮助学生对课文内容有融会贯通的理解，提高通过字面表层意思来推论主题的能力。

1）练习的形式和内容要多样化。根据材料的内容和教学的目的，练习题除了包括常用的判断、选择、问答、选词填空、复述外，还应该根据汉语的特点来设计，比如包括练习句首的话题短语（如前文中的练习1）、动宾搭配（如前文中的练习2）、对文化语义的理解（如前文中的练习3）、从篇章的角度出发按照顺序连接句子。此外也应该有交际性的练习活动。比如角色扮演。请几个同学作为"记者"采访听者对内容的总结与看法，或要求他们根据同样的题目去采访不同的人（如朋友、家庭成员），然后概括总结，整理后向全班口头汇报。一方面听力练习要有听力理解的特点，训练听力策略和理解技能；另一方面听力和学习者的整个语言能力要融为一体，听力练习要有综合性、基础性的部分。

2）内容也要多样化。根据材料的不同，既应该包括关于字面和事实方面的问题，又应该有推理、分析方面的问题。对前者的回答属于是非性的，注重学习者是否理解了内容；后者意在调动学习者的预测、推断等策略的运用，激发学习者的逻辑思维和创造性，所以问题往往没有特定的回答，而是根据每个人的理解得出不同的答案。另外对问题的回答有时不一定要用文字。根据内容，可以是完成一幅图画，制作一份地图，根据图画来安排故事的顺序，根据几幅图画作比较。在设计练习中，形式、内容都应该灵活多样。这样不但提供给学生比较全面的技能训练，调动他们学习的积极性和趣味性，而且能够建立起听后讨论的内容。由于对问题有不同的理解和推断，大家的观点不甚相同，于是有了讨论的必要和积极性。

四、听说互动的教学活动设计

在我们日常的交际中，听说以互动的形式出现，既要听得懂，还要被听懂。

在交际性的语言教学(Communicative Language Teaching)框架下，我们提倡教学互动，鼓励学习者积极地运用语言，不断地进行判断、假设、并在反复的语言体验中求证自己的假设是否正确。听说技能的训练，以听先导。之后立刻提供给学生进一步的理解和口语交流的机会，通过大量的语言输入和输出，学习者有更多的机会对语言的形式、意义和特征进行深入观察、分类、比较、抽象提取、实际运用。这样的教学理念和方法符合语言学习的特点，可促进语言习得的过程。

这就需要输入的听力内容对不同的学习者来说在信息上有差异或在意义上能够产生不同的反响。如何提供输入的内容与怎样运用输入是教学设计的重点。教师在设计活动时要通过制造信息(Information)、推理(Reasoning)、观点(Opinion)上的差异(Prabhu, 1987)，促进学生在活动中积极地传递信息，交换意见，达到新的共识。因此听说活动的设计有高度的组织性。在信息差活动中，双方进行语义协商，做语言和内容方面的交流；在推理活动中，学习者对自己已知的和从互动中咨询来的新信息进行推理、分析、概括、总结，使两部分的内容和为一体，融会贯通；在意见表达的活动中，学习者在理解输入的基础上分析讨论，阐明自己的观点。

制造信息方面的差异有很多途径。比如给AB两组不同的听力输入，每组的输入中只包括一部分或完全不同的信息。学生必须向他人打听询问才能完成学习任务。下面的例子是给学生完全不同的输入。ABC三组学生都要买从休士顿到上海，回程为从北京到休士顿的往返机票。三组学生分别听了不同的对话。A组听的是与Continental公司的售票员的对话；B组听的是与韩航公司售票员的对话；C组听的是与西北航空公司暨日航的售票员的对话。听完后当ABC三组的学生在一起决定买哪一家公司的票时，他们之间必然会形成热烈的讨论。三人不但要向小组汇报说明所听到的信息，如要把行程和价格这两点交代清楚，而且要听懂他人的信息，比较价格和行程的方便程度，最后决定哪家的票最可取。在这一过程中学习者从事了真实的交际活动，既要听清楚，又要问明白，彼此进行意义协商。最后每个小组要把他们所做的决定报告给全班。

由于每个人的背景和看法不尽一致，对输入内容的分析、判断、推理也各有差异。"推理差"、"观点差"正是在这一认识的基础上发展出的教学途径。比如我们继续上文的"买机票"活动。每个小组所做的决定可能一致。大家都想买到最便宜的机票，在这一点上是一致的。但是价格却不是每个人考虑的唯一因素。有的注重时间(他们在暑期打工、修课,或去了外州),有的关心行程(如很不喜欢一路多次换机),还有的时间充足,乐于换机,所以只注重价格。由于必须买集体票,彼此要做协商、说服、让步,在"推理差"基础上得到一种共识。在这一过程中,学习者再一次以会话的形式听说互动,不但练习了交际能力(如解释、说服、询问、协商等),而且运用了不同的学习策略、认知技能(如猜测、推论、概括等)。

制造"推理差""观点差"还可以通过学习者记忆上的有限性和听力材料内容上的争议性来完成。正如Willis(2004)提出的,在限定的时间内我们的记忆力是有限的。比如在听完一次材料后,每个人会根据各自的兴趣和特长记得不同的内容。如果学习任务是要把所有的信息、人物、细节都描述出来的话,大家必须讨论,互通有无。听说互动成为最基本的途径。

内容上的争议性是制造"观点差"的得力助手。听力材料并不一定要多么复杂才能表现出"争议性"。听力材料可能是一段父母和孩子的对话,也可能是不同文化背景的两个朋友之间的交谈,或是一段政论性的短文。学习者喜欢有"争议性"的内容,因为这样的内容往往蕴含着文化信息、价值观念,激发学习者的思辨能力,调动他们的内在兴趣。

下边的一项听力活动是给中级水平的学生的。所设计的教学任务大约在一个星期完成。如果班级人数少(12人左右),所有的小组在步骤四(课堂活动)中都可在班上演讲;如果人数多,只请2-3个小组。其余的小组轮换在以后的活动中在班上演讲。

一、理解问题。回答下列问题。

1. 作者为什么生气?并举一个例子来说明。
2. 作者想怎样解决他和女儿的问题?
3. 他跟女儿的问题解决了吗?为什么?
4. 你认为他的问题应该怎样解决?
5. 你认为父母应该怎样"管"自己的孩子?

二、和你的同桌互相检查、讨论做好的听后练习。

三、家庭作业:请你和你的小组就理解问题中的第4、5题准备一个4到5分钟的口头演讲。演讲要求:小组的四个同学都分别在台上讲约一分钟。你们小组要分好任务,谁讲什么。

四、课堂活动。小组演讲,每个听众要提问,对演讲人的观点进行讨论。

五、概括总结活动。以小组的形式概括总结别的小组的看法。写出一个提纲交给老师。

六、准备你的口语考试:我计划怎样"管"我的孩子。

管孩子还是不管孩子?

我女儿今年14岁,她已经开始不听我们的话了,常常让我和他妈妈生气。我们让她学画画儿,每个星期天我都不休息,跟她一起坐公共汽车到老师家去。可是刚学了两个月,她说画画儿不容易,她不想学了。我们让她学钢琴,把钢琴也买来了。现在刚学了一个月,她说学钢琴跟学画儿一样没意思。我们不知道该怎么办。是不是别的孩子都跟我的女儿一样?

昨天我到书店去,想找一本怎么教育孩子的书。售货员给我找出三本书:一本是《别管孩子》,一本是《孩子不能不管》,还有一本是《管还是不管孩子》。我把三本书都买了,也都看了,可是三本书的观点一本跟一本不一样。

(摘自《新实用汉语课本,2》,刘珣等,2002)

表1 教学活动设计:管孩子还是不管孩子

技能/目的	方式,步骤程序
语言技能:听,写,说。策略:预测、找关键词和线索、分类、假设、求证、推理、归纳。交际功能:询问、解释、澄清。	1. 听前活动 { a. 对语言和背景方面的难点做有关提示。 b. 调动学生的积极性。 2. 听 { a. 中心意思:作者有什么问题?为什么? b. 细节:"星期天我为什么不休息?女儿喜欢学画画儿还是学钢琴?" 3. 听后活动 { a. 做理解问题。 b. 两人双向互动:和同桌互相检查、讨论刚完成的听后练习。
语言技能:听、说功能:比较、协商、说服、让步	小组听说双向互动。准备演讲。要求:小组的四个人都要分别在台上讲约一分钟。 1. 四人讨论 2. 达成共识,任务分工 3. 准备自己的发言内容

续表

语言技能:听、说成段的表达。技能:分析、比较、概括、总结	听说双向课堂活动。 1. 小组演讲。(只请3组分别演讲。其余的小组以后轮换) 2. 听众对演讲人的观点提问、讨论,发表自己的看法。
语言技能:听、说写。技能:分析比较、概括、推断、总结	双向互动,概括总结。 1. 以小组的形式概括总结别的小组的看法。 2. 写出一个提纲交给老师。
	布置作业:准备口语考试:我计划怎样"管"我的孩子

表1是针对听力材料"管还是不管孩子"所做的教学活动设计。这一设计有四个特点。第一是以听力输入为先导。听力理解提供了培养学习者对图式结构的建造和对学习技能的练习的机会。第二是以听带说,提倡技能训练的综合性和课堂的互动性。第三是利用听力内容的争议性引发了一系列的课堂活动。这些活动从意义出发,生生双向互动,具有交际的真实性。第四是六个活动环环紧扣,循序渐进。学习者要在听力理解的基础上与同桌和更多的同学交换意见,还要进行大段的表达,并在此基础上概括总结写出书面的报告。整个过程既是理解的升华、概念的形成,又是交际互动、运用表达技能把自己的看法输出的过程。对学习策略的培养与对听说技能的训练结合起来了。表2是对整个过程中所运用的学习策略、认知技能和语言功能的总结。

表2 技能、策略总结"管孩子还是不管孩子"

教学目的	1. 听力理解 2. 交流信息、交换观点 3. 口语和书写表达
语用功能	询问、解释、澄清、陈述
交际情景	两人、小组讨论咨询
互动形式	4. 生生双向交谈 5. 与学习材料内容互动,理解、表达
认知技能	分类、比较、对语言的特征加以注意、假设、求证、综合、归纳、推理
听力策略	预测、猜测、找关键词、关联词、上下文中查线索
语言技能	理解(听),表达(说、写)
语义功能	家长和孩子的关系。比较经历、文化、观点的不同。

五、听说互动与语言习得

1. 互动性

语言学习的过程从始至终是一个互动的过程。学习者一直处于积极主动的状态,对输入的内容寻找线索,提出预测,建立假设,并在互动中检验证明自己的假设。语言的输出建立在双方协商的基础上,用正确的语言形式并在恰当的语境中表达出来。Long(1983b)提出了互动的调节(Interactional modifications)模式。互动活动是在语言意义上做协调(Meaning negotiation)。在互动活动中,双方的调节能够疏通交流中的障碍,帮助理解,促进语言的习得。当学习者在互相交往中不断地征得对方的同意或是否定,明确对方的意思,清楚对方的用意时,就有习得语言的可能。功能性、任务型的语言活动能够比较有效地提供给学生互动和调节的机会。

2. 可懂性

研究证明(Schmidt,1990)语言的习得在于学习者能够注意到("notice")输入语中语言的特征,"注意"是习得的一个必要条件。如果学生能够得到适合他们语言水平的可懂输入,可以说就是得到了习得中所需要的"注意"的机会。他们就能把语流分解为段、分解为语音和语法的不同短语成分,从而理解吸收。只有输入被学生理解吸收,才有可能转换生成为输出。

3. 实用性、趣味性

交际的话题也很重要。Ellis(2002)指出如果学习者能自己挑选、发展话题,或教学提供给对他/她来说有切身兴趣的话题,他们就会积极地进行意义协商,就可能注意到输入语言的特征。只有在这种情况下他们才能有感而发,而且容易造出内容有深度、结构有难度的句子。

培养学习者的听说能力和交际能力(The communicative competence)要求教师首先营造一个热情地鼓励学生运用语言的互动课堂,强调对输入的理解,重视培养在理解过程中所要用的一系列学习策略和认知技能。在课堂教学中,教师要有意识地调节语言的输入,调动学生的兴趣和参与的积极性,使教学内容和教学环境更有利于学生的理解、习得,促使他们的学习经验升华成为语言知识和语言运用能力。

第三节 认识语言特征、提高阅读技能

汉语学习者在阅读时常常遇到两个困难。一个是阅读材料中并没有生词但文章的意思却得不到理解,认字但不能断句识文。如果文章中有一些复杂的长句,这个问题就更严重了。第二个困难在词汇方面,如我们常常听到一些学生的抱怨:"阅读中的生词太多"。两个问题同出一撤,反映了学生在阅读中不能够运用阅读策略和认知技能。

阅读是一个复杂的各种能力和不同的知识协调配合的过程。这些能力不仅仅来自感性如视觉方面,也包括脑力活动,如记忆力、分析、归类、综合与理解力。阅读还需要有对语言以及相关背景知识的了解。当外语学习者掌握了有关的文化背景、对语言构成方式有一定的了解,阅读理解也会随之提高。Gatbonton & Tucker (1971)曾经调查了背景知识和外语学习者阅读理解之间的关系。他们发现,如果在阅读以前给学习者提供一些隐含在阅读材料之中的文化提示,学习者的阅读理解能力就会有显著的提高,阅读理解测试成绩有大幅度的上升。他们的研究提示了一个辅助阅读理解的方法,即阅读前的引导活动。比如,阐释母语文化和的目的语文化的差异,介绍目的语语言的有关特征,使学生进入阅读的准备状态(Robinett, 1980)。

一个人的语言能力往往取决于他对语言本身的了解和娴熟的运用能力,也取决于他对语言背景的文化因素的理解与认同(Gardner & Lambert, 1972)。语言直接或者间接地反映了其所属文化和语言使用者的价值观念、心理活动方式和道德标准。了解语言中的文化差异和语言修辞上的不同是阅读理解的一个关键。此外,阅读过程也是一个"分析问题、解决问题的行为"(Phillips, 1975),阅读者通过运用理解策略推测生词的意思,通过上下文,关键词句等来概括总结,归纳大意。一些研究表明,如果在教学中明确地训练如何运用阅读策略,就能够有效地提高学生的阅读理解能力(Kern, 1989)。

汉语作为外语的学习者在阅读理解中所遇到的困难,不少是由于对汉语语言的了解不够,缺乏阅读策略而产生。通过提供给学生有关汉语语言结构的知识如汉字、词组、句子和话语篇章的构成特征、及文化价值和社会习俗等知识,

教师可以帮助学生化解阅读理解中的各种困难。阅读训练需要把阅读策略与对语言本身的了解融为一体。本文从词汇入手，进而讨论句子和段落的语言特征，探讨通过语言文化知识帮助学生掌握阅读能力的各种策略。

一、词汇分析

由于社会文化的差异，汉语中很多词汇的含义与英文不一样。比如，汉语的词组"知识分子"(intellectual)的所指要比英文的 intellectual 广得多。"知识分子"指具有较高文化水平，从事脑力劳动的人。这种定义与英文的"intellectual"的含义不尽相同。在中国的科举传统中，知识分子是通过考试的学者。他们不但有知识，而且在社会中起着重要的领导性的角色。因此随着知识分子的出现，便有了"以文载道"和"任重道远"这样的文化概念。中国的"知识分子"负有社会的使命和政治的责任。"知识分子"和"intellectual"概念的不同反映了两种文化对教育结果及对受过教育的人的认识与期望的不同。再如，在"孤家寡人"这个词中，"孤家"本来是帝王的自称或自谦词，"寡人"是春秋时，诸侯及诸侯的夫人的自称词，后来成为帝王的自谦称。但今天"孤家寡人"已没有自谦的意思，意义有了引申转化，语用中增加了贬义。表现有文化色彩含义的词汇是很多的：

知识分子，帝王将相，师傅，阿姨，小朋友，狼心狗肺。

另一个例子是合成词。大量的汉语词汇为双音节组合，词与词之间存在着不同的语义、语法关系。合成词的意义往往建立在单字的基础上但并不是单字的简单合成。百分之六十以上的中文单音节字都能够组成合成词(DeFrancis, 1984)。大多数合成词的构成是基于语义的，词义可以通过推测而获得。学生所说的"生词"有的可能是由并不陌生的字所组成。

例如，意义并列的联合词的词义与其字的含义一致或为互补：

认识(recognize-know)
依靠(lean-depend on)
练习(practice-learn)

有的合成词的词义是其构成词的喻意或者可以通过构成词的意义来进行

推测：

开关(开,关 open-close)＝ 电闸(switch)
热心(热,心 hot-heart)＝ 热诚(warm-heated)
天气(天,气 sky-air)＝ 气候状况(weather)
电视(电,视,electric-visual)＝ 电视(television)

词语的前后缀也对词语含义的理解提供了语义上的线索。比如在某人的姓前面加上前缀"老"或者"小"表明这个人的年龄与级别。前缀"好"或者"难"＋动词可以作为形容词，表示某一事物的品质或者某个行为的属性：

[好＋动词]　好吃　好喝　好用　好看　好听　好写
[难＋动词]　难吃　难喝　难用　难看　难听　难写

词语后缀也有助于理解一些合成词的含义。例如，"家"表示某种专业人士；"员"表示从事某种服务业的人员：

作家,科学家,化学家,物理学家,文学家,艺术家
服务员,售货员,理发员,推销员,图书管理员

以字为单位来猜测整个词的意义这一策略也可用于对单字的推测上。掌握关于中文的字和词的构成知识能够帮助学生在阅读过程中推测字词的含义。百分之九十三的汉字是形声字(DeFrancis,1984)，形和声给学习者提供了一个有用的线索。对字义的猜测建立在表义的偏旁部首和表声的音符上,学习者从已知入手然后引向对未知的推断与猜测。Ke(1998b)调查了母语为英语的学习者学习中文生字词的策略。他的研究数据显示,学生在学习汉字时,重视运用文字结构和偏旁部首的知识要比别的学习方式更为有效。另外在组字和词组结构中练习汉字的方式比学习笔画顺序和单独的机械模仿练习每一个汉字更有成效。换句话说,建立在意义上的推测与理解是有效的。

对字、词的学习策略是建立在了解字和词组构成的基础上的。首先学习者需要对汉字和词汇的组成结构积累一定的感性知识。McGinnis(1995)对美国大学的中文初学者学习字词方法进行了研究。他指出,比较受学生喜欢的方法是创建字词结构各部分之间的联系,以及编出对学习者个人有意义的故事。这

一教学方法与 Ke(1998) 和 Shen (2000) 所提出的主张一致,即先分解生字词然后建立字词组成部分之间的联系。先把字分解裁开,分解后的字的构成(如对形、声、义的分析)有助于学习者对汉字的认识理解。然后把分解体组合起来。学习者对汉字的认识经历了一个分解、重新组合的过程(Decomposition-recombination)。这一过程也可以运用于对离合词汇的学习中,以词学字,以字带词,不仅帮助学生理解单个的字,而且从意义上学习生字、词的用法。

通过分析字词的各个组成部分来帮助学生了解生字和离合词的构成是一个值得提倡的教学技巧。比如鼓励学生去猜测生字的含义和读音,及前后词缀和拼字规律。在教学中、到一定的阶段应该给以系统性的归纳总结。例如,一年级所学的有草字头的字:茶,花,葡萄、菜、草,苹果,香蕉都表示植物。这样的活动让学生有机会将偏旁部首的涵义概念化,提高推测字义的能力。

当然,不是每一个偏旁部首都提供理解词义和发音的明显线索。更多的生字和词素的含义需要通过上下文中隐含的提示来理解。DeFrancis(1984) 指出了一个常用的策略,"偏旁部首所提供的线索会让人想起某种猜字游戏,提问'这会是动物、植物还是矿石?'得到一个答案以后,提问者会继续询问追加问题,每一个问题的提出都不断地缩小了其可能性,一直到彻底解答了谜语。"(p.117) 基于字词分解和根据语义、语音规律来推测生字、词组含义的学习策略,其实是一个"解决问题"的过程。在这个过程中,学习者运用对语言构成的知识来形成对词义的臆测,然后再在语句中进行检验。

分解组合过程还可用于字词的缩减与扩展,如常用的金字塔练习。这种练习的优点有三。第一是帮助学生扩大阅读时的视眼幅度,这一点在阅读中很重要,关系到词段与句段的迅速处理加工;第二是学生一下就能抓住中心词,使理解变得容易起来;第三是可以培养猜测生词的能力,练习中可掺入生词但仍不影响意义的理解;第四是培养词汇的运用能力,是一个综合练习。例如:

房子里
白房子里
那所白房子里
前面的那所白房子里
学校前面的那所白房子里

在学校前面的那所白房子里
住在学校前面的那所白房子里
他的朋友住在学校前面的那所白房子里。

另一类给学生阅读中带来困扰的词语是具有文化色彩,用比喻、引申等出现的,如惯用语"老黄牛"和成语。这些词语在课前应先发给学生,把隐含的文化涵义和特定的背景稍加解释。在读前或读后再给予学生启发性的提示。重点在理解,只有理解了隐含的语义和语用特征才不会望文生义。也要鼓励学生用认知图式把本义和隐喻义联系起来,帮助他们在对文化现象、社会事件和周围世界进行感知和形成概念的过程中,建立起语义联想及语言和概念之间内在的关系。

二、语句和段落分析

英文是主语突出的语言,句子以主谓结构的形式出现。相比之下,中文是主题突出的语言,注重语言的意义和功能,而不像英文那么强调句法结构。如果意义清楚,句子中是否有主语或宾语、用什么样的词类充当主语并不重要。正如吕必松(1999)指出的,"主语和谓语的关系非常灵活、松散,主语既可以是施动者,又可以是受动者,非施非受的主语也很普遍。主谓关系这样灵活、松散,使汉语的表现力更强,表达更简洁,这是汉语的一大特点。但是外国人学起来就有不少困难,特别是那些用受动主语和非施非受主语的表达方式往往很难掌握。"(15页)。例句1-5就是这样的例子。

1. ——是学生宿舍吗？Is(this) the student dorm?
2. ——有什么新闻？Is (there) any news?
3. ——明天几点出发？When do (we) leave tomorrow?
4. ——衣服洗干净了. The clothes are washed clean.
5. ——房子的前面是一个教堂,有几个人在那儿说话。In front of the house is a church. Several people are chatting there.

如果主语在上下文语境中明确,说话者双方知道在谈论什么,主语通常被省略(例句1-3)。受事名词或非名词可以做主语(例句4-5)。这些都给说英文的汉语学习者带来阅读上的困难。

不少学者(如 Chu, et al. 1998；Tsao,1979)认为汉语不是以句子而是以话语段落(discourse-oriented)为单位的语言。主题在段落中起重要的角色。语言成分的省略往往受到主题的制约。如果主题在话语段落中一致，或是在上下文中已隐含就有可能被省略。

由于汉语有以话语段落为单位的倾向，一个句子常常会包含几个从句和短语(句5—6)。段落中的流水句使得句子由众多的修饰语和从句组成。不同于英文，中文的修饰语一般放在所修饰内容的前面，通过一个表示所属关系的助词"的"将其与所修饰的名词相连。

6. 孔子也是一个很有学问的大学者，对古代的经典非常熟悉，可能还做过一些整理工作。

   (Confucius was also a well-learned scholar. (He) was very familiar with Chinese classics. (He) may have done work on organizing Chinese classics.)

汉语的话语结构反映的特征是：意义是核心，功能是关键，句法形式相对是次要的。由于汉语以语用功能为主，所以字词的顺序也比较灵活。汉语的省略主语、宾语，隐藏主语，以及主宾转换等语言特点，对于说英文的中文学习者来说，都比较难。正如 Wu(1991)所指出，那些说中文的人觉得最习惯、最成自然的句子，对母语为英语的中文学习者来说，却是最难的。

汉语语言的这些特点带给教学的启示是阅读中文时，要强调上下文，以段落为单位，阅读整个段落篇章；要从上下文中找线索而不是把注意力放在某一句或孤立的从句和词组上。

提高理解复杂句式和段落的策略是建立在对汉语语言特征的认识的基础上的。对复杂句的处理是用语法来缩短修饰语和从句，从而使句子结构简单化。简化句子要分几步走。第一步，通过寻找句子中最基本的语法成分。一旦学生能够提取句子的基本语法结构，就能掌握基本意义。句子的基本结构是主、谓、宾；基本意义是"谁做了什么"或谁/什么怎么样了"。例如，阅读句8的第一步是用语法来简化它，使之成为简短易懂的句8a"大运河是中国人民的伟大成就"。第二步是在语义方面做扩展。在学生抓住了基本意思后，从句8a扩展到句 8b:"人工开建的大运河是古代中国人民的伟大成就"。第三步建立在第二步的基础上,进一步在意义上扩展:"人工开建的大运河是古代中国人民在水利工程上的伟大成就"。

简化句子的步骤是从语法入手,在提取句式结构的基础上进行语义上扩展,以易带难,循序渐进。先从结构上简化,再以结构为纲在意义上逐步扩展。直到最终理解段落的意思。

8. 人工开建的<u>大运河</u>是古代中国人民在交通和水利两项工程上的<u>伟大成就</u>。

8a. 大运河是中国人民的伟大成就。

8b. 人工开建的大运河是古代中国人民的伟大成就。

8c. 人工开建的大运河是古代中国人民在水利工程上的伟大成就。

(The man-made Grand Canal is a great achievement of the ancient Chinese people in their projects of transportation and irrigation.)

第二项策略是寻找结构性的词语。例如关联词"不但……而且……"在意义上所强调的是"而且"后所出现的事物。结构词"不是……而是……"表明意义上的选择,又有强调的功能。连接词、并列词以及标点符号形成了语句中内在的逻辑的关系,如对比、因果关系等等。这些线索有助于学生理解掌握整个段落的含义。教师可以对一些阅读材料在策略的运用方面进行引导性的改编。例如加入关联词"不但……而且……",学生会觉得句 8d 比句 8 更容易理解。

8d. 人工开建的大运河是古代中国人不但在交通上,而且在水利工程上的伟大成就。

(The man-made Grand Canal is a great achievement of the ancient Chinese People not only in the aspect of transportation but also in the aspect of irrigation.)

练习 1 是根据关联词来预测上下文。这一练习把阅读和书写结合起来,培养综合技能。用关联词和结构词组来猜测后半句或前半句可以训练学生判断能力和略读非重点词汇的策略。

练习1　完成下列句子
1. 尽管他说他喜欢旅游而且去过很多国家,……
2. 阅读不仅仅是一个接受性的学习,……
3. 70年代末80年代初,不论经济改革对中国来说有多么困难,……
4. 即使你没有这方面的经验,只要你对这个工作有兴趣,而且……
5. 那儿的地理环境和工作环境不是可以想象出来的,而是……

　　第三,引导学生在上下文中寻找隐含的内容和关键词句。由于汉语功能性强、以段落为主导,不少成分,比如主语和宾语,经常省略。在初级阶段的阅读理解中,可以训练通过上下文来找结构和内容上所省略或隐含的词语。另一项任务是寻找关键词句。找到关键词句就能概括总结出段落大意。

　　多项选择可以用来帮助学生提高对于复杂句式和上下文的理解。多项选择的优点包括:1)简化的句子概括了原长句的主要意思,学生能学到如何将一个复杂句演绎为简单句及阅读概括能力;2)通过短句,学生可以学到如何运用关键词推测信息;3)多项选择可涵盖上下文和段落的意思,提供给学生如何在上下文中寻找关键词句。

9. "每个国家的啤标设计都有不同特点,但他们的共同点就是广告,起到介绍、宣传和美化啤酒的作用,因此设计者尽可能地在方寸之间融进了当地的风土人情、历史典故等等,使之成为丰富的知识宝库。"

练习2　选择正确答案
1. 这段话的意思是
   a. 啤标起了广告的作用,介绍、宣传了啤酒。
   b. 啤标虽然小,却起了广告的作用,介绍、宣传了啤酒。
   c. 啤标起了广告的作用,介绍、宣传了啤酒,所以啤标设计者很高兴。
   d. 啤标却起了广告的作用,因此啤标设计者想把风土人情表现在啤标中。
2. 这段话有两个内容:
   a. 啤标设计者喜欢风土人情、历史典故,使啤标设计变得有意思了。
   b. 啤标起了广告的作用,宣传了风土人情、历史典故。
   c. 啤标的作用和啤标设计者想设计的内容。

d. 啤标宣传了风土人情、历史典故,变成了丰富的知识宝库。

用启发式的提问引导学生是另一种教学技巧。教师提出的问题要能够引发学生注意到篇章中语句的内在联系和主要观点。此外,填空练习也是一个帮助学生注意到关键词、句子结构和理解线索的方法。好的理解练习题不但能够检验学生的理解能力,而且能够启发引导学生,提高他们的理解策略和认知技能。如果把练习 3 中所填空的内容连起来正是这段话的主要意思,即句 9 画横线的部分:

1. 共同点起了美化啤酒的作用。
2. 设计者融进风土人情、历史典故。

练习三　根据阅读材料填空

每个国家的啤标设计都有不同特点,但他们的_____就是广告,_____介绍、宣传和_____的_____,因此_____尽可能地在方寸之间_____了当地的_____等等,使之成为丰富的知识宝库。

三、修辞分析

Kaplan(1980)从文化思维方式入手探讨了阅读和写作教学。他认为,语言修辞形式反映了不同文化之间的差异,语言逻辑本身就是一种文化现象。外语学习者之所以觉得阅读困难,其中一个原因是因为阅读中的修辞和逻辑顺序不同于外语学习者所熟悉的和预想的。因此,了解文化思维模式和表达方式的差异是阅读理解的一个关键。比如,说英语的人在交流中所预期的思维模式和表达方法是按照明显的线性顺序进行。文章起首要说明作者的观点和文章的目的。观点的阐述和目的的说明都要鲜明清楚、一目了然。然后提供具体的相关材料来论证其观点的正确,使得文章雄辩有说服力。文章如此,段落也一样。一段英文通常从主题开始,然后再通过一系列具体的例证来进行论述和补充。

与英语的表达方式不同,汉语的起首未必先说明主题。比如在句 10 中,段落的中心意思在最后一个句子中才说明,而且并列的句子都有大量的修饰语,使得中心意思曲线而行,不明显瞩目。

10. 中国加入WTO之后,将面临哪些机遇与挑战?专家学者及政治家们例举了不少方面,如相关的法律如何与国际接轨的问题,政府如何有效地退出市场的问题,企业如何缩小与国外企业在管理,技术方面的差距问题,如何解决加入世贸组时候产业结构调整带来的劳动力事业与再就业问题等等。在诸多挑战中,有一个最为严峻的挑战——人才挑战。

What opportunities and challenges does China have after it enters the WTO? Experts, scholars and politicians have listed (the challenges) across many aspects. For example, how will Chinese laws conform to international legislative practice? How can the government effectively retire from the market? How can enterprises diminish differences in management and technology of international enterprises? How (can China) resolve problems of employment and labor resources caused by readjustments of productive structures after joining the WTO? Among all the challenges, there exists the severest, the challenge of human resources.

句法结构也如此,有时候阐述是从"不是什么"开始,到结尾再"画龙点睛"说出"是什么"。比如:

11. 革命不是请客吃饭,不是做文章,不是绘画绣花,不能那样雅致,那样从容不迫,文质彬彬,那样文良恭谦让。革命是暴动,是一个阶级推翻一个阶级的暴烈的行动。

(Revolution is not inviting people to dinner, nor writing articles, nor drawing or embroidering. (It) should not be that elegant, well-scheduled, graceful and polite. Revolution is rebellion. (It) is a violent action of one class overthrowing the other class.)

最重要的信息常常在后不在前。比如汉语的中心词,或是名词或是动词,放在修饰语的后面,且修饰语可以很复杂。再如收信人的姓名放在国家、省份、城市、街道、住宅的最后。句子中的词语顺序一般按照时空逻辑的先后:当事人在某个时间、某个地点,为了某个目的,以某种方式、手段去做某件事情(句12)。

叙述的顺序是从一般到具体。一个段落或一句话往往从概括性的部分开始，然后才是具体化的内容（例句11）。再如，时间表述的顺序是年、月、日、一天中的时段到具体的某一点。组织结构关系和头衔的表达也是如此：修饰语放在所修饰部分的前面。这样的顺序，或是句式结构或是段落篇章，正好与英文的表达顺序形成对比，也给操英语的汉语学习者带来阅读理解上的困扰。

12. 我昨天跟他在电话里约好了，今天三点来跟他面谈。
    I made an appointment with him through the phone yesterday.
    (I)will come and have an interview with him at three o'clock today.

汉语写作的风格反映了汉语修辞和篇章段落的表达顺序与表现形式。"修辞是一种思维形式"（Oliver, 1965），有着鲜明的文化特征。帮助学生提高阅读能力，首先要让学生了解汉语和学习者的母语在表达方式上的不同风格。这些不同不仅仅表现在词汇句法上，而且表现在修辞与篇章方面。应当给学生大量的机会分析课文的组织结构。例如，从分析语言表现形式和课文结构的角度来做阅读，帮助学生形成正确的判断与推测。

导读的目的在于疏通阅读中背景知识与语言方面的障碍，激发学生阅读的积极性。在阅读之前，根据阅读内容和语言难度，教师可先提供一两个知识性和语言性的介绍，如指出阅读中不同于学生母语的语言顺序和表达方式，引导学生在语言本身的认识方面进行有意识的观察了解。其次，教师要引导出某些阅读材料中涉及却没有提供的背景知识，以帮助学生消除文化或涉世知识方面的盲点和理解上的障碍。也可以营造一个与所阅读材料相关的学习情境，使学生进入阅读的准备状态，帮助学生对阅读形成正确的预测。

根据阅读的内容和难度，导读可以有各种方式。以听、看带读是一个容易做、效果好的教学手段。比如画面提示，选择与内容相关的图画、路线图、漫画、图表，或是网页上的动画，或是一个色彩鲜艳的实物等。再比如听力提示，先给学生放一段有关录音、录像、听一首歌、帮助学生进入状态。还可用生活兴趣提示，给学生讲一个简单的故事，一段有趣的经历，或提几个关联问题来引起学生的注意力。王(1997)在讨论新闻课的教学中提出由听领先，听过之后进行内容相关的阅读，通过读来加深理解，检查听的效果。这种方法不但提供给学生反复运用策略提高理解能力的机会，而且训练了两种技能，发挥了教学潜力。

另一个接近于阅读的导读是对文章标题和内容进行猜测分析。从讨论标题入手引导出各段的内容，分析标题与段落的关系。这样不但培养学生对阅读的预测能力和分析能力，而且帮助他们提高写作技巧，读写技能同时得到了训练。

阅读的过程是一个对文章的意思形成假设与推测，并且验证自己的假设是否正确的过程。培训阅读策略的方法要灵活多样。比如，在初级阶段进行教师指导下的阅读（Guided reading）。教师可有计划有针对性地解决几个阅读策略和技巧方面的难点，帮助学生逐步地养成运用策略的能力。

略读的目的是迅速地掌握文章的中心思想。中心思想往往通过寻找意义线索，关键词句，概括段落大意来完成。意义上的线索根据文章的内容而定。关联词语、认知概念如时间、地点、过程等都有可能成为有用的线索。在获取主要线索时辨别和理解人物和事物的相互关系、主次轻重关系等。

在寻找内容意义上的线索的同时，顺着线索找关键词、句，并把找到的关键词、句和段落、篇章大意连贯起来。关键词句对文章大意的理解起着决定性的作用。如果学生能够在上下文中找到并记得关键词、句，就抓住了中心意思。另外，提供给学生的练习应该引导学生运用阅读策略，使他们在做练习时能够意识到怎样寻找线索，并通过上下文来猜测与推测作者的观点。比如要求学生以某种方式找关键词句与关联词语，清楚复合结构关系，在文中找承合与转折结构，对称与对比内容，前因与后果，表达作者态度的词语。阅读练习还应当帮助学生对课文内容有融会贯通的理解。

在真实语料的阅读中，会出现大量的生词。阅读中的一个较普遍问题是停留在字面上。特别是低年级的学生倾向于关注某些词汇和字的意思，而不能从篇章出发理解重点。训练的着眼点应放在帮助学生跳过非重点词、找出并猜测关键词来领会中心大意。可以运用阅读提问要求学生对内容进行有选择的猜测。比如，以词句带篇章，关键词句的引入促使学生从段落篇章方面领会中心意思，关注宏观结构而不被某个生词所困扰。对于生词的处理，要从上下文中运用线索来推测重要生字词的含义，而忽略那些不很妨碍理解大意的生字词。

读后活动的目的在于加深理解，提供给学生综合性的学习和多样的语言技能训练。阅读中，学习者接触了大量的语言输入，运用各种策略和认知技巧吸取输入中所提供的知识与信息，同时也对内容进行选择处理，发展创造出自己的见解。读后活动应该提供给学生把自己的观点表达出来的机会。除了总结段落主要内容，篇章中心思想，写读后感等常见的活动外，形式灵活、内容多样的活动都应该提倡。不同活动的采用取决于阅读内容、学生的语言水平和教学目的。

比如用口头表达的形式请两、三个同学一组根据阅读内容或读后感写一个对话，并在班上表演。在这一任务中，学生不仅要讨论阅读的内容，加深对阅读材料的理解，还要写出一段对话说给班上的同学，听说读写四项技能都得到了练习。再比如用书写的形式要求学生把与阅读有关的信息写电子邮件通知给别的同学。也可以用表格、目录、连环画等形式来总结阅读的主题内容。还可以根据阅读材料的话题，请学生做社会调查，专访有关人士，收集大量信息来完成一个规模大一些的小组学习任务，然后在班上讲演，听取其他同学的意见。所有这些读后活动都有一个共同点，即在阅读的基础上进行综合性的各项技能的训练，并鼓励学生之间的相互学习。

结　语

在阅读过程中既有技能策略训练，又有知识学习，重点应放在前者。教学的目的是培养学习能力与技巧，使学生在走出校门后仍能容易自如地学习。这就需要课堂以学生为中心，教师的作用往往是幕后的。教师的讲解要少，少而精，起着重要的引导作用。正如王新文(1997)所提出的，教师应该讲学生尚未接触过的句式和段落表达法而少讲生词；讲关键性的难点来带给学生举一反三的启发而少讲一般难点，以使学生能触类旁通，发挥主动精神和学习潜力。课堂节奏要快，以使学生有大量的机会反复运用各种策略与技能，也使课堂活动灵活多样，趣味性强，学生愿意积极地参加。

DeFrancis(1984)曾指出，对一个操英语的中文学习者来说，学习阅读中文比学习阅读法文的困难要大五倍。困难不仅仅是由于需要记忆数量庞大的汉字，而且还因为汉语独特的书面语言及其与西方迥然不同的文化。所有的外语学习者在阅读母语时都具备、养成了阅读理解的各种策略。母语为英语的汉语学习者在阅读英文时会潜意识地、自然地运用这些阅读策略。我们的教学目标就是要把这些已有的阅读策略在阅读汉语时变成有意识的运用。

第四节　汉语惯用语与文化理解力的培养

惯用语是一种符合汉语习惯的词汇组合。其形式是复合词。复合词由两个或两个以上成分黏着组合而成。(Chao,1968)惯用语有惯用性、生动性、使用频率高等特点(Cui,2005)。惯用语以极其生动的形式充分反映出民众的普遍观念、传统价值和文化态度。惯用语形式短小(通常只有三个音节)，节奏鲜明，易于记忆。但惯用语跟汉语一般复合词不同，具有特殊的文化语义特征。惯用语来源于文化和社会事件，有鲜明的象征和隐喻意义，含义深刻，寓意鲜明。要正确使用惯用语，必须理解惯用语的本义及其引申的文化内涵。在语用功能上，惯用语常具有褒贬色彩。

惯用语的语义和语用特性造成了学习者的困难，对把汉语作为第二语言的学习者来说更是如此。正如张德鑫(1996)指出的，惯用语难学是因为它总是不断扩展、不断构造出新形式。汉语常用字大概有 4500 个，但这 4500 个字可以组合出大大多于此的复合形式。一个新的复合形式的意义不单单是原有意义的简单相加，惯用语更是如此。而且，其特殊的文化含义又给学习者加大了难度。Liu(1992)指出，学生犯错误是因为他们不了解惯用语的文化背景。学生的错误有：望文生义(如："走后门"，隐喻义指通过权势得到好处，或通过亲戚及个人关系进行私下交易)，误解其文化历史背景(如："小皇帝"指一个家庭唯一的孩子，因为中国自 20 世纪 70 年代起实行独生子女政策)和把惯用语用错地方。不了解惯用语的社会文化背景是不可能学好惯用语的。

汉语是一种富有想象、寓意丰富的语言。惯用语的寓意特征更是明显。人们在交际中所用得是惯用语的隐喻义而非字面义。这就是为什么会有"老黄牛不是牛，向阳花亦非花"的说法。前者指那些勤奋、一心一意地为民服务的人(《汉语成语词典》,1991)，后者指 20 世纪 50 年代末至 70 年代初的人民公社社员。

本文将用语言学和认知的方法研究汉语惯用语。首先讨论惯用语的两个特征：1) 隐喻意象和语言、文化特征；2) 时代特征。然后从三个方面对惯用语进行考察：惯用语的节奏类型和语法形式的关系，惯用语的语义特性和语用功能。最后谈谈惯用语研究对教学的启示。通过这些分析，本文想指出，惯用语的本义和隐喻义用生动形象的表达方式把语言和文化连接了起来，这些惯用表达形式往往展现了特定文化中的文化现象、社会事件、历史背景和民众观念的形成以及他们的态度。

一、隐喻意象和文化特征

　　Lakoff & Johnson(1980)指出，人类的推理富有隐喻特性，并且以人类在特定文化中的亲身经历为基础。隐喻最初是人类用具有特定文化意义的语言来感知世界、形成概念的一种思考方式。Lakoff(1987)进一步指出："人类对事物的分类本质上一方面和自身经验、感知意象、自主行为和文化有关，另一方面和隐喻、转喻以及想象有关"。(1987:8)惯用语属于隐喻性表达方式，它蕴含着中国人的生活经验及其对世界的感知和认识。惯用语的字面义虽很少使用，但也很重要。因为字面义更具感性特征，更直观生动，具体形象；而惯用语的引申义和隐喻用法与此有关并由此而来。比如说："开绿灯"指滥用职权给那些对自己有利的人提供机会，予以方便。该惯用语形象地反映了人们对腐败的认识，把绿色交通信号灯的功能和特权、腐败及不正当的人际关系联系起来。这种认知上的关联是通过隐喻形象建立起来的。惯用语"飞毛腿"指跑得很快的腿，代指那些跑得飞快的人。它激活了人们对"飞速"的想象。它仅是人们感知和对运动行为的一种想象，因为实际上没有人长着带有可飞行的毛的腿。这是对表现这个惯用语的语义功能的"跑得快的人或运动员"的想象。从这些例子可见，惯用语的隐喻形象和字面义紧密相连。这种相连反映出了人们认知周围事物、事件和行为的方式，同时也揭示出人们如何把对世界的经验认识组织起来，如何把感知形成了概念。

　　惯用语的隐喻义主要来自特定的语言和文化，必须通过积累语言经验并理解其文化内涵才能学好。只有一小部分惯用语是可以跨文化理解的。例如，惯用语"活字典"在汉语和英语中都指知识渊博的人。而大多数惯用语都具有文化特性。即使不同的语言有类似的意象，其表达方法也因文化的不同而不同。例如，惯用语"拍马屁"的意思是谄媚某人。其隐喻义跟势利眼、亲吻某人的屁股的形象有关。(《汉语成语词典》，1991)英语中类似的表达是"舔某人的靴子"，其语义和隐喻范畴跟汉语有很大的差异。正如 Bowerman (1989)所论断，"在大多数概念领域，在对意义概念进行分类时，语言对词、语素、结构类型以及它们之间的相联关系都会有很多重要的抉择性。"(142页)人类对隐喻的概念化很大程度上是以他们的经历、文化和语言为基础的。惯用语"拍马屁"源于骑马放牧于广阔的满洲大地的满洲人。他们夸奖马的时候就拍马的屁股。这个惯用语的隐喻义反映了他们那个特定社会环境中的夸马习俗和传统观念。

二、时代特征

惯用语是时代的产物。惯用语诞生于文化沃土,以生动的语言来表现,随社会环境中的历史事件而繁长,随社会文化现象的逐渐消逝而凋谢。新的惯用语不断出现,并随社会的变迁而改变。在过去的30年中,中国的经济改革和现代化的迅速发展催生出很多色彩斑斓的惯用语。而这些惯用语也反映了这个时期的时代特征。直到20世纪80年代初,中国还是计划经济,政府拥有全部企业和财产权。惯用语1—3在那个时期是最常用的,反映了当时的社会和经济特点:

1. 铁饭碗——比喻一份稳定的工作。
2. 大锅饭——不管工作成绩如何,每个人的工资待遇都差不多。
3. 走后门——通过亲戚及个人关系搞见不得人的交易。

上个世纪80年代,中国新的经济政策给人们的生活带来了根本性的改变。政府鼓励人们创新致富。生意关系建立了,私有企业产生了。惯用语4—7反映了20世纪80年代出现的这种现象:

4. 关系网——互相利用的人际关系。
5. 个体户——私人拥有的生意。
6. 暴发户——突然变富,突然当权,或一夜成名。
7. 工薪族——靠工资过日子的人。

20世纪90年代见证了经济和社会的进一步变革。国有企业破产,数以万计的工人下岗。也有很多人抓住机遇富了起来。在这段时间出现了惯用语8—10:

8. 炒鱿鱼——被解雇。
9. 万元户——有钱人。
10. 大锅债——国有企业的破产(与惯用语2互参,因"大锅饭"而导致破产)。

表1包括了惯用语1—10的语言和文化特征。首先,所有的惯用语都有文化特性。这些惯用语的含义只在汉语中才讲得通。第二,所有的惯用语都有时代特征。它们都带有经济、社会事件的时代烙印。有的惯用语随着社会的进步变得过时了(如:惯用语1—2)。有的惯用语还很年轻,甚至还没完全发展出隐喻义,(惯用语5,7和9)因此一直使用其字面义。第三,大多数惯用语在使用时都带有或褒或贬的感情色彩。这种语用特征反映了特定的社会中人们不同的经验和态度。

表1 近三十年来出现的惯用语

惯用语	实物所指	使用的字面义	隐喻所指	经济影响	社会影响	褒义	贬义
铁饭碗	＋	－	＋	＋	－	－	＋
大锅饭	＋	－	＋	＋	－	－	＋
走后门	＋	－	＋	－	＋	－	＋
关系网	＋	－	＋	－	＋	－	＋
个体户	＋	＋	－	＋	－	－	－
暴发户	＋	＋	－	＋	－	－	＋
工薪族	＋	＋	－	＋	－	－	＋
炒鱿鱼	＋	－	＋	＋	－	－	＋
万元户	＋	＋	＋?	＋	－	－	－
大锅债	－?	－	＋	＋	－	－	＋

三、节奏类型和语法形式

大部分惯用语由三个音节构成,其节奏类型为 A＋BC(如:戴高帽——奉承)或 AB＋C(如:笑面虎——外表和善,内心歹毒的人)。惯用语这种三个音节两种节奏的形式在汉语口语中根深蒂固,人们甚至感觉不到,但又觉得只有这样用才"对"。一方面,三个音节形式短小,易于发音和记忆;另一方面,节奏类型和语法结构紧密结合,使得惯用语更具有系统性。

惯用语的一个特征是其节奏类型和语法结构对动词音节有限制作用。节奏类型 A＋BC 的惯用语常用下面三种词序:

动词＋名词(惯用语11—14)。

副词＋动词＋宾语(惯用语 15—16)，

动词＋补语(惯用语 17)。

动词是单音节，名词或补语是双音节。如果宾语是单音节，副词放在动词前，组成三音节结构：副词＋动词＋宾语(惯用语 6，15—16)。双音节动词很少出现，大概因为双音节动词比单音节动词受更多限制，不灵活。表 2 展现的是语法结构词序与 A＋BC 节奏类型的关系。

11. 打棍子——迫害某人。
12. 戴帽子①——随意给人加上政治标签。
13. 抓辫子——抓住某人的错误，利用某人的弱点。
14. 穿小鞋②——让某人穿上很紧的鞋子——让某人的日子不好过。
15. 急刹车——突然停止。
16. 干瞪眼——绝望地看着，着急无助地站着。
17. 老掉牙——很旧的，过时的，陈腐的。

表 2　A＋BC 节奏类型的惯用语的 VN，AVN，和 VC 词序

Compounds 惯用语	V.＋N.	Adv.＋V.＋N.	V.＋Comp.	Rhythm A＋BC
打棍子 beat a stick	＋	－	－	＋
戴帽子 put a hat	＋	－	－	＋
抓辫子 seize one's queue	＋	－	－	＋
穿小鞋 wear small shoes	＋	－	－	＋
急刹车 rapid break car	－	＋	－	＋
干瞪眼 dry stare eyes	－	＋	－	＋
老掉牙 old fallen teeth	－	－	＋	＋

学生常犯的一个错误就是把 A＋BC 的节奏类型当成 AB＋C，并且把单音节动词当成双音节的。例如，学生会把下面的惯用语都错误地理解成动宾结构，"保护伞——一种保护的力量"，"省油灯——很少找麻烦的人"，"拦路虎——障碍"，"拿手戏——演员最擅长演的戏——一个人的特长"，"夹生

---

①② 动词的主语可以不是动作的施事者。动词具有使役性，就像惯用语 12 和 14 的例子中的动词那样。"穿小鞋"的施事者(惯用语 12)不是"通过滥用职权让某人的日子难过"的人，而是那个被迫害的人。同样地，"戴高帽"的施事者(惯用语 14)不是"给别人加上政治标签"的人，而是那个被加上标签的人。以汉语为母语的人知道"戴帽子"的动作不是那个结果戴上帽子的人发出的。学习者必须懂得语法和语义之间的关系，以便正确理解和使用那些动词有使役性用法的惯用语。

饭——一项没做完/好的工作",(Cui,2005)。尽管每个惯用语的第一个语素都是动词,但它们并不是动宾结构。实际上它们属于另一种不同的节奏类型 AB+C,词序是"修饰语+名词"。在这点上,节奏类型和语法形式的知识会帮助学习者更好地掌握惯用语。

值得注意的是,惯用语的词序受到语义关系的限制。虽然惯用语 11 — 14 的词序都是"动词+名词",但动词和名词的关系却不同。惯用语 11 中的名词"棍子"尽管处在宾语位置却不是"打"的受事,而是动词"打"的工具。表面词序"打棍子"在通常情况下是讲不通的,因为它违背了动宾结构中的语义限制。尽管它跟典型的汉语动宾结构词序的语义关系不一致,以汉语为母语的人在理解和运用时没有任何问题。

除了上文提到的 A+BC 的节奏类型中的 VN、AVO 和 VC 结构以外,另一种常用的节奏类型是 AB+C。它在语法形式上是"修饰语+动词"和"修饰语+名词"的词序。"修饰语+动词"的结构词序只出现在动词是单音节的 AB+C 的节奏类型中(惯用语 18 — 20)。这跟单音节动词的 VN、AVO、VC 词序在语法上是一致的(惯用语 11—17)。换句话说,在这种三音节惯用语的形式中,动词通常是单音节的。

18. 对着干——做相反的事,反抗(这个惯用语来自"文化大革命"时毛泽东鼓励红卫兵造反的话)。
19. 窝里斗——一个集团内部彼此间争斗。
20. 满天飞——到处跑——到处散播,广泛传播。

表 3　AB+C 和 A+BC 节奏类型的 MV、MN 词序

Compounds 惯用语	Mod.+V	Mod.+N	Rhythm AB+C	Rhythm A+BC
对着干 do oppositely	+	−	+	−
窝里斗 nest inside fight	+	−	+	−
满天飞 all sky fly	+	−	+	−
狐狸精 fox spirit	−	+	+	−
千里马 thousand-mile horse	−	+	−	+
落水狗 fallen water dog	−	+	−	+
铁公鸡 iron male chicken	−	+	−	+
老黄牛 old yellow cow	−	+	−	+

和"修饰语＋动词"的结构不同,"修饰语＋名词"的结构可以是"AB＋C"节奏类型(惯用语 21—23),也可以是"A＋BC"(惯用语 24—25)。修饰语可以是单音节或者双音节,名词也可以是单音节或者双音节。"修饰语＋名词"的词序跟节奏类型的关系很灵活,倾向于"AB＋C"节奏类型(惯用语 21—23)。表 3 总结了语法结构的词序和"AB＋C"、"A＋BC"节奏类型的关系。

21. 狐狸精——会诱惑男人的女人。
22. 千里马——传说中一天能跑数千里的马——速度很快或很有才干的人。
23. 落水狗——掉到水里的狗——失势的坏人。
24. 铁公鸡——铁的公鸡(一毛不拔的)——吝啬的人。
25. 老黄牛——任劳任怨的牛——说得很少却勤勤恳恳为人民服务的人。

修饰语的音节变化给学习者造成了困难,他们常把 A＋BC 的节奏类型错当成 AB＋C 的节奏类型,或者相反(崔希亮,2005)。不过,对修饰语的句法和语义限制可以给学习者提供信息以减少误解。以 AB＋C 节奏类型的惯用语 22 为例,当名词受数词修饰时,句法上一定要有一个量词相随,组成一个数量短语。很多惯用语都是如此:"五斗米","三家村","万元户","二把刀"都是数词和量词在句法上结合在一起的。惯用语 13"老黄牛"则不同,形容词"老"和"黄"都修饰名词"牛"。修饰语的这种语法特点有助于分析此惯用语的结构。"老"是名词前缀。这样的前缀还有"小"、"公"和"母"。如"小百灵"、"小算盘"中的"小"、"老大哥"、"老姑娘"中的"老","母老虎"中的"母"。这些惯用语都是 A＋BC 节奏类型,词序是"前缀＋修饰语＋名词"。像前缀、量词这样的语法特征为学习者分析惯用语的结构、理解惯用语的意义提供了有用的信息。此外,语素也有重要作用。例如,"狐狸精"中的"狐狸","小百灵"中的"百灵"都是不可分割的黏着语素,都是双音节词。类似的还有,"铁公鸡"中的"公鸡","母老虎"中的"老虎","老姑娘"中的"姑娘"。

惯用语的节奏类型和语法结构之间的内部关系很有意思。"动词＋宾语"的语序比"副词＋动词"的结合得更紧。这就是为什么惯用语 15—16 属于 A＋BC 节奏类型。"数词＋量词"的语序也比"量词＋名词"的结合得更紧。这就是惯用语 22 属于 AB＋C 节奏类型的原因。而惯用语 25 是 A＋BC 的节奏,因为

"形容词+名词"的语序比"前缀+形容词"的结合得更紧。

四、语义特征

语言和文化特性使惯用语具有明显的区别性特征。研究者(如 Bowerman, 1989；Lakoff, 1987)对跨语言文化的语义范畴的不同分类标准进行了考察。Bowerman(1989)指出，语义领域的分类随语言的不同而不同，人们组织观念和给经验成分分类的方式也随之不同。王德春(1990)提出"国俗语义学"，他认为惯用语的语义由两部分构成：本义和隐喻义。词的本义加上丰富的文化色彩就形成了新的概念。本义和隐喻义之间存在着直接的和关联的关系。隐喻义从本义引申、转义、演变而来。在此，本文提出两个结构原则来考察本义与其隐喻义的关系，并分析惯用语用来传达其特定文化内涵的方式。

第一个原则是借代转喻：用简单易懂的惯用语(A)来代表一类对象(B)。尽管 A 和 B 属于不同的范畴，但因为我们领悟并在认知上把它们组织在一起，它们之间就有了关系。例如，惯用语"白大褂"有两个所指。一个是物质所指，白色的大褂；另一个是借代所指，医生。惯用语"白大褂"指所有的医生，不管是内科医生还是心脏外科医生。而且，"白大褂"的这种用法是有文化和语言特性的。"白大褂"仅限于指医生，不指护士或实验室工作人员，尽管在中国他们工作时也都穿着白大褂。另一个例子是惯用语 27。"红领巾"的本义是物质所指"红色的三角巾"，其借代所指是小学年龄的孩子。借代转喻跟本义有关，因为小学年龄的孩子常戴着红领巾。红领巾是学校制服的一部分。"红领巾"和"小学年龄的孩子"属于两个不同的概念范畴，但在现代中国文化中两者紧密相联。这就是语言特性。其借代转义只指小学年龄的孩子，而不是每一个戴红领巾的人。另外，这个惯用语含褒义色彩。红领巾象征着荣誉，也就是说，只有好学生才能戴。不是所有的学生在同一时间都能戴上红领巾的，而是根据在学校的表现逐步分批戴上的。但在小学毕业前，所有的学生都能戴上它。

26. 白大褂——医生。
27. 红领巾——小学生。
28. 白帽子——不关心政治只知埋头科研(20 世纪 50 年代末 60 年代中国社会用的词)。

29. 红帽子——共产党员(20世纪40年代末中国国民党政府用的词)。

惯用语26—29表明,服饰类惯用语能代表特定的一类人。借代转喻义具有语言和文化特性,源自特定的社会历史条件。惯用语28—29是特定政治条件的产物,其借代转喻义代表比较复杂的思想概念。和"白大褂"工作时穿着白大褂、"红领巾"上学时戴着红领巾不同,被称为"白帽子"和"红帽子"的人任何时候都不会戴帽子,不管是白的还是红的。恰恰相反,那些真正戴白帽子或红帽子的人反而不能被称做"白帽子"、"红帽子"。

除了服饰,经典故事中的人名也可以借代指特定的一类人。很多故事中的人物形象,中国人都很熟悉。例如,在文化大革命期间在各种媒体、电影、戏剧、芭蕾和交响乐中有八大样板戏。这八大样板戏及其人物形象中国人都耳熟能详。特定角色的人名代表一类人。"杨白劳"代表被压迫被剥削的劳苦大众,"洪常青"代表优秀的共产党领导人,"南霸天"代表地主阶级,"座山雕"代表当地的土匪。古典小说中有名人物的名字也常被用来在或褒或贬的意义上代表特定的一类人。如:"诸葛亮"代表聪明智慧的人,"王熙凤"指那些有能力却很恶毒的女人。

惯用语的字面义很少使用。比如,惯用语30"笔杆子"也是借代用法,指很会写文章的人,用的只是转喻义,而从不用其字面义"笔"。惯用语31"大手笔"指那些名声显赫的作家。"大手笔"原指1911年以前朝廷上的文书。现在其本义早已消失,只有其借代用法了。另一个有趣的借代例子是"大团结"。"大团结"指十块钱的人民币,因为十块钱的人民币上有"各族人民大团结"的图案。表4展现了惯用语26—32的语义和文化特征。

30. 笔杆子——很会写东西的人。
31. 大手笔——名声显赫的作家。
32. 大团结——十元人民币纸币。

表4 借代转喻:惯用语26—32的语义和文化特征

惯用语	实物所指	使用的字面义	隐喻所指	社会影响	政治影响	褒义	贬义
白大褂	+	−	+				
红领巾	+	−	+	+		+	−

续表

白帽子	+	−	+	−	+	−	+
红帽子	+	−	+	−	+	−	+
洪常青	+	+	−	+	+	+	+
座山雕	+	−	−	+	+	+	+
诸葛亮	+	+	+	+	−	+	+
王熙凤	+	+	+	+	+	+	+
笔杆子	+	−	+	+	−	−	−
大手笔	−	−	+	+	−	−	−
大团结	−?	−	+	+	−	−	−

　　第二个原则是扩展引申,即把惯用语本义的概念加以转义引申。在这一过程中,人类的感知及概念被重新组构,重新反映。惯用语的隐喻义通过语言反映出中国的传统价值观及社会、政治和历史的影响。例如,惯用语33"唱高调"的本义指高音歌唱家的工作,后来其意义被转义引申指那些爱吹牛,即说得多而做得少的人的行为。这个引申义引起言行不一的联想,使得"吹牛"、"靠不住"的人的形象生动起来。"唱高调"常用于贬义,因为这和孔子所倡导的"君子敏于事而慎于言"的中国传统价值观相悖。少说话、踏实地工作是一种美德。(惯用语25"老黄牛")

　　对词义引申的过程的一种解释是,因为历史的进步,有的惯用语的本义不再使用了。当引申义已经发展出来并被用为隐喻或比喻义时,其本义就过时了。例如,惯用语34"抬轿子"指过去的一种普通职业。以前轿子是有钱人最主要的交通工具。后来"抬轿子"的字面义消失,转喻义被广泛地用来指"用不恰当的方式谄媚权威的腐朽行为"。它可引起溜须拍马等联想,生动、形象地描绘出谄媚权贵的丑态。另一个例子是惯用语35"拔钉子"。在古代,钉着硕大钉子的大板被用来防御敌人的进攻,这个本义又引申出"障碍"义。"拔钉子"的转喻义指消除政治障碍或除掉对手的行为。惯用语36"半吊子"在旧中国指货币测量标准。一串钱是一千个中间有孔的硬币,半吊是五百个。这个本义早已废弃不用了,其引申义指那些"不老练且易冲动的人"。进一步引申指没有经验、不够熟练的浅尝辄止者。转指义引起"功夫不到家"的联想。

34. 抬轿子——吹捧有权势者或重要人物(腐败行为)。
35. 拔钉子——清除军事障碍——解决人为设置的问题——除掉政治

对手。

36. 半吊子——不老练易冲动的人——没有经验和技术的业余人员。

引申义是唯一经常使用的意义。尽管惯用语有字面义,但并不真正意味着什么。本义被用来给隐喻设置一个生动具体的形象,引起认知、语义方面的一系列联想。例如,惯用语37"老油条"中的"油条"原指一种拧成条形的、油炸的面食。"油条"的引申义指"任性散漫、油滑狡诈的特征",引起油、韧、滑的联想。转义后指"一个没有原则而处事油滑的人"。这来自一个事实:油条刚炸出来时又软又酥,不新鲜时变得又硬又韧。加上前缀"老"组成惯用语"老油条"来指"处事圆滑、玩世不恭的人"。因为"老"修饰的是人,所以"老油条'并没有实物所指。实际上它喻指那些经验丰富、处事圆滑的人。

惯用语38"背黑锅"是另一个只用隐喻义的例子。锅用得时间过长,锅底就黑了。所以"背黑锅"喻指受害者或替罪羊。其引申义指蒙受不白之冤,引起形象的忍辱负重的联想。

37. 老油条——老于世故而油猾的人。
38. 背黑锅——替罪羊——蒙受不白之冤。

表5 引伸义:惯用语33—41的语义和文化特性

惯用语	实物所指	使用的字面义	隐喻所指	社会影响	政治影响	褒义	贬义
唱高调	＋	－	＋	＋	－	－	＋
抬轿子	＋	－	＋	＋	－	－	＋
拔钉子	＋	－	＋	－	＋	－	－
半吊子	＋	－	＋	－	－	－	－
老油条	－？	－	＋	＋	－	－	＋
背黑锅	－？	－	＋	＋	＋	－	＋

五、语用功能

惯用语的一个典型特征是褒义或贬义的用法。它反映人们对社会事件、文化现象的态度和思想感情,也表明特定的社会价值取向和人们对社会价值观的认可。惯用语常带有批判性,具有讽刺意味,揭示一些社会现象。本文提到的大部分惯用语或讽刺政治，或讽刺社会，或讽刺文化，都反映了这种特性。当人们对腐败现象感到不满、对不忠诚的行为感到厌恶、对政治运动感到疲倦时，就会表达他们对这些社会弊病的否定态度。从讽刺和批判的作用上说，惯用语和顺口溜有着类似的功用。(Link & Zhou,2002)

以上所分析的几十个惯用语大部分用的是贬义，对不公平现象、腐败问题等进行了讽刺；也有一部分用的是幽默义，展现了人民的智慧。总的来说，多数惯用语在概念和意义上带有贬义色彩。其中借代转喻、引申义和转义根据《汉语国俗词典》而定(王德春,1990)。

惯用语的语用功能以特定的语言环境和文化氛围为基础。其语用特征有时会随着环境的变化而发生根本的改变。例如，惯用语"老黄牛"最初在20世纪60年代末和70年代使用时是褒义词。当惯用语"个体户"刚出现时，在20世纪70年代末还有一点儿贬义色彩。那时当个体户还不是最好的选择。只有那些在国营企业没有好工作的人才会去干个体。到了八九十年代很多个体户都发了财，"个体户"才不再被用作贬义词。

的确，环境和语用功能决定了大多数惯用语的意义和用法。以惯用语"向阳花"为例，先看它的语义特征。"向阳花"的生物所指是一种一年生草本植物，有着高而粗的茎干，大而黄的伞形头状花序，种子可食，可以榨油。它和其他一年生夏天开花，秋天结出可食的种子的草本植物同属一类。也叫"向日葵"、"葵花"。"向阳花"可以是一种生物，也可以是花园里可爱的植物。然而，最重要的特征还是其用法。这个词令人联想起生机勃勃和朴素纯真。"向日葵"生命力很强：容易存活，耐寒耐热，外观朴素，对气候和土壤的条件要求不高。它为世人所爱，梵高的经典油画"向日葵"可以为证。但在20世纪六七十年代的中国，"向阳花"的意义和所指都发生了改变。它既不是指那种植物，也不是指梵高画的世人皆知的花。在这里，向阳花代表中国农民。正如当时一首流行的抒情歌中所唱的那样："公社是棵长青藤，社员都是向阳花。""向阳花"的意义不仅要跟特定的文化相适应，也要适应特定的语言环境。在"听说他把手续已办妥他们就要往城里搬了，他家那位向阳花立即笑了起来"(王德春,1990)。这个语言环境中，"向阳花"不是指忠心耿耿的农民，而是指他的妻子。

六、给教学的启示

各民族由于价值观念不同,心理因素不同,风土人情不同,思维方式不同,对同一事物、同一概念的理解和表达往往会产生分歧,以至于引起误会,影响言语交际的顺利进行;甚至闹笑话,出现意想不到的后果。惯用语是时代的一面镜子。文化内涵的产物,学会运用惯用语必须从理解入手。

首先,理解隐含的语义和语用特征对惯用语的学习至关重要。学生只有理解了惯用语的文化内涵才不会望文生义从字面上去理解惯用语。帮助学生掌握惯用语本义或一般实物词汇意义并不算难,而理解掌握其隐喻意义就不容易了。对本义的掌握可以形象学习者对隐喻义的理解,生动他们的记忆力。在此基础上引入隐喻义,把惯用语中隐含的语言和文化涵义讲清楚。通过对惯用语的本义和引申、转义、隐喻、比喻、借代等用法的点拨及其对知识背景的解释,可以促进学生在学习、交际中注意到惯用语表达的特征与信息,从而提高理解使用语言的能力。

现在的教材(如:《新实用汉语教程》,2002;Williams & Wu, 1999)在每一章都有文化注释。文化注释提供的信息很有用,但还是没有把文化注释和惯用语的语言、文化特点直接联系起来。例如,文化注释提供了中国实行一家一个孩子的计划生育政策,但只有在真实的生活环境中学生才能学到像"小太阳"、"小皇帝"这样的惯用语。理解文化和学习语言互动起来才能提高学习效率。

另外,应该鼓励学生注重用认知的方法把惯用语的本义和隐喻义联系起来。认知方法可以帮助学生在对文化现象、社会事件和周围世界进行感知和形成概念的过程中建立起联想和内在的关系。在教学中,我们不仅要教惯用语的隐喻义或转喻义,还要点明隐喻义或转喻义是如何形成的,有关的概念联想是如何建立的,在上下文中又是如何运用的。通过这种方式,大量看来没有关系的意义和概念都会被组织成为一个系统的联合体。学习应建立在理解和个人经验的基础上,而非单纯的记忆。

最后,通过语言来学文化很重要,因为语言和文化常常是密不可分的。惯用语是语言特征和文化特征紧密结合的产物。语言是一面镜子,反映了文化价值观和生活中人们的态度。本文对惯用语的分析表明,对语言的细致观察可以揭示这种语言中的文化、经验及生活在该文化中的人们对身边事物及事物之间的关系的认识与概念形成的方式方法。通过对惯用语的理解,我们可以把语言和文化连接起来,促进语言的学习和跨文化的了解。

结　语

　　本文用语言学和认知学的方法考察汉语惯用语的特点。首先分析了惯用语的隐喻形象特征、语言/文化特征和时代特性。然后从三个方面对汉语惯用语进行了考察:惯用语的节奏类型和语法形式的关系,惯用语的语义特性和语用功能。最后指出,惯用语的本义和隐喻义用生动形象的表达方式把语言和文化连接了起来,揭示出特定社会中的文化现象、社会事件、历史背景、民众观念的形成方式以及他们的态度。所以说,惯用语是语言特点和文化特征紧密结合的产物。惯用语的掌握对培养学生的语言水平和言语能力都十分重要。了解了社会的文化背景,了解了词语的语言色彩,了解了特定的语义内容,才能正确理解恰当运用惯用语。

（张曼荪教授对本章中的一些章节的初稿提出过宝贵的意见,特此致谢）

思考讨论题

1. 本章第一节中提到了"课堂小世界",旨意在于课堂教学要体现现实生活、日常交际。课堂教学在什么程度上能够、应该体现"课堂小世界"?
2. 在语言课上,如果一位老师讲得很少,而是把大量的时间给学生,制造语境、设计活动,带动鼓励学生来发言。学生会不会觉得这位老师不负责? 为什么?
3. 以交际为目的教学是互动的双方在传递信息的过程中进行表达、理解、意义协商。你认为什么样的信息应该在教学中受到重视?
4. 如果你的角色是启发,把学生发动起来踊跃参加课堂活动,你说什么或做什么来让学生动起来,去交流?
5. 分别列举出5个帮助学习者提高理解能力和表达能力的认知技能或学习技巧的例子,在教学实践中,你是怎么培养学习者这些认知技能或学习技巧的?
6. 学习外语时你用了哪些学习策略? 你计划把这些学习策略介绍给你的学习汉语的学生吗? 为什么?
7. 什么是"交际文化"? 语言课应该注重那些目的语文化的学习? 你是怎样把文化渗透于语言教学中的?

参考文献

陈贤纯（1995）语言是不是知识？《第四届国际汉语教学讨论会论文选》，北京语言学院出版社。

程乐乐（2006）日本留学生"把"字句习得情况考察与探析，《云南师范大学学报（对外汉语教学与研究版）》第 4 卷。

程　棠（2000）《对外汉语教学目的原则方法》，华语教学出版社。

崔希亮（1995）"把"字句的若干句法语义问题，《世界汉语教学》第 3 期。

崔希亮（2005）《汉语熟语与中国人文世界》，北京语言大学出版社。

崔永华（2003）汉语中介语中"把……放……"短语分析，《汉语学习》第 1 期。

戴　维·克里斯特尔（沈家煊译）（2004）《现代语言学词典》，北京：商务印书馆。

桂诗春（2000）《新编心理语言学》，上海外语教育出版社。

桂诗春、宁春岩（1997）《语言学方法论》，外语教学与研究出版社。

胡　波（2004）谈在听力训练中抓主要信息能力的培养，《云南师范大学学报：第四届国际汉语教学学术研讨会论文专集》。

胡明扬（2000）对外汉语教学中语汇教学的若干问题，张德鑫主编《回眸与思考》，外语教学与研究出版社。

黄月园、杨素英（2004）汉语作为第二语言的"把"字句习得研究，《世界汉语教学》第 67 期。

李宇明（1991）儿童习得语言的偏向性策略，《华中师范大学学报》，哲社版第 4 期。

李宇明（1995）《儿童语言的发展》，华中师范大学出版社。

刘颂浩、钱旭菁、汪　燕（2002）交际策略与口语测试，《对以英语为母语者的汉语教学研究—牛津研讨会论文集》，人民教育出版社。

刘颂浩、汪　燕（2002）"把"字句练习设计中的语境问题，《中国对外汉语教学学会第七次学术讨论会论文选》，中国对外汉语教学学会编，人民教育出版社。

刘　珣（1999）语言教育学是一门重要的独立学科，吕必松主编《语言教育问题研究论文集》，华语教育出版社。

刘　珣、张　凯、刘社会（1982）《实用汉语课本》，北京：商务印书馆。

刘　珣、张　凯、刘社会、陈　曦、左珊丹、施家炜（2002）《新实用汉语课本》，北京语言文化大学出版社。

刘月华,潘文娱,故铧(2001)《实用汉语语法》,北京:商务印书馆。

鲁健骥(1994)外国人学习汉语的语法偏误分析,《语言教学与研究》第一期。

陆俭明(2000)对外汉语教学中经常要思考的问题,张德鑫主编《回眸与思考》,外语教学与研究出版社。

吕必松(1986)试论对外汉语教学的总体设计,《语言教学与研究》第4期。

吕必松(1990)《对外汉语教学发展概要》,北京语言学院出版社。

吕必松(1992)《华语教学讲习》,北京语言学院出版社。

吕必松(2007)《汉语和汉语作为第二语言教学》,北京大学出版社。

吕必松(1999)《吕必松自选集》,大象出版社。

吕叔湘(1979)《汉语语法分析问题》,北京:商务印书馆。

罗青松(2002)《对外汉语写作教学研究》,中国社会科学出版社。

罗青松(2005)《发展汉语:高级汉语阅读》,北京语言大学出版社。

罗青松(2006)AP Summer Institute 2006 Beijing,AP Workshop Lecture Handouts,Beijing.

马箭飞(2002)任务式大纲与汉语交际任务,《中国对外汉语教学学会第七次学术讨论会论文选》,人民教育出版社。

王德春(1990)《汉语国俗词典》,海河大学出版社。

王德佩(1987)谈句型教学中交际性原则的运用,《语言教学与研究》第2期。

王新文(1997)汉语新闻听说教学的原则和方法,陈仁凤、王国安主编《汉学论丛》,汉语大词典出版社。

魏永红(2004)《任务型外语教学研究》,华东师范大学出版社。

杨惠元(1996)《汉语听力说话教学法》,北京语言大学出版社。

余文青(2000)留学生使用"把"字句得调查报告,《汉语学习》第5期。

张德鑫(1996)《中外语言文化漫谈》,华语教学出版社。

张旺熹(2001)"把"字句的位移图式,《语言教学与研究》第3期。

赵金铭(1994)教外国人汉语语法的一些原则问题,《语言教学与研究》1994第2期。

赵金铭(2005)《汉语与对外汉语研究文录》,外语教学与研究出版社。

Abraham,R. G. ,& Vann,R. J. (1987) Strategies of two language learners: A case study,In A. Wenden & J. Rubin (Eds.),*Learner Strategies in Language Learning*,Englewood Cliffs,NJ: Prentice Hall.

ACTFL Standards for Foreign Language Learning in the 21st Century. (1999) Lawrence,

KS: Allen Press. Inc.

Allen, Swain, Harley, & Cummins (1990) Aspects of classroom treatment: toward a more comprehensive view of second language education, in B. Harley, P. Allen, J. Cummins, and M. Swain (eds.), *The Development of Second Language Proficiency*, Cambridge: Cambridge University Press.

Al-khaldi, M. A., & Al-Jabri, I. (1998) The relationship of attitudes to computer utilization: New evidence from a developing nation. *Computers in Human Behavior*, 14, pp. 23—42.

Andersen, R. W. (1984) The one to one principle of interlinguage construction. *Language Learning*, 34, pp. 77—95.

Andersen, R. W. (1989) The theoretical status of variation in interlanguage development, In S. Gass, C. Madden, D. Preston and L. Selinker (eds.), *Variation in second language acquisition*, 2, *Psycholinguistic Issues*, Philadelphia, PA: Multilingual Matters Ltd. pp. 46—64.

Andersen, Roger W. (1990) Models, processes, principles and strategies: second language acquisition inside and outside the classroom, In B. Van Patten and J. Lee (Eds.), *Second Language Acquisition and Foreign Language Learning*, pp. 45—68, Clevedon, England: Multilingual Matters.

Asher, James J. (1982) *Learning another language through actions*, Los Gatos, CA: Sky Oaks Productions.

Asher, J., & Garcia, R. (1989) The optimal age to learn a foreign language. *Modern Language Journal*, pp. 334—341.

Ausubel, D. P. (1960) The use of advance organizers in the learning and retention of meaningful verbal material. *Journal of Educational Psychology*, 51, pp. 267—272.

Ausubel, David. (1963) *The psychology of meaningful verbal Learning*, New York: Grune & Stratton, Inc.

Baddeley, A., Gathercole, S., & Papagno, C. (1998) The phonological loop as a language learning device. *Psychological Review*, 105, pp. 158—173.

Bailey, N. (1989) Theoretical implications of the acquisition of English sample past and past progressive: putting together the pieces of the pussle, In S. Gass, C. Madden, D. Preston and L. Selinker (eds.), *Variation in second language acquisition*, 2, *Psycholinguistic Issues*, pp. 109—124. Philadelphia, PA: Multilingual Matters Ltd.

Bailey, N. Madden, C & Krashen, S. D. (1974) Is there a "natural sequence" in adult second language learning? *Language Learning*, 24, pp. 235—243.

Baker, C. L. (1979) Syntactic theory and the projection problem, *Linguistic Inquiry*, pp. 533—581.

Baker, C. L. & McCarthy, J. J. (1981) *The logical problem of language acquisition*, Cambridge, MA: MIT Press.

Bandura, A. (1997) Self efficacy: Toward a unifying theory of behavioral change. *Psychological Review*, 84, pp. 191—215.

Bardovi Harlig, K. (1992) The relationship of form and meaning: a cross sectional study of tense and aspect in the interlanguage of learners of English as a second language. *Applied Psycholinguistics*, 13, pp. 253—278.

Bardovi Harlig, K. (1995) The interaction of pedagogy and natural sequences in the acquisition of tense and aspect, In F. Eckman, D. Highland, P. Lee, J. Milcham, R. Weber (eds.), *Second Language Acquisition Theory and Pedagogy*, Mahwah, NJ: Lawrence Erlbaum Associates, Publishers.

Bardovi Harlig, K. (2002) A new starting point? Investigating formulaic use and input in future expression. *Studies of Second Langauge Acquisition*, 24, Cambridge University Press.

Bardovi Harlig, K. (2004) The emergence of grammaticalized future expression in longitudinal production data, In M. Overstreet, S. Rott, B. VanPatten, & J. Williams (Eds.), *Form and meaning in second language acquisition*, pp. 115—137, Mahwah, NJ: Erlbaum.

Bardovi Harlig, K. (2005) The Future of Desire: Lexical futures and modality in L2 English future expression. *Proceedings of the 7th Generative Approaches to Second Language Acquisition*, Conference (GASLA 2004), ed. Laurent Dekydtspotter et al., 1—12. Somerville, MA: Cascadilla Proceedings.

Barnhardt, S. (1999) Establishing a learner centered foreign language classroom, From *The National Capital Language Resource Center*, www. nclrc. org/readings/hottopics/learnercenter. html. 查阅日期:2007—12—7.

Baron, J., & C. Strawson. (1976) Use of orthographic and word specific knowledge in reading words aloud. *Journal of Experimental Psychology: Human Perception and Performance*, 2, pp. 389—393.

Bates, E. (1976) *Language and Context: The Acquisition of Pragmatics*, New York, New York Academic Press.

Bates, E. & MacWhinney, B. (1981) Second languages acquisition from a functionalist perspective: Pragmatic, semantic and perceptual strategies, In H. Winitz (Ed.), *Annals of the New York Academy of Sciences*.

Bates, E. & MacWhinney, B. (1982) Functionalist approaches to grammar, In L. Gleitman and E. Wanner (Eds.), *Language Acquisition: the State of the Art*, New York: Cambridge University Press.

Bates, E., McNew, S., MacWhinney, B., Devescovi, A., & Smith, S. (1982) Functionalist constraints on sentence processing: A cross linguistic study. *Cognition*, 11, pp. 245—299.

Berko Gleason,J., Hay,D. & Cain, L. (1989) Social and affective determinants of language acquisition, In M. Rice and R. Schiefelbusch (Eds.), *The Teachability of Language*, Baltimore: Paul H. Brookes publishing.

Besner, D., & Hildebrandt, N. (1987) Orthographic and phonological codes in the oral reading of Japanese Kana. *Journal of Experimental Psychology: Learning, Memory, and Cognition*, 13, pp. 335—343, Boston: Heinle & Heinle.

Birdsong, D. (1989) *Metalinguistic Performance and Interlinguistic Competence*, New York: Springer.

Bley Vroman, R. (1989) What is the logical problem of foreign language learning? In S. Gass and J. Schachter (eds.), *Linguistic Perspectives on Second Language Acquisition*, England: Cambridge University Press.

Block, E. & Kessel, F. (1980) Determinants of the acquisition order of grammatical morphemes: A reanalysis and reinterpretation. *Journal of Child Language*, 7, pp. 181—189.

Bloom, L. (1970) *Language development: Form and function in emerging grammars*, Cambridge MA: The M.I.T. Press.

Bowerman, M. (1982) Reorganizational processes in lexical and syntactic development. In E. Wanner & L. Gleitman (eds.), *Language Acquisition: The State of the Art*, New York: Cambridge University Press.

Bowerman, M. (1987) Commentary: Mechanisms of language acquisition, In B. MacWhinney (Ed.), *Mechanisms of language acquisition*, pp. 443—466, Hillsdale, NJ:

Lawrence Erlbaum.

Bowerman (1989) Learning a semantic system: what role do cognitive predispositions play? In M. Rice and R. Schiefelbusch (Eds.), *The Teachability of Language*, pp. 133—171, Baltimore: Brookes Publishing Company.

Bowerman, M. 2000. Where do children's meanings come from? Rethinking the role of cognition in early semantic development. In L. P. Nucci, G. Saxe, and E. Turiel (Eds.), *Culture, thought, and development*. Mahwah, NJ: Lawrence Erlbaum, pp. 199—230.

Bransford, J. D. & Johnson, M. K. (1982) Contextual prerequisites for understanding: some investigations of comprehension and recall. *Journal of Verbal Langague and Verbal Behavior*, 11, pp. 717—726.

Breen, M. P. (1987) Learner contributions to task design. In Candlin, Christopher and Murphy, (Eds.), *Language Learning Tasks*, Prentice Hall.

Brod, R. (1988) Foreign language enrollments in US institutions of higher education—fall 1986, *ADFL Bulletin*, 19, pp. 39—44.

Brooks, F. B. (1990) Foreign language learning: A social interaction perspective, B. VanPatten, and L. F. Lee (Eds.), *Second Language Acquisition Foreign Language Learning*, Clevedon, U. K.: Multilingual Matters.

Brown, D. (1994) *Principles of Language Learning and Teaching* (The 3rd edition) Prentice Hall.

Brown, R. (1973) *A first Language: the Early Stages*, Cambridge: Harvard University Press.

Brown, R., & Hanlon, C. (1970). Derivational complexity and order of acquisition in child speech. In J. R. Hayes (Ed.), *Cognition and the development of language*. New York: John Wiley & Sons.

Bruner, J. (1975) The ontogenesis of speech acts. *Journal of Child Language*, 2, pp. 1—19.

Burt, M., Dulay, H., & Hernandez, E. (1975) *Bilingual Syntax Measure*, New York: Harcourt Brace Jovanovish.

Canale, M. & Swain, M. (1980) The theoretical bases of communicative approaches to second language teaching and testing. *Applied Linguistics*, 1, pp. 1—47.

Carrell, P. L. (1984) Evidence of a formal schema in second language comprehension. *Language Learning*, 34, pp. 87—111.

Carrel, P. L. (1989) Metacognitive awareness and second language reading. *Modern Language Journal*, 73, pp. 121—134.

Carroll, S. & Swain, M. (1993) Explicit and implicit negative feedback. *Studies in Second Language Acquisition*, 15, pp. 357—386.

Carroll, S. Roberge, Y & Swain, M. (1992) The role of Feedback in adult second language acquisition, error correction, and morphological generalizations. *Applied Psycholinguistics*, 13, pp. 173—198.

Cazden, C. (1972) *Child language and education*. New York: Holt, Rinehart, and Winston.

Cazden, C. B., Cancino, H., Rosansky, E., & Schumann, J. (1975) *Second language acquisition sequences in children, adolescents and adults*. Final report submitted to the National Institute of Education.

Chafe, W. L. (1970) *Meaning and the structure of language*, Chicago: The University of Chicago Press.

Chao, Y. (1968) *A grammar of spoken Chinese*, California: University of California Press.

Chaudron, C. (1988) *Second Language Classrooms*, Cambridge: Cambridge University Press.

Chen, Y. P, (1993) Word recognition and reading in Chinese, Unpublished doctoral dissertation, University of Oxford, England.

Chomsky, N. (1965) *Aspects of theory of syntax*, Cambridge: MIT Press.

Chomsky, N. (1981) Principles and parameters in syntactic theory, In N. Hornstein & D. Lightfoot (Eds.) *Explanation in Linguistics: The Logical Problem of Language Acquisition*, London: Longman.

Chomsky, N. (1995) *The minimalist program*, Cambridge: Mass.

Chou, CP & Chao DL. (1992) *Intermediate reader of modern Chinese*, Princeton: Princeton University Press.

Chu, Chauncey C. (1998) *A discourse grammar of Mandarin Chinese*, New York and Berne: Peter Lang Publishing.

Chun, J. (1980) A servey of research in second language acquisition, In K. Croft (Ed.), *Readings on English as a Second Language*, Boston: Little, Brown and Company.

Clahsen, H. (1984) The acquisition of German word order: A test case for cognitive approaches to second language acquisition, In R. W. Andersen (ed.), *Second Languages:*

A Cross Linguistic Perspective, Rowley, MA: Newbury House.

Clahsen, H. (1987). Connecting theories of language processing and (second) language acquisition, In C. W. Pfaff (ed.), *First and Second Language Acquisition Processes*, Rowley, MA. Newbury House.

Clahsen, H. (1990) The comparative study of first and second language development. *Studies in Second Language Acquisition*, 12, pp. 135—153.

Clark, E. V. (1973) Non linguistic strategies and acquisition of word meanings, *Cognition*, 2, pp. 161—182.

Clark, E. V. (1977). Strategies and the mapping problem in first language acquisition. In J. Macnamara (Ed.), *Language learning and thought*. New York: Academic Press. 147—168.

Clark, E. V. (1982) The young word maker: A case study of innovation in the child's lexicon, In E. Wanner & L. R. Gleitman (Eds.), *Language acquisition: The state of the art*, pp. 390—425, Cambridge: Cambridge University Press.

Clark, E. V. (2002) *First language acquisition*, Cambridge University Press.

Clarke, M. A. & Silberstein, S. (1977) Toward a realization of psycholinguistic principles for the ESL reading class. *Language Learning*, 27, pp. 135—154.

Clement, R., & B. G. Kruidenier. (1983) Orientations in second language acquisition: I. The effects of ethnicity, milieu, and target language on their emergence. *Language Learning*, 33, pp. 273—291.

Coady, J. (1997) L2 vocabulary acquisition through extensive reading, In J. Coady and T. Huckin (ed.), *Second Language Vocabulary Acquisition*, Cambridge University Press.

Coltheart, M. (1978) Lexical access in simple reading tasks, In G Underwood (Ed.), *Strategies of information processing*, pp. 151—216, San Diego: Academic Press.

Condry, J. (1987) Enhancing motivation: A social developmental perspective, In Maehr, M. and Kleiber, D. A. (Eds.), *Advances in Motivation and Achievement*, *A Research Annual*, 5, Greenwich, Connecticut: Ai Jai Press Inc.

Confucius. (1996) *The Analects*, Wordsworth Editions Limited.

Cook, V. (1977) Cognitive processes in second language learning. *International Review of Applied Linguistics*, 15, pp. 1—20.

Cook, V. (1985) Universal Grammar and second language learning. *Applied Linguistics*, 6, pp. 2—18.

Cook, V. (2001) *Second Language Learning and Language Teaching*, Arnold, London.

Corder, S. P. (1967) The significance of learner's errors. *IRAL*, 5, pp. 161—170.

Corder, S. P. (1971) Idiosyncratic errors and error analysis. *IRAL*, 9, pp. 147—159.

Corder, S. P. (1979) *Introducing applied linguistics*, England: Penguin Books Ltd.

Crookes, G. & R. Schmidt. (1991) Motivation: Reopening the research agenda. *Language Learning*, 41, pp. 470—513.

Curran, C. A. (1972) *Counseling learning: a Whole Person Model for Education*, New York: Grune and Stratton.

Curtiss, S. (1977) *Genie: A psycholinguistic study of a modern day "wild child"*, New York: Academic Press.

Curtiss, S. (1981) Dissociations between language and cognition: cases and implications. *Journal of Autism and Developmental Disorders*, 2, pp. 15—30.

Dale, P. (1976) *Language Development: Structure and Function*, New York: Holt, Rinehart and Winston.

de Villiers, J. G., & de Villiers, P. A. (1973) A crosssectional study of the acquisition of grammatical morphemes in child speech. *Journal of Psycholinguistic Research*, 2, pp. 267—278.

DeFrancis, J. (1984) *The Chinese language, fact and fantasy*, Honolulu: University of Hawaii Press.

DeKeyser, R. (2005) What Makes Learning Second Language Grammar Difficult? A Review of Issues. *Language Learning*, 55.

DeKeyser, R. (2006) A critique of recent arguments against the critical period hypothesis. In C. Abello-Contesse, R. Chacón-Beltrán, M. D. López-Jiménez, & M. M. Torreblanca-López (eds.), *Age in L2 acquisition and teaching*. Bern: Peter Lang.

Dennis, M. & Whitaker (1976). Language acquisition following hemidecortication: Linguistic superiority of the left over the right hemisphere. *Brain and Language*, 3, pp. 404—433.

Donoho, R. (1994) Terminal illness, successful meetings, 43, pp. 46—51.

Dornyei, Z. (1990) Conceptualizing motivation in foreign language learning. *Language effort: a theoretical, methodological, and empirical appraisal*. *Psychological Bulletin*, 81, pp. 1053—1077.

Ehri, L. C. (1991) Development of the ability to read words, In R. Barr, M. L. Kamil, P.

B. Nosenthal, & P. D. Person (Eds.), *Handbook of reading research*, 2, pp. 383—417, New York: Longman.

Doughty, C. & Pica, T. (1986) Information gap tasks: Do they facilitate acquisition? *TESOL Quarterly*, 20, pp. 305—326.

Doughty, C. & Williams, J. (Eds.) (1998) *Focus on Form in Classroom Second Language Acquisition*, Cambridge University Press.

Duff, P. (1985) *Syntacticization of topic in Japanese and Mandarin students English: A test of Rutherford's model*, Unpublished master thesis, University of Hawaii at Manoa.

Duff, P. (1988) *The progression toward subject prominence in the interlanguage of Chinese middle school students*, Paper presented at the Second Language Research Forum, Honolulu, Hawaii.

Duff, P. (1990) Subject (and topics) in Chinese students English. *Monday Morning*, 3, pp. 10—15.

Dulay, H., & Burt, M. (1973) Should we teach children syntax? *Language Learning*, 24, pp. 245—258.

Dulay, H., & Burt, M. (1974) Natural sequence in child second language acquisition. *Language Learning*, 24, pp. 37—53, Englewood Cliffs, NJ: Prentice Hall.

Dulay, H., & Burt, M. (1977) Remarks on creativity in second language acquisition, In M. Burt; H, Dulay, & M. Pinocchiaro (Eds.), *Viewpoints on English as a Second Language*, New York: Regents.

Ehri, L. C. (1991) Development of the ability to read words, In R. Barr, M. L. Kamil, P. B. Nosenthal, & P. D. Person (Eds.), *Handbook of reading research*, 2, pp. 383—417, New York: Longman.

Ehri, L. C. (1992) Reconceptualizing the development of sight word reading and its relationship to recoding, In P. B. Bough, L. C. Ehri, & R. Treiman (Eds.), *Reading acquisition*, pp. 107—143. Hillsdale. NJ: Erlbaum.

Ehri, L. R. & Robbins, C. (1992) Beginners need some decoding skill to read words by analogy. *Reading Research Quarterly*, 27, pp. 13—26.

Ellis, N., & Large, B. (1988) The early stages of reading: A longitudinal study. *Applied Cognitive Psychology*, 2, pp. 47—76.

Ellis, R. (1985) *Understanding Second Language Acquisition*, Oxford England: Oxford University Press.

Ellis, R. (1989) Sources of intra learner variability in language use, In S. Gass, C. Madden, D. Preston and L. Selinker (eds.), *Variation in second language acquisition*, 2, *Psycholinguistic Issues*, Philadelphia, PA: Multilingual Matters Ltd. 22—45.

Ellis, R. (1990) *Instructed Second Language Acquisition*, Oxford University Press: Blackwell.

Ellis, R. (1992) Learning to communicate in the classroom. *Studies in Second Language Acquisition*, 14, pp. 1—23.

Ellis, R. (1994) *The study of second Language Acquisition*, Oxford University Press: Blackwell.

Ellis, R. (1996) *Understanding second language acquisition*, Oxford: Oxford University Press.

Ellis, R. (2002) The place of Grammar instruction in the second/foreign language curriculum, In E. Hinkel and S. Fotos (Eds.), *New Perspectives on Grammar Teaching in Second Language Classrooms*, New Jersey: Lawrence Erlbaum Associates.

Ellis, R. & He, X. (1999) The roles of modified input and output in the incidental acquisition of word meanings. *Studies in Second Language Acquisition*, 21, pp. 285—301.

Ely, C. M. (1986) Language learning motivation: A descriptive and causal analysis. *The Modern Language Journal*, 70, pp. 28—35.

Erbaugh, M. (1983) Why Chinese children's acquisition of Mandarin predicates should be "just like English", *Papers and Reports on Child Language Development*, 22, pp. 49—57.

Erbaugh, M. (1985) Personal involvement and the development of language for time aspect. *Papers and Reports on Child Language Development*, 24: 54—61.

Everson, M. (1998) Word recognition among learners of Chinese as a foreign language: Investigating the relationship between naming and knowing. *Modern Language Journal*, 82, pp. 194—204.

Fang, S. P., Hong, R. Y. R. Y., & Tzeng, O. J. L. (1986) Consistency effects in the Chinese character and pseudo character naming tasks, In H. S. R. Kao & R. Hoosain eds., *Linguistics, Psychology, and the Chinese language*, pp. 11—21, Hong Kong: Center of Asian Studies, University of Hong Kong.

Fathman, A. & Whalley, E. (1990) Teacher response to student writing. In B. Kroll (ed.), *Second language Writing: Research Insights for the Classroom*. New York: Cambridge University Press.

Fillmore, C. (1968) The case for case, In Bach and Harms (eds), *Universals of Linguistic Theory*, New York: Hot, Rinehart, and Winston.

Flammer, A. (1995) Developmental analysis of control beliefs, In A. Bandura (Ed.), *Self efficacy in Changing Societies*, New York: Cambridge University Press.

Flores d'Areais, G. B. (1992) Graphemic, phonological, and semantic activation of processes during the recognition of Chinese characters, In H. C. Chen & O. J. L. Tzeng, (Eds.), *Language processing in Chinese*, Amsterdam: Elsevier. framework. *The Modern Language Journal*, 78, pp. 12−28.

Flynn, S., Epstein S. & Martohardjono, G. (1996). Explanation in Theories of Second Language. *Behavior and Brain Sciences*. 19 (4): 677−714.

Fodor, J., Bever, T., & Garrett, M. (1974) *The Psychology of Language*, New York: McGraw Hill.

Fotos, S. (2002) Structure based interactive tasks for the EFL grammar learner, In E. Hinkel & S. Fotos (Eds), *New Perspectives on Grammar Teaching in Second Language Classrooms*, pp. 135−154, Mahwah. Lawrence Erlbaum Associates.

Frank, C. & Rinvolucri, M. (1983) *Grammar in Action: Awareness Activities for Language Leaning*, Oxford: Pergamon.

Fuller, J. & Gundel, J. (1987) Topic prominence in interlanguage. *Language Learning*, 37, pp. 1−18.

Gardner, R. C. (1985) *Social psychology and second language learning*, Baltimore, Maryland: Edward Arnold.

Gardner, R. C. (1988) The socio-educational model of second language learning: Assumptions, findings, and issues. *Language Learning*, 38, pp. 101−126.

Gardner, R. C. & Lambert, W. E. (1959) Motivational variables in second language acquisition. *Canadian Journal of Psychology*, 13, pp. 266−272.

Gardner, R. C. & Lambert, W. E. (1972) *Attitudes and Motivation in Second Language Learning*, Rowley, Mass.: Newbury House Publishers.

Gardner, R. C. & MacIntyre, P. D. (1991) An instrumental Motivation in language studies: "who says it isn't effective?", *Studies in Second Language Acquisition*, 13, pp. 57−72.

Gardner, R. C., Smythe, P. C., Kirby, D. M., & Bramwell, J. R. (1974) *Second language acquisition: a social psychological approach*, Final report, Ontario Ministry of Education, London, Canada.

Garrett, N. (1991a) Technology in the service of language learning: Trends and issues. *The Modern Language Journal*, 75, pp. 74—96.

Garrett, N. (1991b) Theoretical and pedagogical problems of separating "grammar" from "communication", in B. Freed (ed.), *Foreign Language Acquisition Research and the Classroom*, Lexington, Mass: D. Heath and Company.

Gass, S. (1987) The resolution of conflicts among competing systems: A Bi directional perspective. *Applied Psycholinguistics*, 8, pp. 329—350.

Gass, S. (1997) *Input, interaction, and the second language learner*, Mahwah, NJ: Lawrence Erlbaum Associates.

Gass, S. & Madden, C. (1985) *Input in second language acquisition*, Rowley, MA: Newbury House.

Gass, S. M. & Magnan, S. (1993) Second language production: SLA research in speaking and writing, In A. Omaggio Hadley (ed.), *Research in Language Learning*, *Principles, Processes, and Prospects*, Lincolnwood IL: National Textbook Company.

Gass, S., Mackey, A., & Pica, T. (1998) The Role of Input and Interaction in Second Language Acquisition: Introduction to the Special Issue. *The Modern Language Journal*, 82, pp. 299—305.

Gass, S. & Selinker, L. (2001) *Second language acquisition*, Mahwah, NJ: Lawrence Erlbaum Associates.

Gass, S. M. & Varonis, E. (1989) Incorporated repairs in NNS discourse, In M. Eisenstein (ed.), *Variation and Second Language Acquisition*, New York: plenum.

Gatbonton, E. C. & Tucker, G. R. (1971) Cultural Orientation and the teaching of foreign literature. *TESOL Quarterly*, 2, pp. 137—143.

Gathercole, S. E. & Baddeley, A. (1993) *Working Memory and language*, Hove: Erbaum.

Gentner, D. (1982) Why nouns are learned before verbs: Linguistic relativity versus natural partitioning. In S. A. Kuczaj (Ed.), *Language development: Vol. 2. Language, thought and culture*, pp. 301—334. Hillsdale, NJ: Erlbaum.

Givon, T. (1979) From discourse to syntax: Grammar as a processing strategy, In T. Givón (ed), *Syntax and emantics*, 12, pp. 81—112, New York, New York: Academic press.

Givon, T. (1983) Topic continuity in discourse: An introduction, In T. Givón, (ed.), *Topic continuity in discourse: A quantitative cross—language study*, pp. 1—41, Amsterdam, The Netherlands: John Benjamins Publishing Co.

Givon, T. (1984) Universal of discourse structure and second language acquisition, In w. Rutherford (ed.), *Language universals and second language acquisition*, pp. 109—136, Amsterdam, The Netherlands: John Benjamins Publishing Co.

Goldin-Meadow, S, Seligmen, M., & Gelman, R. (1976) Language in the two year old, *Cognition*, 4, pp. 198—202.

Goldin-Meadow, S. & Feldman, H. (1977) The development of language like communication without a language model, *Science*, 197, pp. 401—403.

Greenberg, J. H. (1966) Language Universals, with Special Reference to Feature Hierarchies, *Janua linguarum*, *Series Minor*, 59, The Hague: Mouton.

Greenfield, P., & Smith, J. (1976) *The structure of communication in early language development*, New York: Academic Press.

Gressard, C., & Loyd, B. H. (1984) The effects of sex, age, and computer experience on computer attitudes. *AEDS Journal*, 18, pp. 67—77.

Gressard, C. & Loyd, B. H. (1985) Validation studies of a new computer attitude scale. *ERIC Document Reproduction Service*, pp. 264—297.

Gropen, J., Pinker, S., Hollander, M., Goldberg, R. & Wilson, R. (1988). *The learnability and acquisition of the dative alternation in English*, Unpublished manuscript, Massachusetts Institute of Technology, Cambridge.

Gruber, J. S. (1967) Topicalization in child language, *Foundations of Language*, 3, pp. 37—65.

Gu, Y. & Johnson, K. R. (1996) Vocabulary learning strategies and language learning outcomes. *Language Learning*, 46, pp. 643—679.

Gundel, J. K. (1988) Universals of topic–comment structure, In M. Hammond, E. Moravcsik, and J. Wirth. (eds.), *Studies in Syntactic Typology*, Amsterdam, The Netherlands: John Benjamins B. V.

Hakuta, K. (1985) *Mirror of language: the debate on bilingualism*, New York: Basic Books.

Halliday, M. A. K. (1975) *Learning how to Mean*, London. Edward Arnold.

Halliday, M. A. K. (1978) *Language as Social Semiotic: The Social Interpretation of*

Language and Meaning, Baltimore: University Park Press.

Hammerly, H. (1991) *Fluency and accuracy*, Clevedon, UK: Multilingual Matters.

Hanania, E. (1974) *Acquisition of English structure: A case study of an adult native speaker of Arabic in an English speaking environment*. Unpublished doctoral dissertation, Indiana University, Bloomington.

Hanania, E. A. B., & Gradman, H. L. (1977) Acquisition of English structures: A case study of an adult native speaker of Arabic in an Engelish speaking environment, *Language Learning*, 27, pp. 75—92.

Harley, B. (1992) Patterns of second language development in French immersion. *Journal of French Language Studies*, 2, pp. 159—183.

Harley, B. & Swain, M. (1984) The interlanguage of immersion students and its implications for second language teaching, In A. Davies, C. Criper, & A. Howatt (Eds.). *Interlangague*, Edinburgh: Edinburgh University Press.

Harrington, M. (1987) Processing transfer: Language specific processing strategies as a source of interlanguague variation. *Applied Psycholinguistics*, 8, pp. 351—377.

Harris, P. H. (1985) Future work II. *Personnel Journal*, 64, pp. 52—57.

Hayes, E. (1988) Encoding strategies used by native and non native readers of Chinese Mandarin. *Modern Language Journal*, 72, pp. 188—195.

Higgs, T. V. & Clifford, R. (1982) The push toward communication, In T. V. Higgs (ed.), *Curriculum, Competence and the Foreign Language Teacher*, ACTFL Foreign Language Education Series, 13, Lincolnwood, IL: National Textbook Company.

Hinkel, E. & Fotos S. (2002) From Theory to practice: A teacher's view, In E. Hinkel and S. Fotos (Eds.), *New Perspectives on Grammar Teaching in Second Language Classrooms*, Lawrence Erlbaum Associates.

Hirose, T. (1992) Recognition of Japanese Kana words in printing tasks. *Perceptual and Motor Skills*, 75, pp. 907—913.

Hirsch Pasek, K., Treiman, R. & Schneiderman, M. (1984) Brown and Hanlon revisited: Mothers' sensitivity to ungrammatical forms. *Journal of Child Language*, 2, pp. 81—88.

Ho, C. H., & Bryant, P. (1997a) Learning to read Chinese beyond the logographic phase. *Reading Research Quarterly*, 3, pp. 276—289.

Ho, C. H., & Bryant, P. (1997b) Phonological skills are important in learning to read Chinese. *Developmental Psychology*, 33, pp. 119—147.

Honan, Williams H. (1996) Language study shifts again: Chinese is up, Russian down, *New York Times*.

Hoosain, R. (1986) Language, orthography and cognitive processes: Chinese perspectives for the Sapir Whorf hypothesis. *International Journal of Behavioral Development*, 9, pp. 507—525.

Hoosain, R. (1991) *Psycholinguistic implications for linguistic relativity: A case study of Chinese*, Hillsdale, NJ: Erlbaum

Huang, H. S., & Hanley, J. R. (1994) Phonological awareness and visual skills in learning to read Chinese and English. *Cognition*, 54, pp. 73—98.

Huebner, T. (1983) Linguistic systems and linguistic change in an interlanguage. *Studies in Second Language Acquisition*, 6, pp. 33—53.

Hulstijn, J. H. (1992) Retention of inferred and given word meanings: Experiments in incidental vocabulary learning. In P. J. L. Arnaud and H. Bejoint (eds.), *Vocabulary and Applied Linguistics*, pp. 113—125, Basingstoke: Macmillan.

Hung, D. L., Tzeng, O. J. L., & Tzeng, A. K. Y. (1992) Automatic activation of linguistic information in Chinese character recognition, In R. Frost & L. Katz (Eds.), *Orthography, phonology, morphology, and meaning*, pp. 119—130, Amsterdam: Elsevier.

Hyltenstem, K. (1987) Markedness, language universals, language typology, and second language acquisition, In C. Pfaff (ed.), *First and Second Language Acquisition Processes*, pp. 55—78, Cambridge: Newbury House Publishers.

Hymes, D. (1971) *On communicative competence*, Philadelphia: University of Pennsylvania Press.

Jared, D. & Seidenberg, M. S. (1991) Does word identification proceed from spelling to sound to meaning? *Journal of Experimental Psychology: General*, 120, pp. 358—394.

Jin, H. (1992) Pragmaticization and the L2 acquisition of Chinese Ba Constructions. *Journal of Chinese Language Teachers Association*, 18, 3.

Jin, H. (1994) Topic prominence and subject prominence in L2 acquisition: Evidence of English to Chinese typological transfer, *Language Learning*, 44, pp. 101—122.

Jorden, E. H. & Walton, A. R. (1989) Truly foreign languages: Instructional challenges. *Annals of the American Academy of Political Sciences*, 490, pp. 110—124.

Kaplan, R. (1980) Cultural thought patterns in inter cultural education, Croft, K. (ed.),

Readings on English as a Second Language, Boston: Little, Brown and Company.

Katz, J. & Fodor, J. (1963) The structure of a semantic theory, *Language*, 39, pp. 170—210.

Ke, C. (1996) An empirical study on the relationship between Chinese character recognition and production. *Modern Language Journal*, 80, pp. 340—349.

Ke, C. (1998a) Effects of language background on the learning of Chinese characters among foreign language students. *Foreign Language Annals*, 31, pp. 91—100.

Ke, C. (1998b) Effects of strategies on the learning of Chinese characters among foreign language students. *Journal of the Chinese Language Teachers Association*, 33, pp. 93—113.

Ke, C. (2005) Patterns of acquisition of Chinese linguistic features by CFL learners. *Journal of The Chinese Language Teachers Association*, 40, pp. 1—25.

Kern, R. (1989) Second language reading strategy instruction: Its effects on comprehension and word inference ability. *The Modern Language Journal*, 73, pp. 135—149.

Kinginger, C. (2000) Classroom talk: Form, meaning, and activity theory, In J. F. Lee & A. Valdman (Eds.), *Meaning and form: Multiple perspectives*, pp. 99—123, (Annual Volume of the American Association of University Supervisors and Coordinators) Boston: Heinle & Heinle.

Knowles, M. (1973) *The Adult Learner: A Neglected Species*, Houston: Gulf Publishing Company.

Koda, K. (1989) The effects of transferred vocabulary knowledge on the development of L2 reading proficiency. *Foreign Language Annals*, 22, pp. 529—540.

Kowal, M. & Swain, M. (1997) From semantic to syntactic processing: How can we promote it in the immersion classroom, In R. K. Hojnson and M. Swain (Eds.), *Immersion Education: International Perspectives*, Cambridge, UK: Cambridge University Press.

Krashen, S. (1973) Lateralization, language learning, and the critical period: some new evidence. *Language Learning*. Vol. 23, pp. 63—74.

Krashen, S. (1975) The critical period for language acquisition and its possible bases, In D, Aaronson and R. Rieber (Eds.), *Developmental Psycholinguistics and Communication Disorders*, New York: New York Academy of Sciences.

Krashen, S. (1976) Formal and informal linguistic environments in language acquisition and language learning. *TESOL Quarterly*, 10, pp. 157—168.

Krashen, S. (1982) *Principles and Practice in Second Language Acquisition*, New York: Pergamon Press.

Krashen, S. (1988) *The Natural Approach: Language Acquisition in the Classroom*, Prentice Hall.

Kumpf, L. (1984) Temporal systems and universality in interlanguage: A case study, In F. Eckman, L. Bell, & D. Nelson (Eds.), *Universals of Second Language Acquisition*, pp. 132—143, Rowley, MA: Newbury House.

Laine, E. (1984) Variations in FL. Learning motivation: some theoretical considerations. *Language Learning*, 40, pp. 45—78.

Lakoff, G. (1987) *Woman, fire and dangerous things: What categories Reveal about the Mind*, Chicago: University of Chicago Press.

Lakoff, G. & Johnson, M. (1980) *Metaphors we live by*, Chicago: University of Chicago Press.

Lalande, J. F. (1982) Reducing composition errors: An experiment. *Modern Language Journal*, 66 pp. 140—149.

Lamendella, J. (1977) General Principles of neurofunctional organization and their manifestation in primary and nonprimary language acquisition. *Language Learning*, 27, pp. 155—196.

Lane, H. L. (1976) *The wild boy of Aveyron*, Cambridge, MA: Harvard University Press.

Larsen-Freeman, D. (1976). An explanation for the morpheme acquisition order of second language learners. *Language Learning* 26: 125—134.

Larsen-Freeman, D. (1991) Second language acquisition research: staking out the territory. *TESOL Quarterly*, 25, pp. 315—350.

Lenneberg, E. (1967) *Biological Foundations of Language*, New York: John Wiley.

Levelt, W. J. M. (1989) *Speaking: From Intention to Articulation*, Cambridge, MA: MIT Press.

Lewin, K. (1951) *Field Theory in Social Science*, New York: Harper and Row Publishers.

Li, C, & Thompson, S. (1976) Subject and topic: A new typology of languages, In C. Li (ed), *Subject and topic*, pp. 457—498, New York, New York: Academic Press.

Li, C. & Thompson, S. (1981) *Mandarin Chinese: A Functional Reference Grammar*,

Berkeley and Los Angeles: University of California Press.

Liaw, S. S. (2000) *Information technology and education: student perceptions of computer and web based environments*. Doctoral Dissertation, Seattle Pacific University.

Lightbrown, P. M. (1987) Classroom language as input to second language acquisition, In C. Pfaff (ed.), *First and Second Language Acquisition Processes*, Cambridge, Mass.: Newbury House.

Lightbown, P. & Spada, N. (1990) Focus on form and corrective feedback in communicative language teaching. *Studies in Second Language Acquisition*, 12, pp. 429—488.

Link, P. & Zhou, K. (2002) Shunkouliu: Popular satirical sayings and popular thought, *Popular China: Unofficial Culture in a Globalizing Society*, eds., by P. Link, R. Madsen, and P. Pickowicz. Rowman and Littlefield Publishers, Inc.

Liu, H., Bates, E., & Li, P. (1992) Sentence interpretation in bilingual speakers of English and Chinese. *Applied Psycholinguistics*, 13, pp. 451—484.

Liu, J. (1992) Bridging language and culture: a cognitive approach to the study of Chinese compounds. *Journal of the Chinese Teachers Association*, 28, pp. 1—19.

Long, L. (1988) Instructed interlanguage development, In L. Beebe (Ed.), *Issues in Second Language Acquisition: Multiple Perspectives*, New York: Newbury House.

Long, M. (1981) Questions in foreigner talk discourse. *Language Learning*, 31, pp. 135—157.

Long, M. (1983a) Does second language instruction make a difference: A review of the research. *TESOL Quarterly* 17: pp. 359—382.

Long, M. (1983b) Native speaker/non native speaker conversation and the negotiation of comprehensible input. *Applied Linguistics*, 4, pp. 126—141.

Long, M. (1985) A role for instruction in second language acquisition: ask based language teaching, In Hyltenstam and Pienemann (eds.), *Modeling and Assessing Second Language Acquisition*, Clevedon, Avon: Multilingual Matters.

Long, M. (1989) Task, group, and tsk group interactions. *University of Hawaii working Papers in ESL*, 8, pp. 1—26.

Long, M. (1991) Focus on form: A design feature in language teaching methodology, In K. de Bot, R. Ginsberg, and C. Kramsch (Eds.), *Foreign Language research in Cross cultural perspective*, pp. 39—52, Amsterdam: John Benjamins.

Loschky, L. C. (1989). The effects of negotiated interaction and premodified input on second language comprehension and retention (Occasional Papers N. 16). Lukmani, Y. M. (1972) Motivation to learn and learning proficiency. *Language Learning*, 22, pp. 261—273.

Lynons, J. (1968) *Introduction to theoretical linguistics*, Cambridge: Cambridge University Press.

Ma, Z. & Yang, G. (1991) *Dictionary of Chinese idioms*, Beijing: Modern Press.

Macnamara, I. & Kushnir, S. (1971) Linguistic independence of bilinguals: The input switch. *Journal of Verbal Learning and Verbal Behavior*, 10, pp. 480—487.

Macnamara, J. (1973) The cognitive strategies of language learning, In J. W. Oller and J. C. Richards (Eds.), *Pragmatic perspectives for the language teacher*, Bowley, Mass: Newbury House.

MacWhinney, B. (1989) Competition and Teachability, In M. Rice and R. Schiefelbusch (Eds), *The Teachability of Language*, Baltimore: Brookes Publishing Co.

MacWhinney, B., Pleh, C. & Bates, E. (1985) The development of sentence interpretation in Hungarian. *Cognitive Psychology*, 17, pp. 178—209.

Maher, T. M. (1994) Secondary Principals' Computer Experience, Training, and Attitudes, Doctoral Dissertation, Kent State University.

Maratsos, M. (1989)·Innateness and plasticity in language acquisition, In M. Rice and R. Schiefelbusch (Eds.), *The Teachability of Language*, Baltimore: Paul H. Brookes Publishing.

Maurer, S. (1987) New knowledge about errors and new views about learners: What they mean to educators and more educators would like to know, In A. Schoenfeld ed., *Cognitive science and mathematics education*.

McFarlane, T. A. (1997) Teacher's attitudes toward technology: Psychometric evaluation of the technology attitude survey, Paper presented at the annual meeting of the American Educational Research Association, Chicago, IL.

McGinnis, S. (1995) *Does Johnny even want to read: Student attitudes and approaches in the learning of written Chinese*. Paper presented at the meeting of the Chinese Language Teachers Association, Anaheim, CA.

McLaughlin, B. (1990) Restructuring. *Applied Linguistics*, 11, pp. 113—128.

McLaughlin, B. & Zemblidge, J. (1992) Second language learning, In W. Grabe & R. Kaplan (Eds.), *Introduction to Applied Linguistics*, Reading, MA: Addison Wesley.

McInerney, V., Marsh, H. W. & McInerney, D. M. (1999) The designing of the computer anxiety and learning measure (CALM): Validation of scores on a multidimensional measure of anxiety and cognitions relating to adult learning of computing skills using structural equation modeling, *Educational and Psychological Measurement*, 59, pp. 451—470.

McNeill, D. (1966) Developmental psycholinguistics, In F. Smith and O. A. Miller (Eds.), *The Genesis of Language: A Psycholinguistic Approach*, Cambridge, Mass.: The M. I. T. Press.

Meisel, J. M. (1987) Reference to past events and actions in the development of natural language acquisition, In C. W. Pfaff (Ed.), *First and second language acquisition process*, pp. 206—224, Cambridge, MA: Newbury House.

Miao, X. (1981) Word order and semantic strategies in Chinese sentence comprehension. *International Journal of Psycholinguistics*, 8, pp. 109—122.

Migliorino, N. & Maiden, J. (2004) Educator attitudes toward electronic grading software. *Journal of Research on Technology in Education*, pp. 193—212.

Mills, D. O., Samuels, R. J. & Sherwood, S. L. (1987) *Technical Japanese for scientists and engineers: curricular options*, Washington, DC: National Science Foundation.

Mitchell, T. R. & Nebeker, D. M. (1973) Expectancy theory predictions of academic effort and performance. *Journal of Applied Psychology*, 53, pp. 61—67.

Mitchell, T. R. (1974) Expectancy models of job satisfaction, occupational preference and effort; a theoretical, methodological, and empirical appraisal. *Psychological Bulletin*, 81, pp. 1053—1077.

MLA (Modern Language Association) (1991) Results of the Modern Language Association's fall 1990, survey of foreign language enrollments in U. S. colleges and universities, *News bulletin*, 23.

Molfese, D. L., Molfese, V., & Carrell, P. (1982) Infant language development, In B. B. Wolman & G. Stricker (Eds.), *Handbook of Developmental Psychology*, New York: Prentice Hall.

Montgomery, C. & Eisenstein, M. (1985) Reality revisited: an experimental communicative course in ESL. *TESOL Quarterly*, 19, pp. 317—334.

Mori, Y. (1999) Beliefs about language learning and their relationship to the ability to integrate information from word parts ad context in interpreting novel Kanji words, *The*

Modern Language Journal, 83, pp. 534—547.

Nelson, K. (1977) The Conceptual basis of naming, In J. Macnamara (Ed.), *Language Learning and Thought*, Yew York: Academic Press.

Nelson, K. (1981) Toward a rare event cognitive comparison theory of syntax acquisition, In P. Dale and D. Ingram (Eds.), *Child Language: An International Perspective*, Baltimore: University Park Press.

Nemser, W. (1971) Approximative systems of foreign language learners. *International Review of Applied Linguistics*, 9, pp. 115—123.

Newport, E. L., Gleitman, L. R. & Gleitman, H. (1977) Mother, I'd rather do it my self: Some effects and non effects of maternal speech style, In E. D. Snow and D. A. Ferguson (Eds.), *Talking to children: language input and acquisition*, New York: Cambridge University Press.

Nunan, D (1991) Language Teaching Methodology - A Textbook for Teachers. Prentice Hall.

Oller, J. W. (1981) Research on the measurement of affective variables: Some remaining questions, *New Dimensions in Second Language Acquisition Research*, Ed. R. Andersen. Rowley, Mass.: Newbury House: 114—127.

Oliver, R. T. Forward. Nathanson, M. and Johnstone, H. (eds.) (1965) *Philosophy, rhetoric and argumentation*, University Park, Pennsylvania.

Omaggio-Hadley, A. (1993) *Teaching language in context*, Boston, MA: Heinle & Heinle.

Oxford, Rebecca. & Shearin, Jill. (1994) Language learning motivation: expanding the theoretical framework. *The Modern Language Journal*, 78, pp. 12—28.

Oyama, S. (1976) A sensitive period for the acquisition of a nonnative phonological system. *Journal of Psycholinguistic Research*, 5, pp. 261—285.

O'Malley, J. M., Chamot, A. U., Stewner Manzares, G., Kupper, L. & Russo, R. P. (1985) Learning strategies used by beginning and intermediate ESL students, *Language Learning*, 35, pp. 21—46.

Packard, J. L. (1990) Effects of time lag in the introduction of characters into the Chinese language curriculum. *Modern Language Journal*, 74, pp. 167—175.

Pajares, E. (1997) Current directions in self efficacy research, In M. L. Maehr & P. R. Pintrich (Eds.), *Advances in Motivation and Achievement*, 10, pp. 1—49.

Paribakht, T., & Wesche, M. (1997) Vocabulary enhancement activities and reading for meaning I second language vocabulary development, In J. Coady & T. Huckin (Eds.), *Second language vocabulary acquisition: A rationales for pedagogy*, pp. 174—200, New York: Cambridge University Press.

Perfetti, C. A., & Tan, L. H. (1998) The time course of graphic, phonological and semantic activation in visual Chinese character identification. *Journal of Experimental Psychology: Learning, Memory, and Cognition*, 24, pp. 101—108.

Perfetti, C. A., Zhang, S. & Berant, I. (1992) Reading in English and Chinese: Evidence for a universal' phonological principle, In R. Frost and J. Katz, eds., *Orthography, Phonology, Morphology, and Meaning*, pp. 227—248, Amsterdam: North Holland.

Phillips, J. K. (1975) Second language reading: Teach Decoding Skills. *Foreign Language Annals*, 8, pp. 227—232.

Piaget, J. (1952) *The Origins of Intelligence in Children*, New York: International Universities Press.

Piaget, J. (1973) *The Child and Reality*, New York, Penguin Books.

Pienemann, M. (1984) Psychological constraints on the teachability of languages. *Studies in Second Language Acquisition*, 6, pp. 186—214.

Pienemann, M. (1987) Psychological constraints on the teachability of language, In C. W. Pfaff (ed.), *First and second Language Acquisition Processes*, Rowley, Mass.: Newbury House.

Pienemann, M. (1989) Is language teachable? Psycholinguistic experiments and hypotheses. *Applied Linguistics*, 10, pp. 52—79.

Pierson, H. D., Fu, G. S. & Lee, A. (1980) An analysis of the relationship between language attitudes and English attainment of secondary students in Hong Kong, *Language Learning*, 30, pp. 289—316.

Pinker, S. (1984) *Language Learnability and Language Development*, Cambridge. MA: Harvard University Press.

Pinker, S. (1989) Resolving a learnability paradox in the acquisition of the verb lexicon, In M. Rice and R. Schiefelbusch (eds.), *The Teachability of Language*, pp. 13—62. Baltimore, MD: Paul H. Brookes Publishing Co., Inc.

Pinker, S. (1990) Language acquisition. In L. R. Gleitman, M. Liberman, and D. N. Osherson (Eds.), *An Invitation to Cognitive Science*, 1, Language. Cambridge, MA:

MIT Press.

Polio, C. (1995) Acquiring nothing? The use of zero pronouns by nonnative speakers of Chinese and the implications for the acquisition of nominal reference. *Studies of Second Language Acquisition*, 17, pp. 353—377.

Prabhu, N. (1987) *Second language pedagogy*, Oxford: Oxford University Press.

Pye, C. (1989) Synthesis/commentary: the nature of langue, In M. Rice and R. Schiefelbusch (Eds.), *The Teachability of Language*, pp. 127—133, Baltimore: Brookes Publishing Company.

Ramage, K. (1990) Motivational factors and persistence in foreign language study. *Language Learning*, 40, pp. 189—219.

Reber, A. S. (1989). Implicit learning and tacit knowledge. *Journal of Experimental Psychology: General* 114: 17—24.

Rice, M. L. (1989a) Children's language acquisition. *American Psychology*, 44, pp. 149—156.

Rice, M. L. (1989b) Synthesis/commentary: Teaching and learning strategies, In M. Rice and R. Schiefelbusch (Eds.), *The Teachability of Language*, pp. 351—356, Baltimore: Brookes Publishing Company.

Richards, J. C. (1974) Error analysis and second language strategies, In J. H. Schumann and N. Stenson (eds.), *New Frontiers in Second Language Learning*, Rowley, MA: Newbury House.

Richards, J. C., Platt, J., & Weber, H. (1985) *Longman dictionary of applied linguistics*. Harlow: Longman.

Robb, T., Ross, S. & Shortreed, I. (1986) Salience of feedback on error and its effect on EFL writing quality. *TESOL Quarterly*, 20, pp. 83—93.

Robinett, B. (1980) Reading English as a second language, Croft, K. (ed), *Readings on English as a Second Language*, Boston: Little, Brown and Company

Robison, R. (1990) The primacy of aspect: Aspect marking in English interlanguage. *Studies in Second Language Acquisition*, 12, pp. 315—330.

Rosansky, E. (1975) The critical period for the acquisition of language: some cognitive developmental considerations. *Working Papers on Bilingualism*, 6, pp. 92—102.

Rozell, E. J. & Gardner, W. L. (2000) Cognitive motivation and affective processes associated with computer related performance: A path analysis, *Computers in Human behavior*, 16, pp. 199—222.

Rutherford, W. (1982) Markedness in second language acquisition. *Language Learning*, 32, pp. 85—108.

Rutherford, W. (1983) Language typology and language transfer, In S. M. Gass & L. Selinker (eds.), *Language Transfer in Language Learning*, pp. 358—370, Rowley, Massachusetts: Newbury House Publishers.

Rutherford, W. (1987) *Second language grammar: learning and teaching*, New York: Longman.

Rutherford, W. (1988) The meaning of grammatical consciousness-raising. *World English*, 6, pp. 209—216.

Sachs, J. & Johnson, M. (1976). Language development in a hearing child of deaf parents, In W. von Raffler Engel and Y. Lebrun (Eds.), *Baby Talk and Infant Speech*, Amsterdam: Swets and Zeitlinger.

Samimy, K. & Tabuse, M. (1989) A comparative study of teaching Japanese in the audio lingual method and the counseling earning approach. *Modern Language Journal*, 73, pp. 169—177.

Samimy, K. & Tabuse, M. (1992) Affective Variables and a less commonly taught language study in beginning Japanese classes. *Language Learning*, 42, pp. 377—399.

Sasaki, M. (1990) Topic prominence in Japanese EFL students' existential constructions. *Language learning*, 40, pp. 337—368.

Sasaki, Y. (1991) English ad Japanese interlanguage comprehension strategies: An analysis based on the competition model. *Applied Psycholinguistics*, 12, pp. 43—73.

Sasaki, Y. (1994) Paths of processing strategy transfers in learning Japanese and English as foreign languages. *Studies of Second Language Acquisition*, 16, pp. 43—72.

Savignon, S. (1983) *Communicative Competence: Theory and Classroom Practice*, Reading, Mass.: Addison Wesley.

Scarcella, Robin. & Oxford, Rebecca, (1992) *The tapestry of language Learning: The Individual in the Communicative classroom*, Boston: Heinle.

Schachter, J. (1974). An error in error analysis. Language Learning, 24, pp. 205—214.

Schachter, J. (1986) Three approaches to the study of input. *Language Learning*, 36, pp. 211—225.

Schachter, J. (1988) Second language acquisition and its relationship to Universal Grammar.

Applied Linguistics, 9, pp. 219—235.

Schmidt, R. (1990) The role of consciousness in second language learning. *Applied Linguistics*, 11, pp. 129—158.

Schumann, J. (1979) The acquisition of English negation by speakers of Spanish: A review of the literature, In R. Andersen (Ed.), *The acquisition and use of Spanish and English as first and second languages*, pp. 3—32, Washington, DC: TESOL.

Schwartz, B. (1993) On explicit and negative data effecting and affecting "competence" and "linguistic behavior", *Studies in Second Language Acquisition*, 20, pp. 147—163.

Seidenberg, M. S. (1985) The time course of phonological code activation in two writing systems. *Cognition*, 19, pp. 1—30.

Selinker, L. (1969) Language transfer. *General Linguistics*, 9, pp. 67—92.

Selinker, L. (1972) Interlanguage. *International Review of Applied Linguistics*, 10, pp. 209—231.

Seliger, H. (1979) On the nature and function of language rules in language teaching. *TESOL Quarterly*, 13, pp. 359—369.

Seliger, H. & Long, M. (Eds.) (1983) *Classroom oriented Research in Second Language Acquisition*, Rowley, Mass.: Newbury House.

Shen, H. H. (2000) The interconnections of reading text based writing and reading comprehension among college intermediate learners of Chinese as a foreign language. *Journal of the Chinese Language Teachers Association*, 35, pp. 29—48.

Shih, C. (2006) The language class as a community: A task design for speaking proficiency tanning. *Journal of the Chinese Language Teachers Association*, 41, pp. 1—22.

Shu, H., Anderson, R. & Wu, N. (2000) Phonetic awareness: Knowledge of orthography phonology relationships in the character acquisition of Chinese children. *Journal of Educational Psychology*, 92, pp. 56—62.

Sinclair-de-Zwart, H. (1973) Language acquisition and cognitive development. In T. Moore (Ed.), *Cognitive Development and the Acquisition of Language*. New York: Academic Press.

Skaalvik, E. M. (1997) Issues in research on self concept, In M. L. Maechr & P. R. Pintrich (Eds.), *Advances in Motivation and Achievement*, 10, pp. 51—99, Greenwich, CT: JAI Press.

Skehan, P. (1998) *A cognitive approach to language learning*, Oxford: Oxford University

Press.

Skinner, B. F. (1957) *Verbal Behavior*, New York: Appleton Century Crofts.

Slobin, D. I. (1973) Cognitive prerequisites for the development of grammar, In C. Ferguson & D. Slobin (Eds.), *Studies of Child Language Development*, New York: Holt, Rinehart & Winston.

Slobin, D. I. (1979) *Psycholinguistics (2nd ed.)*, Glenview, IL: Scott, Foresman.

Slobin, D. I. (1985) Crosslinguistic Evidence for the language making capacity, In D. I. Slobin (ed.), *The corsslinguistic study of language acquisition*, 2, *Theoretical issues*, Hillsdale, NJ: Lawrence Eulbaum. pp. 1157—1256.

Slobin, D. I. (1996) From "thought and language" to "thinking to speaking", In J. J. Gumperz & S. C. Levinson (Eds.), *Rethinking linguistic relativity*, pp. 70—96, Cambridge: Cambridge University Press.

Slobin, D. I., & Bever, T. G. (1982) Children use canonical sentence schemas: A crosslinguistic study of word order and inflections. *Cognition*, 12, pp. 229—265.

Smith, M. S. (1994) *Second Language Learning*. London; New York: Longman.

Snow, C. E. (1977) Mothers speech research: from input to interaction, In C. Snow & C. Ferguson (Eds.), *Talking to Children: Language Input and Acquisition*. New York: Cambridge University Press.

Snow, C. E. (1986). Conversations with children. In P. Fletcher and M. Garman (Eds.), *Language acquisition*. Cambridge, MA: Cambridge University Press.

Snow, C. E. (1999) Social perspectives on the emergence of language. In B. MacWhinney (Ed.), *The emergence of language* (pp. 257—276). Mahwah, New Jersey: Lawrence Erlbaum.

Solvberg, A. (2003) Computer related control beliefs and motivation: A panel study. *Journal of Research on Technology in Education*, 35, pp. 473—485.

Spada, N. (1987) Relationships between instructional differences and learning outcomes: A process product study of communicative language teaching. *Applied Linguistics*, 8, pp. 137—161.

Stahl, S. A. (1983) Differential word knowledge and reading comprehension. *Journal of Reading Behavior*, 15, pp. 33—50.

Sun, C. (1995) Transitivity, the Ba construction and its history. *Journal of Chinese Linguistics*. 23.

Svanes, B. (1987) Motivation and cultural distance in second language acquisition. *Language Learning*, 37, pp. 341—359.

Swain, M. (1985) Communicative competence: Some roles of comprehensible input and comprehensible output in its development, In S. Gass and C. Madden (eds.), *Input in Second Language Acquisition*, Rowley, MA: Newbury House.

Swain, M. (1995) Three functions of output in second language learning, In G. Cook and B. Seidlhofer (Eds.), *Principle and Practice in Applied Linguistics*, pp. 125—144, Oxford, England: Oxford University Press.

Swain, M. (1997) The output hypothesis, focus on form and second language learning, In V. Berry, B. Adamson, & W. Littlewood (Eds.), *Applying Linguistics*, pp. 1—21, Hong Kong: University of Hong Kong.

Swain, M. (2000) French immersion research in Canada: Recent contributions to SLA and Applied Linguistics. *Annual Review of Applied Linguistics*, 20, pp. 199—212.

Taylor, B. (1980) Adult language learning strategies and their pedagogical implications, In K. Croft (Ed.), *Readings on English as a Second Language*, Boston: Little, Brown and Company.

Terrell, T. (1977) A natural approach to second language acquisition and learning. *Modern Language Journal*, 61, pp. 325—337.

Tomlin, R. (1994) Functional grammars, Pedagogical grammars and communicative language teaching, In T. Odlin (Ed.), *Perspectives on Pedagogical, Grammar*, Cambridge, UK: Cambridge University Press.

Trahey, T. & White, L. (1993) Positive evidence and preemption in the second language classroom, *Studies in Second Language Acquisition*, 15, pp. 181—204.

Tsao, F. (1979) *A functional study of topic in Chinese: the first step toward discourse analysis*, Taipei: Student Book Co., Ltd.

VanPatten, B. & Sanz, C. (1995) From input to output: Processing instruction and communicative tasks, In F. Eckman, D. Highland, P. Lee, J. Mileham, & R. Weber (Eds.), *Second Language Acquisition Theory and Pedagogy*, pp. 169—186, Hillsdale, NJ: Lawrence Erlbaum Associates.

VanPatten, B. (1988) How juries get hung: problems with the evidence for a focus on form in teaching. *Language Learning*, 38, pp. 243—260.

VanPatten, B. (1991) The foreign language classroom as a place to communicate, In B.

Freed (ed.), *Foreign Language Acquisition Research and the Classroom* (*Series on Foreign Language Acquisition Research and Instruct*), Lexington, Mass.: D. C. Heath.

VanPatten, B. (1995) Cognitive aspects of input processing in second language acquisition. *Festschrift in honor of Tracy D. Terrell*. Ed. P. Hashemipour, R. Maldonado & M. van Naerssen, New York: McGraw hill.

VanPatten, B. (2003) *From input to output: a teacher's guide to second language acquisition*, New York: McGraw hill.

VanPatten, B. (2004) Input Processing in SLA, In B. VanPatten (Ed.), *Processing Instruction: Theory, Research, and Commentary*, pp. 1—31, Mahwah, NJ: Erlbaum.

Veronique, D. (1987), Reference to past events and actions in narratives in L2: Insights from North African Learners French, In C. W. Pfaff (Ed.), *First and Second Language Acquisition Process*, pp. 252—272, Cambridge, MA: Newbury House.

Von Stutterheim, C., & Klein, W. (1987) A concept oriented approach to second language studies, In C. W. Pfaff (Ed.), *First and Second Language Acquisition Processes*, pp. 191—205, Cambridge, MA: Newbury house.

Vroom, V. H. (1964) *Work and Motivation*, New York: Wiley.

Vygotsky, L. S. (1978) *Mind and society: The development of higher mental processes*, Cambridge, MA: Harvard University Press.

Walker, J. L. (1973) Opinions of university students about language teaching. *Foreign Language Annals*, 7, pp. 102—105.

Walton, R. (1989) Chinese language instruction in the United States: some reflections on the state of the art. *Journal of the Chinese Language Teachers Association*, 24, pp. 1—42.

Waltz, J. C. (1982) Error correction. Techniques for the Foreign Language Classroom. *Language in Education: Theory and Practice Series*, 50, Washington, DC: Center for Applied Linguistics.

Welles, B. E. (2004) Foreign language enrollments in united states institutions of higher education, *ADFL Bulletin*, 35.

Wen, X. (1991) *The relationships between motivation and expectancy factors and foreign language achievement*, Unpublished doctoral dissertation, The university of Kansas.

Wen, X. (1994) Topic prominence in the acquisition of Chinese existential sentences by English speakers. *International Journal of Psycholinguistics*, 10, pp. 127—145, Center for Academic Societies, Osaka, Japan.

Wen, X. (1995a) Second language acquisition of the Chinese particle *le*. *International Journal of Applied Linguistics*, 1, pp. 45—62, Novus Press.

Wen, X. (1995b) Chinese and English language processing strategies with individuals. *Journal of Chinese Language Teachers Association*, 30, pp. 127—145.

Wen, X. (1997) Acquisition of Chinese aspect: an analysis of the interlanguage of learners of Chinese as a foreign language. *ITL Review of Applied Linguistics*, pp. 117—118.

Wen, X. (1999) Error and corrective feedback. *Journal of the Chinese Language Teachers Association*, 3, pp. 1—22. The Chinese Language Teachers Association, USA.

Wen, X. (2006) Acquisition sequence of three constructions: An analysis of the interlanguage of learners of Chinese as a foreign language. *Journal of Chinese Language Teachers Association*, 41.

Wexler, K. (1982) A Principle theory for language acquisition, In E. Wanner & L. Gleitman (Eds.), *Language Acquisition: The State of the Art*, Cambridge: Cambridge, MC: MIT Press.

White R. W. (1959) Motivation reconsidered: the concept of competence. *Psychological Review*, 66, pp. 297—333.

White, L. (1990) Second language acquisition and universal grammar. *Studies in Second Language Acquisition*, 12, pp. 121—133.

White, L. (1991) Adverb placement in second language acquisition: Some effects of positive and negative evidence in the classroom. *Second Language Research*, 7, pp. 133—162.

White, L. (2003) *Second Language Acquisition and Universal Grammar*. Cambridge: Cambridge University Press.

Whitley, B. E. (1997) Gender differences in computer related attitudes and behavior: A metaanalysis. *Computers in Human Behavior*, 13, pp. 1—22.

Williams, Philip. & Wu, Yenna. (1999) *Chinese the Easy Way*, Barron's Educational Series, Inc.

Willis, J. (1996) *A framework for task based learning*, Harlow: Longman.

Willis, J. (2004) Perspectives on task based instruction: understanding our practices, acknowledging different practitioners, In B. Leaver and J. Willis (eds), *Task based Instruction in Foreign Language Education, Practices and Programs*, Georgetown University Press.

Wu, X. (1991) Training of reading strategies. *Language Teaching and Linguistic Studies*,

1, pp. 73—87.

Wulfeck, B. B., Juarez, L., Bates, D., & Kilborn, K. (1986) Sentence interpretation strategies in healthy and aphasic bilingual adults, In S. Vaid (Ed.), *Language Processing in Bilinguals: Psycholinguistic and Neuropsychological Perspectives*, Hillsdale, NJ: Erlbaum.

Yao, T., Liu, Y., Ge, L., Chen, Y., N, Bi. & Wang, X. (1997) *Integrated Chinese*, Boston MA: Cheng and Tsui Company.

Zhang, S., Perfetti, C. & Yang, H. (1999) Whole word, frequency general phonology in semantic processing of Chinese characters. *Journal of Experimental Psychology: Learning, Memory, and Cognition*, 25, pp. 858—875.

Zhou X., & Marslen Wilson, W. (1999) The nature of sublexical processing in reading Chinese characters. *Journal of Experimental Psychology: Learning, Memory and Cognition*, 25, pp. 819—837.

Zock, M., A. Laroui & G. Francopoulo. (1989) SWIM: a 'natural' interface for the scientifically minded language learner, *Computers and the Humanities*, 23, pp. 411—422.